▲ 福特圆形大厅外景，1962 年，因工人施工引燃屋顶，福特圆形大厅被烧毁

▲ 哥谭酒店

▲ 哥谭酒店内景，1962 年，该酒店因经营赌博活动遭遇警方突袭而关闭

▲ “灵魂乐歌后”艾瑞莎的父亲 C.L. 富兰克林牧师

▲ “走向自由”游行上，马丁·路德·金带领游行群众前进，金的左手边是富兰克林牧师

▲ “走向自由”游行上挥舞标语牌的群众，全国有色人种协进会的标语十分醒目

▲ “走向自由”游行途中，人潮涌动的场面颇为壮观

▲ 底特律市市长杰罗姆·卡瓦纳

▲ 底特律警察局局长乔治·爱德华兹

▲ 卡瓦纳和他的家人

▲ 全美汽车工人联合会主席沃尔特·鲁瑟

▲ 底特律市市长杰罗姆·卡瓦纳（右）1963 年向密歇根州州长乔治·罗姆尼（中）和美国奥委会主席肯尼斯·L. 威尔逊（左）展示奥林匹克体育场提案图

▲ 奥林匹克体育场

◀ 肯尼迪总统签字批准底特律为 1968 年奥运会申办城市

▲ 1964 年福特“野马”横空出世，颠覆了大众对福特汽车的认知

◄ 智威汤逊广告公司底特律分部所在地：布尔大厦

▲ “魔鬼老大”亨利·福特二世坐在野马汽车前

1964 年世博会福特展厅全景

1964 年世界博览会上，李·亚科卡介绍野马汽车

肯尼迪总统遇刺时乘坐的福特 1961 年林肯大陆

“神奇天空之旅”上的新野马车

▲ 摩城创始人小贝里·戈迪

▲ 戈迪（弹吉他者）与无上乐队、霍兰德－多齐尔－霍兰德在“美国金曲”前的草地上

◀ 位于西大道的摩城唱片旧址，现为摩城博物馆

◀ 小贝里·戈迪为摩城唱片设计的封面

▲ 1964年，戈迪在钢琴旁，身边是摩城的重要人物凯瑟琳·安德森·沙夫纳（左起第四位）、斯莫基·鲁宾逊（后）、金·韦斯顿（前中）和史蒂夫·旺达（前右二）

▲ 小贝里·戈迪的姐姐埃丝特·戈迪·爱德华兹

▲ 马文·盖伊，摩城史上最杰出的歌手之一

▲ 音乐多面手斯莫基·鲁宾逊，既是歌手、作曲人和制作人，也是奇迹乐队的创立者与领唱

▲ 玛丽·威尔斯，1964年凭借《我的男友》获封“摩城歌后”，也因此从摩城出走

▲ 斯莫基·鲁宾逊（左）与奇迹乐队

▲ 史蒂夫 · 旺达 1963 年参加电视节目

▲ 奇异合唱团，从左至右分别是格拉迪丝·霍顿、万达·罗杰斯、乔治安娜·蒂尔曼和凯瑟琳 · 安德森 · 沙夫纳

▲ 1963 年，玛莎和万德勒斯合唱团在表演

▶ 无上乐队的初始成员，中间是戴安娜·罗斯

▶ 康托斯乐队，1962 年有了自己的热门金曲《你爱我吗（我会跳舞了）》

▶ 四顶尖合唱团，从左至右为劳伦斯·佩顿、李维·斯塔布斯、阿卜杜勒·“公爵”·法基尔和奥比·本森

◀ 诱惑合唱团“经典五人组”，从左至右分别为大卫·拉芬、梅尔文·富兰克林、保罗·威廉姆斯、奥蒂斯·威廉姆斯和艾迪·肯德里克斯

◀ 1962年摩城巡演纽约站，阿波罗剧院招牌广告上打出了摩城歌手组合的名字

◀ 音乐圣地格雷斯通舞厅，小贝里·戈迪1963年买下了它

献给底特律人民

目录

ONTARIO
QUEBEC
Lake Superior
Sault Ste. Marie
CANADA
MICHIGAN
Lake Michigan
U.S.
Lake Huron
WISCONSIN
Green Bay
Bay City
Toronto
Lake Ontario
Grand Rapids
MICHIGAN
Port Huron
London
Rochester
Milwaukee
Flint
Buffalo
Lansing
NEW YORK
Lake Erie
Chicago
Battle Creek
Ann Arbor
Detroit
Erie
South Bend
Toledo
Cleveland
PENNSYLVANIA
ILLINOIS
Fort Wayne
Akron
Harrisburg
OHIO
Pittsburgh
Indianapolis
Columbus
Appalachian Mountains
INDIANA
Ohio River
Baltimore
Cincinnati
WEST VIRGINIA
D.C.
Louisville
Charleston
VIRGINIA
KENTUCKY
Richmond
N
W
E
S
Nashville
Knoxville
N.C.
TENNESSEE
0
100
200
MILES
Chattanooga

Akron 阿克伦市
Ann Arbor 安娜堡
Appalachian Mountains 阿巴拉契亚山脉
Baltumore 巴尔的摩
Battle Creek 巴特尔克里克市
Bay City 海湾市
Buffalo 布法罗市
Canada 加拿大
Charleston 查尔斯顿
Chattanooga 查塔努加
Chicago 芝加哥市
Cincinnati 辛辛那提市
Cleveland 克利夫兰
Columbus 哥伦布市
D.C. 华盛顿特区
Detroit 底特律
Erie 伊利市
Flint 弗林特
Fort Wayne 韦恩堡
Grand Rapids 大急流城
Green Bay 绿湾
Harrisburg 哈里斯堡
ILLINOIS 伊利诺伊州
INDIANA 印第安纳州
Indianapolis 印第安纳波利斯市
KENTUCKY 肯塔基州
Knoxville 诺克斯维尔
Lake Erie 伊利湖
Lake Huron 休伦湖
Lake Michigan 密歇根湖
Lake Ontario 安大略湖
Lake Superior 苏必利尔湖
Lansing 兰辛市
London 伦敦市
Louisville 路易斯维尔
Map by Gene Thorp 吉恩·索普供图
Michigan 密歇根
Michigan 密歇根
Miles 英里
Milwaukee 密尔沃基
N.C. 北卡罗来纳州
Nashville 纳什维尔
NEW YORK 纽约州
OHIO 俄亥俄州
Ohio River 俄亥俄河
Ontario 安大略省
PENNSYLVANIA 宾夕法尼亚州
Pittsburgh 匹兹堡
Port Huron 休伦港
Quebec 魁北克省
Richmond 里士满
Rochester 罗契斯特市
Sault Ste. Marie 苏圣玛丽
South Bend 南本德市
TENNESSEE 田纳西州
Toledo 托莱多市
Toronto 多伦多市
U.S. 美国
VIRGINA 弗吉尼亚州
WEST VIRGINIA 西弗吉尼亚州
Wisconsin 威斯康星

自　序 XI

从某种意义上说，自 1949 年夏天起，这本书就在酝酿当中了，当时我刚从底特律女子医院出生。但写作的灵感始于 2011 年 2 月初的超级碗星期天（Super Bowl Sunday），当时我正在曼哈顿市中心的酒吧里看冠军争夺赛。到比赛中场时，绿湾包装工队胜利在望，作为球迷的我则陷入了焦虑，几乎没有注意电视评论和广告节目。接着，我抬头看屏幕，发现一块绿色的高速公路的标志，上面写着“底特律”三个字。伴随着音乐的律动，一系列画面闪过：冬天的景象、烟囱、废弃的工厂、世界级建筑物、乔·路易斯（Joe Louis）的拳头纪念碑、迭戈·里维拉（Diego Rivera）的壁画《底特律工业》；滑冰者在滑行，穿着连帽衫的跑步者喘着粗气，决意继续前行；巨型雕塑《底特律的精神》。解说员自信的声音环绕其中：“现在，我们来自美国。但这里不是纽约城，不是风之城（芝加哥）或罪恶之城（拉斯维加斯），更不是翡翠之城（西雅图）。”

摄像机镜头俯冲进一辆克莱斯勒 200 中：黑色皮革装饰得很温暖，马歇尔·马瑟斯（Marshall Mathers）[也就是众所周知的歌手埃米纳姆（Eminem）] 在他家乡（我的出生地）的伍德沃德大道上行进。车子在接近福克斯剧场的时候停下，埃米纳姆从轿车里出来，迈开脚步通过金色大厅，沿着通道走向一个黑人唱诗班：他们身着红黑长袍，高亢的声音从灯火通明的舞台升起，带着希望浸入黑暗。紧接着是一片寂静，埃米纳姆对着镜头说：“这就是汽车之城。这是我们创造的。”

短片结束的时候，我哽咽着说不出话。妻子则道出事实：这是商业广 XII
告，玩弄感情，兜售东西，想象多于现实，底特律就是一团糟，人们都在挣扎度日。毫无疑问，确实如此。不过我也意识到，我的反应是真实的，是由某种比宣传更深刻的东西引发的。我生命的第一个六年半在底特律度过。这里有我最早的记忆：我们在德克斯特大道有座公寓，在温特哈尔特学校附近也有住所，正是在这所学校的一间综合教室里我开始了读写的学习。哈德逊百货商场、巴布乐游轮、贝尔岛、布里格斯体育场、福诺思姜汁酒、鲁日河游泳池、费舍尔基督教青年会、去安娜堡祖父母家的路上会出现的福特圆形大厅等，这些是我童年时最早接触的。后来我在别处生活，多数时候待在麦迪逊和奥斯汀的大学城以及华盛顿特区，所以，我从未把自己当成底特律人。但先是底特律，然后是克莱斯勒商业广告，无论其意图如何，都使我开始朝另外一个方向思考。

我对买车不感兴趣，但是想写写这座城市。底特律的衰退已经上了新闻，它的最终破产也在预料之中，但其脆弱的状况仍值得分析。如果说今天的底特律已经成为城市恶化的象征，那么记住其历史和遗产就显得很重要，它们为推动底特律的复兴提供了诸多理由。底特律的故事，不仅仅是关于一座城市的生平和时代。汽车、音乐、劳工、民权、中产阶级——很多定义我们社会和文化的东西都能追溯到底特律，它们要么在那里产生，要么在那里经受检验，要么在那里得到强化。我想说的就是底特律那段充满希望的光荣历史，而且要赞赏它对美国人生活的重要贡献。我没有选择回到 50 年代（当时我家就在底特律）来讲这个故事，而是再次选择了 60 年代，这个十年我已在许多书中以各种不同的方式探讨过。这并非刻意，直到本书行将完成时，我才突然想将它作为我的 60 年代三部曲的中间一部，以填补《罗马 1960》（*Rome 1960*）和《日光进行曲》（*They Marched into Sunlight*）在时间和主题上的空当。其中，《罗马 1960》讲述了 1960 年夏季奥林匹克运动会上的体育与政治，《日光进行曲》则与 1967 年的越南战争和反战运动有关。

XIII 尽管这座城市有很多传奇人物，从汽车大亨亨利·福特二世（Henry Ford II）到工会领袖沃尔特·鲁瑟（Walter Reuther），从音乐巨头小贝里·戈迪（Berry Gordy Jr.）到伟大歌手艾瑞莎（Aretha）的父亲 C. L. 富兰克林（C. L. Franklin）牧师，他们相继登上底特律的舞台，最终成就了这座城市；但城市本身才是这本城市传记的主角。

本书的时间跨度是十八个月：从 1962 年秋到 1964 年春。在这段时间里，汽车的销售速度创下历史纪录。汽车城在沸腾，工会强大，人们为自由而游行。总统称底特律是“希望的使者”。在这段拥有非比寻常的可能性和自由的时期里，底特律创造出惊人而持久的事物，但生命在辉煌灿烂的时候也可能是极其脆弱的。在这至关紧要的十八个月中，底特律在合成与分解、贡献与失去之间，形成了一种脆弱的平衡。甚至早在那个时候，底特律的某个部分已经开始衰亡，而这就是本书故事的起点。

第一章　消　逝 1

1962 年 11 月 9 日，底特律的天气格外宜人。[1] 对于将要在福特圆形大厅举办的节日活动来说，这是非常适宜的一天。一群工人正在大厅里安装圣诞嘉年华活动的展品，按照计划，感恩节一过活动就要开始了。主展厅陈列着闪亮的新一代福特雷鸟、银河、菲尔兰以及独一无二的定制梦想车型，不远处，工匠们正在搭建实物大小的基督诞生场景和圣诞老人的北极工作间，微型火车和一包包各式玩具环绕在其周围。活动将宗教和消费
主义毫无违和感地结合起来，是典型的美式做派，预计会在当季吸引 75 2
万多名游客，也许会让孩子们终生难忘：他们路过栩栩如生的驯鹿雷和闪电，通过长长的斜坡走向一群欢乐勤劳的精灵，最终到达圣诞老人和他宽敞的工作坊。

福特圆形大厅建筑风格带着汽车制造业的烙印，外观犹如一套巨大的槽形传动装置，由外向内完美嵌套，梯级上升，从 80 英尺到 90 英尺，再到 100 英尺，最终升到 110 英尺，相当于 10 层楼的高度。[2] 近乎无窗的设计、钢框架结构以及印第安纳石灰石铺就的建筑外表皮——这座与众不同的建筑出自底特律工业时代的多产建筑师阿尔伯特·卡恩（Albert Kahn）之手。它是卡恩为在芝加哥举办的“一个世纪的进步”世界博览会福特汽车展厅而设计的作品。在 1934 年的世博会上，福特汽车展厅展示了交通工具从马车到当时最新的福特 V-8 的变迁史。大萧条时代博览会关闭之后，圆形大厅就被工人们拆解，并从密歇根湖南岸迁到了底特律西南边陲的迪尔伯恩（Dearborn），重建之后作为展厅和游客中心，与福特汽车公司的全球总部相对而立。后来，展厅在原有基础上又增加了两个侧厅，一个用于存放福特汽车公司的档案，另一个成了剧院。

第二次世界大战之后，即20世纪50年代，美国经济进入繁荣期，随着郊区、双车库、城市高速公路和长途联邦州际公路系统的发展，数以百万计的美国人对底特律宏伟的汽车圣殿心向往之。福特圆形大厅一度被列为美国最吸引游客的五大景点之一，排在尼亚加拉大瀑布、大烟雾山国家公园、史密森学会和林肯纪念堂之后，游客数目甚至超过了黄石公园、弗农山庄、自由女神像和华盛顿纪念碑。当然，这只是福特宣传人员的说法，也许你从来没听说过它。

要了解福特圆形大厅及其周边地区对底特律人的重要性，有个向导出面会很有用，充当这一角色的人是罗伯特 · C. 安科尼（Robert C. Ankony）。
3 1962年11月，安科尼还只有14岁，是个专门烧别人家车库的不良少年，后来却当了伞兵和缉毒队军官，最后还在韦恩州立大学拿到了社会学博士学位。[3] 急于摆脱功课的繁重与无聊的安科尼以当时叛逆的男孩子都知道的方式①知道了福特圆形大厅。于是，福特圆形大厅连同市中心最高的摩天大楼佩诺布斯科特大厦（The Penobscot Building）一起成了他逃学时最喜欢逛的地方，只要有机会他就会去。1962年深秋的那个星期五早晨，他也在那里。

安科尼和朋友们称他们在底特律西南角生活的那片区域为"公路"，真正的公路名叫"西弗诺"（West Vernor）。向东穿过这片街区，通向密歇根中央车站——一座宏伟的旧学院派风格火车站，向西进入毗邻的迪尔伯恩，通向阿尔伯特 · 卡恩的另一杰作——福特汽车公司庞大的鲁日河综合工厂（River Rouge Complex），此地也是福特汽车的制造中心。底特律美术馆有大名鼎鼎的巨幅壁画《底特律工业》，它由27块嵌板组成，是迭戈 · 里维拉受福特汽车创始人亨利 · 福特的儿子埃德塞尔 · 福特（Edsel Ford）委托创作。在这幅表现福特工厂强劲有力的机械和工人群像的画中，有少数几个依稀可辨的人物，其中便有戴着金丝眼镜、穿着工装裤的卡恩。安科尼对底特律工业的感受是全方位的：他的家就在紧邻巴顿公园的伍德梅尔街，距离工厂区只有两英里远，烟尘与气味会顺着风飘过来。透过安科尼家的

---

① 指逃课。——译者（本书脚注未特别说明均为译者注，后文不再标明）

后窗，可以看见工厂的烟囱，他的母亲每天都要冲洗门前工厂飘来的烟灰。在外人看来有毒的气味，却被安科尼一家和邻居们当成家的味道。

11 月 9 日早上，小鲍勃①去威尔逊初中报到，然后找到经常一起逃课的同党商量当天的逃课计划。离开年级教室后，他们从插着黄铜门闩的门缝里挤出来，跑过操场，再翻过一道两尺高的金属栅栏，溜进学校背后的巷子里。脱离了学校的束缚，他们径直奔向西弗诺路，朝福特城进发。

躲避警察的兴奋感让这种街头生存训练变得更加有趣。斯莱特面包店
的新鲜甜甜圈，爪形，海枣馅，售价三美分一个。他们在路边和垃圾桶中 4
搜寻空苏打瓶子，以每个两美分的价格换成钱。如果攒的钱够多的话，他们会去弗诺路上的康尼岛餐厅吃热狗。从弗诺路拐到迪克斯大街时，会经过迪尔伯恩清真寺和东迪尔伯恩的阿拉伯人开的店面（安科尼是黎法混血，[4] 因此从小就得了骆驼骑师和“小阿拉伯”②的绰号）。他们在伊格尔帕斯附近的大矿渣堆周围绕来绕去，潜入直通鲁日河工厂的地下通道，将身子探出人行道的护栏，朝下面来来往往的车辆撒尿。出了地下通道，他们经过萨拉米、约翰尼等厂区酒吧，从三明治商店壁架上的白纸盒里偷点饭做午餐，这些饭是供应给换班的汽车工人的。他们避开了鲁日河工厂 4 号门附近的米勒路天桥。这座天桥很有名，1937 年 5 月末的某个下午，沃尔特·鲁瑟和几个工会组织者就是在这里遭到福特公司负责安保的暴徒的殴打。安科尼的父亲就在离此地几个街区远的地方长大，他目击了这起暴行，并将所见所闻告诉了家人。在圆形大厅路的天桥上驻足凝望，整个福特鲁日河工厂尽收眼底，厂区宏伟庄严，不由得让人心生敬畏。再往前就是福特圆形大厅，那里到处都是工人，不仅大厅里有安装圣诞节展品的工人，屋顶上还有维修工。

福特圆形大厅是安科尼的乐土。他和他的同伴不必担心校纪训导员，因为这里每天都有学校团体来参观，没人会在意两个离群的孩子。他们和那天从南本德来的学校团体以及其他游客一起参观新车展，看关于亨

① 即罗伯特·安科尼，鲍勃是罗伯特的昵称。
② 电影《西区故事》中的角色。

利·福特的电影，然后混进一个工厂参观团，从圆形大厅乘车离开，先是到鲁日河装配车间，然后到美国最大的工业生产基地参观。安科尼经常随旅游团来鲁日河工厂玩，尽管如此，每次里维拉壁画里描绘的场景真实地展现在他的眼前，仍然会令他激动不已。那些融化的金属在流动，发动机的装配复杂精密，装配线的机械操作完美无瑕，所有颜色各异的汽车零部件都从流水线上下来，由工人组装配对，从原材料变成成品。这个过程太奇妙了。尽管里维拉的那幅著名壁画让他感到恐惧，但现实中的鲁日河工
5 厂给了他力量。艺术比现实更容易提醒他工人“在黑色地牢里”度过的灰暗、被机器操纵的生活，一种底特律工薪家庭的孩子向往而他极力避开的生活。

下午，鲁日河工厂的参观活动早早地结束了，安科尼和他的伙伴在福特公司也玩够了，就动身去不远处的蒙哥马利 – 沃德百货商店（谢弗路[Schaefer Road]和密歇根大道的交叉口，迪尔伯恩市政厅对面）来一场偷窃狂欢。当时，他们正在百货商店地下室的运动商品区查看枪械弹药，突然听到外面传来一声警报，接着，消防车的哀号和警车的尖叫混杂在一起。两个男孩爬上一楼出了商店，只见远处烟雾弥漫。着火了！当然，不是他们放的。起火点在福特圆形大厅的方向，他们急忙冲了过去。

从上午 10 点开始，屋顶维修工趁气温只有华氏 50 度①，就给圆形大厅的网格穹顶嵌板做防水。[5] 他们用丙烷加热器加热透明的密封剂，使其便于喷雾。下午 1 点左右，一个加热器引燃了密封剂喷雾，出现了一处小火苗。工人们试着用灭火器灭火，但速度慢了，火势蔓延开来。南本德学校参观团刚离开大楼，另有 35 名游客很快就要开始参观。里面还有 18 名日常办公人员，很多圆形大厅的职工正在吃午餐。停车场的一名保安发现了火苗，用无线电通知了内部工作人员。警报器响起，人员被疏散，屋顶的维修工侧着身子走到屋顶出入口，爬进建筑内的一处楼梯井。迪尔伯恩和福特公司的消防部门都被叫来灭火，汽笛声响彻秋日的天空，惊动了“猴子沃德”（Monkey Ward）地下商场里两个逃学的孩子。

---

① 约合 10℃。

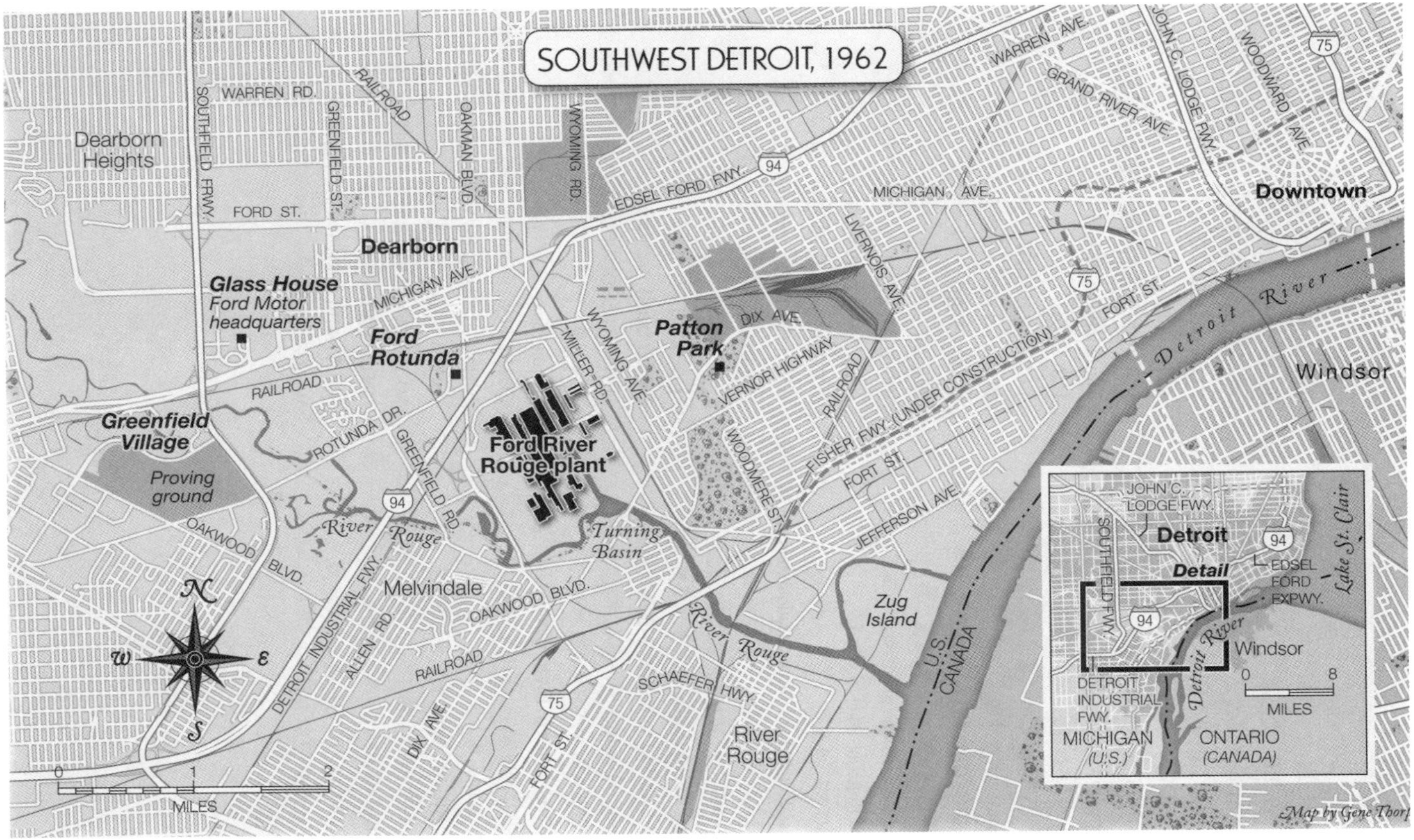
SOUTHWEST DETROIT, 1962
Dearborn Heights
Dearborn
Glass House
Ford Motor headquarters
Ford Rotunda
Greenfield Village
Proving ground
Ford River Rouge plant
Patton Park
Turning Basin
Melvindale
Zug Island
River Rouge
Downtown
Windsor
Detroit River
River Rouge
U.S.
CANADA
WARREN RD.
SOUTHFIELD FRWY.
GREENFIELD ST.
FORD ST.
RAILROAD
OAKMAN BLVD.
WYOMING RD.
EDSEL FORD FWY.
MICHIGAN AVE.
WARREN AVE.
GRAND RIVER AVE.
JOHN C. LODGE FWY.
WOODWARD AVE.
LIVERNOIS AVE.
DIX AVE.
VERNOR HIGHWAY
WYOMING AVE.
MILLER RD.
ROTUNDA DR.
GREENFIELD RD.
WOODMERE ST.
FISHER FWY. (UNDER CONSTRUCTION)
FORT ST.
JEFFERSON AVE.
OAKWOOD BLVD.
DETROIT INDUSTRIAL FWY.
ALLEN RD.
SCHAEFER HWY.
94
75
N
S
E
W
0
1
2
MILES
JOHN C. LODGE FWY.
SOUTHFIELD FWY.
Detroit
Detail
EDSEL FORD EXPWY.
Lake St. Clair
DETROIT INDUSTRIAL FWY.
Windsor
MICHIGAN (U.S.)
ONTARIO (CANADA)
0
8
MILES
Map by Gene Thorp

底特律西南部(1962年)

【大地图】
ALLEN RD. 艾伦路
CANADA 加拿大
DETROIT INDUSTRAL FWY. 底特律工业区高速公路
Dearborn 迪尔伯恩
Dearborn Heights 迪尔伯恩海茨
Detroit River 底特律河
DIX AVE. 迪克斯大道
Downtown 市中心
EDSEL FORD FWY. 埃德塞尔·福特 高速公路
FISHER FWY 费舍尔 高速公路
Ford River Rouge plant 福特鲁日河工厂
Ford Rotunda 福特圆形大厅
FORT ST. 堡垒街
Glass House Ford Motor headquarters 玻璃房福特汽车总部
GRAND RIVER AVE. 格兰德河大道
GREENFIELD RD. 格林菲尔德路
GREENFIELD ST. 格林菲尔德街
Greenfield Village 格林菲尔德村
JEFFERSON AVE. 杰斐逊大道
JOHN C. LODGE FWY. 约翰·C. 洛奇高速公路
LIVERNOIS AVE. 利弗诺大道
Melvindale 梅尔文代尔
MICHIGAN AVE. 密歇根大道
MILLER RD. 米勒路
OAKMAN BLVD. 奥克曼大道
OAKWOOD BLVD. 奥克伍德大道
Patton Park 巴顿公园
Proving ground 试验场
RAIL ROAD 铁路
River Rouge 鲁日河
ROTUNDA DR. 圆形大厅路
SCHAEFER HWY. 谢弗路
SOUTHFIELD FRWY. 绍斯菲尔德高速公路
Turning Basin 掉头区
U.S. 美国
VERNOR HIGHWAY 弗诺路
WARREN AVE. 沃伦大道
WARREN RD. 沃伦路
Windsor 温莎
WOODMERE ST. 伍德米尔街
WOODWARD AVE. 伍德沃德大道
WYOMING AVE. 怀俄明大道
WYOMING RD. 怀俄明路
Zug Island 楚格岛

【小地图】
Detorit Detail 底特律详图
DETROIT INDUSTRIAL FWY. 底特律工业区高速公路
Detroit River 底特律河
EDSEL FORD EXPWY 埃德塞尔·福特高速公路
JOHN C. LODGE FWY. 约翰·C. 洛奇高速公路
Lake St. Clair 圣克莱尔湖
MICHIGAN(U.S.) 密歇根(美国)
ONTARIO(CANADA) 安大略(加拿大)
SOUTHFIELD FWY. 绍斯菲尔德 高速公路
Windsor 温莎

圆形大厅的屋顶由高度易燃的塑料和玻璃纤维制成，所以，等到消防员抵达圆形大厅的时候，整个屋顶都已起火。两辆云梯车绕到后面的私人车道。另一侧，消防员和志愿者们正从舍费尔路拉来消防水管，小心翼翼地向前移动。温度太高了，而且水压有限，无法将水喷到 110 英尺高去给屋顶灭火。建筑的钢架开始弯曲。下午 1 时 56 分，消防队长及时让他们的人远离了建筑物。在街对面林肯—水星大楼工作的罗伯特·道森（Robert 7
Dawson），看到屋顶成了“火球”，起初下面并没有火苗，“突然间，屋顶整个塌了。大厅内所有的东西都烧了起来。浓烟开始熏石灰石墙体，接着，墙体从北边开始崩塌，就像叠好的多米诺骨牌被推倒”。火烧到极度易燃的圣诞节展品时，顿时失去了控制，明亮的火焰蹿出 50 英尺高，整栋建筑轰然崩塌，石灰石、混凝土和粉尘升腾四溅。

消防员们借着一股盛行的东北风，集中精力挽救北部的侧厅，福特公司的档案就保存在那里。南边的侧厅已经没了，388 个座位的剧院烧成了一碰就碎的空壳。处在外围的安科尼和他的伙伴想靠近点儿看。安科尼回忆：“一群保安想把我们挡回去，我们推开了一个家伙，想马上看到火灾现场。我们进了还在燃烧的车库，我们以前在停有汽车的车库放过火，当时就是想看看着火的车子。我们那时太年幼无知了。”保安把他们挡了回来，两个男孩捡起大块的石头和泥巴向保安扔去。他们的行为立刻引起了附近几个迪尔伯恩警察的注意，警察将他们拉到警察局拘留了。

之后一段时日，安科尼和他的伙伴在“卡伯特街男孩”（安科尼生活的底特律西南角的街坊里的一群不良少年）中地位颇高。传言说安科尼和他的伙伴烧毁了宏伟的福特圆形大厅，他们原来的轻微放火罪被加重了几个等级。他们越是否认，其他孩子越确信是他们所为。

底特律全城都为这次的火灾感到痛惜。《底特律自由报》（*Free Press*）的马克·贝尔泰尔（Mark Beltaire）年少时曾参观过当时还是芝加哥世界博览会展馆的福特圆形大厅，他在自己的专栏《街头公告员》里写道：“为一栋楼流泪？当然，而且会有很多人为福特圆形大厅的毁灭而伤心。这么多年来，圆形大厅已经拥有了自己的独特个性。从未进过大厅参观的人都知道它，认可它。夜间的圆形大厅尤为引人注目，即便在数十英里外开车

8 也能看到它。”[6] 另一个专栏作家写道，圆形大厅“见证了底特律工业将近 30 年的卓越成就。其历史与现代汽车工业的发展相互交织，密不可分”。一直在外地组织福特汽车公司在西雅图和纽约世界博览会展馆事务的福特圆形大厅经理约翰 · G. 马拉利（John G. Mullaly）得知此事后回到底特律，与负责圣诞节项目的经理一起看了圆形大厅烧焦的残骸。1500 万美元化作了青烟，一项节日传统就此中断，汽车城的象征化作了尘土，参观者的数量永远停留在 13189694。尽管马拉利和他的老板亨利 · 福特二世没有明
9 说，但明眼人都知道，福特圆形大厅不可能也不会再重建了。消失的永远消失了。

傍晚，消防员们还在用水浇灌福特圆形大厅的废墟，底特律警察局局长乔治 · 爱德华兹（George Edwards）则坐在 12 英里外的波比安 1300 号焦急地等待着座机铃响。“波比安 1300 号”有双重含义：既指警察总部，也代指警察局的领导。这栋十层楼的建筑也由阿尔伯特 · 卡恩设计，矗立在克林顿和马科姆之间的街区。爱德华兹从密歇根州最高法院卸任后，受底特律新市长杰罗姆 · 卡瓦纳（Jerome Cavanagh）之邀接任底特律警察局局长，到现在为止任职还不到一年。卡瓦纳是个自由派天主教徒、肯尼迪总统的追随者。他给爱德华兹的任务是对底特律市的警察队伍进行改革，使其对市民更友善，改善警察与底特律黑人人口（当时被叫作“黑鬼社群”）的关系。爱德华兹在给一位密友的信中解释了他接手警察局局长的位置后要实现的“不太可能实现的后续目标”：“很有可能，在接下来的几年里，我能作的最大贡献就是争取解决威胁底特律的紧张形势，争取让宪法在我们这个伟大的城市落到实处。”但即便带着理想愿景，作为警察局局长，爱德华兹的首要任务还是打击犯罪，他的当务之急是处理这两个任务的复杂关系。

三个半小时之后，电话终于响了，准确时间是晚上八点半。[7] 来电话的是刑警队长、高级督察阿特 · 塞奇（Art Sage）。塞奇得意地报告：“局长，搞定了，已经将他们一窝端了。”

塞奇指的是哥谭酒店（Gotham Hotel）经营的赌博活动，地方和联邦

警察早就知道这间酒店①是底特律多种非法活动的坚固据点。傍晚，光线
昏暗，两辆有轨电车抵达约翰 · R 街②111 号管弦乐厅（Orchestra Place）
附近的停车点。车门“嗖”的一下打开，112 名挥舞着消防斧、撬棍和大 10
锤的男子蜂拥而出，他们是底特律市警察局、密歇根州警察局和国税局的
情报单位组成的联合专案组成员。先跳下汽车的警员还拿着一张针对整个
酒店的搜查证。此前，他们从未获得如此彻底的搜查许可，因为之前的搜
捕行动规模很小，一次合法授权只能搜查一两个房间，最多三个房间，结
果都被赌徒们应付了过去。他们用各种手段保护自己的据点，在酒店安装
内部安监系统、警报器，安排密探在酒店和周围的街道巡逻，通过对讲机
随时报告情况。

这次，一个联邦秘密特工被安插到酒店，专门对付按警报器的接待人员，这一招取得了成功。有了搜查计划、全面搜查令，再加上一支阵容强大的突击队随时待命，法律发现背后真相的可能性似乎更大了。哥谭酒店的所有者约翰 · J. 怀特（John J. White）向《密歇根纪事报》（*Michigan Chronicle*）一位富有同情心的记者抱怨：“他们像圣母大学橄榄球队员一样破门而入。”在针对此次突击行动的头条报道中，这家底特律头号黑人报纸在“橄榄球队”前插进了“气势汹汹”一词。[8]

哥谭酒店不是一家普通的酒店。在鼎盛时期，它是底特律黑人的文化和社交中心。约翰 · 怀特有一段资本家成名史。他来自俄亥俄州加利波利斯市的一个小镇，母亲死后，他随兄弟姐妹来到了底特律这座大城市，混迹于黑斯廷斯街的投机者和草根金融家中间，最终获得了足够的资金，在 1943 年买下了这间酒店。酒店所在的这片城区当时还是白人居多，离韦恩州立大学不远，与伍德沃德大道隔了一个街区，走一小段路就能到管弦乐厅。怀特的出现延伸了这个过去被称为天堂谷的黑人区的边界。哥谭酒店

---

① 哥谭酒店于 1924 年 4 月开建，起初目的是为全世界黑人（包括精英和权贵）提供服务，后来变成了赌博活动中心。1962 年 9 月，该酒店因赌博活动遭警方突袭而关闭，1963 年，酒店大楼在市区改造中被拆除。

② 该路名是为了纪念底特律首任通过选举任命的市长约翰 · R. 威廉姆斯（John R. Williams）。

由两座实心砖建造的高楼组成，两栋楼的顶层公寓连在一起。这座建筑曾是靠卖医疗用品成了百万富翁的阿尔伯特·D. 哈茨（Albert D. Hartz）的私人豪宅，为他设计这座建筑的正是建筑师阿尔伯特·卡恩。

怀特接手哥谭酒店 20 年，在大部分时间里，客人走进酒店，都像进入
11 了黑人文化名人堂。[9] 每个有名的黑人都在这里待过。前台后面的墙壁上是杰基·鲁宾逊（Jackie Robinson）、乔·路易斯、亚当·克莱顿·鲍威尔（Adam Clayton Powell）以及墨点乐队（the Ink Spots）的签名照。12 岁起便在底特律生活的“棕色炸弹”①（Brown Bomber）经常在哥谭酒店的乌木房餐厅吃早餐，点上五份煎蛋配番茄酱，外加一份带骨牛排。酒店前台由多面手老贝里·戈迪（Berry Gordy Sr.）所建，他的儿子小贝里·戈迪是摩城唱片公司的老板。小贝里·戈迪的四个姐姐（都成了摩城的女歌手）都由玛克辛·鲍威尔（Maxine Powell）负责教授礼节、仪态和社交礼仪，鲍威尔在哥谭有着多年开课授徒经验。大厅里一排带厚坐垫的皮椅背后的墙上挂着舒格·雷·鲁宾逊（Sugar Ray Robinson）、韦德·麦克里（Wade McCree）法官、国会议员小查尔斯·迪格斯（Charles Diggs Jr.）以及其他黑人名流的肖像。最终跟随迪格斯的脚步当了国会议员的年轻律师小约翰·科尼尔斯（John Conyers Jr.）靠卖过滤皇后牌（Filter Queen）真空吸尘器完成了在韦恩州立大学法学院的学业，他的最大客户就是约翰·怀特和哥谭酒店的客房清洁员。科尼尔斯回忆说，哥谭事件非常引人关注，第二周周三的《密歇根纪事报》对事件进行了报道。底特律的黑人商界大佬们定期在哥谭酒店聚会，身着正装参加哥谭俱乐部的活动，其中一些贵宾还是全国有色人种协进会（NAACP）底特律分会的终身会员。

哥谭酒店的员工们都被要求遵守约翰·怀特定下的礼仪规范，这套规范被印出来贴在酒店的每一个楼层：

永远不要和客人争吵。只对客人友善是永远不够的，对你们的同

① 乔·路易斯是美国职业拳击手，从 1937 年到 1949 年，连续 13 年获得重量级拳手比赛冠军，整个职业生涯共打了 69 场比赛，仅输 3 场，被称为“棕色炸弹”。

> 事也应如此。客人以3C标准来评判我们的酒店，即礼貌（courtesy）、愉悦（cheerfulness）、热诚（cordiality）。让客人明显感觉到你喜欢他们。尽力容忍牢骚满腹的客人，有分寸地对待不耐烦的客人。一句愉快的“很高兴见到您，先生”或者“很高兴您能再来，女士”给许多酒店带来了回头客。（戈迪家族也和这套礼仪规范有关，这些海报由小贝里的大哥富勒·戈迪［Fuller Gordy］经营的戈迪印刷公司印制。）

诗人兰斯顿·休斯（Langston Hughes）在1949年《芝加哥卫报》（*Chicago Defender*）的一个专栏里提到了哥谭的这套礼仪规范和其他细节。他在文章里写道：“底特律出现了一个奇迹，因为这个奇迹，善良的天主教 12
徒会感谢圣克里斯托弗（Saint Christopher）——旅人的守护神。作为一个善良的黑人，我感谢守护这一奇迹的不管什么神。我所说的这个奇迹就是哥谭酒店，它由黑人所有，由黑人管理，并且员工也是黑人。在美国，哥谭酒店是少数几家毫不费力就能打开梳妆台抽屉的黑人酒店之一。而且，当你打开抽屉时，里面不会有任何之前的客人留下的杂物——假发、撒落的粉末、漫画书、烟蒂、废纸。它是少数几家能够做到如下几点的黑人酒店之一：衣橱干净而整洁，在隐蔽的角落里没有女仆忘记拿走的空啤酒瓶，大厅的墙上没有斜靠着的废弹簧床。”

谁能想到，这个大诗人还是城市卫生检查员和利昂娜·赫尔姆斯利（Leona Helmsley）的结合体？不管怎样，他如此欣赏的哥谭品质也被其他许多名人所认可。小萨米·戴维斯（Sammy Davis Jr.）驻留底特律期间租下了酒店整个第五层和第六层。B.B.金在609号房结的婚。哈林篮球队的古斯·塔特姆（Goose Tatum）住过603号房。路易斯·阿姆斯特朗（Louis Armstrong）的贴身男仆一晚上会在酒店的洗衣房里洗五十块手帕。艾灵顿公爵（Duke Ellington）、比利·埃克斯坦（Billy Eckstine）、迪兹·吉莱斯皮（Dizzy Gillespie）、比利·哈乐黛（Billie Holiday）、约瑟芬·贝克（Josephine Baker）、艾拉·费兹杰拉（Ella Fitzgerald）、贝西伯爵（Count Basie）、卡门·麦克雷（Carmen McRae）、凯伯·卡洛威（Cab Calloway）、黛娜·华盛顿（Dinah Washington）以及纳·京·高尔（Nat

King Cole）等人在街道另一头的天堂剧院或约翰·R 街的火焰表演酒吧（Flame Show Bar）演出期间，都享受过哥谭酒店的奢华。他们中有不少人曾被一辆黑色克莱斯勒豪华轿车接到哥谭酒店，然后进行环城游览。开车的司机名叫帕帕·迪伊（Papa Dee），是个五短身材的随行，他头发黑银相间，衣着打扮像怀亚特·厄普（Wyatt Earp）。C. L. 富兰克林牧师是底特律新伯特利浸信会中最耀眼、最具娱乐性的传教士，他曾在哥谭设了一间办公室。富兰克林和他的三个女儿厄玛、卡罗琳、艾瑞莎经常在酒店的乌木房餐厅就餐，餐厅的世界级主厨阿瑟·麦迪逊（Arthur Madison）因其制作的美味芝士蛋糕和知名“哥谭卷”甜点而备受尊敬。

1959 年夏末，从夏威夷休假归来的小马丁·路德·金（Martin Luther
13 King Jr.）下榻哥谭酒店。9 月 25 日，他给怀特写了封感谢信：“尊敬的怀特先生，我写这封信只是想说，非常高兴能有机会在此前的底特律之行中遇见你，还住在你漂亮的酒店。我非常感谢你所给予的礼遇，你对那些我们必须全力以赴实现的理念的关注与投入，给我留下了极深的印象。”[10]

与金会面期间，怀特提出要在每个房间都放一本这位民权运动领袖的著作，且将其与一贯最为重要的《圣经》摆在一起。后来，怀特给金回信，告诉他这件事：“尊敬的金牧师，我们终于收到了订的书，把它们放在了每一个房间。它们已被妥善接收，我们还收到了许多客人对《迈向自由》（*Stride Toward Freedom*）选集的赞美。我非常欣赏你的哲学观，我认为这本书一定会传播开来。我还送了一本到警察局，就放在他们的图书室里。”

现在，警察们带着消防斧、撬棍和大锤闯进了哥谭酒店。[11] 国税局的调查员塞奇和安东尼·杰托（Anthony Getto）头一天晚上在市政厅敲定了整个计划。据他们估计，每年有超过 1500 万美元的资金通过非法经营活动流经哥谭酒店，其中大部分都是赌资，他们终于要对这座所谓的“美国最大的不缴税企业之一”的酒店“开刀”了。联邦警员被连夜增派到底特律以支援当地警方。他们分成小队，每个小队负责酒店的一层楼。尽管事先驻守大厅的探员追上了赌徒的一个眼线以制止其触发警报器，但一个眼尖的酒店常客在第一批警察闯进大门之后马上切断了电梯的电源。一个小队冲进了十楼顶层公寓正在营业的一处私人俱乐部，里面正在进行掷骰游戏，桌布上至少有五千美元现金。但俱乐部的一名成员要求警察出示搜查证，两位警员不得不下楼梯到一楼去取，然后气喘吁吁地爬回十层。

怀特作为酒店的所有者被扣在自己的办公室里。1956 年，怀特因改善 14
种族关系，为黑人社区提供就业机会而被授予杰出人物奖。他认识许多警察，与警方相处融洽。但现在并非友好的交流，而是一场高风险的对抗。他后来称，倘若警察提出要求，他就会提供所有房间的钥匙，但他们一层一层上去，“见东西就砸”，用斧子开路进入全部的房间，共 171 个。一名提前听到风声的记者描述了警察们如何“动手打碎每一扇门，挂在合页上的门支离破碎地散落在走廊上”。

除了顶层公寓，塞奇和杰托还盯上了转角的套房。情报显示，赌博经营者会在那里计算每天的进项。大部分套房都是空的，这次行动没有抓住经营人员，但获得了大量的线索。爱德华兹局长自去年一月收到一封举报哥谭酒店长期经营赌博活动的匿名信之后，已经盯了哥谭酒店整整一年。局长后来说，他逐渐相信“终止哥谭酒店的赌博活动事关这座城市、警局和警察局局长的声誉，势在必行”。爱德华兹局长在突袭之后第一次来现场时，看到现场有 15 对灌铅骰子、几副做了标记的扑克牌等证据。“（每个）套房最大的房间里，许多桌子被拉到一起盖上桌布，作为开展‘业务’的大工作区，而所谓的业务就是投注单和各种表格。每一个套房里都有加法机或者计算器来让操作自动化。窗户被小心地遮盖起来，挡得密不透风。放着的酒（显然是）被用于缓解工作的疲惫。壁橱里保存了有关交易规模的证据，令人印象深刻。在本应该放毯子、床单、枕套的地方，放着成盒的硬币卷纸——比我在银行里见过的都多。”

41 人被捕。约翰·怀特以及八个合伙人被认定从事赌博经营活动，因未购买联邦赌博印花受到指控，其他人则面临州一级的赌博指控。警方带
来一个专业人员开保险箱，在几次一无所获后，得了 49222 美元的“头 15
奖”。他们发现的一摞摞整齐叠放的投注单和其他文件，再次证实了犯罪专家的观点：赌徒中有数以千计的底特律工厂工人，他们每周在赌博上花费 10 到 15 美元。

在缴纳了 1 万美元保释金后，怀特出狱，回酒店草拟了一份损害清单

和申诉书。面对《密歇根纪事报》的记者，怀特将这场突袭描述为毫无成果的“多余且不当的放纵”。他拍下了受损物品的照片，谴责了警察挥霍酒店的威士忌、汽水、牛奶和食物的行为。在询问了雇员和住客后，他控告称丢失了许多私人物品，包括六部晶体管收音机、两副双筒望远镜以及一部电影放映机。主厨阿瑟·麦迪逊称，这场突袭毁掉了他的房间，门被斧子劈坏，梳妆台遭洗劫，衣物扔得满地都是。酒店的修甲师梅贝尔·穆尔（Maybelle Moore）称她的现金盒里少了 7 美元。

怀特还辩称，在一间房里找到的加法机和会计单是一位朋友兼房客带来的物品，因为此前他在布拉迪街和约翰·R 街交汇处开的加油站因城市改造被夷为平地。这个理由站不住脚，但在这场突击行动中，城市改造在背后所起的作用是不可忽视的。过去几年里，城市的强势阶层——政客、规划师、开发商、建筑业巨头以及金融家们以发展的名义监视着底特律大片黑人老城区的拆除工程。它的心脏地带——生机勃勃却破旧不堪的黑斯廷斯大街已被抹去，以便为克莱斯勒高速公路腾出位置。街上的居民并不把正在发生的事情叫作城市改造，而是称之为“清除黑人”。

现在，哥谭酒店被指名拆除，要给一家医院的停车场腾地方。正是因为酒店的命运已定，而且酒店所在位置正在被清空，联邦法官才颁发了全面搜查的许可。当怀特对参加突袭的执法人员抱怨说他们正在摧毁酒店时，他们的回应是让他别担心，反正医疗中心迟早会拿走他的产业。这家被朗斯顿·休斯宣布为奇迹，为乔·路易斯提供过鸡蛋和牛排，在每一间客房
16 里陈列马丁·路德·金的民权著作的酒店，要给变革让路，无论这场变革是好是坏。随着斧子的每一次挥舞和大锤的每一次击打，底特律的某一部分正随着哥谭酒店死去，一如同一天在 12 英里外，年轻的鲍勃·安科尼看着一场大火将福特圆形大厅化为灰烬。

第二章　不要问 17

一个月前。10 月 7 日上午 10 时 55 分，美国总统从雷蒙德·默里（Raymond Murray）驻守的喜来登－卡迪拉克酒店（Sheraton Cadillac hotel）西侧入口走出来，门外人潮汹涌，一直延伸到两个街区外的华盛顿大道。[1] 默里是刚入职的警察，军人出身，一个月前刚从警察学院毕业，仍与母亲同住在底特律城西的曼斯菲尔德街。他以全班第一的成绩毕业，很有潜力，但是资历尚浅，当天早晨去波比安 1300 号报到点名时，他便被分配到总统特警队。他没有巡逻车，只能从总部步行去酒店。酒店的官方名称是“喜来登－卡迪拉克”，当时它并入喜来登连锁酒店已有十年，但是底特律人都叫它“布克－卡迪拉克”，布克兄弟早在 20 年代就创建了这个美国最大的酒店。

布克—卡迪拉克酒店有 1200 间客房和 4 个餐厅，有宽敞的宴会舞厅和昏暗、豪华的绅士酒吧，一如哥谭酒店在底特律黑人圈中的地位，布克－卡迪拉克是底特律的文化、体育、社交及政治权力中枢，是权势阶层抛头露面的场所。[2] 斯宾塞·屈赛（Spencer Tracy）和凯瑟琳·赫本（Katharine Hepurn）拍摄弗兰克·卡普拉（Frank Capra）的《联邦一州》（*State of the Union*）时便下榻于此。美国联盟球队来此地与老虎队比赛时也预定了这家酒店。1939 年 5 月 2 日，正是在这家酒店，在连续比赛 2130 场之后，受 18
肌萎缩性脊髓侧索硬化症（当时尚未确诊）初期症状影响的“铁马”卢·格里克（Lou Gehrig）走到球队经理的房间，要求退出洋基队比赛阵容。埃尔维斯（Elvis）、辛纳特拉（Sinatra）、胡佛总统（Presidents Hoover）、富兰克林·D. 罗斯福（Franklin D. Roosevelt）、杜鲁门（Truman）都将之视作底特律酒店的首选，现在，约翰·F. 肯尼迪总统（President John F.

Kennedy）也住了进来。

肯尼迪于前一天晚上抵达底特律，这是他横穿中西部的政治巡讲的第二站，也是他就任总统以来第一次到访底特律。[3] 但这座城市以及附近的安娜堡市，对他的飞黄腾达具有特殊意义——他在这里阐释过“新边疆”方针的部分内容和前景。1960 年劳动节，在卡迪拉克广场，肯尼迪面对着 6 万名底特律人发表演讲，拉开了他总统竞选活动的序幕。在这次演讲中，他提到：“新边疆不是我承诺将为你们做什么，新边疆是我问你们能为国家做点什么。”在后来的就职演讲中，他将早年这句不太诗意的话扩展成了一段排比句，成为他的不朽名言——“不要问”（ask not）。六周后，凌晨两点，在底特律下了飞机之后，肯尼迪动身前往安娜堡，与等在密歇根大学联盟大楼外的一万名学生会面。在那里，他发表了即兴演讲，首次提出“和平队”的概念。“在即将成为医生的同学之中，有多少人愿意去加纳工作呢？”他问道，“又有多少技术员或工程师愿意驻外服务，前往世界各地呢？”数千名密歇根大学生积极响应，在请愿书上签名，表示已经做好和平驻外、服务国家的准备。

再次来访，肯尼迪并没有准备名言警句或宏大愿景。前一晚，刚在底特律大都会机场落地，他便宣称密歇根“前景光明”。之后，肯尼迪在酒店总统套房与当地官员进行了几个小时的会面，其中包括肯尼迪的忠实信徒、前途无量的市长卡瓦纳和警察局局长爱德华兹，后者正在竞争联邦法官席位。第二天早晨，总统套房再次为来访者打开。第一个到来的是密歇根州州长约翰·伯利·斯温森（John Burley Swainson），他向曾是海军英
19 雄的肯尼迪讲述了自己在第二次世界大战中的英勇事迹。19 岁时，斯温森在巴顿麾下第 95 步兵团服役，在梅茨附近的战役中他的双腿被地雷炸断了，他因此荣获法国十字勋章。1960 年肯尼迪就任总统，就在同一年，斯温森也当上了密歇根州州长。但现在的民意调查显示，他短暂的两年任期受到了漫步者汽车（Rambler）缔造者乔治·罗姆尼（George Romney）的威胁，后者在成为底特律车企新贵美国汽车公司总裁之后开始投身政治。

随后被引进套房的客人要有趣得多，来者名叫埃迈谢·斯科兰凯（Emese Szklenkay），手捧玫瑰花束，21 岁，是个舞蹈演员。总统握住这位

年轻女士的手说："见到你很高兴，我在报纸上读过关于你的报道。""您好。"埃迈谢用匈牙利语柔声回答。两周之前，在随匈牙利舞蹈团赴巴黎演出时，她逃离匈牙利政府控制，获得了自由。《底特律自由报》的记者见证了这场由她在密歇根的亲友安排的英勇行动。底特律的德尔雷区是匈牙利人的聚居区，位于市区西南角，属工业区，距鲍勃·安科尼的街区不远，该区随着 1956 年匈牙利革命失败之后的第二股移民热潮发展起来。埃迈谢请总统接受她"象征匈牙利人民对自由的向往"的花束。肯尼迪接受了花束，并提议与她合影。离开房间时，她转身用英语祝肯尼迪好运。

几分钟后，总统从位于华盛顿大街的酒店入口走出来，经过警察雷蒙德·默里身边时，向他微笑致意。默里根据指示与总统特警组其他警员一起在酒店外站岗，观察周边是否有异常情况。他没有移动无线电，如果有情况，他只能口头传达消息。当天并未出事，但他那天在酒店入口处巡视周边建筑环境时，一直有不好的预感，总觉得"市中心这么多高楼大厦，躲在大楼里射杀总统简直轻而易举"。

伴随着卡思职高乐队（来自这座音乐之城最负盛名的公立中学）演奏的"哈佛大学"进行曲，肯尼迪走上演讲台，身旁是警察局局长爱德华兹。20
《纽约时报》负责白宫新闻的汤姆·威克（Tom Wicker）乘坐媒体大巴沿路报道肯尼迪的中西部巡讲，他表示，肯尼迪看上去情绪高涨。国会刚通过《贸易扩张法》，这项全面立法——肯尼迪政府最重要的成就——开始打破长期存在的国内外关税壁垒。肯尼迪回华盛顿之后不久，国会就会将法案交到他手上，并在鱼室[①]举行签署仪式。他强调，这是两党共同提出的提案，还同时得到在全国颇有影响力的两位底特律人的支持，他们一个是全美汽车工人联合会（UAW）的沃尔特·鲁瑟，一个是福特汽车公司的亨利·福特二世。这两人多数时候都是对手。鲁瑟比很多工会领袖更支持自由贸易，他称肯尼迪政策的反对者缺乏远见，看不到这一法案会提高生产效率，促进经济增长。不过很多共和党人表示反对，因此，在喜来登－

① 即白宫西翼的罗斯福室。富兰克林·罗斯福将其命名为"鱼室"，尼克松总统将其改成了现在的名字。

卡迪拉克酒店外的这次演讲中，肯尼迪首次将贸易问题当作党派武器，称“本州多数共和党人、大部分共和党领导层人士都反对我们的法案，这使得底特律无法将汽车销往欧洲”。

总统选择了另外一个角度攻击罗姆尼。同其他“汽车人”（他们对自己的称呼）一样，罗姆尼也支持贸易扩张法案，认为它对自己的行业有利。肯尼迪手里有政治顾问提供的背景资料备忘，知道罗姆尼更受欢迎，还会在由民主党控制的州通过吸引大量独立选民战胜斯温森。“我们这个时代最有趣的政治现象便是看各个州参与竞选的共和党候选人说‘选这个人吧’”，肯尼迪对底特律的听众说，“他们在言谈中不用‘共和党人’一词，这也情有可原。而我们可以用大字书写‘民主党人’一词，因为民主党代表的是进步。”

秋日的早晨，阳光明媚，结束了前一日演讲的肯尼迪神采奕奕，坐在
21 总统豪华轿车（福特生产的一辆 1963 年林肯大陆）后座的他一度起身，向聚集而来的群众挥手致意。之后他便在州长斯温森的陪同下，坐车沿着长 12 英里的之字形线路穿过民主党心脏地带（多为黑人和东欧移民聚居区）。车子开到卡斯职高，又穿过卡斯来到福克斯剧院附近的伍德沃德，接着沿伍德沃德大道向北行驶，经过韦恩州立大学和书的殿堂——底特律美术馆和底特律公共图书馆，一直开到有一街之宽的通用汽车大楼，大楼外部环绕科林斯柱廊，也是阿尔伯特·卡恩设计的作品。总统的豪车在东大街右转，穿过林荫大道驶向汉姆川克的波兰天主教区，最后沿东北方向驶去。据警方估计，沿路夹道而立的群众多达近万人。当时坐在一辆备用车里的局长爱德华兹，后来给华盛顿的一个朋友写信描述了欢送肯尼迪的场面，他在信中叹道：“站在街边欢迎他的人群规模之大、热情之高，自我 1936 年到底特律以来，还是第一次见到。”热情最高的是汉姆川克约瑟夫坎波街上的群众，市机场也有一群等候送机的人，肯尼迪和随行人员将在这座市属机场乘坐直升机飞往弗林特和马斯基根。

雷蒙德·布伦南（Raymond Brennan）是克莱斯勒公司装饰部的工程师，他和两个儿子泰瑞、詹姆斯也在机场人群中。20 分钟前，他们还在伍德沃德大道沿路送行车队的队伍中，接着便直接开车到达机场，想要再看

一眼总统先生。[4] 车队到达之后，他们挤了上去，为了看得更清楚，还爬上一个离地面 3 英尺高的细管道，旁边是一条 5 英尺高、带着尖头的铁栅栏。他们将身子探到栅栏里，管道不堪重负突然断裂，布伦南和一个儿子掉到尖头上，刺穿了肋骨。人们都在看肯尼迪，没有人注意到他们的险境，也没人听到他们的尖叫，30 秒之后才有人看到他们，将他们救下来。救护车到达现场将他们送往医院时，总统的直升机也消失在地平线上。肯尼迪
得知这个意外时，布伦南父子已经出院在家休养了。他给他们寄了一封慰 22
问信，并给两个男孩寄去了签名照。

那年秋天，肯尼迪在底特律很受欢迎。[5] 按计划，他将于 11 月 1 日（距离大选还有五天）再次回到底特律开展竞选活动。亨利 · 福特二世试图劝他提前回来参加底特律汽车展开幕式，但是白宫负责政治和调度的人员认为一个月之内三次到访底特律太过频繁了。他们选择了竞选活动，拒绝了汽车展，提出让副总统约翰逊去车展。这一决定有惊无险，因为福特尽管是共和党人，但似乎倾向于拥护肯尼迪。

亨利 · 福特二世与肯尼迪同岁，也出生在 1917 年。肯尼迪在乔特高中就读时，福特在同一州的霍奇基斯高中；福特在耶鲁大学时，肯尼迪在哈佛。福特夫人安妮 · 麦克唐奈（Anne McDonnell）的父母是曼哈顿上层阶级的天主教徒，与肯尼迪家是好友。1940 年，亨利和安妮结婚时，杰克的二妹凯瑟琳 · 肯尼迪（人称"凯克"）是伴娘（八年后，凯瑟琳在法国因飞机失事去世），肯尼迪曾经追求过安妮的妹妹夏洛特 · 麦克唐奈（Charlotte McDonnell）。福特后来对一位口述历史学家讲，他与肯尼迪关系亲近，有一次去总统办公室，肯尼迪把他带到一间密室，给他看了 U-2 侦察机的机密照片。在任期间，肯尼迪曾多次召见福特，他与鲁瑟都是肯尼迪劳工管理顾问委员会的成员（共 21 位），负责"促成集体谈判、产业和平、合理的工资和价格政策及生活标准的提高"。1962 年夏，肯尼迪请自己在预科学校的室友和最好的朋友莱姆 · 比灵斯（Lem Billings）劝说福特领导一个商业委员会，以资助华盛顿的一所国家文化中心，该中心就是后来的约翰 · F. 肯尼迪表演艺术中心。福特也为白宫提供了豪华轿车，条件非常优厚，总统在一封感谢信中把它描述成"一项非常实惠的租赁体

系”。现在，福特又派出公司首席华盛顿说客罗德·马克雷（Rod Markley）协助政府处理文化中心计划的各项事宜。

23 肯尼迪能否撬动这位声名显赫的企业高管，使其远离共和党人？福特曾经支持过他的行业对手罗姆尼竞选州长，声称“民主党统治国家、全美汽车工人联合会发号施令已经长达14年，是时候做出改变了”。不过，他对总统职位归属的态度也许不同。在这一年年初，肯尼迪在给亨利和安妮刚成年的女儿夏洛特（夏洛特当时正在曼哈顿21俱乐部庆祝21岁生日）的祝福电报中，挖苦地说：“希望你借此机会重新考虑之前收到的政治建议。祝你21岁生日快乐，约翰·F.肯尼迪。”[6]10月份的那个正午，肯尼迪在城市机场登上直升机飞离底特律时，也许并不清楚，夏洛特的家人给她的建议其实对他有利。她的父亲认为自己“错误地对待了杰克”，没有更公开地支持他。他个人不仅喜欢与肯尼迪相处，也对国家的经济形势满怀乐观。经历过50年代中期的衰退，底特律似乎又兴盛起来，至少汽车行业重新繁荣起来了。

第三章　汽车展 25

汽车展是一场盛大的展览，不过在这之前还有一场展览。汽车人首先要互相展示自己的产品，之后再把新车展示给公众，而汽车人的心情就取决于公众对新车的兴奋程度。第一场展示开始于10月18日（星期四）晚，而更大的车展——1962年底特律汽车展，则可谓盛况空前。

1962年，汽车业业绩达到史上第二高，10月份月销售速度则创下历史新高，来年的前景也无限美好。10月18日白天，福特夸口说，参考新车型之前的销售纪录，接下来两个月将增产2.8万辆汽车。通用汽车同样行情看涨，工厂在全速运行。克莱斯勒召回600名闲散工人加速生产，而美国汽车公司的车间每周六天，两班倒作业。

汽车城形势一片大好。[1]《今日秀》(*Today*)的休·唐斯（Hugh Downs）和杰克·莱斯库里（Jack Lescoulie）来这里做每日早间直播，《NBC新闻》(*NBC News*)也在准备一档周日黄金时段特别节目，由切·亨特利（Chet Huntley）负责讲述。刚到报摊上的《形象》(*Look*)杂志封面印着锃亮的1963年广口格栅新车。古德伊尔的狮鼻飞艇在头顶盘旋，闪烁的广告牌召唤当地人前去观展。美国国务院也倾情支持——礼宾长鼓励外国游客 26
将底特律列入行程之中。而在汽车帝国的皇宫——福特大礼堂内，汽车行业巨头们齐聚一堂，前来欣赏由底特律交响乐团献上的庆祝邀请音乐会。底特律自认是一座蜚声全国甚至国际的城市，是当代工业世界的中心，这场音乐会正是在庆祝其重要地位，它就像汽车文化界的奥斯卡颁奖典礼、纽约时装周或华盛顿白宫记者晚宴。

现代主义风格的福特大礼堂位于毗邻杰弗逊大街的市中心滨河区，自1956年开放以来便成为交响乐团驻地。礼堂的命名反映了它的起源：它为纪念亨利·福特及其夫人克拉拉而建，由福特汽车公司及其经销商出资。评论家经常批评这座交响乐厅音响效果欠佳，称其无法与鼎盛时期的位于哥谭酒店附近伍德沃德大道上的旧音乐厅相比。当然，关于这一点意见并不一致，也有歌手（包括后来摩城唱片的玛莎·里弗斯［Martha Reeves］）盛赞福特大厅响亮的音效。不过这场音乐会的重点不是音响效果，而是有谁出席。

乐团经过特别安排才得以来到现场。之前乐师们都在东海岸巡演，当天早上他们在波士顿购买双程机票飞回底特律，第二天傍晚便要返回伍斯特继续演出。著名的驻团指挥、巴黎人保罗·帕雷（Paul Paray）于前日晚结束了在康涅狄格州斯坦福德的演出后，便从纽约出发，乘坐通宵列车前往托莱多，驱车北上底特律布置舞台。底特律的“大亨们”（“big wheels”，一位当地作家的用词）身穿黑色晚礼服、深色西装，乘坐深黑色豪华轿车到达福特大礼堂，车停在半圆形前庭车道上。当晚天气暖和，但穿着光彩照人的短礼服配缎面鞋的女士们仍披着貂皮披肩。

亨利·福特二世也偕夫人安妮从自家宅第出发来到了音乐厅。在杰弗
27 逊大道上沿底特律河和湖岸线向东、再向东北开十英里路程，便到了圣克莱尔湖金色海滨的格罗斯波因特法姆斯（Grosse Pointe Farms）——福特二世夫妇宅邸的所在地。在那个年代，底特律的社会地理区间界线分明，富人与豪门、新贵与旧族之间很少越界：布卢姆菲尔德山（Bloomfield Hills）和伯明翰（Birmingham）住着公司总裁和高管；格罗斯波因特的其他地区住着银行家、医生和一些帮派大佬；格罗斯波因特法姆斯则住着企业主。亨利和安妮是企业主阶层的典型代表，虽然他们最终还是分道扬镳了——福特的新欢是一位意大利交际花玛丽亚·克里斯蒂娜·韦托尔·奥斯汀（Maria Cristina Vettore Austin），但此时距两人离婚还有一年多，夫妇二人还能在此类重要社交场合上扮演好各自的角色。夏洛特·福特后来说，她父母的婚姻“没有笑声，在我的印象里，就是过去那种老式婚姻。两人养成从来不过问对方的习惯，对彼此也没有感情牵绊。如果我们（几个孩子）不在他们身边，他们就对彼此敬而远之。他们只是各司其职，相互之间感情很淡，一切都只是做到得体而已”。[2] 夏洛特注意到，这种感情关系是

从家族第一代传下来的。她觉得祖母克拉拉就像“英国女王”一样。她还记得，她从小生活的格罗斯波因特法姆斯的宅邸里有 15 个仆人。晚餐由身穿燕尾服的男仆端上来，快到圣诞节时，没有人会期待修饰家里的圣诞树，这些事都是交给福特汽车公司艺术部来做。“我们一哭，就有保姆哄……我上了四年寄宿学校，过得很痛苦，几乎每天都哭。没有人问我，‘你快乐吗？’他们只会说‘你必须这样做’。那个家很严苛，处处都是规矩。”

现在，福特主掌着汽车界，走到婚姻最后一个年头的亨利和安妮仍在各司其职。安妮是艺术资助人，她促成了大礼堂的建成，也是交响乐团和其他文化机构的主要捐助者。[3] 这一年早些时候，亨利·福特二世夫妇（这类活动一般只有福特夫人参与，尽管亨利·福特二世本人的艺术眼光也很敏锐）捐赠给底特律美术馆一件无价之宝——毕加索的《曼努埃尔·帕利亚雷斯画像》（*Portrait of Manuel Pallares*）。

音乐会从莫扎特《费加罗的婚礼》欢快的序曲开始，中场休息时，很 28
多汽车人已经失去兴致，纷纷来到楼下交谊厅觥筹交错，开怀畅谈，没有再回座位。当晚还有演出前派对、演出后派对，第二天和第三天晚上聚会更多：庞蒂克①在麦迪逊街底特律体育俱乐部（也是阿尔伯特·卡恩的作品）赞助的盛大晚宴，在大马戏团公园对面的斯塔特勒希尔顿酒店宴会厅举行的晚宴舞会，美国汽车公司在喜来登－卡迪拉克酒店宴会厅举办的鸡尾酒会，等等。一切都是为这场车展前的展览而准备。

星期五中午，在科博大楼七英亩的展厅附近的一个宴会厅里，汽车制造商协会（Automobile Manufacturers Association）举办了一场媒体人员午餐会。协会主席和主要发言人是福特公司的福特先生，他在行业刊物上有几个公认的绰号：速记版“HF2”“魔鬼老大汉克”，或直接被叫作“魔鬼老大”。他对待媒体并不总是很友好，但关于他的报道总是很畅销。他有时会拒绝媒体要求，有时又向他们泄露一些行业秘密。他有他祖父的一些性格特点，尤其是在解雇员工时非常冷酷，毫不心软，虽然不算讨人喜欢，但他的桀骜不驯很有威慑力。霍奇基斯和耶鲁没有让他染上美国东部地区

---

① 美国通用汽车公司旗下汽车品牌。

圆滑世故的习气。他具有同代人肯尼迪的部分智慧，但缺少总统那种理性与冷静，在很多方面其实更像几天后要来车展致辞的副总统林登·B. 约翰逊（Lyndon Baines Johnson）——一个得克萨斯人。有一次，他轻蔑地问属下卡尔·博勒加德（Cal Beauregard）："你是不是也跟麦克纳马拉一样喜欢提袜子呀？"那口气听起来非常像约翰逊。[4] 罗伯特·麦克纳马拉（Robert McNamara）已辞去福特公司的总裁职位，做了肯尼迪的国防部长。博勒加德问福特这是什么意思，他回答，"麦克纳马拉一紧张就提袜子"，而"魔鬼老大"就不会这样。他衣着稍显土气但非常得体，指甲修剪得很整齐，挺着啤酒肚，无忧无虑，再加上兄弟会派对的派头和满脑子的秘密，就像著名劳工专题作家威廉·塞伦（William Serrin）描述的一样，"魔鬼老大"
29 就是"美国资本家的生动写照"。在执掌福特汽车的漫长岁月中，他的这种个性特征和行事风格与走马灯一样来了又去的通用汽车老板们的单调乏味形成了鲜明对照。最重要的一点是，他对汽车行业了如指掌。

走上讲台对汽车媒体讲话时，福特想说的不只是新车型。尽管继承家族传统成了汽车人，福特也很看重市场，此时他就在考虑开拓新市场。福特说，从今日的社会人口结构来看，汽车销量在未来一段时期还会有大幅增长。当时美国有 7600 万辆机动车，8700 万名驾车者，但是一个家庭配备两辆车已成为必然趋势，汽车销量将呈指数级增长，促使其增长的因素包括收入增加、女性驾车者数量增加（自 1956 年起上升了 56%），以及史上最大规模的潜在年轻一代驾车者的到来。在战后婴儿潮中出生的这些年轻人，年龄最大的现在快 16 岁了，能握方向盘了。

福特说，尽管受冷战影响，但除美国本土市场外，世界市场前景还是更加广阔。其他国家不像美国那般痴迷汽车，经济实力也存在差距，但它们总有一天会追赶上来。福特指的并不仅是欧洲共同市场。他预见到，这个世界正变得越来越小，各地区的联系也越来越紧密："亚洲、非洲和拉丁美洲将重走我们半个世纪前的发展历程，当时我们也是农业社会，生存空间孤立而狭隘。汽车会像改变我们一样改变其他地区人们的生活。"[5] 福特说，底特律汽车制造商若想存活并发展，就必须利用这种全球变革，开展国际化贸易和投资。这是显而易见的。"我只希望，"他补充道，"如果追求进步的行动不被限制，我们也能清晰地预见未来五十年的社会面貌。”

不要问世界能为我们做什么，要问我们能在世界上做点什么——这正是亨利·福特二世思想的精髓。尽管在当今世界，第一次出现了半数汽车都在海外（美国之外）生产，销售竞争却是在美国本土，而非其他国家的情况。过去两年进口汽车销量下降正是国产汽车销量膨胀的结果。进口对美国 30
汽车市场的冲击，集中来源于一个国家（德国）和一个品牌（大众）上。大众的全球销量超过了克莱斯勒和美国汽车（American Motors），紧随通用和福特之后。过去十年间，它的甲壳虫轿车已经在慢慢渗透美国市场，新泽西已经出现几百家经销商和一家新厂。大众汽车对美国市场的影响依旧有限，然而已足够重要，其公司总裁海因茨·海因里希·诺德霍夫（Heinz Heinrich Nordhoff）也受邀从沃尔夫斯堡飞到底特律，于汽车展开幕周的周末在底特律经济俱乐部发表讲话。就在 17 年前，诺德霍夫还在执掌欧宝汽车工厂，为德国纳粹制造卡车。他是极端保守主义者，演讲的主要内容是反对政府干预。

那个 10 月，另一个前轴心国成员日本并没有出现在底特律。10 年前，日本汽车工业已濒临衰亡，但在越南战争期间，美国向日本购买成品军用车辆，又令日本车企起死回生。时至 1957 年，尼桑和丰田已经开始向美国出口少量汽车。1958 年，它们在洛杉矶国际车展展出了自己的车型，随后因路测表现不佳退出，现在才又开始慢慢回归美国市场。距离底特律车展还有六个月的时候，纽约举办了一场国际车展，日本公司也出席了，但是没有发言，也没有提供各紧凑车型的销售额。不过美国公司现在并不关心紧凑型车，而是再次拾起了对大体积车的偏爱。当年出席汽车展的汽车界元老 K.T. 凯勒开玩笑称，他不喜欢撒尿就能尿过车顶的小车。

福特在媒体人午餐会演讲中重申，1963 年的车型比五年前高级很多，消费者购车的性价比更高了。汽车制造商按照对消费者驾车需求的预期改进了车型：动力更大，内饰更豪华，空间更大，甚至加了更多的铝板——1963 年的车型铝板平均重量达 70 磅，而 1962 年的车型仅有 66.5 磅。紧凑 31
型车从 50 年代末开始成为趋势，但现在似乎已经过时了。一位汽车作家表示，这不是一场革命，只是风行一时罢了。美国汽车公司的命脉是小型和经济型汽车，但是“三巨头”——通用、福特、克莱斯勒——都认为，尽管汽车总销量在飙升，但紧凑型汽车的市场在缩减。唯一一种销量没有超过上年的车型便是紧凑型汽车——福特猎鹰、水星猎鹰、雪佛兰科威尔、斯蒂贝克云雀。此外，普利茅斯猛士的表现也让人颇为失望。就在几个月前，福特放弃了一个微型车概念，这款被命名为“红衣主教”的车型是“提袜者”罗伯特·麦克纳马拉在1960年底离开公司去华盛顿任职之前的创意。福特分部总经理李·亚科卡（Lee Iacocca）一直不喜欢“红衣主教”，便把它停产了。面对60年代和新兴婴儿潮一代消费者，亚科卡有他自己的概念车型，不过那是一年多之后的事情了。

周六，底特律下着雨，几百人挤在科博大厅门口，他们是开幕当天近7万游客里的第一批。警卫见状，便将开门时间从11点提前到10点，提前一小时对参观者放行。[6] 媒体和2000名特邀嘉宾周五晚已经参观过车展，现在是车展第一次对公众开放，成人票1美元一张，儿童票35美分一张。汽车制造商协会（AMA）为这场“史上最美汽车展”（协会总监哈里·A. 威廉姆斯［Harry A. Williams］语）投入数百万美元，门票销售只能覆盖部分成本。剩余部分将依靠向汽车公司以5美元每平方英尺的价格出售地面展区收回。30万平方英尺的展区面积似乎足够收回投入。

在距离华盛顿大道不远的大厅里，车展被布置得像车轮辐条。中心是一座转动的塔，高30英尺，称作“光谱塔”，寓意承载新生，外观要比名字略微逊色。美国人一向偏爱新鲜事物，现在尤为如此：“新边疆”方针、新总
32 统和第一夫人、新一代、新设施、新社区、新楼房、新车。光谱塔呈白色，沙漏型外观，腰部有一个电子标牌，展示着车展主题——美国驶向未来。

展位以最醒目的塔为中心向外辐射开，由各公司通过抽签取得。漫步者占1个，福特和水星各占2个，通用汽车占5个。克莱斯勒和斯蒂贝克被安排到边缘展区，不过，这周早些时候，克莱斯勒已经赚足了眼球。当时，市长卡瓦纳登上T.J. 麦卡锡号轮船，随克莱斯勒的“帝国”和“勇士”等车展用车沿底特律河一路南下到科博。加上最新的这一批车，从第二次世界大战到现在，麦卡锡号运载的汽车数目加起来已经有250万辆。每个展位都具有鲜明特色，参展者可以获得不同体验，有的展台让你感觉自己

置身乡村俱乐部，有的则如滑雪小屋，此外还有大学生联谊会堂或郊游等场景。这些布置只是背景，来宾围拢在一起是为了观看参展的 320 辆崭新华丽的汽车，特别是最新的别克未来和雪佛兰科尔维特黄貂鱼。科尔维特以其极具未来感的玻璃纤维车身、紧凑的轴距闻名，虽已推出十年，仍在刷新生产纪录。别克未来是通用汽车才华横溢的设计师比尔·米切尔（Bill Mitchell）的作品，外观有劳斯莱斯之风，作为一辆全尺寸豪华轿车，它外观时尚而又不过分时髦，经过时间的沉淀，别克未来将会成为史上最出色的车型之一。

为奥兹莫比尔汽车（Oldsmobile）站台的是新任美国小姐、来自俄亥俄州的杰奎琳·让娜·梅尔（Jacquelyn Jeanne Mayer）。奥兹莫比尔展出的是 F-85 短剑敞篷车。车展总是少不了美女相伴，这是车企广告的悠久传统，不过这一年有所不同，也反映出汽车行业内外一种新态度。女性驾车者的增加对新车型产生了影响。新汽车的座椅更舒适，方向盘更灵活，车内铺上了装饰地毯以防止鞋跟对其造成损伤。研究表明，女性现在用于驾车的时间超过了做饭的时间，她们想要车载广播、白壁轮胎、自动变速器、动力刹车和转向、仪表板衬垫防护装置。（当时还没有在全国强制使用安全带，只有三个州——威斯康星、纽约、罗德岛——要求新车必须配备安全带，只有两种高性能跑车科尔维特和斯蒂贝克阿文蒂的标准配置包含安全带。） 33

车展上的女性雇员的社会角色经历了一个发展演变的过程：50 年代初是身着泳装、脚踩高跟鞋的金发女郎，50 年代末是身着与汽车内饰配套的礼服的模特，而现在她们则被称为解说员，负责描述展出车型并回答问题。《底特律新闻》社会版编辑埃莉诺·布莱特迈尔（Eleanor Breitmeyer）指出，很多解说员追随的并不是纽约的时尚潮流，而是华盛顿的一位女士："在第一夫人的时尚风格引领下，很多模特都留了肯尼迪夫人那种蓬松的发型，模仿她最爱的装扮——圆盒帽、衬衣连衣裙外搭无袖两件套或者帝国高腰晚礼服。"

观展者以白人为主，但也不乏其他族裔。底特律非裔美国人对汽车工业及汽车的热爱，丝毫不亚于其他种族，他们的汽车持有率已创新高。[7]车展当周，《密歇根纪事报》称"城市中的黑人家庭中每五个家庭就有四个家庭拥有一辆车”，黑人家庭“每年在驾车旅行上花费十亿多美元”。这些数据并不精确。由于当时种族歧视严重（公开也好隐藏也罢），城市中的黑人向银行贷款买车面临重重障碍，但是《密歇根纪事报》的观点仍然成立。黑人顾客很少被提及，但仍是汽车公司需要考虑的战略市场，尽管如《密歇根纪事报》所言，“展厅里的黑人推销员少之又少，汽车广告也很少面向黑人购买者”。当时全美没有一家黑人所有的汽车经销店。也许全国最成功的黑人汽车人就是底特律本地的艾德·戴维斯（Ed Davis），他的奋斗历程可以反映出黑人面临的不利环境。

戴维斯出生于路易斯安那州什里夫波特市。1926 年，15 岁的他来到底特律投靠姑妈。他只身一人北上是为了接受更好的教育，并且进了市区的卡斯职高就读。读高中期间他在一家汽修店打工赚取公交费，之后在一家
34 加油站开了自己的洗车店。后来，他又进入道奇位于哈姆川克的铸造厂工作，最后在位于海兰帕克（Highland Park）伍德沃德大道上的拉姆金斯 - 克莱斯勒经销店得到一份销售工作。据戴维斯说，他的销售员同事（都是白人）都不与他来往，他独自一人在远离主展厅的二楼办公室办公。[8] 午餐时他必须开车六英里去市区的露西·瑟曼基督教女青年会就餐，因为周边餐馆都不招待黑人。1938 年，他攒足了钱，在天堂谷开了一家戴维斯车行，经营二手车买卖。几年之后，为了提高在底特律的销售额，斯蒂贝克在同一地点授权他特许经销。特许经销持续到 1956 年，戴维斯就不再代理，因为没什么人对这个品牌的车感兴趣。在市政府对天堂谷和黑人区进行更新改造，车行周围的房子都被征用来修费舍尔高速公路的时候，戴维斯的二手车销售依旧火爆。1962 年，受形势所迫，他关闭了在天堂谷的车行，希望去市中心寻找更好的机会。车展期间，他努力劝说车企高管们打破汽车三巨头的种族屏障，帮助他成为全国第一位黑人特许经销商。这会成为现实，但当时时机还不成熟。

底特律黑人有自己的购车偏好。在底特律，总体来说，福特的受青睐程度远低于雪佛兰，但是黑人购车者对这两个品牌的喜爱程度却不相上下。这与福特的历史有关。老亨利·福特是著名的反犹太主义者，但他的公司很受黑人群体拥护。福特是积极雇佣黑人员工的主要汽车公司之一，几十

年前，它著名的“每天 5 美元”口号推动了第一次北上移民热潮。福特的第一位黑人员工詹姆斯·普莱斯最初只是一名裁缝，后来进入鲁日河综合工厂负责研磨材料。但是，他的成功只是个例，多数黑人只能从事低级工作。铸造部将近 80% 都是黑人（剩余 20% 多数是东欧人，做这类工作的东欧人被冠以“粗人”的称谓）。唐·马歇尔（Don Marshall）出身底特律警察局，他负责黑人雇员的招聘工作。他们与该市很多大型浸信会教堂的非 35
裔牧师建立了联系，获得源源不断的黑人劳工。市区规模庞大的第二浸信会教堂是中西部最古老的非裔教堂，其建立者之前是一帮奴隶。60 年代早期，该教会的教徒已涨到 4500 人，只需牧师 A.A. 班克斯推荐，其教众便可进入福特公司工作。双方的这种关系始于 19 世纪 20 年代，当时教堂的强势领导者罗伯特·布拉德比牧师（Rev. Robert Bradby）将“非常高端的教徒”推荐给福特，并在布道中反对汽车工厂成立工会，以此获取福特公司的金钱回报。几十年后，由于黑人组织者掌握汽车工人联合会要职，教堂对工会的态度发生改变，但福特公司与教堂的联系并未中断。第二浸信会教堂执事们将佩戴福特徽标当成一种荣誉，工人中间，不管是黑人还是白人，在称呼公司时都会加上一个所有格：你不是在福特公司，而是在福特的公司工作。这一词汇反映出老福特与公司的直接联系。克莱斯勒也深受黑人顾客欢迎，购买克莱斯勒的黑人远多于白人。艾德·戴维斯冲破重重障碍，最终在城西的德克斯特路和埃尔姆赫斯特路拐角处成立自己的经销店时，代理的就是克莱斯勒汽车。

周日傍晚，“魔鬼老大”和其他巨头再聚首，这次的地点选在位于底特律往北八英里的邻市绍斯菲尔德的雷诺兹金属大楼。市长卡瓦纳正在现场，汽车业界人士及他们的夫人也在：美国汽车公司的罗伊·阿伯内西（Roy Abernathy）夫妇、通用汽车的邦基·克努森（Bunkie Knudsens）夫妇和艾德·科尔斯（Ed Coles）夫妇、克莱斯勒的 C.E. 布里格斯（C.E. Briggses）夫妇、福特的尤金·博尔迪纳（Eugene Bordinats）夫妇。400 位来宾享用着香槟和牛排，室内 21 台彩色电视播放着 NBC 节目。

底特律和车展占据了电视台的黄金时段。车展前一周的周六，电视台

50 名工作人员已经在科博大厅就位，一辆辆卡车将摄像机、六英里长的电
36 缆、录影和遥控器材从纽约运达展馆。周六凌晨 4 点，最后一次拍摄要在天亮前完成，在空无一人的展馆，亨特利和《今日秀》主持人得以不受人群干扰，录制一分半钟针对十五款车型的讲解。录像当晚被送上两架飞机由专人送回纽约，现在，节目就在雷诺兹金属大楼的各个电视屏幕上播放。福特、卡瓦纳各自客串了一段采访。除了汽车之外，展览的明星其实是一些名为“提线木偶”的虚构人物，不过，此时距离它们因《芝麻街》[①]成名还有七年之久。两年前的汽车展特别节目被批评平淡无奇，而这次则走向了另一个极端。一位评论者指出，它们是“灵巧的小木偶”，“不过肯定还有增添娱乐元素的其他方式……与汽车更相关的”。

当时媒体已经透露出一丝焦虑。底特律当天发行的报纸都对车展进行了特别报道，不过头条新闻不可避免地分散了人们对当地庆典的关注，时至周日晚，雷诺兹金属大楼的人们谈论更多的是头条新闻而不是汽车。

“总统感冒，行程中止”[9]是《华盛顿邮报》当天早晨的头条，地方报纸对同一事件也有各自的报道。新闻称，周六早晨，肯尼迪在芝加哥黑石集团喜来登酒店房间休息，此时正值他竞选巡讲的中途，随行的白宫医生建议他缩短行程回华盛顿养病。白宫新闻秘书皮埃尔·塞林格（Pierre Salinger）告诉随行媒体，前一天晚上，医生发现肯尼迪的声音听起来很“沙哑”。一则更大的五栏头条标题占据了报纸版面，清楚地解释了这场“感冒”：“南部海军针对古巴危机进行部署”。华盛顿安全局势异常紧张，一时间，冷战对峙一触即发的流言席卷全国。

这是否意味着林登·B. 约翰逊将无法到访底特律？这个问题或许无关紧要，但车展官员们都很想知道答案。他们对外坚称约翰逊仍会前来，一切将按计划照常进行。副总统将于周一 4 点 30 分到达底特律大都会机场，
37 届时亨利·福特二世将在机场迎接，一行人将乘车前往科博大厅，在半小时展馆游览结束之后，他们将前往布克－卡迪拉克酒店总统套房稍事休息，

---

① 《芝麻街》是美国公共广播协会制作的儿童节目，1969 年开播，是迄今为止获得艾美奖奖项最多的儿童节目。

然后回科博参加晚宴，并向在场的2300名来宾发表讲话。然而，读过周一早报头条新闻——“形势危急：对古巴采取重要行动迫在眉睫”之后，“魔鬼老大”便意识到，约翰逊成行的机会实在渺茫。

在圣路易斯的活动结束后，莱迪·伯德·约翰逊（Lady Bird Johnson，林登·B.约翰逊之妻）周一中午抵达底特律，这是她初次到访这座城市。民主党派出女性代表团到伊普西兰蒂机场航站楼接机，但在跟她们打招呼前，约翰逊夫人溜进一间办公室拨打了一个电话。出来后，她并未透露打这通电话的目的。电话与华盛顿局势有关吗？捉摸不透。在被问到是否感到恐慌时，她回答：“我天生不知畏惧。”之后她被护送到靠近伯明翰郊区的金斯利酒店参加茶会。当日晚，按之前的行程，她应与丈夫共同前往科博大厅，但她留在布克–卡迪拉克酒店出席了由州长斯温森主持的接待晚宴，之后便回到总统套房会见底特律几位女性劳工和政治活动人士。副总统最终未能成行，而小亨利·福特首选的致辞者肯尼迪总统，则在宴会还未开始时发表了一席全国电视讲话，向美国民众解释称，拍摄到的侦查照片显示，古巴正在建造导弹发射场，并表示美国要用武力迫使苏联退出。

得知形势危急，底特律汽车巨头们马上团结一心对总统表示支持。[10]亨利·福特二世当晚便代表同行向肯尼迪致电：“时值第44届全国汽车展开幕晚宴之际，在看过您发表的全国电视讲话之后，汽车制造商协会马上召开理事会议，协会成员一致表示信任和支持您为维持南半球及世界其他地区的和平与公正而采取的行动。形势危急，我，以及我的商业伙伴——
车企高管们——承诺，从即刻起不遗余力地为您提供支援和帮助。”首次受 38
邀出席车展晚宴的沃尔特·鲁瑟坐在主席台上，与福特靠得很近，他也对总统表达了支持。鲁瑟是与肯尼迪信件往来最密切的底特律人，他不断向白宫寄出大量电报和长信，随时向总统提出忠告和道德指引。[11]“您对古巴危机采取的应对决策在道德上无可指摘，”他写道，“一个月以来，国内一些不够冷静和负责任的声音催促您针对古巴采取行动，面对这些不够成熟理智的建议，您表现出克制与成熟的判断力。在发现确凿证据，获得道德依据之后，您才坚决果断地采取行动，动用国家力量……作为一位道德领袖，您经受住考验，巧妙维持了以和平为己任和坚决保卫国家安全二者之间的平衡。”

市长卡瓦纳为晚宴提前准备了简短讲话，他本来是想为副总统抛砖引玉，结果却必须临时替补当主讲人。[12]“女士们、先生们，很遗憾，受公共事件所迫，原定的发言人副总统林登·约翰逊先生无法出席此次盛会。”卡瓦纳开始了讲话。他指出，这是他任职期间底特律第一次举办全国车展，车展展示了底特律的最佳面貌，反映出这座城市与其主要工业之间深厚的联系。“底特律享有汽车城的美誉……如果说汽车工业对美国以至世界都产生了深远影响，那么它对底特律这座城市的经济发展影响更为突出。在汽车工业兴起之前，底特律就已经是一座古老的城市，但它今日能成为世界级的主要工业中心得益于汽车工业的发展。50 年前刚进入汽车时代的时候，我们的城市仅占地约 40 平方英里，人口不足 60 万。今天，底特律面积已扩大三倍之多，人口增长也超过两倍。当然，市区的增长幅度实际上更高。我有信心，汽车工业将继续增长，密歇根州和底特律市将继续随之共同发展。”

39 不过，卡瓦纳表示，若想完全发挥潜力，底特律必须将眼光放远，除了汽车工业，也要发展电子、航空航天、国防技术等工业。就在 20 年前美国全副武装投入第二次世界大战时，底特律便发挥了不可估量的作用，它将汽车工业转化成“民主兵工厂”，改制子弹、弹壳、鱼雷、燃烧弹、无线电、雷达装备、空袭警报器、B-24 轰炸机、飞机零部件、坦克、卡车、登陆艇、吉普车、炮筒、机枪、防毒面具、头盔、轮胎、螺旋桨、潜艇网、望远镜、烟幕、探照灯、帐篷等军需品。现在，卡瓦纳说：“无论局势和平还是危殆，底特律和密歇根州都将全力满足国家要求。”苏联将导弹运达古巴，肯尼迪总统严词要求苏联退出古巴，国家面临危机，兵工厂随时可以再次启动。底特律拥有全国最强的制造能力和技术技能，只待政府一声令下。眼下的问题是，整个密歇根州仅得到国家 2.7% 的国防经费。

市长称，和平环境下，底特律正在复兴，“即将迎来一场史上最伟大的文化及商业变革”。

然而，卡瓦纳没有意识到，科博大厅宴会厅的汽车人们也万万没有想到的是，底特律重大的文化变革正在五英里外西大道上几所不起眼的房子外悄然进行，两辆大巴载着才华横溢的本土黑人音乐家和歌手，正准备于第二天一早动身，开始第一场全国巡演。

第四章　西大道 41

我们知道，“Motown”（“摩城”）在语言学上是个混成词，它由两个词结合起来，成为一个具有自己意义的新词：汽车（Motor）与城市（town），汽车与底特律。字词的衍生有机地源自城市的语言。早在摩城唱片公司之前，就有杰克城（Jacktown）——位于杰克逊市的密歇根州监狱的代号。此外还有底特律的族群社区：希腊城（Greektown）、科克城（Corktown）、波兰城（Poletown）、砖城（Bricktown）①、墨西哥城（Mexicantown）。摩城开始是指地方，但更多时候指的是一种音乐风格。

1962 年，从市中心到摩城要拐个弯。沿着划分城市东西两半的伍德沃德大道径直向北，在西大道左转，通用汽车大楼在左，费舍尔大楼在右，一路向前，途经 2600 街区一排排坚实的双层民宅，直抵 2648 号一栋白房子前。房子正面的落地窗上挂着“美国金曲”（Hitsville USA）字样的标牌。西大道到这栋房子处最宽，横穿马路，足有半个橄榄球场那么长。那排房屋若非爆发出颠覆性的创造力，它便和底特律西部大片大片的土地一样，单调、空旷，每日让人昏昏欲睡。

10 月 23 日，星期二。上午，场面比往日更加热烈，但摩城创始人小贝里·戈迪的长姐、谨言慎行的埃丝特·戈迪·爱德华兹（Esther Gordy Edwards）除外。

她照看的小家伙一般叫她“爱德华兹太太”。不过有时他们也会比较 42
随意，按“糖”（sugar）的缩写，不那么正式地喊她“莎格（Shug）”。[1]
她的七个弟弟妹妹另外给她起了个名字，“苏阿”（“Sua”，发音为“soo-

---

① 底特律街区名，以历史建筑和音乐演出闻名，现存有底特律最古老的教堂。

uh”），意思是“大姐头”。她体格健壮，做事井井有条，敏锐又机智，总是衣着整洁，头发一丝不苟地用头巾包着。她有着戈迪家标志性的苹果肌，亮闪闪的眼睛，42岁，年龄是许多艺人的两倍，比他们中最年轻的艺人盲人孩子旺达年龄的三倍还大。仅仅几周前，她刚辞去了记录法院①陪审团委员会（Recorder’s Court Jury Commission）主席的工作。主席这一职位德高望重，监管着底特律市政法院陪审团的筛选，而她是第一位任此要职的非裔。她的密友、霍华德大学（Howard University）的同学罗伯塔·莱特（Roberta Wright）极力劝她不要辞去委员会职务而全职投入到她弟弟运营了三年的音乐公司。[2]“那事成不了，”莱特劝她，“你弟弟不过是玩玩那些磁带。你必须有一份正经工作。”埃丝特，这位州议员夫人，未来的联邦法官的继母，并非举止轻率之人。不过，这样做会很有意思，她说。而且，她有个儿子在卡拉马祖市（Kalamazoo）的西密歇根大学读书，有个继子在安娜堡市的法学院读书，她需要借助摩城提高自己的收入潜力。“我会与你并肩工作，”她告诉弟弟，“同甘共苦。”而现在，她正站在路边，在摩城巡演团队启程第一次长途路演前，尽力维持好秩序。

两辆老旧的大客车停在外面的街道上，旅客们打包好56天行程的行李便上车坐好。这次出行总共有45人：一队保镖和巡回乐队的设备管理员、乔克尔·坎贝尔（Choker Campbell）的十二人乐队“明星秀”（Show of Stars）、喜剧演员比尔·莫里（Bill Murry），以及摩城唱片那些响当当的歌手和歌唱组合，包括奇迹乐队（Miracles）、玛丽·威尔斯（Mary Wells）、马文·盖伊（Marvin Gaye）、小史蒂夫·旺达（Little Stevie Wonder）、奇异合唱团（Marvelettes）、万德勒斯合唱团（Vandellas）、康托斯乐队（Contours）、无上乐队（Supremes）、诱惑合唱团（Temptations）、马福·约翰逊（Marv Johnson）和“歌者”萨米·沃德（Singin’ Sammy Ward）。

整个演出团队人才济济，却也有一定的尊卑秩序。玛丽·威尔斯凭借

---

① 记录法院（court of record），指具有普通管辖权的美国初审法院，该法院有权对违法者罚款或者监禁。其所有庭内诉讼活动都被要求记录存档。

新歌《两个恋人》（*Two Lovers*）晋升歌后。奇异合唱团两年前推出了她们 43
的热门跨界金曲《邮差先生，请》（*Please, Mr. Postman*），现在仍排在女子组合的首位。康托斯乐队发散出最具爆炸性的能量，他们唱着极具感染力的摇滚乐《你爱我吗（我会跳舞了）》（*Do You Love Me* [*Now That I Can Dance*]）。这首歌由贝里·戈迪作曲，取材于他年少时在舞池被拒的受伤经历。玛莎·里弗斯的南方福音唱腔搭上节奏布鲁斯，使万德勒斯合唱团的歌声同样欢快。马文·盖伊有着最酷的嗓音、最具撩人的魅力。年仅12岁的小史蒂夫界于新奇人物与天才之间，他是法定盲人，也是神童，能演奏任何乐器。不过那个阶段的他对于之后的他来说，就好比参加奥运会的少年卡修斯·克莱（后来的穆罕默德·阿里）：身怀神通，魅力非凡，但没有深刻内涵。诱惑合唱团只是随行并为部分演出做伴唱，无上乐队也得靠甜言蜜语才能得到机会为巡演做暖场。当时的诱惑合唱团，出了西大道的工作室就没人知道他们是谁，就在不久之前，他们还是一个名叫“青春乐队”的组合，在短袜舞会（sock hop）① 上对口型，而紧随“青春乐队”之后成立的姐妹乐队“小顶尖合唱团”（Primettes），正是无上乐队的前身。演出的头号阵容是威廉·鲁宾逊领衔的奇迹乐队。斯莫基是多面手，能唱能写，也懂制作，刚好也是贝里·戈迪最好的朋友和最亲密的音乐合伙人。这样的地位让斯莫基和他的奇迹伙伴，包括他的夫人克劳黛特·鲁宾逊（Claudette Robinson）在内，脱离了老旧的大客车，钻进了自己的凯迪拉克与大篷车同行。

他们出发的这天是星期二，一个不同寻常的早晨。[3] 底特律醒来时，报纸的头版标题已写着古巴封锁。副标题更耸动视听：美国着手击沉“红船”以支持禁令。摩城奔赴未来的那一天，和20世纪的任何一天一样，似乎没有希望，世界正处于美苏核对抗的危险边缘。巡回演出的第一站，离白宫只有两英里。广告早已在《华盛顿邮报》（*Washington Post*）和《非裔美国人》（*Afo-American*）上投放。“全明星阵容！”（Nothing But Stars!）摩城巡演将

① 20世纪中叶在北美年轻人中流行的一种舞会形式。舞会多在学校体育馆或餐厅举办，因年轻人参加舞会时需脱掉鞋子，以避免鞋子的硬底弄坏打过蜡的地板而得名。这一形式的舞会也成为当时流行音乐及文化的集中地。

在霍华德剧院（Howard Theater）拉开帷幕，时间是10月26日，即爵士音乐家莱斯·麦卡恩（Les McCann）和迈尔斯·戴维斯（Miles Davis）结束表演的第二天。

埃丝特·爱德华兹和托马斯（宾斯）·鲍尔斯（Thomas［Beans］
44 Bowles）、巡演导演、一名上低音萨克斯演奏者、长笛手以及来自底特律爵士乐圈之外的一位编曲家组成了巡演的后勤团队。巡演中的许多场地，尤其是南方的场地，都由“超音速吸引”（Supersonic Attractions）的亨利·温（Henry Wynne）牵线搭桥而定。亨利·温是亚特兰大的黑人乐队经理，此人颇有手段，能在种族限制之下游刃有余地运营，而且能熟练地从当地筹办人那里拿到预付金。在此之前，摩城的艺人已经上路，他们在芝加哥的帝王剧院、哈勒姆（Harlem）[①]的阿波罗剧院、费城的上城剧院以及其他当时的大场馆演出。全明星巡演在美国音乐界已有先例。爱德华兹为了弄明白怎么做，研究了迪克·克拉克（Dick Clark）的《明星大篷车》（Caravan of Stars），钻研其中的技巧。但是，这是第一次摩城巡演，就像它的名字，它本质上是由她弟弟贝里策划的商业模式：完整的营销包装，巡演上上下下所需的一切，包括所有的物料和人员，都由摩城从底特律引进，所有事务都由摩城内部完成。

摩城最终成了小贝里·戈迪的同义词，但它更可以说是整个戈迪家族的产物，尤其离不开他的姐姐们。他有四个姐姐，依次是埃丝特、安娜（Anna）、露西（Loucye）和格温（Gwen）。他还有三个兄弟，富勒（Fuller）和乔治（George）都比他大。身为男孩，小贝里以为他称呼中的“小”意味着他就是被选中的那个，后来他得知，他出生在1929年11月28日，正值股市崩盘后的一个月，他母亲同意给他取了与父亲相同的名字，是希望他是戈迪家最后一个小孩。即便如此也无济于事，最后罗伯特（Robert）还是降生了。（后来的事实证明，幸亏有了罗伯特，贝里年少时冒险游过美国与加拿大安大略省温莎市的边界时溺水，是罗伯特救了他。）若说小贝里

① 又译作哈林、哈莱姆，纽约地名，美国黑人聚居地及文化、商业中心。

是特别的，那也是他的姐姐们造就了他。格温和安娜给了他无条件的爱与信任，露西提供了住房和数学技能。而埃丝特是组织者，后来更像母亲一样，正如小贝里半个世纪后为这本书接受采访时所言，她是“这座城堡的监护人”。她运作家族的创业基金，并在 1959 年开出了 800 美元的家族支票，作为小贝里·戈迪的唱片公司的启动资金。当他怀疑自己的男子气概， 45
认为自己比不上父亲时，埃丝特抄了一首鲁德亚德·吉卜林①的《如果》(*If*)给他，让他牢记诗句。

戈迪一家在底特律的黑人家庭中可能并不典型，但他们的崛起在许多方面展现了非裔在底特律的经历，他们也从这座城市的特性中获益。1922 年，摩城艺人的“老爸老妈”（Pops and Mom）——老贝里·戈迪和伯莎·富勒·戈迪（Bertha Ida Fuller）在第一次向北部大迁徙②时，从佐治亚州农村来到底特律。虽然他们为逃离种族压迫离开南方寻找机会，但他们绝对不是白手起家。老贝里的父亲是奥科尼县（Oconee County）雅典（Athens）南部最大的黑人地主之一。他英年早逝，死于一场雷暴。老贝里从父亲那里继承了财产和一笔存款。他和伯莎接受的是布克·T. 华盛顿③的自助商业哲学，这种思想是贯穿于美国历史传统中的个人主义式资本主义血统在非裔美国人身上的变体。到达底特律后不久，老贝里就在底特律东部安托万街和法恩斯沃斯街（Farnsworth）的交会处创办了他自己的布克·T. 华盛顿式的食品杂货店，在黑斯廷斯街引起了轰动，还成为底特律黑人企业基本圈子布克·T. 华盛顿贸易协会的活跃成员。[4] 在接下来的几十年里，杂货店只是“老爸老妈”从事的众多产业之一，他们的产业还包括老爸的灰泥生意和建筑，老妈的房地产和保险。他们的孩子总在打零工，女孩子在杂货店收银，当时她们还太小，得站在箱子上才够得

---

① 鲁德亚德·吉卜林（Rudyard Kipling，1865—1936），英国作家，诗人，1907 年获诺贝尔文学奖。

② 大迁徙（Great Migration），指在 1916 年至 1970 年间，总计约 600 万的美国黑人从美国南方农村地区迁徙到东北部、中西部和西部的运动。这场运动又分为两个阶段，1916 年至 1930 年为第一阶段，1940 年至 1970 年为第二阶段。

③ 布克·T. 华盛顿（Booker T. Washington，1856—1915），美国黑人政治家、教育家、作家。

到收银机。

小贝里·戈迪既没有父亲体力上的强壮，也没有母亲受过教育的优雅。他认为他家这位老男人有三大特征：“从早忙活到晚，肌肉硬如铁，杀得死老鼠。”小贝里·戈迪在描述父亲时既崇拜又自嘲，而且庆幸自己摆脱了这种生活。老鼠的部分确有其事。[5] 在他们底特律东部的家，夜间常有老鼠出没，每当老鼠出来的时候，老爸“便会踩住它们猛敲，孩
46 子们就会高呼‘好棒’”。大家都兴高采烈，只有小贝里除外。他跳上椅子，吓得瑟瑟发抖，将视线移向别处。多年以后，他在摩城唱片成为家族中地位最高的人，兄弟姐妹们都叫他“主席”（Chairman），暗含的玩笑是这个名字出自他跳上椅子躲老鼠的那些日子——“小主席”（little chair man）。

伯莎曾是佐治亚州的一名教师，后来从底特律商学院（Detroit Institute of Commerce）毕业。她非常重视孩子们的教育，但与当学生相比，小贝里更需要的是克服不安全感。他的头脑与常人不同。小时候，他从 A 到 Z 顺着背字母表时总是磕磕绊绊，倒着背时却很顺畅。他怕东部那些语速比他快的孩子，觉得自己土里土气，永远得不到女孩的青睐。为了给他的同学留下印象，他试着当丑角，扮成捣蛋鬼的样子。这样下来，一年后他成功地被撵出了喜爱的音乐课堂。他的音乐启蒙老师说来没人相信，就是他的舅舅伯顿·富勒（Burton Fuller）。这位舅舅甚至比他母亲更傲慢，以至于家里没人受得了他不可一世的性格。伯顿演奏古典钢琴。“我问他能不能给我上课，”戈迪回忆，“是的，他很高兴这么做。我问他，他很激动，因为他和家里的小孩子关系不好，他们总是自顾自地谈论他怎么不喜欢任何人，以及他死了以后他的钱怎么办。”

即便只是因为音乐，小贝里也喜欢这个高傲的舅舅。十来岁的时候，他坐公共汽车横穿城市去西部学钢琴。戈迪说：“他住在高档地段，一个很棒的社区，我去他家练琴，他教我练习音阶。”外甥聪敏却没耐心，想继续往前学，弹奏巴赫和海顿，但在转到和弦练习之前，伯顿舅舅坚持让他弹音阶，一小时又一小时，一星期又一星期。贝里也常做白日梦，满脑子想的都是女孩子和关于女孩子的歌。每当练习弹奏和弦时，他就挑这类主

题，即兴演奏简单的进行[1]，做出像米尔斯兄弟（Mills Brothers）的《纸娃 47
娃》（*Paper Doll*），或是墨点乐队的《我们仨》（*We Three*）这样的入门情歌。这些歌描写了如他一般孤独和不安的青年男子。“我为舅舅弹琴，他会说，‘对，继续，继续’，而我头脑中有了一个主意，它太棒了，我不想忘掉它，想要再记得长一点，于是又弹了一遍，他便说‘不’。所以课程的最后他说，‘我教不了你更多了。你有自己的想法’——因为当我敲击这些和弦的时候，这些小旋律就会出来，我在想女孩子，心思离开了课堂。一整堂课翻来覆去地弹奏琶音[2]和音阶只会让我发疯。”舅舅灰心丧气，最终对他说：“去，去找能教你的人。”

结果，收音机和家庭钢琴成了他的老师。在广播里听了黑兹尔·斯科特[3]（一呼百应的哈勒姆众议院议员亚当·克莱顿·鲍威尔[4]的妻子）弹奏布吉－乌吉[5]后，他坐在起居室的小型三角钢琴旁，试着练习听到的曲子。他越练越精，准备充分之后，他参加了乐队指挥弗兰基·卡尔斯[6]在密歇根剧院举办的布吉－乌吉比赛，闯进了半决赛。

音乐之所以能在底特律的这个住宅区街道里流淌，家庭钢琴的作用怎么强调都不为过。那个时候，黑人工薪阶层和中产阶层家庭的孩子都已经能用上钢琴。想搞清楚贝里·戈迪以及许多40年代末到60年代初的青年音乐人在那个时候的底特律经历过什么，以及经历发生的原因，钢琴是绕不开的话题。那么，钢琴与底特律有何特别关联？首先，得益于汽车厂及

---

① 进行（progression）：从一个音到另一个音，或从一个和弦到另一个和弦，具有逻辑性的向前运动。

② 琶音（arpeggio），一个和弦做“延伸弹奏”，即和弦各音从低到高依次奏出。

③ 黑兹尔·斯科特（Hazel Scot，1920—1981），美国爵士乐与古典乐钢琴家，歌手。

④ 亚当·克莱顿·鲍威尔（Adam Clayton Powell，1908—1972），美国政治家。1945年至1971年作为哈勒姆地区的代表，任美国众议院议员。他也是纽约第一位黑人国会议员。

⑤ 布吉－乌吉（boogie-woogie），爵士乐形式之一，用钢琴演奏的布鲁斯音乐，起源于20世纪，但约从1928年开始流行，主要特点是采用分解八度的低音固定音型。最初的演奏者之一为黑人爵士乐钢琴家派托普·史密斯（Pinetop Smith，1904—1929）。

⑥ 弗兰基·卡尔斯（Frankie Carle，1903—2001），美国钢琴家，乐队指挥，被誉为“键盘上的巫师”（The Wizard of the Keyboard）。

其相关工业，大部分底特律人有了稳定的工资，家庭有了一定量的可支配收入，能够用来在俱乐部和家里听音乐。其次，城市的经济地理意味着绝大多数居民生活在独户住宅，而非高层公寓。这就便于钢琴的搬运和安放。最后，底特律在钢琴普及上存在一项优势，它有一家著名钢琴企业——格林内尔兄弟音乐厅（Grinnell Brothers Music House）。

49 格林内尔由艾拉（Ira Grinnell）、克莱顿（Clayton Grinnell）和赫伯特（Herbert Grinnell）三兄弟在安娜堡创建，已有近百年历史。它不仅是底特律主要的音乐商店，也是全国最大的音乐零售商场，同时还是高产的钢琴制造商。[6] 格林内尔的总部大楼（当然也是阿尔伯特·卡恩的设计）位于伍德沃德大道，距离底特律最大的百货商店 J.L. 哈德逊公司不远。格林内尔的产品与哈德逊百货一样丰富，使人想起这座城市往日的繁华——到处都是顾客和营业员，每一层都是闪闪发光的商品。到 1962 年底，由于太受欢迎，格林内尔最终计划将商店扩大规模，在隔壁的桑德斯大楼① 开辟五层店面。这一扩展预示了艺术与金钱的合流，底特律对音乐的热爱给了他们对底特律市区经济活力的强烈信心。

在底特律，只要你是对音乐有兴趣的年轻人，就一定知道格林内尔并且有可能在那里花过时间。大卫·威廉姆斯（David Williams）的叔叔伦道夫·华莱士（Randolph Wallace）在约翰·R 街的商业区经营着的加菲尔德酒吧（Garfield Lounge）和伦多拉酒店（Randora Hotel），以周一晚上 29 美分的“一篮鸡”晚餐出名。威廉姆斯年少时家住西大道边上，每个星期六的早上，他都会乘家门口的公共汽车去格林内尔上 45 分钟的单簧管课。15 年后，威廉姆斯已经身在另一座音乐城市纳什维尔，做了范德堡大学（Vanderbilt University）的副校长，负责行政与体育，他回忆起在格林内尔的日子，还记得一整层楼都作了隔音处理的练习室，放着乐谱架子，鼓励老师们提供单独课程：单簧管、小号、长号、萨克斯管、长笛、吉他，最主要的则是钢琴。威廉姆斯说，音乐是这座城市的灵魂，“有一架钢琴是一

---

① 该大楼高八层，1948 年由弗雷德·W. 桑德斯公司（Fred W. Sanders Co.）购置，格林内尔租下了上面的五层。1963 年 4 月，格林内尔买下了这栋大楼，底下的三层继续租给桑德斯公司。

个家庭的骄傲”。

格林内尔的特点是它与社区的联系，这是底特律的另一个标志。哈德逊百货在这方面做得好坏参半。哈德逊百货为人称道的是它极为大方的退货政策以及为工薪阶层提供的质优价廉的商品。但是它没有黑人营业员，从这方面来说，它也带有种族隔离的印记。格林内尔则雇用了一些黑人音乐家和钢琴调音师，向所有种族和各个收入阶层的人提供钢琴和其他乐器，并且提供了灵活的租借和购买方案。它也向城市的学校（单在底特律的小 50
学，就有超过 1.2 万名学生上器乐课）提供乐器，在其市中心的商店举办小型音乐会，并资助底特律和密歇根州的音乐节。研究底特律黑人文化的历史学家丹·奥尔德里奇（Dan Aldridge）指出：“格林内尔做的事情是让你能在伍德沃德的店里上课，而你要做的事情就是通过分期付款或预付款购买一架钢琴，这么一来，底特律所有的工人阶级家庭都有了他们自己的钢琴。这都要归功于格林内尔。”

戈迪家也加入了底特律购买钢琴的大军。[7] 1949 年，小贝里 12 岁，《色彩》（*Color*）杂志一篇名为《美国最令人惊奇的家庭》的专题报道，展现了整个戈迪家族——老爸老妈、所有八个兄弟姐妹、还有当时已出生的几个孙辈——齐聚在安托万街 5139 号的家宅，围着一架小型三角钢琴的情景。文章称，“如果有一场全国竞赛来挑选美国最具天赋的家庭，《色彩》杂志的编辑们会提名戈迪家族”。报道赞美这家人的创业天分与各种各样的才能，例如，四兄弟组成了一支保龄球队（以富勒为首，他可能是底特律最优秀的保龄球手）并且拿过奖，姐妹们参加了露西创立的“马衔和马刺”马术俱乐部，此外，露西还是马术教练。小贝里被描述成“家里的音乐家……为戈迪家频繁的家庭歌会准备音乐”。

贝里对音乐着了魔，必要的时候，他可以在脑海中弹钢琴，或是做类似的什么事。二十八九岁的时候，他做了福特公司的装配线工人。从东北高中辍学后的 10 年里，他结婚生子，一度想要效仿儿时的英雄乔·路易斯，成为一个拳击手（虽然技巧和等级上差很远，113 磅的体重也只能算羽量级选手，远达不到重量级）。他也曾一度应征入伍，在韩国服役，给随军牧师开吉普车。此后，他又经历了首次经商失败。埃丝特半开玩笑地打趣道："好吧，如果你这么聪明，为什么还不是有钱人？"现在他刚好需要一份稳定的收入，他的岳母就靠着自己与工会的关系，安排他进了汽
51 车厂工作。只在铸造厂干了一天体力活，他就坚定了自己的看法：他跟父亲不一样。"液态的金属倒出来时，我去接它，它灼伤着我的手，哪怕我戴着石棉手套和所有玩意儿，我脑子里想的也是钢琴演奏和音乐，你明白的，我就是控制不住。一天下班后，我……回家告诉妻子（塞尔玛·科尔曼·戈迪，Thelma Coleman Gordy）'我干不了这个'。那里太吵了，我听不见任何东西。当然，她对我很不高兴。我不能丢掉这份工作，因为这份工作是她妈妈为我弄到的。"他岳母并不同意他的想法，三周后又帮他在林肯－水星汽车装配线另谋了一份工作，就是在这里，他练就了靠想象弹钢琴的技能。

他在流水线上负责车饰部分：卡金属夹。[8] 熟练之后他发现，与其每分钟等着流水线来到自己的岗位，不如自己动起来迎着装配线，这样下来，每工作一分钟，可以省下四到五分钟。这不合规矩，违反了工会和车间程序，但他乐此不疲，工友们也很少抱怨。"他们并不真的喜欢这种工作，可我觉得非常非常棒，"他说，"我愿意干活……而且速度飞快。别人在车外工作时，我会跳进那辆车里面，搞定后再去下一个工位，说声'不好意思'，我本不该在那儿。然后我回到自己的工位，当汽车在流水线上移动时，我早就搞定了三到四辆。这样我就可以埋头想我的曲子。"他的后裤兜里塞着一个笔记本，每当脑袋里蹦出曲子时，他就写下来。他用最基础的音乐记谱方法，比他从伯顿舅舅那里学的任何方法都简单。有了旋律，他就学着 8 岁的小孩记玩具钢琴或木琴上的数字的模样，用数字记下每个音符。他以"玛丽有只小羊羔"——3212333——为基础，写了一首又一首情歌。

后来，很多人都认为，戈迪在汽车装配线上产生的想法，影响了摩城的音乐制作流程，尽管大批量生产艺术品可能带有负面含义。摩城的音乐制作流程与汽车工厂的流水线有诸多明显的相似之处。摩城在西大道的运
52 营确实有几分鲁日河工厂的感觉，从取材到成品依次进行，只是不像福特银河系列那样不断重复，而是用一首富有辨识度的歌曲打响一个品牌。但

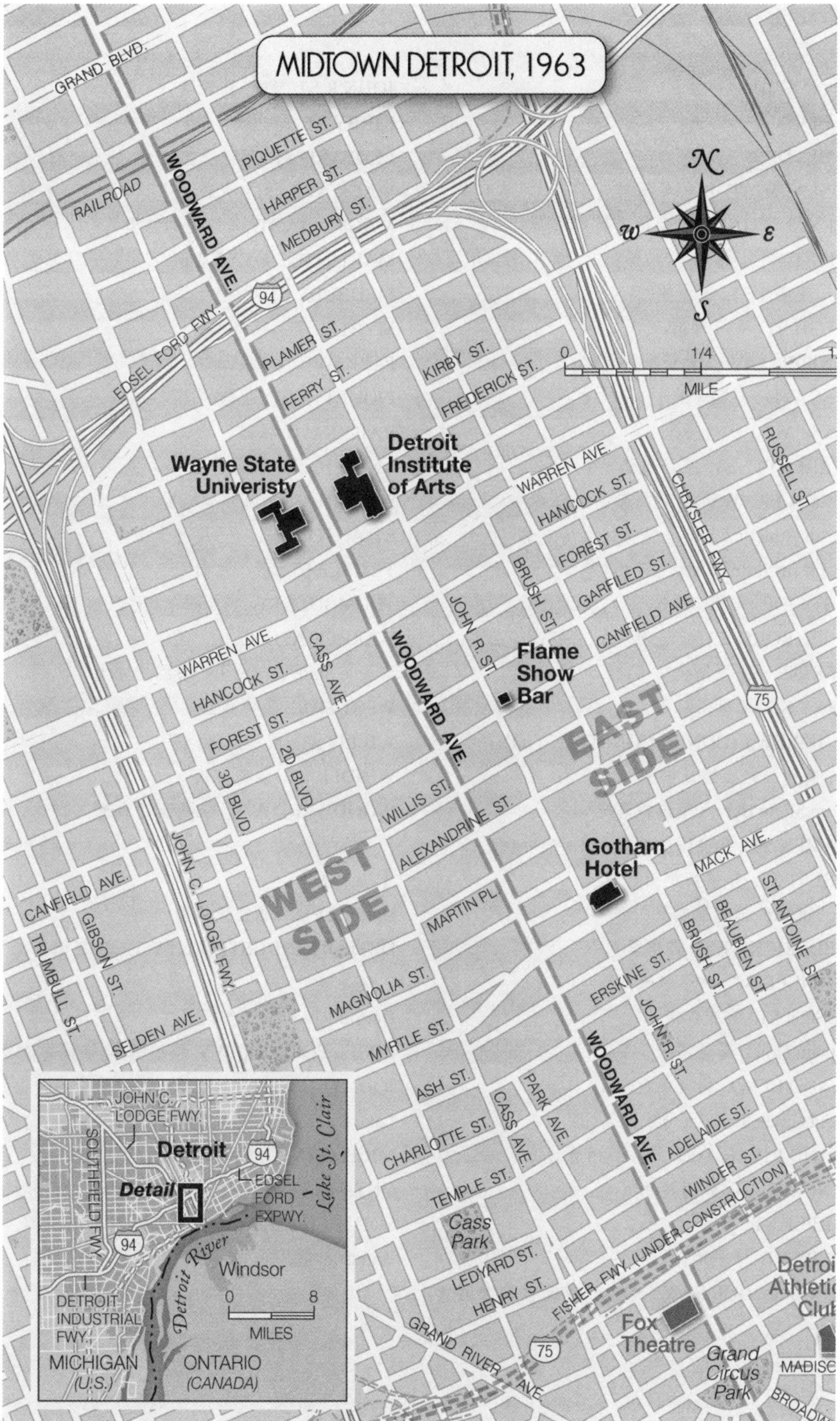
MIDTOWN DETROIT, 1963
GRAND BLVD.
PIQUETTE ST.
HARPER ST.
MEDBURY ST.
RAILROAD
WOODWARD AVE.
94
EDSEL FORD FWY.
PLAMER ST.
FERRY ST.
KIRBY ST.
FREDERICK ST.
N
W
E
S
0
1/4
MILE
Wayne State Univeristy
Detroit Institute of Arts
WARREN AVE.
HANCOCK ST.
FOREST ST.
GARFILED ST.
CANFIELD AVE.
BRUSH ST.
JOHN R. ST.
CHRYSLER FWY.
RUSSELL ST.
Flame Show Bar
75
EAST SIDE
WARREN AVE.
HANCOCK ST.
FOREST ST.
CASS AVE.
2D BLVD.
3D BLVD.
WILLIS ST.
ALEXANDRINE ST.
WEST SIDE
Gotham Hotel
MACK AVE.
MARTIN PL.
JOHN C. LODGE FWY.
CANFIELD AVE.
GIBSON ST.
TRUMBULL ST.
MAGNOLIA ST.
ERSKINE ST.
BRUSH ST.
BEAUBIEN ST.
ST. ANTOINE ST.
SELDEN AVE.
MYRTLE ST.
JOHN R. ST.
ASH ST.
PARK AVE.
CASS AVE.
CHARLOTTE ST.
ADELAIDE ST.
WINDER ST.
TEMPLE ST.
Cass Park
LEDYARD ST.
HENRY ST.
FISHER FWY. (UNDER CONSTRUCTION)
GRAND RIVER AVE.
75
Fox Theatre
Grand Circus Park
BROADWA
MADISO
Detroi
Athletic
Club
JOHN C. LODGE FWY.
SOUTHFIELD FWY.
Detroit
94
Detail
EDSEL FORD EXPWY.
Lake St. Clair
Detroit River
Windsor
0
8
MILES
DETROIT INDUSTRIAL FWY.
MICHIGAN (U.S.)
ONTARIO (CANADA)
Map by Gene Thorp

底特律市中心（1963年）

【大地图】
2D BLVD. 第二大道
3D BLVD. 第三大道
ADELAIDE ST. 阿德莱德街
ALEXANDRINE ST. 亚历山德里娜街
ASH ST. 阿什街
BEAUBIEN ST. 波比安街
BRUSH ST. 布拉什街
CANFIELD AVE. 坎菲尔德大道
CASS AVE. 卡斯大道
CASS PARK 卡斯公园
CHARLOTTE ST. 夏洛特街
CHRYSLER FWY. 克莱斯勒高速公路
Detroit Athletic Club 底特律体育俱乐部
Detroit Institute of Arts 底特律美术馆
EAST SIDE 底特律东区
EDSEL RORD FWY. 埃德塞尔·福特高速公路
ERSKINE ST. 厄斯金街
FERRY ST. 费里街
FISHER FWY.(UDNER CONSTRUCTION) 费舍尔高速公路（建设中）
Flame Show Bar 火焰表演酒吧
FLAMER ST. 弗拉梅尔街
FOREST ST. 弗雷斯特街
Fox Theatre 福克斯剧院
FREDERICK ST. 弗雷德里克街
GARFILED ST. 加菲尔德街
GIBSON ST. 吉布森街
Gotham Hotel 哥谭酒店
GRAND BLVD. 格兰德大道
Grand Circus Park 大马戏团公园
GRAND RIVER AVE. 格兰德河大道
HANCOCK ST. 汉考克街
HARPER ST. 哈珀街
HENRY ST. 亨利街
JOHN C. LODGE FWY. 约翰·C. 洛奇高速公路
JOHN R ST. 约翰·R街
KIRBY ST. 卡比街
LEDYARD ST. 莱迪亚德
MACK AVE. 麦克大道
MAGNOLIA ST. 马格诺利娅街
MARTIN PL. 马丁商业街
MEDBURY ST. 梅德伯里街
MYRTLE ST. 默特尔街
PARK AVE. 帕克大道
PIQUETTE ST. 皮格特街
RAIL ROAD 铁路
RUSSELL ST. 拉塞尔街
SELDEN AVE. 塞尔登大道
ST. ANTOINE ST. 圣安托万街
TEMPLE ST. 坦普尔街
TRUMBULL ST. 特朗布尔街
WARREN AVE. 沃伦大道
Wayne State University 韦恩州立大学
WEST SIDE 底特律西区
WILLIS ST. 威利斯街
WINDER ST. 温德尔街
WOODWARD AVE. 伍德沃德大道

【小地图】
Detroit Detail 底特律详图
DETROIT INDUSTRIAL FWY. 底特律工业区高速公路
Detroit River 底特律河
EDSEL FORD EXPWY 埃德塞尔·福特高速公路
JOHN C. LODGE FWY. 约翰·C. 洛奇高速公路
Lake St. Clair 圣克莱尔湖
MICHIGAN（U.S.） 密歇根（美国）
ONTARIO（CANADA） 安大略湖（加拿大）
SOUTHFIELD FWY. 绍斯菲尔德 高速公路
Windsor 温莎

是，戈迪之所以能将他在汽车工厂的经验转化成后来在音乐工作室上的成功，更重要的，也是少有人提及的一点就是，戈迪所转化的并非工厂里生硬的规矩，恰恰是其反面：即兴的自由。他在装配线上学到了这一点，并将其在摩城加以复制。正是给水星汽车的车饰夹上金属扣的时候，他明白了创作的某些关键要素：如何按他的优势塑造时间与环境，而非成为它们的奴隶；如何兼顾自己想做的事情和需要完成的任务。

他第一份凭音乐挣钱，或者说是尝试从中挣钱的工作，在从事汽车工作之前，当时他开了一家专营爵士乐唱片的店，名叫“3-D 音像店”（3-D Record Mart）。从 20 世纪 20 年代让·戈德凯特（Jean Goldkette）的著名管弦乐队将多尔西（Dorsey）兄弟和比克斯·拜德贝克（Bix Beiderbecke）带到底特律开始，这座城市就成了知名的爵士乐之城，黑人白人皆为之倾倒。战后，有着明亮的靛蓝色外观的蓝鸟客栈（Blue Bird Inn）成为底特律首屈一指的爵士乐俱乐部，俱乐部的特色是一些土生土长的本地乐手，如演奏颤音琴（vibes）① 的米尔特·杰克逊（Milt Jackson），还有琼斯兄弟——钢琴家汉克（Hank Jones）、小号演奏家萨德（Thad Jones）和才华出众的埃尔文（Elvin Jones）。[9] 埃尔文后来去了约翰·科特恩（John Coltrane）的四重奏乐队做鼓手。现代爵士乐中的两位低音提琴先驱保罗·钱伯斯（Paul Chambers）和罗恩·卡特（Ron Carter）都是在卡斯职高接受的音乐训练。钢琴家路易斯·海斯（Louis Hayes）、汤米·弗拉纳根（Tommy Flanagan）和本尼·哈里斯（Benny Harris），小号演奏家霍华德·麦吉（Howard McGhee），萨克斯管演奏家拉奇·汤普森（Lucky Tompson）和尤瑟夫·拉提夫（Yusef Lateef），吉他演奏家肯尼·伯勒尔（Kenny Burrell）都来自底特律。喜欢爵士乐对戈迪以及他在东部的同龄人来说很酷，但是很快他就要面对现实：爵士乐在商业上遇冷，没有多少顾客在他的店里买唱片。“我试着向这些人推销爵士乐，告诉他们杜克·埃灵顿有多天才，给他们介绍迪奇·吉莱斯皮、斯坦·肯顿（Stan Kenton）、桑尼·斯蒂特

① 打击乐器，由一些定音金属条像钢琴键盘那样排列，演奏者双手各持槌头有垫的小槌击奏。初用于爵士乐，后亦广泛用于交响乐和歌剧作品。

（Sonny Stitt）等人，介绍爵士乐和比波普爵士乐（bebop）①。我想要引导我的顾客，可他们只想听布鲁斯。‘你有马蒂·沃特斯（Muddy Waters）的作品吗？你这里有这种布鲁斯，那种布鲁斯吗？’而我说：‘嘿，我不卖那种东西。’”他拒绝“卖那种东西”，结果音像店破产关门。

53 和他的父母与兄弟姐妹一样，戈迪有着企业家的敏感。失败并非终点，而是教训。他对音乐有热情，对销售也是如此，但卖力推销人们不想要的东西并非只是无用功，也是约束。“音乐在我的灵魂中。我听福音歌曲，也喜欢福音歌曲。布鲁斯在我的灵魂中，可我从来不让自己爱上它，因为时髦的年轻人不会这样做。我认识的时髦年轻人里没有人对布鲁斯感兴趣。布鲁斯是为老年人准备的，是他们品着威士忌听的东西。不过，不做生意后，因为人们想听布鲁斯，我就要弄明白其中的缘由。这么做之后，我开始意识到，等一下，我要说的是，布鲁斯并不比爵士乐低级，它只是种类不同。底特律有点像南方城镇，城里的这些人都是小市民。他们整个星期都在干活，想要的不过是说说自己的欢乐和烦恼，尤其是烦恼。所以他们愿意听真正在说他们的烦恼和感受的音乐。”从在装配线上作曲开始，戈迪自己写的歌以及支持的歌曲，都遵循着如下理念：清晰的故事线，基本、普遍、适合所有人，主题集中于爱与悲伤、工作与游戏、快乐与烦恼。

从装配线上默默无闻的民谣歌手到摩城经理，这一转变的完成离不开姐姐们的雪中送炭。格温和安娜率先推了他一把。她们秉承家族的创业天性，在火焰表演酒吧租了摊位卖香烟和照片，火焰表演酒吧是底特律当时顶级的黑人夜总会，位于约翰·R街和哥谭酒店南边的坎菲尔德大道的交会处，沿线依次是“狭长地带”“小维加斯”和“音乐街”。从当拳击手的时候起，小贝里就被安娜和格温看作是有远见的人。她们参加他的拳赛，培育他的梦想，“百分百”相信他，并分享他对音乐的热爱和取得与众不同

① 20世纪40年代爵士乐的一种新形式。相比以往的爵士乐，比波普爵士乐的表演更加狂放自由，专业水平更高。它不再主要用于跳舞，而是回到了由3到6人组成的器乐小乐队。比波普爵士乐的演奏不用乐谱，时常在极快的速度下使用非常复杂的和弦。它对爵士乐中鼓与钢琴的演奏技巧有重大影响。下文提到的查理·帕克即为杰出的比波普乐手。

的成就的远大志向。

在底特律嘹亮的歌声中——其中有切斯特菲尔德酒吧（Chesterfield Lounge）、两万饭店（20 Grand）和它的浮木酒吧（Driftwood Lounge）、格兰德酒吧（Grand Bar）、蓝鸟客栈、埃尔·西诺俱乐部（Club El Sino）、音乐吧（Music Bar）、嬉戏酒吧（Frolic Bar）以及其他酒吧——火焰表演酒吧在整个 50 年代燃烧得最耀眼。[10] 火焰表演酒吧的老板莫里斯·沃瑟曼（Morris Wasserman）是犹太人（犹太人和黑人的联结在底特律根深蒂固， 54
他们在音乐、零售业、教育、房地产、民权等领域都交织在一起，甚至犯罪集团也是如此，这可以追溯至禁酒令时期 ① 的犹太人犯罪组织紫帮 ② 和他们的黑人政策或者他们为数不少的黑人成员）。火焰表演酒吧的顾客混杂着时髦的黑人与白人。比利·霍利迪（Billie Holiday）、黛拉·里斯（Della Reese）、黛娜·华盛顿、露丝·布朗（Ruth Brown）、埃特·詹姆斯（Etta James）、萨拉·沃恩（Sarah Vaughan）、贝蒂·卡特（Betty Carter）、山姆·库克（Sam Cooke）、B. B. 金、“T 骨”·沃克尔（T-Bone Walker）、所罗门·伯克（Solomon Burke）等一众布鲁斯明星相继在这里演出。在戈迪一生所珍视的东西中，有一样便是他在火焰表演酒吧与比利·霍利迪的合影。当时是 1957 年 5 月，比利·霍利迪来酒吧演出，休息时，他的两个姐姐帮忙拍摄了这张照片。两年后，44 岁的霍利迪吸毒成瘾，病魔缠身，孤身一人死在了曼哈顿医院的病床上。戈迪回忆，那晚在火焰表演酒吧，“她坐在那儿，我说：‘我要见比利·霍利迪，因为我爱她。’而她们（他的两个姐姐）说：‘去那儿，她人真的很好。’她说：‘宝贝，过来，宝贝，来这里。’我请她拍照，又让几个朋友跟我一起，‘他们也可以拍进去吗？’‘当然，宝贝，随你喜欢。’她对我太好、太好了”。

火焰表演酒吧内，夜幕被五光十色淹没，翠绿与金色、宝石红与深缎蓝、宏大的暗夜与缭绕的烟雾，一切都光怪陆离，恍恍惚惚，令戈迪着迷。

---

① 美国的禁酒令时期，指 1920 年至 1933 年。

② 紫帮（Purple Gang），又称“糖房子帮”（Sugar House Gang），20 世纪 20 年代活跃于底特律的犯罪团伙，成员多为犹太人，主要组织私酒贩卖和抢劫。20 世纪 30 年代后逐渐销声匿迹。

约翰·怀特和哥谭的赌徒，连同高级皮条客和娼妓，都是酒吧平日夜晚的常客。酒吧的舞台齐肩高，前面是吧台，长30码[①]，灯光闪烁。等到周末的晚上，酒吧的250个座位就被律师、医生、作家和其他音乐家以及来访的运动员和商人们占满了，包括贝里姐姐在内的女人们都穿着时髦得体的礼服。“在火焰表演酒吧，一大美事就是，”戈迪回忆，“看穿着漂亮衣服的女人，以及诸如此类的东西，我对去那儿的人都心怀敬畏。男人们都衣冠楚楚，那个时候我也穿戴整齐。”他整理好头发，进入了那个世界，格温和安娜说，他穿得像个五尺五寸半[②]的皮条客。

姐姐们一一为他引见。这边是俱乐部的驻场乐队狼獾乐队（Wolverines）的指挥莫里斯·金（Maurice King），那边是作曲家罗克
55 尔·比利·戴维斯（Roquel Billy Davis）。台上矮个子的是节目主持人齐吉·约翰逊（Ziggy Johnson），他是舞蹈家，为人热情活跃，为《小鸡冒险》（*Chick-a-Boom*）、《绸缎》（*Satin*）和《柔软》（*Soft*）编舞。齐吉认识所有人。他在《密歇根纪事报》有一档专栏——《齐吉带你行》（*Zagging with Ziggy*），写的是俱乐部现场的闲话。当你的名字被他用粗体标出时，你就出名了。这边是杰基·威尔逊（Jackie Wilson）的经纪人阿尔·格林（Al Green），他还经营着当地一家音乐出版公司。那边是“兴奋先生”（Mr. Excitement）本人[③]，他和“白天女士”（Lady Day）[④]同台演出两晚。远处是年轻的奈特·塔诺波尔（Nat Tarnopol），他是格林的同事。成就戈迪未来的几个人就在这儿。金会在摩城主管艺人发掘；戴维斯会在摩城和戈迪一起写几首早期歌曲；齐格会到处为摩城做宣传；格林以及后来的塔诺波尔（在格林英年早逝后）会给戈迪铺平道路，让他得以为歌声高亢、甜美且梳着背头的威尔逊写出《雷特·玻蒂特》（*Reet Petite*）、《被爱》（*To Be Loved*）和《孤单落泪》（*Lonely Teardrops*）等大热金曲。

---

① 约合27.4米。

② 此处是英制单位，约合1.7米。

③ 即杰基·威尔逊，兴奋先生（Mr. Excitement）为他的昵称。

④ 即比利·霍利迪，白天女士（Lady Day）为她的昵称。

资助摩城唱片成立的借款不是非正式的口头协议，也不是出自戈迪家族的企业。它是书面文件，签署于 1959 年 6 月 12 日，还款日为 1961 年 6 月 12 日，借款利率是 6%。[11] 借款凭证出自底特律家庭联邦储蓄与贷款协会（Home Federal Savings and Loan Association），但机构名被划掉了，“伯－贝里合作社”（Ber-Berry Co-op）的名字以工整的印刷体写在上面。这就是 800 美元的来源。“伯－贝里”是家族资金，是所有血亲及其配偶每月捐 10 美元形成的资金池。“伯”代表伯莎，“贝里”代表老贝里——女家长与男家长。父母和所有八个兄弟姐妹投票表决借款何时分配及如何分配。安娜和格温总支持她们的小弟弟，但埃丝特的投票最重要。大姐“苏阿”是合作社的主席，她最难被说服，不过最后心软了。

四姐露西也在摩城发展过程中扮演了举足轻重的角色。作为四重奏的戈迪姐妹被历史低估了，尤其是露西，这或许是因为她离世最早。1965 年，她死于脑癌，年仅 41 岁。当时，摩城唱片公司臻于鼎盛。早年，摩城搬到西大道之前，她负责给弟弟提供住宿和后勤。摩城就从她在黑格街 56
（Hague Street）的住所的地下室开始了创业之路，贝里和塞尔玛离婚后就一直住在那里，最初的团队也是在那里开始运作。摩城最开始有五个人，他们分别是：斯莫基·鲁宾逊、布莱恩·霍兰德（Brian Holland）、罗伯特·贝特曼（Robert Bateman）、詹妮·布拉德福德（Janie Bradford）和蕾蒙娜（“蕾”）· 莉莉丝（Raymona [Ray] Liles，后来成了戈迪的第二任妻子）。[12] 1957 年至 1959 年，他们都以戈迪为中心。其间，他与杰基·威尔逊及其管理团队关系破裂，便决定成立自己的唱片公司和发行部门，以避免在版税上被人算计。搬到西大道时，摩城仍是创立时的五个人。露西负责发行，主管乔比特曲库①。斯莫基、贝特曼与霍兰德负责写歌、唱歌。詹妮·布拉德福德担任第一任秘书，当然，还有更多。

布拉德福德十几岁时从圣路易斯来到底特律，和姐姐克莉（Clea）一起住。克莉是切斯唱片（Chess Records）的录音歌手，也是杰基·威尔逊的密友。布拉德福德自认为是一个作家，觉得自己远在口语诗形成流派前

① 摩城音乐公司的音乐曲库，戈迪参与了其中许多歌曲的创作。

就成了口语诗人，而且她没有被戈迪吓倒。她对他说的第一句话是："如果你能写首歌，我随时都能写出一首比你更好的。"此话虽不全对，但也反映出她的自信和心气。她给戈迪看自己的诗歌本子，戈迪就教她诗和歌词之间的区别："你需要叠句和歌曲结构，要有开头、中间和结尾，你得像写一个故事一样。"戈迪将她的两首诗里的句子编成歌词放进杰基·威尔逊的专辑《孤单落泪》（*Lonely Teardrops*）中的歌曲《玩笑与我无关》（*The Joke* [*Is Not on Me*]）和《我们有爱》（*We Have Love*），明明白白地给她上了一课。当然，布拉德福德的名字没有出现在《我们有爱》的致谢名单中，此举并非有意，早年这种情况并不少见。

1959 年是摩城成立的头一年，当时的厂牌名叫"泰姆拉"（Tamla），取这个名字的灵感让人难以置信——戈迪非常喜欢黛比·雷诺兹（Debbie Reynolds）1957 年的歌曲《泰米》（*Tammy*）。当时，戈迪正为奇迹乐队和其他几个屈指可数的艺人录制唱片，贝瑞特·斯特朗（Barrett Strong）演唱的《钱（那是我想要的）》（*Money* [*That's What I Want*]）的关键歌词取自布拉德福德的诗句，这首歌是公司最早的金曲之一。贝瑞特回忆：
57 "戈迪先生在钢琴旁开始弹曲子，那天是我少数几个没有早回家的日子之一。"她会为了提早回家耍花招。在西大街，她会把西大道的工作室的时钟往前拨一小时，说收工的时间到了，等到了她在卡尔弗特街的住处，她再打电话让人把钟表调回去。"那天，我还没走，他一边录音一边说，歌曲的标题就是人人都想要的——钱。我想，我们在十五分钟内搞定了这首歌。"她提到钱的那句是："你的爱让我如此兴奋 / 可你的爱付不了我的账单。"

经历了三年的创业期，戈迪还了账，将厂牌名从"泰姆拉"改为"摩城"。录音室里挤满了歌手、乐队成员、制作人、编曲、作词人、技术工程师和录音师，每天工作 22 小时，只在早上 8 点到 10 点关门打扫。通宵达旦的工作时间吸引了安东尼·费瑞蒙特（Anthony Fierimonte）的注意。费瑞蒙特是一名年轻警察，他在第 12 警区（12th Precinct）巡逻，辖区刚好与摩城隔西大道相望。费瑞蒙特回忆："我来到街角，看见了所有这些车……就在本子上做了记录——盲猪（Blind Pig）。""盲猪"的意思是，他以为这是一处在下班时间非法供酒的场所。“我应该做的是辞了我的工作，并在摩城求职。你能想到当时我有多蠢？”摩城沿街扩张，一条封闭的走廊将三栋房子中的两栋连接起来。摩城的大部分活动在录音室 A 中进行，它由车库改造而成，天花板上有个洞，可以产生独特的音响效果，被戏称为“蛇窖”（snakepit）。45 转唱片和专辑上的商标，原本是粉红色带黑的字体，现在则变成深蓝色盘面，上部是一幅地图，红星标出底特律的位置，红星之下是彩虹色的“MOTOWN”字样。戈迪对更改标识多少有些不情愿，不过新标识后来成了美国具有象征性的标识之一。西大道要成为这么一个地方：每个人在这里都是年轻而自由的。[13] 它给人的感觉，就像是大学宿舍和实验室的结合。“我们爱那栋房子，爱到我们待在那儿的时间比在家还多，”斯莫基·鲁宾逊后来写道，“那栋房子是我们的聚集地，也是我们的工作室和娱乐中心。它肯定是这个星球上最有活力的地方。”斯莫基出门有自己的捷径，他将车从后巷开出，横穿过莫特殡仪馆南边的空 58
地。他还写了一首欢快小调，在他和摩城同事间传唱：

> 啊，我们公司多姿多彩
> 辛苦工作日日夜夜
> 你找不到哪个地方
> 比美国金曲乌托邦更团结

艺人们报酬少，工作多，运营违背了当地音乐家协会的工作标准，老板是完美主义者，吹毛求疵。尽管如此，有一点最最重要：在这里一切皆有可能。名誉、金钱和成功都还没有到尘埃落定的时候。

住在西大道对面的莉莉·哈特（Lily Hart）被请来给员工做午饭，她的特制辣椒深得人心。戈迪和妻子蕾就住在录音室上面。戈迪老爹从他的灰泥生意中抽身，来摩城干杂活。四个姐姐也都参与摩城的运营，她们的音乐生涯与她们的个人生活交织在一起。安娜和酷酷的抒情歌手马文·盖伊在一起。盖伊走路轻手轻脚（脚上有鸡眼和囊肿），说话更是轻声细语。他来摩城时，是表演费为 5 美元一场的鼓手和钢琴师，但是现在凭借《顽固的家伙》(*Stubborn Kind of Fellow*)一炮而红，很快就会写出一首有关安娜的歌——《骄傲和欢乐》(*Pride and Joy*)。再过一年，他就会与安娜结婚。因为年龄差（她比他大 17 岁）等种种原因，他们的婚事颇受外界关注。格温和歌手兼作曲家哈维·福库（Harvey Fuqua）在一起。福库作为安娜在安娜唱片的商业伙伴来到摩城，指导当时还是哈维和新月光乐队（Harvey and the New Moonglows）成员的盖伊。露西和萨克斯管演奏家罗恩·维克菲尔德（Ron Wakefield）在一起，负责摩城的账目。埃丝特的丈夫乔治·H. 爱德华兹（黑人州众议员，与底特律的白人警察局局长名字相同，但中间名首字母不同，请区别）偶尔也帮忙处理账目问题。爱德华兹的儿子哈里·T. 爱德华兹（Harry T. Edwards，埃丝特的继子）那年来密歇
59 根大学法学院就读，此前他在康奈尔大学读本科，主修工业关系。他利用暑假和空闲时间试着靠自己学到的知识在摩城建立起一套人事制度。当时他年仅 22 岁，不过摩城有这样的自由，允许人们发挥各自的才能，而很少强调年龄和经验。戈迪告诉小爱德华兹，只要不涉及艺术运营，他就可以按照自己的想法去做。

哈里不在安娜堡学习的时候，就随父亲和继母住在海兰帕克（Highland Park）以北不远的伍德兰街（Woodland）87 号的大房子里。[14] 他跟着母亲在纽约长大。来到密歇根之前，他对父亲的生活和父亲的第二任妻子所知不多。不过他很快就意识到，她刻意的行为中隐藏着许多事情。50 年后，已担任美国哥伦比亚特区联邦巡回上诉法院高级巡回法官的哈里，在他华盛顿的办公室接受采访时，回忆道："对如何抱团经营，她非常非常懂行，与人打交道非常精明。她把人骗得团团转，因为她不会说太多。她讲话非常慢，过一阵子我才明白她在做什么，她在收集信息。因为她口风很严，所以会给人留下她什么事情都不知道的印象。她说话慢，吃东西也慢。她能把我逼疯，因为跟她一块吃饭能吃三个小时，她会来来回回一点一点地细嚼慢咽。不过她总能身兼数职，齐头并进。她非常认真地对待她做的事情，并且通常都做得相当好。她是个做事干净利落的人。"

1962 年年初，贝里·戈迪考察了芝加哥帝王剧院，看到剧院人头攒动，整晚都是激情四射的音乐，所有艺人除一人外都来自他的公司，经过

一番分析，便决定年底几个月将摩城艺人一起派出，且势在必行。[15] 何不让摩城占据所有时间，加强品牌，带它去从没去过的地方，一路卖唱片？何不让一向严肃的大姐来确保事情不会失控？不过，最后一点说起来容易做起来难。如果先考虑这个问题，即便有埃丝特和其他管理人员在旁边， 60
想镇住这群无法无天、寻欢作乐、争强好胜、敏感思春，还要在全国各地结伴旅行那么久的年轻男女，也没有什么好办法。康托斯乐队、奇异合唱团、诱惑合唱团和无上乐队的成员在一起打牌、喝酒、讲荤段子、破坏加热器，将厕所弄得溢出来，有时其乐融融，但也经常争吵不断；无上乐队中最有野心的戴安娜·罗斯（Diana Ross），一会儿对其他人大呼小叫，一会儿又嫉妒地与奇异合唱团的主唱斗嘴——上面这些还只是冰山一角。“我记得坐在那辆拥挤的大客车上，”当时才 21 岁的玛莎·里弗斯回忆，“位子都被占满了。如果能弄到窗边的位子，我大部分时间就靠窗睡觉。所有人都挤在同一辆大客车上。乐队成员和男子组合说话太难听，所以他们坐到了后面，我们在前。埃丝特·戈迪认为他们讲话太糟糕，还试图教导我们成为得体的女士。”

小史蒂夫·旺达坐在一旁，烦着里弗斯和周围的人。他敲敲打打，哼哼唧唧，用口琴即兴创作，夜里还一直聒噪不已。晚上对他来说没有任何不同，因为他是盲人，即便是白天也看不见。早产两个月的史蒂夫兰德·莫里斯①出生于萨吉诺（Saginaw），在底特律的菲茨杰拉德盲人学校学习盲文，由奇迹乐队的成员罗尼·怀特（Ronnie White）带到摩城，现在由埃丝特和他的音乐编曲克拉伦斯·保罗（Clarence Paul）照看。他很有天赋，又十分活泼，没人会长时间生他的气。他的同事常开玩笑，说他根本不像他自称的那般瞎。要不然小史蒂夫是怎么找到别人落在西大街前台糖果机顶上的 10 美分硬币，还用它买了自己最喜欢的贝比·露丝（Baby Ruth）巧克力棒的？他又是如何偷出詹妮·布拉德福德留在桌上为她宝贝儿子回家准备的美分，并熟练地从她那儿跑掉的？“在我抓到他之前，他已

① 史蒂夫兰德·莫里斯（Stevland Morris），即小史蒂夫·旺达。他原名史蒂夫兰德·哈达威·贾金斯（Stevland Hardaway Judkins），父母离异后改姓莫里斯，全名即史蒂夫兰德·哈达威·莫里斯，（小）史蒂夫·旺达为他的艺名。

经在外面了，”布拉德福德回忆说，“所以他说自己看不见，其实看得见。我想他知道办公室的家具在哪儿，所以他知道怎么确定逃出去，比我们这
61 些能看见的人更胜一筹。我追赶他，最后将他抓住。他便会说：‘啊，从可怜的盲人小孩手里抢钱！’”有时真搞不清楚他的盲目天真与明目张胆的放纵之间的界线究竟在哪儿。摩城的发行人阿尔·艾布拉姆斯（Al Abrams）后来还记得，小史蒂夫进他办公室时，摸索寻找墙壁，最后，“不知怎么的，总是摸着摸着，就摸到罗西（艾布拉姆斯的秘书）的胸上了。他会站在那里用手抚弄她的胸部，咧开嘴笑呵呵地说：‘现在我知道我来对办公室了。’”另一方面，首屈一指的黑人音乐专家、《公告牌》（*Billboard*）杂志的尼尔森·乔治（Nelson George）则说，史蒂夫确实是盲人，他弄坏了好几台磁带录音机，还经常注意不到红灯亮着就闯进录音室，毁掉录音过程。

这个早熟的小孩，甚至还没到青春期，他只是想表现得和其他人一样，从歌曲到性再到舞台，而舞台这个地方，一旦他找到了自己的路，就永远不会再离开。之前至少有一次，克拉伦斯·保罗不得不把小史蒂夫和他的口琴还有钢琴从舞台上拖下来。这一幕在巡演途中再次上演。歌迷们以为这是演出的一部分，实际上并非如此。演出时间的安排对巡演来说可谓“剑拔弩张”。

巡演巴士上没有主席的位置，所以贝里·戈迪搭乘从底特律飞往华盛顿的航班，出席霍华德剧院的开幕之夜。三天前，他站在人行道上发表最后的动员讲话，身边站着的是他的大姐。他说，他们不仅代表摩城，也代表全体底特律人，现在他想要看着他的军队开动。他与开场演出者无上乐队以及她们的主唱戴安娜·罗斯（Diana Ross）之间关系复杂。戴安娜只有18岁，刚从卡斯职高毕业，她的同学称她为“Diane”，戈迪建议她将名字最后一个字母“e”改为“a”，让名字增加一个音节，这样更有风格。小顶尖合唱团也出于同样的理由改名为无上乐队。戈迪即便没有对戴安娜着迷，至少也对她呵护备至。她和她的同伴们已进驻西大道18个月，她们迫切想要得到机会。而对天才有着敏锐直觉的戈迪，现在能看到这个瘦弱的小女孩身上具有某种特质。他打算将摩城打造成一条流水线，戴安娜就是他的

原材料，他能将她变成一台线条流畅、结构精密的顶级车，驶向他的音乐梦。虽然那时的戴安娜离完美还差得很远，不过那是他为她所勾画的远景。62
他有时还给她特殊照顾。他对她的恳求心软了，允许无上乐队参加第一次巡演，这是小贝里・戈迪罕有的一次让情绪凌驾于商业底线之上。他认为她们还没准备好。巡演巴士从底特律出发前，他花了好几个小时修改《让我走正路》（*Let Me Go the Right Way*）的混音，希望这支单曲能为戴安娜、玛丽・威尔森（Mary Wilson）和弗洛伦斯・巴拉德（Florence Ballard）带来某种程度的认可，摘掉她们在摩城一直戴着的绰号——“没金曲的无上乐队”（the No-Hit Supremes）。

不过，戈迪在霍华德剧院沮丧地发现，她们唯一的一首歌反响糟糕——没有活力，不够性感。观众期待的是热情似火的康托斯乐队、振奋人心的玛莎・里弗斯和万德勒斯合唱团、家乡小伙马文・盖伊[①]以及凭《两个情人》一曲赢得观众的玛丽・威尔斯。这首金曲由斯莫基作曲，在华盛顿演出的第三天全国发售，巡演还没结束就登上了排行榜。如果无上乐队没有改进，戈迪说，她们会被送回家。如此说来，摩城巡演可谓群英荟萃。奇迹乐队凭借唱片销售与国民声望取得了头把交椅。但此后的名次则要取决于谁在巡演中获得观众最热烈的反响。

在华盛顿的五天时间里，巡演乐队驻扎在剧院附近的一栋公寓内。斯莫基・鲁宾逊开始觉得难受，病情一日比一日重，体温升到了华氏 103 度[②]以上，十分危急。演出结束后，克劳黛特连夜带他去霍华德大学医院。在医院，他被放进仪器中降温，用他自己的话说，“看着像个洗衣篮”。医生判断，他患上了亚洲流感——1957 年以来，这种流感肆虐全美，是排行第三的致命病毒。现在，演出名单至少要改变一段时间了。斯莫基被送回底特律休养。

或许，刚好从那时起，巡演成了一场对体力和心理承受力的考验。16 天 16 座城市，11 月 19 日休息一天，接下来的 15 天再去 15 座城市，然

① 五年前离开华盛顿时，他的姓是“盖”（Gay）。——作者

② 约合 39.4℃。

后休息一天。巡演从北部开始，沿途经过波士顿的富兰克林公园剧院
63 （Franklin Park Theater）、纽黑文旧体育场（old New Haven Arena）、水牛城（Buffalo）市中心大礼堂，接着长途行进到梅逊—狄克逊分界线[1]以南，以罗利[2]为起点，穿过旧联盟[3]的心脏地带，从北卡罗来纳州曲折经过南卡罗来纳州、佐治亚州和亚拉巴马州，然后在华盛顿进行返场演出，再南下到佛罗里达州、卡罗来纳[4]、肯塔基州、田纳西州和弗吉尼亚州，最后北转至哈勒姆著名的阿波罗剧院，在圣诞节前演出十天，将巡演推向高潮。1962年秋，正值民权运动如火如荼之际，两辆巴士满载黑人青年，漫游穿行于种族隔离地区，想不被注意或者相安无事是不太可能的。这一时期，从种族平等协会（Congress of Racial Equality）有计划地在北卡罗来纳州寻求废除霍华德·约翰逊饭店（Howard Johnson's）[5]的种族隔离，到詹姆斯·梅瑞迪斯（James Meredith）在牛津（Oxford）密西西比大学（Ole Miss）打破肤色分界线——这个突破发生在初秋，酿成了一场白人骚乱，联邦军队出动了三千人来进行保护，一个接一个的州开始对吉姆·克劳法[6]发起挑战。[7]

尽管底特律并非全无种族隔阂与摩擦，可是一些摩城的演出者此前从

---

① 美国宾夕法尼亚州南部和马里兰州、西弗吉尼亚州北部的分界线，位于北纬39°43′17.6″，由英国的查尔斯·梅逊（Charles Mason，1730—1787）和杰里迈亚·狄克逊（Jeremiah Dixon, 1733—1779）于1763年至1767年间划定。此线及其向西的延伸线，历史上也是美国南北（蓄奴州与自由州）的分界线。

② 美国北卡罗来纳州的首府。

③ 指美国南北战争期间的南方政权美利坚联盟国（Confederate States of America）。

④ 美国北卡罗来纳州与南卡罗来纳州的合称。

⑤ 20世纪60至70年代美国最大的餐饮连锁企业，经营范围涉及餐馆、旅馆、汽车旅馆等。

⑥ 吉姆·克劳（Jim Crow），通常为对黑人的贬称，其中"Jim"为常见男孩名，"Crow"原意为乌鸦。这一称呼源自美国白人喜剧演员托马斯·达特茅斯·赖斯（Thomas Dartmouth Rice，1808—1860）1828年改编创作的歌舞《跳跃的吉姆·克劳》（*Jump Jim Crow*）。"吉姆·克劳"亦含有种族隔离之意，美国的州和地方实行的种族隔离的法律就被称为"吉姆·克劳法"（Jim Crow laws）。

⑦ 1962年9月，美国退伍军人詹姆斯·梅瑞迪斯被密西西比大学录取，成为该校历史上首位黑人学生，引发了持续两日的白人暴动。结果两名平民（包括一名法国记者）在暴动中丧生，超过300人受伤。

未经历过如此公开的种族隔离。埃丝特·戈迪·爱德华兹是巡演中少数几个年龄较大、还记得底特律1943年6月发生的三天暴力冲突的人。当时，底特律因为在战备中的重要作用，被颂扬为“民主的兵工厂”。种族骚乱的爆发导致34人丧生，数百人受伤，其中大部分为黑人平民。骚乱的导火索是白人海军士兵与黑人青年在通往有“城市公园中的明珠”之称的贝尔岛（Belle Isle）的桥上起了冲突，不过，更深层次的原因是：第二次世界大战爆发以来，来自阿巴拉契亚的白人与从南方腹地迁徙到底特律的黑人杂居在一起，冲突不断；新来者为了汽车与国防工业的工作，以及为了政府提供的住房，彼此竞争；黑人青年抢劫不断；白人警察基于种族而采取行动；在白人劳工中间散布种族恐怖的言论。（一名白人发言人在装配飞机引擎的帕卡德工厂冲着扩音器大吼：“我宁可看到希特勒和裕仁天皇赢，也不想在黑鬼身边工作！”那家工厂新近取消了种族隔离。）

20年后，这些造成紧张关系的问题还远未得到解决。[16] 1961年，市长 64
卡瓦纳在黑人选民中获得压倒性支持，大获全胜，得以上任。他推进种族进步，在市政管理方面实施一项积极的行动计划，任命黑人会计师阿尔弗雷德·佩勒姆（Alfred Pelham）担任底特律的首位黑人主计长，与此同时选爱德华兹担任警察局局长，力图改变警察文化。但黑人社区对警察仍旧极不信任，怀有对抗的消极情绪，认为白人警察普遍有将“黑人”与“麻烦”联系在一起的倾向。发生在工作场所的冲突次数少了，但是由于大规模城市改造的进行和不良地产商的欺诈行为极大地改变了底特律的社会地理，学校和居民区的冲突多了起来。

距离摩城巡演队伍离开底特律还有几天的时候，《密歇根纪事报》的头版头条赫然写着“黑人家庭在西北社区遭恐吓”。文章详细报道了勒罗伊·彻奇（Leroy Church）夫妇的困境。这对黑人夫妻搬进了位于利弗诺大道和怀俄明大道之间的图勒街（Tuller Street），此前，这个街区的居民全是白人。一伙白人少年前来“打招呼”，“据说幕后有成年人挑拨、煽动”，他们“大声辱骂，打破了好几扇窗，点火焚烧垃圾”。这并非孤立事件。社会史学家托马斯·J.萨格鲁（Thomas J. Sugrue）在其研究战后底特律衰退的经典著作《城市危机的起源》（*The Origins of the Urban Crisis*）中认为，底特律白人通常都会参加邻近的社区协会，或者受社区协会的鼓动。这些社区协会在战后时代“煽动了超过两百起反对黑人迁入纯白人社区的事件，手段包括骚扰、蓄意破坏和人身攻击”。此类暴力行为有两次呈现出急剧增长之态。第一次是在50年代中期经济衰退期间，第二次就是在本书涉及的60年代初期。出生于底特律的萨格鲁称，这些冲突是“政治行动，是底特律白人对住房、社区、性别及种族根深蒂固的认知带来的结果”。

摩城的歌手们巡游南方期间，体验到的最主要的不同就是种族主义的普遍存在。他们演出的剧场是实行种族隔离的：要么所有观众为同一种族，
65 要么种族之间被隔板隔开。[17] 宾馆、游泳池、饭店以及加油站同样如此。虽没有文件证实他们最难熬的时刻，不过口述史和各种艺人的回忆都集中在几起被反复谈及的事件上，仅在少数细节上有出入，包括某一刻子弹射进一辆巴士一侧的“摩城巡演”横幅。玛莎·里弗斯和家人从亚拉巴马州的尤福拉（Eufaula）来到底特律。她小时候经常在夏天回南方，对自己和同事所面临的侮辱已经习以为常。她指出，巴士挂着密歇根牌照，演出团队常被误认为是一伙“自由乘车者”（Freedom Riders）①。“我知道会发生什么，”里弗斯回忆，“有一次，我们停在一个偏僻地方（佐治亚州梅肯附近）的加油站。路面尘土飞扬，两个小伙子到前面去看看我们能不能用厕所。‘嘿，伙计，我们能用你们的洗手间吗？’柜台后的先生吓了一跳。‘你们这些黑鬼想干什么？你们从哪儿来？’他以为我们可能是‘自由乘车者’。‘从这儿出去！’他们说：‘伙计，你不知道我们是谁？我们是康托斯乐队和奇迹乐队。’我们大概坐了五六个小时的车，没停过。我下车，一支双筒猎枪指着我的脸。我们回到了车上。后来我去了灌木丛。说这些我不觉得害臊。”

巡回演出带来了创伤，但也有一些可取之处。多数情况下，不管是黑人观众还是白人观众，都是年轻人，成群结队，充满活力，准备好一起唱歌跳舞。克劳黛特·鲁宾逊在《底特律新闻》的摩城专家苏珊·怀特尔

---

① 指美国的民权活动家，他们从1961年起乘坐跨州公共汽车前往美国南部，以抵制当地的种族歧视与隔离政策。

（Susan Whitall）编纂的一份口述史中回忆：“这并不是很可怕，否则我们就不会待在那儿。”克劳黛特 8 岁前一直住在新奥尔良，17 岁时嫁给了斯莫基。在斯莫基还因为流感无力行动的时候，伯明翰发生了更令人难忘的事。时间是 11 月 9 日的晚上，那天的底特律，福特圆形大厅被烧毁，警方突袭哥谭酒店。起初，斯莫基生病的时机似乎是糟得不能再糟了。就在那天，摩城发布了《你真的抓住了我》（*You've Really Got a Hold on Me*）。这首深情的歌由斯莫基作曲、制作，按计划要在伯明翰的市政大礼堂推荐给观众。不过，克劳黛特自己带头拯救了那一夜，据她回忆，大部分人此前从未见 66
过奇迹乐队，分辨不出差别。观众欢呼雀跃。“你对我太坏 / 我爱你太疯 / 你真的抓了我。”尖叫与痴狂更盛：“喔！斯莫基！”

11 天后，巡回乐队遭受了沉重打击，不过与种族无关。[18]24 岁的巡回乐队管理员兼司机艾迪·麦克法兰（Eddie McFarland）与巡回乐队的经理宾斯·鲍尔斯离开南卡罗来纳州的格林维尔（Greenville），前往巡演的下一站坦帕（Tampa）打前哨。麦克法兰负责开车，鲍尔斯缩在狭窄的后座里，周围全是乐器，包括他的长笛和一个装有 1.2 万美元收入的小袋子。前一夜，他们在演出结束后与工作人员聚会喝酒，出发的时候已经极为困倦。麦克法兰通宵未睡，车辆在 301 号国道上行驶到佛罗里达州格林维尔市附近时，麦克法兰显然打起了瞌睡。他们的旅行车突然转向撞上了一辆卡车。鲍尔斯被卡在后座，四肢受了重伤，还有一处可怕的穿刺伤——撞击产生的冲击力把长笛像鱼雷一般推进他的体内，从肩下穿过，一直插到脖子再穿出。他活了下来。麦克法兰被送往佛罗里达大学教学医院，最终不治。詹妮·布拉德福德回到西大道，打电话报告了事故，将消息传遍摩城。巡回乐队的其他人抵达坦帕才知道发生了什么。“我记得，爱德华兹夫人在下一场演出前的会议上告诉了我们，”玛莎·里弗斯说，“‘勇敢些，’她说，‘坚强些。我们出了事。’接着我们不得不咽下悲痛，继续演出。”麦克法兰最常为奇异合唱团开车。奇异合唱团的成员凯瑟琳·安德森·沙夫纳（Katherine Anderson Schaffner）回忆：“当我们得知艾迪死了的时候，感觉天都塌了。我们都太年轻了，从来没想过死这回事，而且那个时候……”底特律的主流报纸并未报道这起事故，不过，消息迅速在底特律黑人中间传开了。麦克法兰的母亲在事故发生后的早上直飞格林维尔，并在埃丝特·戈迪和她弟弟的陪同下回到家中。巡回演出还要继续吗？戈迪陷入了矛盾。可他有合同需要履行，也无法回绝等在终点——纽约市的10天——的丰厚回报。

67 事故发生后的星期四，麦克法兰的遗体在底特律安葬，前一晚，西大道的总部为遗体守夜。麦克法兰留下了年轻的遗孀胡安妮塔（Juanita）和两个幼儿，他们的家在东部的墨尔本街（Melbourne Street）。

为了阿波罗剧院的演出，斯莫基及时返回了巡回乐队。阿波罗剧院是音乐的北极星，他六七岁住在贝尔蒙特街（Belmont Street）的时候就有所耳闻。[19]他早早就有了自己的昵称，由他的叔叔克劳德（Claude）所起。他叔叔第一个叫他"斯莫基·乔"，然后简化了它。克劳德说，这个名字将作为一个提醒，尽管他的侄子肤色很淡，但"你永远不会忘记你是黑人"。斯莫基很难不喜欢音乐。他的母亲（在他10岁时去世）和两个姐姐让他们的家流淌着各式各样的音乐。"从福音音乐、古典音乐到'吊肠蓝调'（gut-bucket blues），再到两个姐姐演奏的包括查理·帕克①在内的比波普音乐。我人生中记住的第一个声音是萨拉·沃恩，因为我的两个姐姐喜欢萨拉·沃恩和比利·艾克斯汀（Billy Eckstine）。"他们有一架格林内尔的立式钢琴，他和年轻时的贝里·戈迪在安托万街的做法一样，在钢琴上摸索，弄明白简单的和弦组合。然后就是奥克兰大道（Oakland Avenue）的大房子里的音乐，他的童年密友塞西尔住在那里。塞西尔就是塞西尔·富兰克林（Cecil Franklin），他的父亲是会唱歌的牧师C. L. 富兰克林，姐妹们（包括艾瑞莎）也唱歌。富兰克林家的每样东西都精致华丽，其中就包括一架小型三角钢琴。斯莫基第一次见艾瑞莎弹奏这架钢琴的时候，她只有三岁。从那以后，他就被迷住了。"她不仅甜美可爱，音乐天分也是非比寻常……她还是小孩子的时候，演奏水平就和现在一样出色了——她就是这么超前。"

---

① 查理·帕克（Charlie Parker，1920—1955），比波普爵士乐的创始人之一，被公认为爵士乐史上最杰出的即兴演奏家。人称"鸟儿"（Bird）或"院中鸟儿"（Yardbird）。

斯莫基的进步更为有迹可循。在北方中学，他与“五编钟”组合（Five Chimes）一起唱歌，接着组建了“斗牛士”组合（Matadors），引起了戈迪的注意。戈迪把他们的名字改为“奇迹乐队”，还教斯莫基如何把诗歌变成吸引人的歌词。现在，他排在阿波罗剧院演出的首位。巡演团队抵达哈勒姆时，斯莫基脑海里浮现出第一次在这家传奇剧院亮相时的情景。时间退回到四年前，也就是 1958 年。当时他 18 岁，戈迪是他的经纪人。那时，奇迹乐队已经为戈迪录制了一张唱片《坏女孩》（*Bad Girl*）。纽约之 68
旅的每件事似乎都令人望而却步。在哥伦比亚大学图书馆口述史中心组织的一次有关阿波罗剧场的访谈中，斯莫基回忆道：“首先，我们在底特律长大，我们没人离开过底特律，你知道的，我们只去过伊普西兰蒂、安娜堡这些密歇根州内离我们非常近的地方，可我们真的动身去了纽约，这本身就……嘿，伙计！我们不光是去纽约，还要在阿波罗剧院演出，这简直……伙计，因为你懂的，我们听说过阿波罗剧院，我们以为会有个人拿着根钩子守在后台，如果你不够好，他就把你拉下台。因为我们听说过业余表演和好多类似的故事。不光如此，我的偶像歌手就是大明星雷·查尔斯（Ray Charles）。”[20]

周三早上七点，他们上舞台彩排。他们在雷·查尔斯后出场，雷·查尔斯前面则是独腿的踢踏舞者“木腿”贝茨（Peg Leg Bates）。当时经营剧院的是著名踢踏舞者查尔斯·“哈尼”·科尔斯（Charles［Honi］Coles）。奇迹乐队对如何彩排专业演出一无所知。他们抵达时只带着“洋葱皮”——他们唱片的和弦表，没有乐队的编曲。“轮到我们和乐队一起过一遍我们的音乐，可我们只有这些‘洋葱皮’。‘哈尼’·科尔斯大发雷霆，”斯莫基回忆，“‘带着这些到这儿来？你们什么意思？你们要干什么？贝里·戈迪怎么敢把你们送过来！’他不断地冲我们发火，越来越凶。然后不知何故，雷来了，那天早上他原本不需要过来的。雷进来的时候，哈尼正为我们没有编曲大吵大闹。”

“然后雷说：‘怎么回事，哈尼？’

“‘这几个小孩从底特律来，贝里·戈迪把他们送到这儿，可他们没有编曲。’

“雷说：‘没事，伙计。别担心。’我哆哆嗦嗦，因为雷·查尔斯就站在我面前！天哪！然后他说：‘孩子们，你们中有谁知道怎么演奏你们的音乐吗？’

“然后我说，是的，查尔斯先生，我可以在钢琴上弹出来。

69 “他说：‘好。过来，坐我旁边，弹出来。’然后我就坐下开始边弹边唱《她不是个坏女孩》，大概唱了一段后，雷说：‘好的，宝贝，我明白了。’然后他开始弹，就好像是他自己写的一样。我的意思是，他弹起来就好像他早就知道了这首歌，是他自己写了它，而我是在唱他写的歌。你懂的，我在唱，他在弹。

“他说：‘好，萨克斯管，记下。我要你们吹（这个）。写下来。’于是他们就记下来。‘小号，我要你们吹（这个）。写下来。’他们就把那个部分写下来。‘贝斯手，弹（这个）。’那天早上，他坐在那儿给我们的两首歌都编了曲。乐队负责写，他负责编。从那一刻起，哪怕我人在廷巴克图[1]，他们打电话给我说‘好的，斯莫基，我们知道你有一天休假，可我们要给纽约的雷·查尔斯一些东西，我们想要你过来’，我也肯定会来。对我来说他不仅仅是音乐偶像，我敬畏雷·查尔斯，因为他是那种愿意坐下来为我们做类似事情的人，而且我们不过是十几岁的年轻人。我们正站在那儿吓得要死，而他就坐在那儿给我们编曲。那可以说是音乐史上最伟岸的音乐姿势。我就是这么认为的。”

当时摩城正处于草创阶段，雷·查尔斯的魅力尚有一席之地。不仅如此。雷的全名是雷·查尔斯·鲁宾逊（Ray Charles Robinson）。斯莫基的父亲 12 岁时逃离了亚拉巴马州的家，因此对自己的亲戚一无所知，不过，他看上去很像雷·查尔斯。斯莫基曾和雷开玩笑，“我想你是我叔叔”。结果证明，“哈尼”·科尔斯与摩城亦有联系。有许多年，他的踢踏舞舞伴一直是艺名为乔利·阿特金斯（Cholly Atkins）的查尔斯·西尔万·阿特金森（Charles Sylvan Atkinson）。他们的组合叫“阿特金斯和科尔斯”。1962 年，乔利·阿特金斯已成为知名的节奏布鲁斯编舞，12 月，斯莫基和奇迹乐队

---

① 西非古城，此处形容他身处遥远的地方。

随摩城巡回乐队来阿波罗剧院时，阿特金斯负责设计他们的舞蹈动作。贝里·戈迪和哈维·福库对他印象颇为深刻。后来，他们把阿特金斯带回底特律，成为摩城的首席编舞。诱惑合唱团、奇迹乐队、四顶尖合唱团、格拉迪斯·奈特和种子乐队（Gladys Knight and the Pips）独具摩城特色的欢快舞步，多数都出自乔利·阿特金斯之手。而他的老搭档，曾在那次彩排 70
上对初出茅庐的奇迹乐队出言不逊的“哈尼”·科尔斯，几十年后也与斯莫基成了好球友，一块儿打起了高尔夫。

摩城演出团队 1962 年 12 月在阿波罗剧院演出的 10 天里，多数时候纽约城的气温只有华氏十几度①。[21] 巡演团队的驻地在哈勒姆的特蕾莎大酒店（Hotel Teresa），这座酒店是纽约版的底特律哥谭酒店。后来成为克林顿总统的商务部长的罗恩·布朗②就在特蕾莎长大，他父亲是酒店的经理。1960 年，菲德尔·卡斯特罗（Fidel Castro）访问美国期间便下榻于此。和哥谭一样，特蕾莎一度赢得了兰斯顿·休斯的称赞，不过现在已不复当年。附近的阿波罗剧院似乎也在衰败，化妆室又冷又乱，老鼠遍地。在阿波罗剧院那个著名的灯箱上，奇迹乐队和玛丽·威尔斯的名字出现在第一行，第二行是奇异合唱团和马文·盖伊，第三行是红字的“摩城巡演”，底下是康托斯乐队、史蒂夫·旺达和无上乐队。贝里·戈迪以前也录制过现场演出，可从未有过一整张专辑全是他的签约明星的盛况，《纽约阿波罗剧院演出纪实》（*Recorded Live at the Apollo in New York*）算是第一张。节目的编排侧重于摩城的最新金曲，主打《两个情人》和《你真的抓住了我》。不过唱片突出的是观众的原始能量和青春活力，尤其是女观众，全程都能听到她们唱歌喊叫。

齐吉·约翰逊在《密歇根纪事报》1962 年最后一期专栏里提到了摩城在 1962 年的成功，并对 1963 年作出预测：“会有更多现场演出上路。在电影业，黑人会出演更好的角色。电视上会有一档全由黑人参加的周播节目。底特律会吸引更多的游客，高楼大厦会继续兴建。诱惑合唱团将跻身顶尖

---

① 约合 -12℃—-7℃。

② 罗恩·布朗（Ron Brown，1941—1996），即罗纳德·布朗（Ronald Brown），1993 年至 1996 年间任美国商务部长，1996 年因飞机失事遇难。

歌唱组合。艾瑞莎·富兰克林会单飞。”[22] 诱惑合唱团的确在上升期。他们刚在两万饭店的浮木酒吧开启第一场为期一周的演出，加入演出的还有喜剧演员比尔·莫里和名叫罗克珊的脱衣舞娘。其余的摩城艺人在 1962 年年终都参加了演出。新年前夜，他们献上了在底特律的唯一一次全体演出，
71 算是旅途中的修整，其实不过只是在熟悉的地方演出罢了。摩城巡演将底特律带向了全国，成为摩城兴起的助推器。现在，他们要回馈家乡观众。演唱会在伍德沃德大道和八英里路交会处的密歇根州博览会会场（Michigan State Fairgrounds）外的体育馆里举行。埃丝特·爱德华兹负责安排演出。玛丽·威尔斯、奇迹乐队、小史蒂夫、马文·盖伊、奇迹合唱团悉数到场。一同参与演出的还有带贝里·戈迪上路的歌手杰基·威尔森。预售票由市中心的一家代销商发售，也可以在格林内尔店内买到。

第五章 “派对巴士” 73

1963 年年初，林德尔鸡尾酒吧是一家低级娱乐场所，位于卡斯街和巴格利街的拐角处，就在底特律的贫民区边上，附属于四层楼高的破烂不堪的林德尔酒店。[1] 和贫民区的所有建筑一样，这栋楼很快便会以市区改造的名义被拆掉。吉米・巴茨凯瑞斯（Jimmy Butsicaris）和约翰・巴茨凯瑞斯（John Butsicaris）打算把他们的事业阵地向南移几个街区，到卡斯街和密歇根街交叉口的一处地方重新开酒吧。在《底特律新闻》体育专栏作家道克・格林（Doc Greene）的建议下，他们将酒吧更名为林德尔体育俱乐部（Lindell A.C.），以此为自己的事业祈福，“A.C.”是“Athletic Club”（体育俱乐部）的缩写，也可以说是对“体育俱乐部”的仿冒。底特律已经有一个著名的体育俱乐部——底特律体育俱乐部（Detroit Athletic Club），但它与林德尔体育俱乐部全然不同。底特律体育俱乐部是城市统治阶级的常驻地，林德尔体育俱乐部则是职业运动员、各类文人和食客休闲时的去处，当然，还包括赌徒。

老林德尔酒店前面的墙是砖砌的，整个砖石结构歪歪斜斜，像一组坏掉的牙齿，一些砖石突出隆起，另一些则摇摇欲坠，行将瓦解。一面满是污垢的大型落地窗对着闹市的街道，但顾客都被无精打采的百叶窗遮挡住。窗户上挂着霓虹灯字母，百叶窗前有一个展示窗口，上面是底特律运动员的签名照片和篮球。进了酒吧，吧台沿着一面墙布置，有 30 英尺长。在靠后面的位置，昏暗的灯光下立着两张台球桌。据说，老虎队技术娴熟的右手投手罗恩・克兰（Ron Kline）去年曾在一场台球比赛中输了个精光，并 74
当场付清。两边的墙面连接着高高的天花板，布满斑点和污迹，但至少还是可以通过陈列在上面的运动纪念品看到墙壁的存在：竖着放的棒球球棒、头盔、手套、球以及雄狮队、老虎队、红翼队、活塞队和来自其他城市著名运动员的照片。50 年代，这里还是家喻户晓的纽约扬基队明星米基·曼特尔（Mickey Mantle）、惠特尼·福特（Whitney Ford）和比利·马丁（Billy Martin）的夜生活场所，俨然是他们的另一个家。体育装饰用品的流行还要归功于比利·马丁这个坏男孩。在底特律打球的人都能找到通往林德尔的路。但是，在 1963 年 1 月的第一周，酒吧还引来了联邦调查局和国家橄榄球联盟的工作人员，他们都想打探关于酒吧的一位常客——底特律雄狮队前锋（投资 5 万美元成为该酒吧的股东）的消息。[2]

这人便是亚力克斯·卡拉斯（Alex Karras）。他是天赋极佳的全能型防守队员，26 岁，身高 6 尺 2，体重 260 磅，脾气暴躁。他的父亲是希腊裔医生，他自己虽然心思聪敏，但行事乖张任性，为人刻薄，酗酒成瘾。尽管如此，底特律的体育迷们仍对他喜爱有加，将他与棒球明星阿尔·凯兰（Al Kaline）、曲棍球选手戈迪·豪（Gordie Howe）和橄榄球传奇“夜车”雷恩一同送入他们的现代万神殿。卡拉斯是天生的格斗者和演员，他的蓄意破坏行为引发了林德尔酒吧臭名昭著的斗殴事件，参与者还有威廉·弗里兹·阿弗里斯（William Fritz Afflis），又名“拳师迪克”（Dick the Bruiser）——一名职业摔跤手和前国家橄榄球联盟绿湾包装工队的前锋，他们彼此给对方带来了荣誉和伤害。这个天才“雄狮”最终找到了通往好莱坞的道路，饰演了许多角色，其中就包括在梅尔·布鲁克斯（Mel Brooks）的电影《灼热的马鞍》（*Blazing Saddles*）中饰演愚蠢又残暴的蒙戈。林德尔是属于他的地方。

酒吧、运动员、黑帮、赌博——这些是组成 1 月 5 日发生在底特律的故事的四个关键要素。但其实自 1962 年 8 月以来，这起事件就一直在酝酿中。林德尔之所以成为故事的一部分，主要是因为卡拉斯与它有千丝万缕的联系。而卡拉斯成为故事一部分的主要原因是他与“派对巴士”的关联，这本身又是另一个故事。

“派对巴士”是底特律黑帮的流动宴会。[3] 它的前身是有轨电车部的公车，现在则注册在欧德斯·廷彻（Odus Tincher）名下。廷彻是个有前科的赌徒，不过，光从外表上看，他倒像是个胆小的银行出纳员。他们从私人所有
75 的莱索德俱乐部（Lesod Club）引进了一种非法的巴勃比赛（土耳其双骰儿赌博的另一种形式）。莱索德是底特律下东部（Lower East Side of Detroit）的首

字母缩略词，它自从搬到市中心以来已经营了许久，明目张胆地盘踞在西哥伦比亚街，与底特律妇女俱乐部隔街相望。廷彻为贾卡隆兄弟安东尼和维托卖命。贾卡隆兄弟更为人熟知的名字是托尼·杰克和比利·杰克，他们在底特律黑帮中声势日盛，偶尔将“派对巴士”作为高兴时的消遣之所。巴士被漆成蓝色和银色——雄狮橄榄球队的颜色，里面的窗帘和车内装潢使用花哨艳俗的黄色，并设有一个存储丰富的吧台和双层床。到了晚上，“派对巴士”在底特律和格罗斯波因特之间往返穿梭时，刑警队通常会跟着它。警察对它的行踪了如指掌。下班后，警察们来到他们最爱的聚会之所——底特律河岸边的辛巴达酒吧消遣时，便会谈论“派对巴士”在比利·杰克的掌控下什么时候会发展成为脱衣舞俱乐部，商量何时能将巴士老板连同表演者一网打尽，顺带收了他们的酒，然后开着警车伴着轰鸣声没入黑暗。

去年 8 月 18 日，星期六，天色朦朦胧胧，晨曦微露，这是橄榄球运动员与“派对巴士”第一次发生接触的时间。犯罪调查处进入另一处暴徒聚集地——希腊城门罗街的“希腊花园”，此处往北仅一个街区便是警察局总部——时，碰巧看到了雄狮队的中后卫维恩·沃克尔（Wayne Walker），他正与贾卡隆兄弟一起坐在后面的一张桌子旁。他们还见到了亚力克斯·卡拉斯的朋友、带卡拉斯入股林德尔鸡尾酒吧的吉米·巴茨凯瑞斯。警察是因接到非法售酒的投诉来到这里的，但现在他们有了更感兴趣的事，于是离开餐厅，待在车里监视外面的一举一动。十分凑巧，“希腊花园”很像林德尔酒吧，是雄狮队队员的巢穴。球员们经常在那里举行他们所谓的忠诚派对，整晚搞联欢、团建、畅饮，不用顾忌球队规定、教练和妻子。在与沃克尔打交道的人中，他们并不是最干净的，当然，桌旁的杰克兄弟和其他多如牛毛的与此地有联系的黑社会更不干净。酒吧经营者格斯·科莱卡西兹（Gus Colacasides）是希腊城博彩业的灵魂人物，他有一本秘密的黑名册，里面记录了赌徒和可收买的警察的名字。 76
酒吧的业主是皮特·科拉多（Pete Corrado）的遗孀。在禁酒令时代，科拉多鼎盛时被称为“执法者”，当时底特律河走私活动猖獗，因为河另一边的加拿大人提供了大量的酒。两名当代“执法者”萨米·焦尔达诺（Sammy Giordano）和皮特·维特尔（Pete Vitale）如今就在“希腊花园”

工作，而科拉多的儿子安东尼则为贾卡隆效力。

警察看到几个黑帮分子和沃克尔从后门离开，之后便分道扬镳。接着又看到贾卡隆兄弟、酒保巴茨凯瑞斯与欧德斯·廷彻、安东尼·托马斯一起登上“派对巴士”。警察认识托马斯，他犯过很多事儿，绰号叫“斯科里奇”（Screechy，意为“尖叫”），在警察局的黑帮名单上榜上有名。他穿着黑色衬衫，系着白色领结，开着一辆大红色的凯迪拉克，一看就像那类人。底特律警察局的新手大卫·莱特（David Wright）在韦恩州立大学附近的伍德沃德大道执勤，最近有一次将托马斯的凯迪拉克截停，当他站在托马斯的车边时，另一辆轿车紧贴在他身边，将他困在两辆车之间。“这位不错的年轻警官不是来给我开罚单的。”斯科里奇手里开始稍微有了些动作，这是一种进攻和含敌意的暗示和招呼，于是莱特回到车上，手上已握了枪。现在，便衣警察尾随斯科里奇、托尼·杰克、比利·杰克以及他们在“派对巴士”上的同伙，驱车 170 英里来到克利夫兰。雄狮队当天晚些时候要在那里与达拉斯牛仔队进行一场季前赛，这对于国家橄榄球联盟联赛十分重要，因为这次要连续举行两场比赛，之后布朗队将坐镇主场迎战匹兹堡钢人队。比赛结束后，黑帮分子回到了“派对巴士”，此时负责盯梢的警官注意到亚历克斯·卡拉斯（Alex Karras）和一名队友也上了车，三小时后回到了底特律。雄狮队最有名的队员进了黑帮分子的流动贼窝。

周一，在波比安 1300 号的办公室里，警察局局长爱德华兹收到了亲信约翰·奥尼尔（John O'Neill）警督对周末事件的口头报道。爱德华兹是达拉斯一位民权律师的儿子，曾在南卫理公会大学和哈佛大学接受教育，现
77 年 47 岁，身材瘦削，戴着眼镜，外表与长老会牧师兼大学校长威尔逊十分相似。1936 年，他来到底特律时身上只有 50 美元，所有的个人财产和随身物品都装在一个手提箱中。当时，他的梦想是希望可以写一本描述工业城市环境的小说，像厄普顿·辛克莱（Upton Sinclair）描述芝加哥资本主义工业的批判现实的世纪小说《屠场》（*The Jungle*）① 那样，写一本底特律汽

---

① 厄普顿·辛克莱的小说，作者曾在芝加哥的一家大型屠宰场工作了七周，将其观察到的情景诉诸笔端，成为美国食品安全进步的有力推手。辛克莱的本意并不是单纯地批判美国屠宰业的肮脏与黑幕，而是剑指芝加哥屠宰场背后的资本主义制度。

车工厂版的《屠场》。[4] 在汽车厂找到工作之后，他经受了全美汽车工人联合会的鲁瑟兄弟领导的混乱的底特律劳工运动的洗礼，在城市政治和法律界地位稳步上升，先是当上法官，接着又被任命为警察局局长。他被要求领导左翼力量，但他绝不是一个会轻易上当的懦夫。《底特律自由报》报道他接任警察局局长的新闻时，在文章中称他为“一个纯正的自由主义者”。他一面努力推进城市的公民权利运动，一面试图消除内部的腐败力量。同时，自去年 1 月成为警察局最高长官起，他便将赌博和黑社会问题视为首要的紧迫的难题。他对底特律黑社会的憎恶还要追溯到他与沃尔特・鲁瑟一起的时候，当时这个城市的法律系统和非法权力中心之间龌龊的关系简直令人发指。

1938 年 4 月的一个深夜，爱德华兹和他的妻子佩格与其他六对夫妇一起受邀来到沃尔特・鲁瑟位于拉萨尔 13233 号的公寓，参加为维克多・鲁瑟（Victor Reuther）的妻子苏菲举行的私人生日聚会。他们从附近的一家中国餐馆点了炒杂烩，门铃响时，沃尔特以为是送餐员，很快便打开了门。[5] 没想到，两名黑社会成员挥舞着左轮手枪冲了进来。其中一个闯入者用枪挟持了惊慌失措的客人（他说：“往后退，否则一枪崩了你！”），另一个则紧随其后闯了进来，手中还紧握一根金属棍。沃尔特冲上前一把夺过闯入者手中的金属棍，然后两人扭打了起来，撞在了一盏落地灯上。爱德华兹告诉枪手，如果他们杀了沃尔特，就必须把他们全部杀死。在一名客人从后窗逃出并报警后，两名歹徒逃走了。不久之后，两名歹徒被捕。后来经调查证实，其中一人有犯罪前科，20 年代因贩私酒被判四个月刑期，直到两个星期前，这人还在担任福特汽车公司的调查员。沃尔特・鲁瑟在家中遭袭的时间，正是
一年前在鲁日河工厂的立交桥上攻击过他和他的劳工同志的六名福特暴徒受 78
审之时，鲁瑟则要作为证人出庭。这只是巧合吗？不见得。然而，当歹徒艾迪・珀切利（Eddie Percelli）和巴德・霍尔特（Bud Holt）接受审判时，辩护词简直像极了新奇的小说，他们说是鲁瑟让他们进行攻击，之后还反过来陷害他们。陪审团相信了他们的故事，并宣布二人无罪。在霍尔特被当庭释放时，六名女陪审员围着他握手，因为他的表现征服了陪审团。

爱德华兹当时在底特律待了还不到两年，但从那时起，他便不再以初

来时的目光看待这座城市了。“我从来没有写过计划中的小说，”他曾经解释，“但我想，也许我自己就活在小说故事中。”他接手底特律警察局的时候，已经对底特律黑帮分子的行动方式有了深入的了解。他的办公室里备有一本三环笔记簿，名为“黑手党：成员—关系，同伙—嫌疑人”。这本笔记列出并描述了被怀疑为底特律黑社会组织成员的每个暴徒，这类组织有时会被叫作合伙企业或机构。他希望下属尽力追踪线索，无论这些暴徒身在何处。11 月，他推动对哥谭酒店的搜捕行动，以此切断有组织犯罪团伙的财源，并得出结论，这次搜捕起到的舆论宣传作用抑制了整个城市的赌博活动。他认为，越公开透明越好，前提是事先掌握了充足的证据。有时宣传是他最好的武器，比实施行动更为容易。然而黑社会与雄狮队千丝万缕的联系令人苦恼。他喜欢橄榄球运动，不想打击运动员，但是当得知“黑社会的人渣试图对雄狮队队员施加影响时”，便忍无可忍。

在收到报告后的第二天，爱德华兹派出了奥尼尔和另一名助手来到郊区与雄狮队教练乔治・威尔逊会面。[6] 在狐狸与猎犬餐厅（Fox & Hounds）——伍德沃德大街上的一家老式英国都铎风格餐厅，靠近雄狮队在布卢姆菲尔德山的克兰布鲁克学校的训练营，奥尼尔向教练详细叙述了他们手上掌握的有关卡拉斯、“派对巴士”以及市中心酒吧和黑帮分子的情况。威尔逊言之凿凿地回应道，没什么大不了的，他的队员有责任感，很受欢迎，他们与各种不同的人打交道，但绝不会参与赌博。

79 在秋天和初冬，雄狮队以 12 胜 3 负的成绩结束了 1962 年的整个赛季，位列西部赛区第二，排在绿湾包装工队之后。数据显示，两队水平在某些方面旗鼓相当。有传言说，国家橄榄球联盟办公室专员皮特・罗泽尔（Pete Rozelle）正在对其他球队队员涉嫌赌博的各种报道进行分析研究。12 月下旬，爱德华兹将调查员搜集到的信息传达给雄狮队大老板、亨利・福特的孙子、“魔鬼老大”的弟弟威廉・克雷・福特，之后又向罗泽尔递交了一份报告。除了有关“派对巴士”和“希腊花园”的信息，爱德华兹还向国家橄榄球联盟通报说，卡拉斯已经成为林德尔鸡尾酒吧的股东，这家酒吧似乎并不如“希腊花园”那样暴力，但是跟赌博和卖淫有些关系。与此同时，联邦调查局正在对底特律黑帮分子进行单独调查，他们的电话已被窃听了一年多。1 月初，在雄狮队前往迈阿密与钢人队进行“季后赛碗”比赛时，这些消息又回到了公众的视线。这是一场单调乏味的季后赛，它将决出每个赛区的第二名。

比赛前一天，罗泽尔在附近的好莱坞海滩举行了记者招待会。罗泽尔向公众宣布了一条重磅消息：一些球员被怀疑“有不良行为”。他的调查人基本都是前联邦调查局特工，已经追踪了大量线索。罗泽尔说：“到目前为止，从对球员们不良行为的调查来看，我们搜集到了一些不利的证据，但尚不能盖棺定论。然而，‘无风不起浪’，我们确实有理由怀疑一些球员的行为。”第一位焦点人物来自芝加哥。报纸的通栏大字标题写着：“芝加哥熊队后卫在谎言测试中暴露”。这位有问题的后卫是里克·卡萨雷斯（Rick Casares），他自己表示，他已经通过了国家橄榄球联盟安排的两次测谎仪测试，测试的目的是确定他是否参与了赛事赌博。令人担忧的是，卡萨雷斯被发现与黑社会赌注经纪人撒萨·伊特卡威兹（Zaza Yitkavitz）有来往。而且，有人发现他和其他熊队队员经常出入与芝加哥暴徒有关的两家夜总会——一个是位于北克拉克的脱衣舞俱乐部，一个是奥黑尔国际机场外的一家俱乐部。

罗泽尔召开记者会后，《底特律新闻》的一位记者采访了雄狮队总经理埃德温·J. 安德森（Edwin J. Anderson）。听安德森的话感觉他并不知情。 80
他说：“我在雄狮队的这 12 年里，没有任何一位底特律球员被怀疑与赌徒或任何不良分子有关系。”他还嘲笑说：“像这样的事情，任何一个正常年轻人的评判都会因公认行为准则参照基础的不同而略有不同。”鉴于威尔逊教练已经与底特律官员在狐狸与猎犬餐厅会过面，没人相信威尔逊教练也会不知情，但他还是在同一天向新闻界表示，他“没有听说过任何涉及雄狮队的调查”。比赛在即，威尔逊此后就不再见外人，但比赛开始前几个小时，他与罗泽尔、威廉·克雷·福特进行了一场会面。之后，他的态度开始有所变化，称自己对卡拉斯成为林德尔酒吧的股东表示不满，希望卡拉斯卖掉股份。

“橘子碗”上的出场阵容包括场上主力亚力克斯·卡拉斯和维恩·沃克尔，在一旁观战的乔治·威尔森，看台上的威廉·克雷·福特和皮特·罗泽尔。同在看台上的还有维托·贾卡隆、麦克·鲁比诺（Mike Rubino，另一位“执法者”），以及禁酒令时代的黑帮分子的儿子安东尼·J. 泽里利（Anthony J. Zerilli）和年轻的科拉多。泽里利拥有一家亚麻供应公司，科拉多则参与自动售货机贸易。罗泽尔知道他们在迈阿密，爱德华兹和底特律的缉捕队长们也知道，他们事先已打电话给他们的迈阿密同行，提供了航班和相关信息，要求从头至尾都对他们进行严密监视。比利·杰克和他的同伙在机场租了一辆凯迪拉克，以假名登记入住了酒店。比赛开始几小时前，他们与很久之前就在迈阿密定居的老底特律私酒贩子乔·马塞特（Joe Masset）见了一面，之后一起前往体育场。一名迈阿密卧底女警员就坐在附近，她的另一名同事负责在不远处拍摄照片。那时，罗泽尔的评论和卡萨雷斯的故事已在那里传开了。根据迈阿密警方的报道，贾卡隆和他的同伙们一动不动地坐在那里，看上去“对比赛兴趣冷淡，但一直通过双筒望远镜观察着球员长凳上的情况”。就这样，他们离开了迈阿密，与球员没有进行任何联系。

接下来的四天里，事件在底特律新闻界炸开了锅。罗泽尔将他知道的
81 一切有关雄狮队球员与警察局不良警官的交往情况都告诉了记者。媒体便对“派对巴士”“希腊花园”、卡拉斯和林德尔酒吧及迈阿密的监视事件进行了报道。维恩·沃克尔承认去过“希腊花园”，但表示自己没有赌博，也没有干坏事。卡拉斯回应说，安德森呼吁他放弃林德尔的股份已经太迟了，他很快就会退出橄榄球界。他说，巴茨凯瑞斯的同伴们就像他的兄弟。同时他也坦言，他与贾卡隆不过是点头之交。之后他便去找罗泽尔，在全国性的电视台上承认他确实参与了赌博，但这是他的权利，只要他没有在自己的球队参与的比赛中下注。在波比安 1300 号的警察局，爱德华兹开启了全面宣传模式。他在接下来的星期三（1 月 9 日）召开了一场新闻发布会，详细说明了警察局的调查过程。爱德华兹称，此后他会利用公众曝光作为武器：“一旦我们掌握确凿的证据来支持我们合法地行使职责时，我们一定会将有组织犯罪公之于众，这会成为我们的政策。我们要截断这些人的交易链，削弱他们在社区中的耐受性……如果社会觉得我们的态度是严肃认真的，人们便会给我们提供更多的信息，以便我们更好地调查。”

罗泽尔专注于处理球员的问题，最终决定对卡拉斯禁赛一年，而对绿湾包装工队的保罗·霍尔农（Paul Hornung）的禁赛时间则不确定（最后也是一年），原因是他们都参与了赌博。同时他还对维恩·沃克尔和其他五名雄狮队球员处以罚款。爱德华兹的精力都集中在黑帮分子身上，同样地，黑帮分子也十分关注他的动向。联邦调查局的窃听表明，所有关于赌博和雄狮队的宣传都使他们烦恼倍增。在1月21日的谈话中，托尼·贾卡隆和维托·贾卡隆抱怨说他们无法“接近”爱德华兹。正常的手段并不奏效，所以他们打算通过拥护他来让他难堪。“我要把该死的‘派对巴士’拖出去，”维托说，“我要弄一张爱德华兹的巨幅画像，把它挂在‘派对巴士’上，然后说我们这些暴徒人人都爱他。这简直就是要砸掉他的饭碗。暴徒们喜欢爱德华兹，我们正在为他投票。”他们会以怎样的方式为他投票又是另一回事了，他当时并没有竞选任何职位，但他们这样做的目的很清楚。

根据爱德华兹未公开的传记上的内容，他的下一步行动牵涉新闻界。 82
这些传记大部分是他的早年事迹，由他的家族朋友、作家玛丽·斯托尔伯格（Mary M. Stolberg）所写，后来被收藏在韦恩州立大学的沃尔特·鲁瑟图书馆。1月下旬，他在底特律体育俱乐部与《底特律新闻》总编辑哈维·W. 巴顿以及该报的王牌记者约翰·M. 卡莱尔（John M. Carlisle）共进午餐。巴顿向爱德华兹提出，可以将《底特律新闻》的华盛顿办事处作为给参议院常务调查委员会传递信息的渠道，这个参议院调查小组由阿肯色民主党人约翰·L. 麦克莱伦（John L. McClellan）领导，专门针对有组织犯罪。爱德华兹同意了，并且让卡莱尔在幕后注视和观察底特律警察局的动向。接下来，与他在底特律体育俱乐部共进午餐的是《底特律新闻》编辑马丁·海登（Martin S. Hayden），海登是第二代新闻人，人们对他有个普遍的印象：他通常都会态度强硬地回应外界对自己报纸的批评，从政治家、广告商到黑帮，莫不如此。然而，他仍是这座城市建设和发展不可或缺的栋梁。因此，爱德华兹把海登视为一个心腹朋友也就不足为奇了。爱德华兹的生命是否受到贾卡隆兄弟的威胁？爱德华兹自己并不这么认为，但他也并不天真，因为他对底特律的暴力犯罪了如指掌。据海登后来回忆，爱德华兹对他说：“我不希望你认为我有警匪情结，我要告诉你我此刻所说的是认真的。要说的话十分简短，我尽我所能向你说明一些关键的细节。因为理由我还不能告诉你，我决定给你写信。在写完之后，我会把它交给一位亲密的朋友，一旦发生任何不测，那位朋友就会按我的指示把信给你送去。如果你将它公之于众了——我当然希望你不会，我敢肯定这是你见过的最坏的新闻故事。”

爱德华兹把这封信送到了约翰·赫林（John Herling）手中。赫林是华盛顿的劳工记者和自由主义者，25 年前，他和爱德华兹同是左翼人士诺曼·托马斯（Norman Tomas）的追随者，他们从那时起就成为密友。一年前，赫林曾邀请爱德华兹出席白宫记者晚宴，并将他介绍给当时的司法部长罗伯特·F. 肯尼迪。在那次谈话中，他们谈到底特律的黑帮，以及禁酒令时代底特律和加拿大之间进行酒类走私时密歇根州的有组织犯罪如何开
83 始猖獗。现在，爱德华兹在给赫林的马尼拉纸信封上写道：“给罗伯特·肯尼迪，只有在我因暴力导致非正常死亡，或是出于一些特殊原因无法确定我的生死的情况下才能打开。”这封信的内容已随历史遗失，除了封面上的一段说明：“这封信代表求救信号。我已经注意到底特律的黑手党掌握了它的存放地点——但你也许很清楚他们并不知道具体地方。”这又是一个宣传伎俩，手法更高明。爱德华兹已经告诉他信任的中尉，一定要确保让贾卡隆兄弟知道这封信的消息。

贾卡隆兄弟还不知道的是，爱德华兹和他的犯罪调查处正在设计诱捕他们。相机、录音机和微型无线电发射器组成的不间断监视是该计划的一部分，但关键在于找一个实际上并没有被买通的“被贿赂的警察”，为此，他们招募了一名警司，这人曾是海军下士，从“硫磺岛的火山灰”里奇迹般地爬了出来。

第六章　荣　光 85

说到穿衣，底特律市长杰罗姆·卡瓦纳自认为是个顶级绅士。[1] 身高6英尺、体重200磅的卡瓦纳常在华盛顿大道的男子服饰用品店J. M. 西特伦定制衬衫，身上佩戴的丝绸领带是从纽约买来的。“这条领带比整套衣服都贵。”他喜欢在被人撞见自己正对着镜子欣赏自己的衣服时这样说，他蓝色的眼睛忽闪忽闪，仿佛像是在开玩笑。卡瓦纳的办公室在市中心市—县政府大楼的十一层，宽敞的办公室挨着舒适的书房，他在这间书房里放了4套备用西装、13条领带，还有一柜子新衬衫，以便随时更换。这些华衣美服装扮着一位天生的“艺人”。如果有三两好友陪同，卡瓦纳市长下班后便会去西国会路的伦敦餐馆，径直走到他就餐常用的一号桌——红格子桌布上已放好他们最喜爱的饮品，到了晚上，便会有十来人拉着椅子凑过来听他讲故事。这种能说会道的天分来自他的爱尔兰血统，但相比在福特鲁日河工厂干了40年清洁锅炉工作的父亲西尔维斯特，卡瓦纳更注重生活品位，也更关注公共生活，34岁的他热切地想要了解一切的漫谈和政治事件。尽管卡瓦纳接受过底特律大学法学院的训练，也十分欣赏肯尼迪的新边疆政策，但他还保留着老派新闻人的情感。他的许多助手都来自那个纸墨世界，过去都是《底特律新闻》《底特律自由报》和《底特律时报》（赫 86
斯特旗下晚报，在他当选市长前一年破产）的新闻人。

他的新闻秘书吉姆·特雷纳（Jim Trainor）惊叹于市长“将林中的鸟儿吸引到身边”的能力，这或许已成为他自己的生存证明。在被招募进卡瓦纳的工作团队之前，吉姆是《底特律时报》的一个硬汉、老乌鸦，一位对本·赫克特的《头版》直言不讳的本地新闻编辑，嚼着雪茄，也以同样的气势训斥下面的记者，狂热而愤世嫉俗的外表下藏着一颗柔软的心。另一名助手鲍勃·图希（Bob Toohey）被卡瓦纳的魅力所吸引，他们在大学时代都曾在亨利·福特的格林菲尔德村当过导游。图希回忆说，无论何时，只要是重要的代表团到来，卡瓦纳都无一例外地被派去当导游。“他很迷人。有一次，我带的团跟在杰里的后面，当我们来到门洛帕克地区时，他带的团已经到达那里，我能听到他在对观光团演讲。他从绳子下面溜过去，来到爱迪生的桌前，便开始口若悬河地讲述‘那张椅子是托马斯·爱迪生曾坐过的椅子’，他有一种让人着迷的能力。人们就像水中的一群鱼儿一样跟着他。”[2]

现在是 1963 年年初，当了一年市长之后，卡瓦纳得到了整座城市的拥护。他从能说会道的导游生涯进入到另一个领域，将整座城市推销给世界。他在冬天的演讲中反复强调，底特律是一座持续发展的城市。这是一座“充满无限乐趣和精彩故事的城市……一座继往开来的城市，一座其他大都市都羡慕的城市”。人们期待着市长说这样的话——他工作职责的一部分就是做些看上去似乎有些夸张的热心宣传。不过，卡瓦纳的确有理由相信自己的说辞。

2 月 15 日，星期五下午，天气寒冷难耐，卡瓦纳一边想着问题，一边从自己的办公室走出来，准备乘坐市县政府大楼的电梯去下面的听证会大厅。[3] 市－县政府大楼坐落在伍德沃德大道尽头，共 20 层楼高，是新底特律的一部分，在科博大厅建成前的 50 年代中期，它与附近的福特礼堂同时建成，有着类似的现代国际化设计，闪闪发光的白色大理石外观与纽约联
87 合国大楼遥相呼应。那样一种世界性的感觉就是底特律现在试图营造的形象，也是卡瓦纳即将出席的会议——底特律奥林匹克委员会第一次聚会的中心议题。

底特律那时一直在全力以赴地参与 1964 年的共和党与民主党的全国代表大会，以及 1968 年夏季奥运会举办地的竞标，努力让这座不被看好的美国中西部城市成为现代世界的中心。政治性的全国代表大会目前已是可望而不可即，它极有可能花落旧金山和大西洋城——尽管在这个过程中底特律获得了足够的宣传（市长助理杰克·凯西陪同缅因州共和党女委员玛丽实地考察期间观看了老虎队比赛，意外获得泰德·威廉姆斯亲笔签名的棒

球，算是慰劳）。[4] 但奥运会是另一回事。四个月前，在芝加哥的一次会议上，美国奥委会已经批准底特律成为竞争奥运会主办地的候选城市。国际奥委会最终会在 10 月对来自世界各国的主要竞选城市进行投票，决出最终的承办者，在此之前，底特律还有很长一段路要走。[5]

长期担任国际奥委会主席的艾弗里·布伦戴奇（Avery Brundage）在芝加哥功成名遂，然而他的出生地却是在底特律。除了布伦戴奇之外，国际奥委会执行委员会中还有两名美国人，其中之一是道格拉斯·罗比（Douglas Roby），他是土生土长的底特律人，曾是密歇根的橄榄球运动员，在美国金属制品公司（该公司生产汽车零部件）工作过。出于工作的原因，罗比与美国金属制品公司创始人老弗莱德·马萨伊（Fred Matthaei Sr.）有来往，后者也恰好成了底特律奥林匹克委员会的主席，也是底特律申奥的主要策划人。马萨伊（发音为 math-eye）不仅认识罗比和其他主要的奥运决策者，也对国际奥委会的癖好十分了解。近 25 年以来，他一直在义无反顾地追求自己的梦想，致力于让底特律成为夏季奥运会的举办地。除了布伦戴奇主席外，他对该组织政治内幕的了解不比任何人少。可以说，在那段时间，马萨伊几乎凭一己之力五次将底特律带入最后的竞选环节，这本身就已是非凡的壮举，但是他最终仍未能促成此事。1939 年伦敦、1946 年洛桑、1949 年巴黎、1955 年罗马和 1959 年慕尼黑的国际奥委会全会，他
都前往参加了，每次都在极力促成底特律申奥一事，然而每一次都功亏一 88
篑。如今他已 70 高龄，头发花白，他想，这一次是底特律最好的机会，或许也是最后一次机会。

到当天下午两点半，已经有超过 300 名满怀热情的奥运支持者聚集在市县政府大楼，底特律统治阶层的一帮人也在其中。这些人包括：亨利·福特二世的两个弟弟本森和威廉·克雷·福特，二人都是福特汽车公司的副总裁，还有美国汽车公司董事长理查德·克罗斯（Richard Cross），通用汽车公司执行副总裁路易斯·戈德（Louis Goad），克莱斯勒公司总裁林恩·汤森（Lynn Townsend）以及一大批在底特律数一数二的银行、公用事业公司、轮胎公司、航空公司、报纸和公关公司的高管。作为荣誉副主席，卡瓦纳在他的荣誉合作伙伴乔治·罗姆尼（在六周前刚宣誓就职密歇

根州州长）的陪同下宣布会议开始。罗姆尼在兰辛密歇根州议会大厦的就职演说具有两党联合的性质，这种氛围令他的共和党同僚感到困惑，同时也使一些民主党人充满疑虑，但现在，为推动 1968 年夏季奥运会举办地的竞选活动，两党之间至少暂时取得了一致意见。

事实证明，想让底特律走向世界，这远远不够。正如罗比和马萨伊在卡瓦纳拜访他们时解释的那样，底特律再一次受到了它的同胞劲敌洛杉矶的挑战，洛杉矶的市民和奥林匹克领导人拒绝接受美国奥林匹克委员会之前选择底特律的决定，并且要求——而且不知怎么就成功了——重新竞标。面对底特律这个中西部的竞争对手，洛杉矶方面的说法——从州长埃德蒙·G. 布朗（Edmund G.Brown）到好莱坞低吟歌手宾·克罗斯比（Bing Crosby），都表现出一种优越感。底特律被当作二等城市，为经济所困，体量不足以撑起如此大的场面。而洛杉矶有承办 1932 年夏季奥林匹克运动会的经验，拥有无与伦比的场地设施、财政支持、酒店客房、景观和天气。卡瓦纳对重新竞标进行了谴责，认为这是“毫无根据和鬼鬼祟祟的行为”。罗姆尼则抱怨洛杉矶“试图抢夺密歇根州与生俱来的奥林匹克申办权”。
89 罗比认为，西海岸的诡计只会伤到底特律，并对将于 3 月 18 日在纽约进行的第二次投票感到紧张。底特律的新闻报纸都站出来反对洛杉矶，尽管《底特律新闻》的编辑马丁·海登认为，任何的颠覆和破坏都只会使底特律更为团结：“我们的州长、市长、商业界同人、两党议员和被激怒的市民瞬间发现自己都在朝一个共同的目标迈进。这是对手的攻击所带来的令人意外和欣喜的奇迹。”

所以，这就是底特律。虽然十分焦虑，但就像鲁日河工厂的组装线一样具有惊人的凝聚力，每一个部分和环节都整合到位。至少看上去是这样。

接下来的一周，随着城市领导人发起保护奥运会承办权的动员，社会学家阿尔伯特·J. 梅尔（Albert J. Mayer）领导的韦恩州立大学区域与城市研究所发表了题为《底特律人口革命》的报告。[6] 这份报告刊登在《底特律自由报》社会新闻的第二版，在人们的视野中停留了一天，但回过头来看，其中的发现和预测极其重要，很有先见之明。

1960 年的美国人口普查显示，底特律人口为 1670144 人。根据韦恩州立大学的计算，如果按目前的趋势发展下去，10年后（1970年）底特律人口将减少四分之一，下降到约1259515人。这个趋势令人不安，但人口普查显示出的更棘手的问题是离开底特律的人口构成和留下来的人口构成。报告指出：“缴税的生产者正在离开城市，留下的是非生产性人口。”需要注意的是，报告中的“非生产性”并非是贬义的，而只是一种统计方法。研究所用的“生产力”（productive）是通过对经济和年龄的测量来定义的。最有生产力的人是25岁到44岁之间并拥有工作的人，中等生产力的人包括那些15岁至64岁之间的工作者，其余的年龄段属于非生产类别。根据社会学家的说法，他们所指的城市不仅包括底特律，还包括哈姆川克和海兰帕克这两个市政自治体，它们在地理上整个或部分属于底特律。大都市综合区指的是大多数人口所流向的郊区，包括韦恩县市区以外地区，以及奥克兰和马科姆县。

研究还涉及一个种族要素，报告的作者们并不想让这个要素被误解或 91
扭曲。在1960年的人口普查中，底特律的人口有28.9%为黑人。根据他们的估计，到1970年底特律的黑人将占到44.35%。但是，有资金移居并且可以在郊区找到住房的非裔与白人同样感觉到向郊区迁移的紧迫性：“现在的人口趋势清楚地表明，总的来说，这个城市已逐渐被所有人遗弃，除了那些住房、教育和经济权利被严重剥夺的弱势群体。”接任市长一职时，卡瓦纳面对之前留下的市政债务，试图通过征收个人所得税（对象包括从外地来底特律工作的流动人口）的办法来帮助市政府渡过财政难关。但报告显示，“通勤税”最多只能带来短期利益。随着郊区附近新住房、购物中心、办公室和工业设施的不断发展和增长，越来越多的人不但在那里生活，还在那里购物和工作，通勤税就成了“一个空洞的笑话”。对底特律市区改造带来的有益效果，报告的作者们也持怀疑态度，他们认为，尽管所有的钱都被投入了市区改造，但是实际产生的住房很少，大约只有1000个住房单位，“预期中的也只有寥寥数千个”。市区改造带来的公共住房紧张问题是社会学家梅尔多年来一直担心的事。正如他曾经描述过的那样，“费了九牛二虎之力，结果却收效甚微”。

让我们先跳出时间序列来考虑这个问题。1967 年夏，底特律遭遇暴动和骚乱，此事件成为其走向衰落和转型的关键点。韦恩州立大学的报告比此事的发生早了四年，50 年后的 2013 年，底特律的城市人口已缩减至 68.8 万人，不断缩减的税收基础不足以支撑债务，底特律宣布破产。人们现在普遍认为，底特律的衰败是从高昂的劳动力成本到恶劣的环境等“铁锈地带”的各种弊病综合作用的结果，市政的腐败无能更是让城市摇摇欲坠。1960 年的这份报告却在几十年前便预见到了悲惨的未来，而衰败的步伐则在报告公布前就已开始。

92 底特律不仅遭受着自己设计的混凝土、金属、燃料和运动的威胁，也遭受着来自美国种族困局的威胁。城市高速公路网是汽车城的骄傲，它使人们能够更容易地做到在郊区居住，在城市工作。多年的市区改造已经将传统社区——多数社区都以黑人为主——连根拔起，并产生了一连串的反应，把白人族裔聚集地推向市区边界八英里路之外更远的地方。伊斯特兰（Eastland）和诺斯兰（Northland）已经有了巨型购物中心（周围有容纳 9984 个停车位的巨大混凝土平地），韦斯特兰（Westland）的购物中心即将建成，绍斯兰（Southland）在 10 年内也有望建成自己的购物中心，这些郊区购物中心像绳索一样勒住了市中心的脖子。汽车公司本身仍然被象征性地认为属于底特律，但它实际上更依赖全国各地的工厂和供应商。当卡瓦纳等人认为底特律的未来无限光明的时候，当他们努力争取奥运会主办权来为底特律获取世界级城市地位的时候，韦恩州立大学的社会学家们正在做数据分析和趋势预测，并注意到令人不安的事实。他们看到，阴霾正在底特律形成。

建设和瓦解。底特律在欣欣向荣的同时也在走向衰亡。[7] 七个星期前，卡瓦纳按照传统，在元旦向底特律民众发表新年致辞，以庆祝 1963 年的到来。《底特律自由报》在 1 月 1 日的头版上刊登了致辞的内容：“对大多数底特律人来说，1962 年是美好的一年。失业人数减少，商业总体来说正在好转，我们的汽车工厂生产的优质汽车使底特律闻名全球。经济状况的改善只是城市复兴的一部分，能让 1962 年成为底特律的重生之年的，还有其

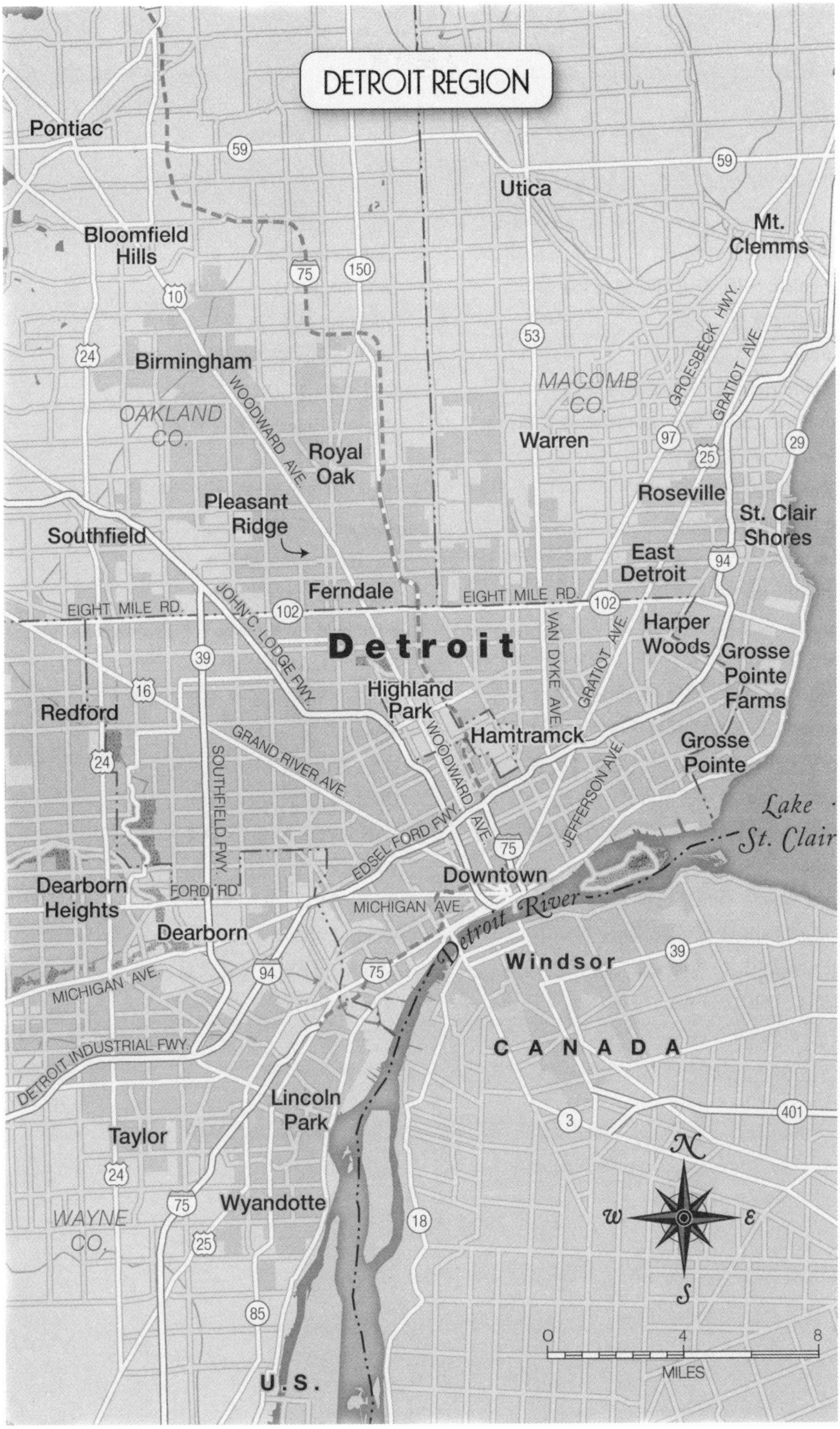
DETROIT REGION
Pontiac
Utica
Bloomfield Hills
Mt. Clemms
Birmingham
OAKLAND CO.
WOODWARD AVE
MACOMB CO.
GROESBECK HWY.
GRATIOT AVE
Warren
Royal Oak
Roseville
Pleasant Ridge
St. Clair Shores
Southfield
East Detroit
Ferndale
EIGHT MILE RD.
JOHN C. LODGE FWY.
Detroit
Harper Woods
VAN DYKE AVE
GRATIOT AVE
Grosse Pointe Farms
Highland Park
Redford
Hamtramck
GRAND RIVER AVE.
SOUTHFIELD FWY.
Grosse Pointe
JEFFERSON AVE
Lake St. Clair
EDSEL FORD FWY.
Downtown
Dearborn Heights
FORD RD.
MICHIGAN AVE.
Detroit River
Dearborn
Windsor
MICHIGAN AVE.
CANADA
DETROIT INDUSTRIAL FWY.
Lincoln Park
Taylor
N
W
E
S
Wyandotte
WAYNE CO.
U.S.
0
4
8
MILES

大底特律

Birmingham 伯明翰
Bloomfield Hills 布卢姆菲尔德-希尔斯
Canada 加拿大
Dearborn 迪尔伯恩
Dearborn Heights 迪尔伯恩海茨
Detroit Industrial FWY. 底特律工业区高速公路
Detroit River 底特律河
Downtown 市中心
East Detroit 东底特律
Edsel Ford FWY. 埃德塞尔·福特高速公路
Eight Mile Rd. 八英里路
Ferndale 芬代尔
Ford RD. 福特路
Grand River AVE. 格兰德河大道
Gratiot AVE. 格拉希厄特大道
Groesbeck HWY. 格罗斯贝克高速公路
Grosse Pointe 格罗斯波因特
Grosse Pointe Farms 格罗斯波因特法姆斯
Hamtramck 哈姆川克
Harper Woods 哈珀伍兹市
Highland Park 海兰帕克
Jefferson AVE. 杰斐逊大道
JOHN C. LODGE FWY. 约翰·C. 洛奇高速公路
Lincoln Park 林肯公园
MACOMB CO. 马科姆县
Michigan AVE. 密歇根大道
Mt. Clemms 芒特克莱门斯
OAKLAND CO. 奥克兰县
Pleasant Ridge 普莱森特里奇
Pontiac 庞蒂亚克
Redford 雷德福德
Roseville 罗斯维尔
Royal Oak 罗亚尔奥克
Southfield 绍斯菲尔德
Southfield FWY. 绍斯菲尔德高速公路
St. Clair Lake 圣克莱尔湖
St. Clair Shores 圣克莱尔肖尔斯
Taylor 泰勒
U.S. 美国
Utica 乌蒂卡
VAN DYKE AVE. 范戴克大道
Warren 沃伦
WAYNE CO. 韦恩县
Windsor 温莎
Woodward AVE. 伍德沃德大道
Wyandotte 怀恩多特

他劳动成果。此外，我们的城市也在清除贫民窟和其他阻碍城市生活的因素，并且不断取得胜利。底特律正在成为一个更好的居住地，这不仅是因为它的社区、高速公路和物质环境有了大幅改善，更是因为在精神层面得到了极大提升。我们逐渐学会如何共同生活，以人为本……现在我们必须确保将我们的进步和发展势头带进 1963 年。”

卡瓦纳自己的发展势头恰好在新年的第一天突然中止。[8] 参加完罗姆 93
尼在兰辛的就职典礼，卡瓦纳在返回底特律时，突然感觉身体的左侧隐隐作痛。医生对他进行检查之后，打电话给胸部专家，确定他患有肺炎。他被送去了普罗维登斯医院。他的警卫亨利·伍德（Henry Wood）警司称，市长似乎并没有因身体状况受到太大影响，只是担心自己会错过观看威斯康星与南加州之间的下半场“玫瑰碗”比赛。医生说，他每天有 20 个小时耗在工作上，辗转各种饭局直到深夜，身体已严重透支。这一切暂时要停一停了，10 天时间里，除了进行治疗和卧床休息外什么都不做。他在医院每天的饮食限制在一千卡路里以内，床边放着几本书，包括菲奥雷洛·拉瓜迪亚（Fiorello La Guardia）的传记以及威廉·莱德勒（William Lederer）的《羊之国》。从普罗维登斯出院后，卡瓦纳陪着怀孕七个月的妻子度过了一段愉快的休闲时光，期待着他们的第七个孩子降生。他的医生要求他放慢生活节奏，“每周在家里吃一两次饭”。

同一天（1 月 11 日），《生活》（*Life*）杂志席卷了各个报摊。[9] 封面是女演员安·玛格丽特（Am-Margret），她一身粉红色，腿部翘起，双臂伸出，头发波浪卷，左侧的故事标题和内页插图却完全不搭边：“底特律的光芒无处不在”。

从第 26 页起，便是底特律的庆祝活动，杂志用两页展示了一幅照片。照片中，一位身材结实的中年汽车经销商在一堆微型汽车模型中间站着。标题写着：“底特律的……繁荣”。作为这座城市和汽车业的代表，这是阿诺德·克莱特（Arnold Klett）的荣耀时刻。商业一片繁荣。他负责经销凯迪拉克——通用汽车公司旗下的高级轿车，销售行情非常火爆。通用汽车正在努力跟上生产进度，但交付时间仍滞后了几周。克莱特自己手里就有 35 个客户等着购买凯迪拉克，在实车开来之前，他一直在分发玩具模型，并愉快地给《生活》杂志摆造型。

杂志照片的拍摄者是伯克·尤泽尔（Burk Uzzle）。几个月前，尤泽尔刚加入《生活》杂志芝加哥分部，只有23岁的他成为最年轻的签约摄影
94 师，由此开始了一份令人难忘的事业。通过宾得和徕卡相机的镜头，他捕捉到美国历史上许多不可磨灭的瞬间——从马丁·路德·金在亚特兰大凝重的葬礼到纽约州伍德斯托克音乐节上全国部落反主流文化的迷幻雨丝。底特律是他的第一批任务之一。他夜以继日，马不停蹄，走遍了福特、克莱斯勒、通用汽车、美国汽车公司，从锅炉房到行政套房再到设计室，甚至还有到兰辛捕捉汽车人罗姆尼就职舞会的画面。底特律任务中留下的几十张联络单后来存进了国会图书馆的摄影报道档案，这些档案补充了《生活》杂志所印的照片。他拍摄生产线上的工人，白人黑人都有，他们将零部件装进车架，调整方向盘，焊接车门，在自助餐厅吃饭，兑现支票，在附近的酒吧饮酒、玩扑克牌，这些他都用相机一一记下。一排排完工的汽车在冬天的雪地里闪闪发光，堆叠在三层铁路运输车上，准备运往圣路易斯。夜班时间，在漆黑的东部克莱斯勒工厂外，尤泽尔设计出了最令人回味的镜头，使封面标题更深入人心：工厂的朦胧轮廓和烟囱被发光的克莱斯勒霓虹灯标志点亮，浓浓的黑烟翻滚进寒冷的午夜天空。照片上注明："汽车业繁荣的信号，克莱斯勒汽车公司。底特律的工厂在黑夜长鸣不已。""这又回到了那个年代——烟雾被视为进步和繁荣的符号，"尤泽尔回忆，"底特律人很高兴我们能拍照记录这一切。这意味着底特律正在蓬勃发展。"

主要故事是由基思·惠勒（Keith Wheeler）撰写的，他是《生活》杂志曼哈顿总部的固定作者。去年10月他对底特律车展的描述中所显露的乐观情绪如今已发展成了自大。惠勒写道，汽车消费者这些年在慢慢流失，"现在他们回来了，像一辆动力十足的325马力的凯迪拉克一样，重新找回
95 旧爱——美国汽车。嗯，也许这跟之前的女孩不同了：她一直去美容院和女按摩师那里，你几乎认不出她的新轮廓"。是什么原因让人们成群地来购买新车呢？惠勒有几个理论：联邦减税带来的前景；安全度过古巴导弹危机使公众信心激增；人们摆脱了"为小而小"的外国车的诱惑，麦迪逊

大道激发了人们对最佳性能和最时髦车型的渴望。一位业内人士欣喜地说道：“每一款车的生产都火力全开。”

第一批福特汽车量产 60 年之后，人口因素和生产自动化趋势交织到一起。1963 年，美国生产的汽车远比出生的人口多——约有 730 万辆新车被生产出来，创历史新高，而新增人口只有约 410 万；但是汽车报废的速度也比人死亡的速度快，到 1963 年为止，大约 500 万辆旧车被拖去垃圾场，而只有不到 200 万人进入坟墓。关于福特汽车质量欠佳的评价，过去有一个表示贬损的缩略语：半路抛锚（Found on Road dead，缩略四个首字母刚好是 Ford）。[10] 汽车的大量报废反而让汽车产业变得更红火。《生活》杂志的照片恰好说明了这种情况：1963 年闪耀的新汽车被三层铁路运输车运出城，这些新车的存在表明这个行业还活着，汽车城正在继续前进。

人们倾向于看到他们希望看到的东西，更会靠证实他们观点的事实自我安慰。当汽车以创纪录的水平出售时，底特律又怎么会受到困扰？不仅如此，许多重要的经济指标更是出现了强劲势头。跟踪汽车行业工具和模具制造商供应线的专家们觉察到逐月强劲的发展迹象，订单量比前一年提高了近三分之一。当汽车公司增加工具订单时，他们是在对未来下注，而当工具行业的齿轮开始高速运转时，它产生的积极效应则会反映到钢铁化工行业，增加整体的发展动力。工业的蓬勃发展能否加强底特律的计税基数，减缓供应商分散的趋势呢？这种分散是不可逆转的。然而二月传来了令人振奋的消息，当时，汽车业的独立大型供应商巴德公司——该公司制造轮毂、轮辋、底盘框架、制动器和夹具——宣布投资 1500 万美元对它在底特律东部的工厂进行现代化改造。50 年代，那片区域的就业和住房已逐渐衰退。巴德公司的计划被誉为“第二次世界大战以来底特律东部第一次 96
重大产业改造”。

底特律容光焕发，时尚现代。[11]20 世纪 20 年代以来，第一次有新酒店在市中心建起来，这家酒店位于杰斐逊街和华盛顿街的拐角处，名叫“庞恰特雷恩”，简称“庞恰”。酒店的名字借用了凯迪拉克广场边上一家消失已久的底特律机构的名字，该机构在 20 世纪初曾被誉为“汽车之母”，是第一代汽车制造商闲聊聚会的地方。世界级建筑师山崎实（Minoru

Yamasaki）① 在第二次世界大战期间搬到了密歇根州，在那边一家建筑事务所的帮助下逃脱了拘留。他也因此以一种更温和的现代主义风格为底特律奉献了许多影响深远的作品，其中最著名的是韦恩州立大学的麦克格雷戈纪念会议中心。伍德沃德大道上的一座 32 层楼高的新建筑——密歇根联合天然气公司大楼是他当时正在进行的另一代表作。在市中心的设计中，他第一次在门厅安装了三层高的玻璃墙。（在密歇根联合天然气公司大楼完成之后不久，山崎实便开始设计位于曼哈顿下城区的世界贸易中心。）沿伍德沃德大道再往北几个街区，联邦第一银行大楼的框架也开始用光滑的黑色花岗岩表面向天空献吻。

建设和毁灭。整条密歇根大道上，包括林德尔鸡尾酒吧在内的贫民区的残余部分正在被拆除。天堂谷的哥谭酒店几个月前因为经营赌博活动遭警察执法突袭，现在也面临死刑判决：市政府律师发起了一场定罪诉讼。拆迁前只剩下一个问题：它既然是给医疗中心停车场腾地方，市政府究竟是应该支付一定的费用还是可以直接占有这处财产？因为业主约翰·怀特和他的合伙人还欠着涉及赌博的所得税。

底特律的这次市区改造，并非都遵循井然有序的现代主义，也并非只限于传统的白人建筑。在东大道，由国会议员小查尔斯·迪格斯及其家族经营的迪格斯殡仪馆是底特律数一数二的黑人殡仪馆。[12] 殡仪馆的新经典
97 大道教堂“适逢其时地坐落于底特律正在崛起的东部”，它的隆重开幕更为这一年的繁荣锦上添花。迪格斯家族已经经营了 40 多年的殡葬事业。老查尔斯·迪格斯在罗素街的一层楼的一间房子里开始他的殡仪馆事业，这个殡仪馆靠近美国黑人进步协会在当地的总部，协会的创立者是泛非救世主马库斯·加维（Marcus Garvey），这位殡仪业者曾经遵循过他的教诲。老迪格斯最终将这项业务扩展，将家族的经营发展成一项包含殡葬保险在内的庞大事业。同时，老迪格斯还使家族的活动范围多元化，逐步深入到政治领域，当选为密歇根州参议员并为小迪格斯升入国会铺路。参与民权运动的父子档由此形成并熠熠生辉。不过，这种民权运动也掺杂着有问题

① 日裔美籍建筑师，设计了美国韦恩州立大学的麦克格雷戈尔会议中心。

的政治伦理。迪格斯这个姓氏在底特律黑人圈赫赫有名。在开幕的那个星期天的下午，7000 多名观众来到新的殡葬教堂，他们一方面是被奖品（银茶具套装、AM-FM 收音机和女士手表）吸引，另一方面也对现场直播的“迪格斯家族广播时间”充满兴趣，直播以国会议员和“壁龛之声”唱诗班为主角。《密歇根纪事报》的女编辑默特尔·盖斯基尔（Myrtle Gaskill）也在人群中，她在后来的报道中说，她和其他人都被“教堂的辉煌壮丽”所震撼，从一些细节中看出，教堂带有摩尔和地中海特征，装饰是东方风格，地毯色彩繁复：淡紫、蓝绿、浅绿、翠绿、苦艾绿，不一而足。

在小贝里·戈迪这位音乐企业家安排旗下的艺术家们进行第一次摩城巡演的几个月里，他和他的录音室一起获得了越来越多的来自本地和全国的赞誉，这也让底特律更加光彩夺目。[13] 在美国广播音乐协会（Broadcast Music Inc.，当时的一家为众多节奏布鲁斯音乐公司收集和分配版税的机构）的年度颁奖晚宴上，戈迪和摩城唱片的畅销歌曲拿到了五个奖项，比其他任何工作室都多。其中一首是戈迪自己创作的《你爱我吗（我会跳舞了）》，另外两首《你给了我一记重拳》（*You Beat Me to the Punch*）和《真正爱你的人》（*The One Who Really Loves You*），由他的朋友斯莫基·鲁宾逊所写。年仅 23 岁的斯莫基·鲁宾逊即将晋升为摩城的副总裁。全国有色人种协进会底特律分会是全国有色人种协进会最大的地方分部，它在 2 月份戈迪的 54 岁生日晚宴上也授予了戈迪荣誉。在颁奖台上与戈迪一同 98
获得荣誉的还有杰出的非裔美国医师托马斯·M. 巴彻勒博士（Thomas M. Bachelor）和密歇根教区主教理查德·S. 艾默里奇（Richard S. Emrich），理查德在底特律争取住房平等的斗争中发挥了关键性的作用。戈迪获得特别荣誉的主要原因是“在一个竞争激烈的领域中脱颖而出”，而黑人在这个领域很少占主导地位。西大道的工作室人员现在已经超过 50 个，其中绝大多数是黑人。这个奖项说明，戈迪的崛起也提升了底特律的地位，使它成为公认的“节奏布鲁斯唱片业的中心”。

摩城现在处于全流水线模式，接连推出炙手可热的新金曲。戈迪把他的音乐说成是“年轻的美国之声”，但是如何定义这种声音呢？它的组成要素是哪些？2 月 22 日，摩城唱片发行了一张名为《来吧，走近这些记忆》[14]的唱片，似乎提供了一些答案。创作该唱片的霍兰德 – 多齐尔 – 霍兰德（拉蒙特 · 多齐尔、布莱恩 · 霍兰德和艾迪 · 霍兰德）此后便和斯莫基一起成为摩城最可靠和最具辨识度的歌曲创作者。歌曲的起源还要追溯到乡村音乐。多年以前，多齐尔试图借用洛蕾塔 · 林恩（Loretta Lynn）的一些元素来进行创作。他想出了旋律和一些歌词的雏形——《这是你的旧泰迪熊》（*Here's your old Teddy Bear*），试图讲述一个勇往直前的女子，但一直无法完成，直到他加入了霍兰德兄弟，"并决定对它修饰润色"。1 月下旬，他们带着玛莎和万德勒斯合唱团来到西大道的工作室。埃丝特 · 戈迪回忆，当他们出现时，她的弟弟惊呼："这就是我一直在寻找的声音！"歌曲融合了乡村乐、福音音乐、爵士乐和流行乐的曲风，纯洁和迷人得令人难以置信。歌曲使用了许多切分音符，因此显得沉郁顿挫，没有很强的跳跃性，也显得足够女性化，使歌词传达出的意思避免流于感伤，仿佛把一剂纯粹的快乐注入情绪之中，充满强烈的玛莎 · 里弗斯式的福音力量。玛莎 · 里弗斯正因此才走上了通往巨星之路。

玛莎 · 里弗斯的走红折射出底特律的灵魂和音乐的魔力。塑造她的诸多力量也在塑造着这座城市。像许多黑人家庭一样，她的家人也是在第二
99 次世界大战开始时被"民主国家的兵工厂"及其提供的大量工作岗位吸引，从南方农村来到底特律。她在教堂长大，一直热爱唱歌。她接受了公立学校音乐教师的辅导，这些老师用的是现代化的教学方法，非常希望教育系统重视音乐教育。此外，她来自混乱无序的东部地区，这一点要比外界认识的更重要。底特律市民有许多塑造自我认同的方法：种族遗产、天主教教区浸信会、汽车公司、高速公路、迁来之前所属的南方州，等等。但是在描述自己的底特律背景时，每个人首先会告诉你的就是他们是来自东部还是西部。

玛莎 · 里弗斯是东部人，她为自己的歌唱组合取的名字和她描述的一样。"万德勒斯"（Vandellas）听起来像女性化的"汪达尔人"（Vandals），但它与古代东欧部落和这个词现代的"劫匪"含义毫无关系。它和"摩城"一样是混成词，里弗斯自己造了这个词，塑造了属于她的形象。"della"取自"Della Reese"（黛拉 · 里斯）这个名字，黛拉 · 里斯是东部底特律黑

人聚居区附近的黑人福音和爵士乐歌手，里弗斯视她为偶像。在为本书所作的采访中，她回忆起 17 岁时第一次听黛拉的演唱：“在新自由浸信会教堂，我和朋友坐在一起，牧师说：‘黛拉来这里了。黛拉，为我们演唱一曲吧。’一阵掌声之后，我见到了我见过的最美丽的黑人女性，那样的漂亮而高挑，头发卷曲成法国风格，我之前从没有见过黑人女性留那样的发型，她看起来就像一个女王。她站起身来，唱起了《奇异恩典》(*Amazing Grace*)，歌声响彻屋宇。我突然意识到这是神的恩赐，她必定蒙主的恩赐庇佑。第二天早上，我在熨衣服，准备去全城清洁公司(Citywide Cleaners)上班，打开小电视机便看到黛拉在演唱《你是否知道》(*Don't You Know*)，我脱口而出：‘是黛拉·里斯。我在教堂里见过她！’”“della”给玛莎带来了音乐的威严感，“van”则预示着她对自身生存环境的感受，它取自“Van Dyke Street”(范戴克街)，一条穿过她童年生活的社区的主干道。在底特律，提到范戴克就等于在说东部。“Van”和“dellas”组合在一起，就有了玛莎和万德勒斯合唱团。

里弗斯一家 1942 年从亚拉巴马州的尤福拉向北迁移，当时玛莎只有
11 个月大。她在家中 12 个孩子中排行第三，里弗斯家的这 12 个孩子就成 100
了他们的祖父小伊利亚·乔舒亚·里弗斯牧师所在的临街教堂的唱诗班的主力。玛莎 3 岁的时候已经能将《上帝是全知全能的》(*Surely God Is Able*)唱得非常棒，还因此赢了一盒裹着巧克力的樱桃，从那之后，无论是在家里、教堂还是学校，她都从未中断过唱歌。

必须指出的是，还有一个关键因素有助于我们全面深入地了解底特律在音乐上的璀璨光辉，以及这座城市爵士乐和节奏布鲁斯音乐家的悠久历史。为什么是底特律？是什么赋予了这座城市无与伦比的创意旋律？一部分原因是钢琴在底特律工人阶级家庭的普及，而钢琴的普及，要归功于大部分市民在汽车工厂有稳定的工作，有可以自由支配的收入和单户住房，以及著名的音乐商店和钢琴制造商格林内尔的影响，格林内尔将其多层楼的总部设在伍德沃德大道，为市民提供了充足的廉价乐器。还有一部分原因是这座城市的福音和布鲁斯音乐传统，许多底特律人从南方农村迁徙而来，带来了口语化和终生歌唱的传统。这种传统在底特律得到了延续，他

们周日在城里的教堂座椅上唱歌祈祷，周末晚上在音乐俱乐部或家中客厅和地下室聚会唱歌。然后便是黑人广播电台 WCHB（这几个字母由电台所有者的名字首字母组成，他们分别是底特律牙医温德尔·考克斯［Wendell Cox］和他的伙伴哈利·贝尔［Haley Bell］）带来的生命力。DJ“女王”（The Queen）① 和“疯狂的厄尼”（Frantic Ernie）极大地推动了当地音乐人才的成长，给艺术家提供了珍贵的表演平台。除此之外，还要加上一位雄心勃勃的小贝里·戈迪，戈迪以其独一无二的技巧和想象力评估音乐人的才能，并寻找使其发光的方式。最后，他们还有特殊的亲密性，天意让艾瑞莎·富兰克林、斯莫基·鲁宾逊和戴安娜·罗斯这样的人才在小时候就住得很近。但是，将所有这些因素联系在一起的是那个最少受到感激却最重要的因素：底特律学校的音乐教师和音乐课程。[15]

与底特律的音乐家谈话时，他们常常会生动而深情地回忆起对她们有知遇之恩的老师。长号手保罗·赖泽（Paul Riser）1962 年刚从卡斯职高毕业就来到摩城，虽然他在驻场乐队疯克兄弟这帮老练的爵士音乐人中间显得涉世未深，但也算得上是个音乐奇才，在公立学校时就学习了读谱、写
101 谱和编曲的技能。基廷小学的音乐老师哈罗德·阿诺尔迪（Harold Arnoldi）在赖泽 7 岁时将他选拔出来，成为他的导师和父亲般的人物，并帮助他获取了一些打折的音乐器材，鼓励他不断前进。之后，在卡斯职高，赖泽在哈里·比吉安博士（Dr. Harry Begian）的指导下一步一步蜕变。比吉安注重培养学生的基本功，向他们灌输经典。“他就像一个军事教官，但他所做的一切都是真心实意为了学生好，”赖泽回忆说，“我一直无法理解他所做的事情，直到我几年后毕业获得学位。现在我可以对他的那一套一笑置之了。哈里·比吉安把我们当绅士和淑女对待，让我们准备好接受市场的挑战，树立理智的态度，形成明智的行为准则。我坐在卡斯职高长号手第一排的位置，就像阿诺尔迪一样，他在我身上发现了一些难得的品质。这让我做好了进入摩城的准备。”

对玛莎·里弗斯来说，公立学校对她的影响还要追溯到她在罗素小学

---

① 即玛莎·让·斯坦伯格（Martha Jean Steinberg）。

的音乐老师。“埃米丽·瓦格斯塔夫（Emily Wagstaff）是个年轻漂亮的德国女人，有浓重的口音，我几乎听不明白她在说什么，”里弗斯回忆，“她在打铃五分钟之前把我从课堂上领了出来，选我当独奏者。我的公立学校的老师们都有着最宽广的胸怀，他们十分耐心，而且能慧眼识珠。他们可以选出未来可能成为明星的苗子并加以指导，发掘这些人身上的潜力。”在东北中学，她的音乐老师是亚伯拉罕·西尔弗（Abraham Silver），他和卡斯职高的比吉安一样，既能教授乐理，又能指导合唱团，同时也很注重对他的学生进行经典和基础的教育培养。他坚持通过纪律获得自由：一旦掌握好基础知识，学生们便可以自由地进入爵士乐、流行音乐、节奏布鲁斯等领域。

里弗斯后来回忆了西尔弗是如何把她选拔出来进行培养的。“他找遍整个合唱团，看谁能唱巴赫的咏叹调。里弗斯这个名字让我几乎排在最末的位置。有些人已经做得很好，但还没有人真正抓住它的精髓。于是我站了起来，膝盖不停地颤动着。我抓住了要点。虽然我从没听过巴赫，又或者可能只在收音机里听到过。我年少时最喜欢的消遣之一便是听交响乐，并试着唱一些高音。”几十年后，回忆起当时的场景，里弗斯说她精准地唱出了那段女高音。“我当时的确学习欣赏了很多古典音乐。但巴赫对我来说 102
是一个新名字。哈利路亚！我们是东北中学第一个进行录音的合唱团，也成为东北中学第一个在福特礼堂唱歌的合唱团，那是我第一次在四千人面前表演。我当时 17 岁，即将毕业，当时在场观众的掌声是我青春岁月里最激动人心的记忆之一。不仅仅是对我个人而言，对于整个合唱团也是如此。现场没有麦克风，你不得不直接亮出你的声音。亚伯拉罕·西尔弗不仅教我们唱歌，也教我们识谱。这一点意义重大，我们学会了如何理解那些曲调。我们做得恰如其分。”

从亚伯拉罕·西尔弗到东北中学，再到贝里·戈迪的摩城唱片，里弗斯只花了一年时间便完成了这一跨越。然而，这是一条非正统的路，或者至少看起来有违其他众多艺术家通往摩城的常规道路。里弗斯在高中和之后几年尝试了几份工作：在杜布瓦街附近她叔叔的餐厅当服务生，做斯坦利家居用品公司和富勒家居公司的上门推销员，还曾在全城清洁公司的一个分部负责接待和记账。但是她从来没有停止唱歌，通过一个朋友，她加入了一个名叫“德尔斐”（Delphis）的女子组合，但她在那里是第二女高音，并非主唱。组合解散后，她在当地一家娱乐俱乐部举行的歌唱比赛中获了奖，奖品就是在“黄金屋”演出的机会，那里是两万饭店为年轻人保留的一个大型夜总会，三晚一共能挣 15 美元。第三天晚上，她演唱了《加拿大日落》（*Canadian Sunset*）和《带我飞向月亮》（*Fly Me to the Moon*）。当时，摩城唱片的星探、负责挖掘艺术家和歌曲的威廉·斯蒂文森（William Stevenson，更为人所知的名字是米奇）就坐在观众席中。他递给里弗斯一张名片，那天是星期天。第二天一早，她便乘坐公共汽车穿过东大道来到陌生的西部，在伍德罗·威尔逊和丘吉尔之间的车站下了车，走过宽阔的大道来到摩城唱片的标志前。里弗斯回忆，外面有一条线，但是她直接跨了过去走到前台。那天剩下的故事，如她后来所言，带有些许传奇色彩，但非常契合那时摩城的状态，恰好诱发了创造力、混乱和自由，而这些正是摩城崛起的秘密所在。

103 “我走到大厅，靠近玻璃围墙，（接待员）胡安娜·罗伊斯特（Juana Royster）用很高的声调对我说：‘我可以帮你吗？’我说：‘我是来这里见威廉·斯蒂文森先生的。’她说：‘哦，你指的是米奇吗？’接着又说道：‘关上门。’于是我跨进门，来到‘艺术家和歌曲’挖掘者所在的地方，斯蒂文森先生当时就站在门口。他已经脱下了外套，袖子是卷起的，一整夜他都在和鼓手马文·盖伊一起创作歌曲。当我见到他时，他对我说：‘你来这里做什么？’我说：‘你不记得你给了我一张名片吗？你说我有天赋。’‘是的，’他说，‘但你应该拿着名片去试音。我们每个星期四都有试音。’我有点儿沮丧，但还不至于晕倒或哭泣。电话一直在响，他说：‘接下电话，我马上回来。’我照做了。他走后的三四个小时，我一直在接电话。于是我也变得聪明起来，我找到一个记事本，把它撕成几个部分，将信息记录下来。我一共记录了 17 个男人的电话信息，每一个人的记录里都出现了两三个定期打电话的女性信息。”[16]

突然，她被贝斯手詹姆斯·詹默森（James Jamerson）和鼓手本尼·本杰明（Benny Benjamin）拦住了，他们便是后来著名的疯克兄弟乐队的成员。“他们一边‘砰砰’地敲门一边说：‘米奇在哪里？你是谁？’‘我叫玛莎·里弗斯。我不知道他去了哪里，但他说会马上回来的。’他们说，如果拿不到昨天录音应得的五美元，他们就不去录音了。如果不解决五美元的问题，工会可能会掺和进来，所以我必须接待他们。我打电话给销售部门：‘两位先生在这里要昨天录音的报酬。’‘好的，我们周五付给他们。’于是我直接让他们和她通话。当他们说完所有粗话和要求后，她对他们说：‘让艺术家和歌曲挖掘者的秘书接电话。’于是，我到那儿的第一天，她便让我正式入职了。我就这样在那里待了三个月左右，贝里·戈迪甚至都不知道我在那里。”

像之前的许多女职员一样，里弗斯从秘书做起，但是很快就开始协助修改歌词韵脚，并在录音女歌手“行板组合”不在的时候做伴唱。之后，她又找来了自己以前的组合帮忙，录制了一首玛丽·威尔斯的歌曲的小样，104
给贝里·戈迪留下了深刻的印象。终于，她获得了属于自己的机会，并选择“万德勒斯”作为自己组合的名字，跟着便出现在第一次摩城巡演中，由此步入星途。现在，她正在录制一首歌，这首歌让戈迪大叫“就是这声音！”——这评价意味着得到了创作者的认同。“我一直以为，摩城的声音是《来吧，走近这些记忆》（*Come and Get These Memories*）开启的。”拉蒙特·多齐尔说。1963 年的头几个月，在西大道上，这首歌为底特律的荣光增色不少。

这首歌在春季的首场现场演出设在西沃伦街和 14 号街交会处的两万饭店，舞台设在浮木酒吧，下方是保龄球馆。[17] 对宾斯·鲍尔斯来说，这大有裨益，他终于从第一次摩城巡演那天早晨受到的伤害中慢慢恢复过来，那次撞车事故夺走了艾迪·麦克法兰的生命。宾斯的妻子阿格尼丝·鲍尔斯、他的母亲莫莉·鲍尔斯（Mrs. Molly Bowles）以及两个兄弟小约翰·鲍尔斯（John Bowles Jr.）和卡尔文·鲍尔斯（Calvin Bowles）也在夜总会汹涌的人潮中。摩城的内部通讯《金曲唱片》（“就是指有价值的唱片”）指出，玛莎和万德勒斯合唱团“对《来吧，走近这些记忆》进行了完美的诠释和演绎，它被证明是一首推进快速、节奏韵律强劲有力的乐曲”。无上乐队、小史蒂夫和马文·盖伊以及令人无法拒绝的康托斯乐队也参与了表演，康托斯乐队最后以一曲热烈的《你爱我吗（我会跳舞了）》结束了全部表演，乐队的每一位成员都“翻下舞台进了舞池”。

洛杉矶是底特律人共同的敌人。[18]《底特律自由报》向读者发起剪报请愿，准备递交给美国奥林匹克委员会以支持底特律参与 1968 年奥运会举办城市的竞标，40 多万人签名并寄送了请愿书。WXYZ 广播电台和 WJBK 电视台发表社论，敦促广播听众和电视观众向纽约的美国奥林匹克委员会写信后，位于公园大道的奥林匹克之家的邮箱被盖有底特律邮戳的信件填满了。市长卡瓦纳向底特律经济俱乐部寻求帮助，后者立即向美国奥林匹克委员会的每一位成员都发了一份电报，支持底特律申奥。州长罗姆尼告
105 诉议会，需要以超常的速度筹集 2500 万美元在密歇根州博览会会场建造有 11 万个座位的奥林匹克体育场，议员们两周内便将这一议案送到了州长的办公桌上。密歇根大学商业研究所也发布报告支持底特律，该报告预测，奥运会在未来五年内将在消费、建设和刺激性支出方面给底特律带来 2.24 亿美元的实际收益，并且还将在无形中“塑造对密歇根州更有利的印象”。洛杉矶能否从底特律手中夺走这个机会？从底特律商业精英的聚集地底特律体育俱乐部的胡桃木护壁板里传出的小道消息一天一个样。距离表决日还有 11 天的时候，弗莱德·马萨伊收到奥委会主席布伦戴奇一封措辞含糊的信，引发了一些担忧。提及这场中西部与西海岸之争，布伦戴奇写道：“美国奥林匹克委员会现在一团乱麻，这是很不幸的事，结果的公布势必会对全体相关人员造成伤害，这不是我该插手的地方，我严格置身争端之外。我还记得，之前我虽然投票支持底特律，但仍被底特律的新闻媒体没来由地肆意攻击。这就是人生！”

3 月，在底特律之外的洛杉矶，当地的新闻媒体都绕过布伦戴奇的批评，日复一日地报道倒霉的底特律。3 月 10 日，《洛杉矶时报》的头条写着：“财政困境危害底特律的奥运竞标。”这篇报道对底特律建设体育馆的偿债能力提出了质疑。它指出，密歇根州负债已是不争的事实，底特律也刚刚颁布了一项所得税来摆脱财政赤字。反观洛杉矶，酒店、体育场设施齐全，天气适宜，万事俱备，只欠东风，并且还保证给奥运会提供两百万

美元到五百万美元的资金。“基于这些事实，”文章总结，“如果你是美国奥林匹克委员会执行委员之一，为了将 1968 年奥运会带到美国最好的城市，你会在洛杉矶和底特律之间怎样选择？”

密歇根代表团于 3 月 18 日星期天上午抵达纽约。当天下午 4 点，市长卡瓦纳在海军准将酒店的套房内举行了鸡尾酒会派对，晚些时候又在图茨绍尔继续举行了庆祝活动。卡瓦纳拥有将林中鸟群都吸引过来的本领，这 106
一次他又将如何应对奥委会那些老道精明的委员呢？投票在周一进行，投票之前经过了一整天的提议、展示、承诺和辩护。底特律四家最著名的公关公司将它们的展示主题设为“你从未见过的底特律”。马萨伊主持开始部分，卡瓦纳和罗姆尼负责结束部分。卡瓦纳说，过去提出的任何问题都无关紧要了，“我们如今已在物质上和精神上都做好了准备”。最后的结果是底特律完胜：底特律获得 32 票，洛杉矶获得 4 票。

《洛杉矶时报》的体育编辑保罗·齐默尔曼（Paul Zimmerman）在报道时不再用客观事实作伪装：“美国奥林匹克委员会周一上演了‘买椟还珠’的好戏。”

汽车人罗姆尼祝贺底特律公关和广告团队，是他们让底特律获得了成功。他对坎贝尔－埃瓦尔德广告公司总裁汤姆·亚当斯（Tom Adams）说：“现在我知道为什么雪佛兰能卖这么多的汽车了。”卡瓦纳提议，新的体育场可以命名为“马萨伊奥林匹克体育场”，以此纪念几十年来为实现梦想付出努力的实业家和运动员。自 1 月份陪丈夫离开普罗维登斯医院后，对玛丽·海伦·卡瓦纳（Mary Helen Cavanagh）来说，让丈夫从匆忙得近乎疯狂的日程中抽身简直成了奢望。为了她和孩子们，卡瓦纳一如既往地扮演着挑战者的角色。现在，她也为他奉上了一份礼物作为胜利的纪念——他们的第七个孩子，又一个儿子。

助手建议将男孩的中间名定为“奥林匹克”。

107 第七章　汽车城狂人

智威汤逊广告公司的四名代理人在那年初春悄然来到迪尔伯恩，与李·亚科卡和他的福特分公司设计团队秘密会面，并首次见到了福特 1964 年新车系列。[1] 智威汤逊公司是世界上最大的广告代理公司，而福特则是其最重要的客户。在第二次世界大战期间，老亨利·福特认为需要依靠外界的帮助来推销战后开始生产的汽车。战争结束后，汽车厂作为“民主兵工厂”生产坦克、卡车和军用物资的时代也宣告结束，恢复正常营业，自此以后，智威汤逊广告公司和福特公司就一直维系着这种合作关系。当时，福特的助手告诉他，沃尔特·汤普森公司便是他要的答案。随后，福特从战时状态恢复运营，带着“你的未来有福特”的口号回归市场，福特汽车和智威汤逊广告公司便结成了长期的共生发展关系。福特的高层，尤其是天生的推销员亚科卡，一直在思考着营销策略，而智威汤逊广告公司的高层需要对汽车业务有更深入的了解。这种关系具有流动性，也十分敏感。虽然在成本和结果上存在一些不可避免的争议，但双方都意识到成功有赖于共同的规划和坚实的信任。

1963 年是智威汤逊广告公司的一百周年纪念日，此时距离纪念日还有不到一年时间。[2]60 年代早期，广告业正处于鼎盛时期，智威汤逊广告公司在麦迪逊大道是行业翘楚，一年前上过《时代》杂志的封面故事，不过
108 确切说来，它的总部并不在象征行业辉煌的麦迪逊大道上，而是在几个街区外的莱克星顿，离中央车站不远。企业的核心事务和创意工作都是在曼哈顿进行的，因为那里是所有公司高管和创意人的梦想之地，但福特日常重要事务的处理是底特律办事处的责任。对智威汤逊和美国其他许多公司来说，底特律就是经济引擎。在智威汤逊广告公司的客户中，福特将伊士

曼柯达、七喜、泛美航空、辛格、杠杆兄弟、卡夫食品、苏格兰造纸、利格特·梅尔斯和旦士宝－旁氏等公司远远甩在身后，带来的收益最多，而且需要的员工最多。无怪乎智威汤逊广告公司的董事长诺曼·斯特劳斯（Norman Strouse）在管理底特律办公室 10 年后能升到莱克星顿 420 号南侧西翼 11 楼的套房。

斯特劳斯在与亚科卡的会谈中展现了与福特打交道的丰富经验。[3] 华盛顿州农村一个自学成才的 19 岁农场男孩，看到《西雅图邮讯报》（*Seattle Intelligencer*）上一则招聘广告总监助理的广告，便前往应聘，由此开始了自己的广告生涯。最终，他来到了智威汤逊广告公司的旧金山办事处，1945 年底服完兵役后被调到底特律。斯特劳斯初到底特律时，恰逢亨利·福特二世及其天才工作团队对福特汽车公司进行改革和转型，那些年轻有为的管理者中有肯尼迪的国防部长罗伯特·麦克纳马拉，他用当军官时学到的应用统计分析法来管理和经营公司。斯特劳斯后来说："我见证了史上最佳的管理案例：将福特从陈旧过时的老古董转变为现代化的新兴企业。"当时福特面临的主要任务是处理一个反复出现的问题：克服和改变福特汽车陈旧过时、一成不变和色彩单调的形象。从 T 型车后期开始，消费者就对福特车有了这种看法。亨利·福特认为，既然车可以是黑色的，消费者就能将车变成任何喜欢的颜色。"未来的福特"这个主题在斯特劳斯来时已经定下，由于福特重新开始生产和销售汽车，斯特劳斯推出的第一个活动用了全新口号：福特走出前线。在亨利·福特二世和一众青年才俊们改变内部管理的同时，斯特劳斯和智威汤逊广告公司试图在外围进行类 109
似的尝试。"尽管'福特'这个名字已经与陈旧保守联系在一起，我们还是设法保留了福特的名字，并逐步把它带入现代世界，为它注入现代的活力和理念。"

在接下来的几年中，斯特劳斯围绕汽车销售的四个基本诉求展开工作，这四项基本诉求中，只有两项"属于统计或实际测评，另外两项则是购车者的主观心理因素"。前两项是"运输"和"投入"。"运输"是指里程、速度、可靠性、加速能力、容量和故障率。"投入"是指价格、使用成本、转手或交易价值。主观因素包括"享受"和"掌声"。"享受"包括驾驶的轻松度、舒适性、美观度、配件设计和感官体验。“掌声”涉及“专家的肯定、邻里的羡慕、心上人的意见等”。在重复的循环中，由于主观的“享受”和“掌声”这两种因素滞后，福特在交通运输和投资方面所获得的收益多年来已经缩减到很低的程度。甚至在它推出雷鸟这类令人耳目一新的突破性车型时，也会被看成是在试图复制或赶上雪佛兰和它的克尔维特系列。20 世纪 40 年代后期的情况又在 1963 年重现。

那一年，在制订福特的广告计划时，斯特劳斯在智威汤逊广告公司的团队对自己的店面研究数据进行了详尽的分析，[4] 以确定福特在公众眼中的评价，所谓的“不仅仅是福特的市场份额，更是福特在市场中受关注的程度”。根据一份内部备忘录的记载，该研究认为福特保留了低成本运输的传统形象，“但正如这一形象可能具有的价值一样，它正在变成沉重的负担。福特在低收入的蓝领群体中表现强势，但对年轻人、处于事业上升期的人、在乎性能的人、受过高等教育的人、专业团体以及有名望的人来说，福特的形象便显得黯淡无光”。

智威汤逊广告公司的团队明白，这个结论与亚科卡的长期改革计划是一致的。亚科卡福特分部设定的 60 年代的目标是打造出既有驾驶乐趣、又能免去维护问题的汽车，并把关注的重点放在想象力、别致度、性能、可
110 靠性和稳定的工程技术上。新车型已经在朝这个方向发展。但是，福特的营销部和智威汤逊广告公司又如何能让公众相信这个事实？智威汤逊广告公司备忘录上写着：“一个明显但经常不被真正理解的生活事实是：在销售产品时，没有关注度便不存在市场份额，消费者对福特的关注就是持续成功和盈利的生命线，人们相信的事物与事实具有同等的地位。”

亚科卡与福特设计团队在迪尔伯恩召开秘密会议，会议行将结束的时候，亚科卡示意斯特劳斯和他的三位同伴跟着他。[5] 这三人分别是智威汤逊广告公司的二把手、纽约部总经理丹·西摩（Dan Seymour）以及底特律办事处的两位领导比尔·劳瑞和富兰克林·R. 托马斯。后来，在杜克大学约翰·哈特曼广告和营销历史中心的沃尔特·汤普森档案馆的一份文件中，托马斯写道：“当亚科卡示意我们离开时，我们理所当然地感到一丝疑惑。因为一个重要客户要是想私下跟你交谈，原因通常不止一个。我们被

引导着进入一条不寻常的通道，经过笨重的防火门和数不胜数的保安。在某个地方，我们被要求将常规的安全徽章更换为特别等级。”

托马斯回忆，他们到达的地方位于福特造型工作室的深处，“我们看到远处墙壁前隐隐约约现出一辆汽车的外形轮廓，主体被一块彩色帆布遮盖着”。很快，那块布被一点点掀开，眼前出现了一辆汽车的全尺寸粘土模型，这款车就是当时的最高机密，那时它还只有个代号 T–5。智威汤逊广告公司的几个人一致认为，这辆车像一位皮肤白皙的美人，造型活泼，线条流畅，短车尾，长车头，和之前的所有汽车都不同。“亚科卡和福特工作人员详细介绍了这辆车，指出了它的特点和生产目标，看着我们的热情一点点被点燃，”托马斯写道，“现在，我们的官方任务是要给这款车加上一种能让消费者兴奋、难忘的感觉。”按照汽车行业的惯例，T–5 不在 1964 年推出的车型中，而应该在 1963 年秋天面世，但福特有意让它在 1964 年春季揭开面纱，好与 1964 年纽约世界博览会的开幕时间相吻合。广告人带
着三个目标离开了迪尔伯恩：第一，找一种方式表达他们看到汽车模型时 111
的兴奋；第二，为这款车取名字；第三，明确它的市场定位。也许，福特和它的广告代理商极力寻找的答案就是：一款将外观与实用、梦幻与现实融合起来的汽车，一款吸引眼球的车。运输、投入、享受和掌声，全都被容纳在这款车中。

智威汤逊广告公司的底特律办事处在布尔大厦的 21 楼和 22 楼，位于市中心的里斯沃尔德街 535 号，正对着街对面的佩诺布斯科特大厦。[6] 战后，斯特劳斯第一次来底特律工作时，智威汤逊广告公司的员工还不到 30 人。十余年后，他离开底特律前往纽约接任新工作的时候，该公司近 25% 的国内收入是从福特的账户中转过来的，员工数量也在成比例地增长，在 1963 年达到 285 人，另外还有 29 名外派人员，代表全国各地福特经销商处理公司其他账户。在战后到底特律的头几个月，斯特劳斯发现底特律很少有人知道智威汤逊广告公司的存在，而他也必须学习基本规则。底特律的另一家广告机构坎贝尔 – 埃瓦尔德广告公司（Campbell-Ewald）有雪佛兰这样的大客户，是公认的可信赖的企业公民。相比之下，智威汤逊广告

公司就没有什么优势了。基本规则很简单：多多融入底特律的社会生活，了解这座城市的节奏。斯特劳斯开始意识到，底特律“几乎就是一个汽车社区——每个人的生活、呼吸包括睡眠都跟汽车有关。它就像一个封建城邦”。他喜欢汽车，尽管很有趣，“但是毫无疑问，它是狭窄的。而你必须努力摆脱狭窄的汽车行业限制，争取进入与它无关的其他领域”。

斯特劳斯尽可能地做到这一点。他成为收藏家，专门搜集作品集和稀有书籍的珍贵印刷本，一切与罗伯特·路易斯·斯蒂文森有关的东西，还有猫头鹰的肖像——猫头鹰是智威汤逊广告公司的商标。他躲到哈伯斯普
112 林斯的一处避暑别墅，此地位于密歇根州北端的小特拉弗斯湾，在这里，他可以在野生黑莓园中尽情释放自己，开着福特提供的猎鹰旅行车四处闲逛。他计划退休后去北加利福尼亚州的纳帕谷葡萄酒之乡度过晚年。用任何方式减轻广告从业者的压力都不为过，这个行业是臭名昭著的杀手。读一下广告业的圣经《广告时代》（*Advertising Age*）中的讣告就会发现，广告人的平均死亡年龄是 61 岁，其他相关职业则为 68 岁。广告人的死亡率迫使斯特劳斯习惯性地研究下属，寻找自己的接班人，为此还建立了一项制度用以观察谁可以接替他的位置。“有人因为压力过大在 46 或 35 岁死于心脏病发作，”他曾写道，“所以这是必须承认的活生生的事实，要有所准备。”

斯特劳斯选出了 1963 年接替他管理智威汤逊广告公司底特律办事处的人。此人便是威廉·D. 劳瑞（William D. Laurie）[7]，他不仅了解这一领域的基本规则，而且是统治精英圈中的一员。劳瑞进这家公司时，自身的生活经历早已和汽车、广告以及底特律社会产生了巧妙的联系。劳瑞在格罗斯波因特长大，毕业于密歇根大学，娶了克莱斯勒公司前财务主管 B. E. 哈钦森（B. E. Hutchinson）的女儿——优雅的少女塞耶·哈钦森（Thayer Hutchinson）。劳瑞的岳父为他们在格罗斯波因特法姆斯（格罗斯波因特地区最上等的住宅区）购置了一套带两个院子的现代化住宅。与外表毫无吸引力的斯特劳斯不同，劳瑞看上去是个典型的“广告狂人”执行官，帅气而迷人，头发梳得油光发亮，穿着布鲁克斯兄弟套装。劳瑞是个老成世故的完美主义者，在底特律有权有势。他在麦克森公司（一家本地广告公司）

以文案学徒的身份开始了自己的职业生涯，他的第一个汽车客户是老雷奥
汽车。很快他便升任副总裁，当时的客户包括帕卡德、热点、皮埃尔啤
酒、莫霍克地毯和海勒姆酿酒厂。底特律商人阿瑟·布尔建造的布尔大厦
则最终成为智威汤逊广告公司在底特律的办事处，这个阿瑟·布尔就是 19
世纪在温莎河一带靠蒸馏威士忌酒（whisky，加拿大人在拼写酒名时没有
e）起家的希拉姆·沃克的孙子。与斯特劳斯在他位于比克曼的顶层豪华公
寓——可以俯瞰联合国大厦和曼哈顿东河——共进早餐后，劳瑞被智威汤
逊广告公司吸引了过来。1957 年，劳瑞来到布尔大厦工作。遇见劳瑞的时 113
候，斯特劳斯称他是“那种你看第一眼就会喜欢上的人……英语里过去常
对此类人有个迷人的称呼——才华横溢的人”。

劳瑞的才华从他参加的众多职业和社交俱乐部可见一斑：广告代理商俱乐部、底特律乡村俱乐部（位于格罗斯波因特）、底特律俱乐部、底特律体育俱乐部、格罗斯波因特小俱乐部、民会俱乐部和扬多特卡俱乐部。这些俱乐部一个比一个排外。扬多特卡俱乐部是最排外的一个，它是福特、费希尔、布里格斯和布尔几大家族的“隐避处”，富人们亲切地称它为底特律河沿岸的东杰斐逊路上的“老古董”。据说，“扬多特卡”在北美阿尔贡金印第安语中的意思是“河上快乐的地方”，这个“老古董”的会员仅有一百名，想加入的唯一办法就是等其中的会员死亡。那快乐的一百个白人会在星期三晚上一起玩纸牌，享受高档的饮食，比尔·劳瑞是其中的常客。他喜欢高级俱乐部，以上提到的都喜欢。

进入这个精英生活圈的黑人只有仆人。在上等阶层中，底特律呈现出的种族关系与亚拉巴马州的蒙哥马利情况并没有什么不同，劳瑞的同名父亲在将家迁到格罗斯波因特之前已经在那里开始了广告生涯。劳瑞的小儿子大卫 1963 年时正是 10 岁，他后来说，他成年前只认识两个非裔美国人。其中一个是朱丽娅·牛顿——他们现在的女佣和保姆，她曾经在波士顿的一个婆罗门家庭当过仆人。他回忆：“可以说是她把我抚养大的，她的房间就在我的隔壁。每天早晨，她都会来唤我起床。我太爱朱丽娅了。”另一个叫辛西娅，她为他祖父母服务，干着与朱丽娅相同的活。到 60 年代末，十几岁的他开始蓄起长发，公开抗议越南战争。那时，大卫·劳瑞想到更

多的是“生活在底特律将面对的种族环境”。他问父母：“我们怎么不认识任何黑人呢？”他觉得这是个“奇怪的地方”。

115 这个家庭的政治倾向也严丝合缝地融进了它所处的精英社会环境。这个家族的元老、劳瑞的父亲 B. E. 哈钦森曾是颇有影响力的右派，当威廉·巴克利（William F. Buckley）的《国家评论》在 20 世纪 50 年代中期激励和重塑美国的保守主义运动时，哈钦森就资助过巴克利。比尔·劳瑞也与巴克利成了朋友，在格罗斯波因特招待过他，在罗德岛（离纽波特不远的岛屿社区）的詹姆斯敦的夏季别墅一起航海，还珍藏有巴克利的《上帝与耶鲁人》和其他早期著作的亲笔签名本，这些著作就放在家中咖啡桌上显眼的位置。塞耶·劳瑞和她父亲一样，比她的丈夫更保守，也更关心政治。1963 年，她还积极支持巴里·戈德沃特（Barry Goldwater）竞争共和党总统候选人提名。他们都不喜欢乔治·罗姆尼。尽管罗姆尼和他们一样是从底特律的汽车文化中成长起来的，而且现在是密歇根州最杰出的共和党人，但他决不属于他们俱乐部的一员。劳瑞家族是圣公会教徒，是格罗斯波因特基督教会的杰出成员，而罗姆尼是摩门教徒。此外，罗姆尼的政治态度过于温和，也不符合他们的口味。

劳瑞在梅里韦瑟路 121 号的住宅体现了他的另一面。这套住宅由亚历山大·吉拉德（Alexander Girard）设计，现代化的设计使它与格罗斯波因特法姆斯的传统房屋大为不同。亚历山大·吉拉德就是世界级建筑师、室内设计师兼艺术收藏家桑德罗，他与劳瑞一家成了世交，做了大卫的教父。闪光、通透的房间里放满了各种现代艺术品、古老的美国民间艺术品和精美的现代家具，其中大部分是劳瑞与桑德罗及其夫人苏珊，或者与和他家关系很近的著名设计师查尔斯·埃姆斯及其夫人雷（他们相识于布卢姆菲尔德山的克兰布鲁克艺术学院）一起旅行时积累起来的。

劳瑞家到处都是书，还有一套内置的立体声音响系统，经常播着比尔最喜爱的音乐，特别是杜克·埃灵顿的爵士乐作品和一张库尔特·魏尔的《三便士歌剧》唱片。房屋后面有个六边形的房间，他们称它是“魔法屋”，粗麻布墙壁和玩具是塞耶在与桑德罗外出时搜集的。餐厅有一只印有“21俱乐部”标志的鸭子，这是一件珍贵的礼物，是几十年前的一个晚上劳瑞

在曼哈顿餐厅庆祝一笔广告交易时从麦克森公司的老板那得来的。劳瑞不 116
知道如何按下鸭子上的按钮，但他时不时尝试用按钮挤压橘子，结果弄得房间里到处都是汁水。客厅的正上方是一处藏身所，设计得像一艘旧船的船舱，里面挂着铜灯笼，还有许多书籍和一张固定的双层床，这些灵感来自劳瑞在第二次世界大战期间担任海军官员时在商船队上的海外岁月，船只运载着军火穿过大西洋和北冰洋去同盟国苏联，也就是后来所说的“摩尔曼斯克航行”。

劳瑞能跳出汽车文化的限制，但也与其紧密相连。他和塞耶经常在梅里韦瑟路的家中举办派对，招待朋友和客户，这些人通常既是他们的客户又是他们的朋友。李·亚科卡是福特公司高管中的常客。其他访客中还有田纳西·厄尼·福特（Tennessee Ernie Ford），大家出于方便都叫他“南方歌手”，他的电视节目由福特赞助，1955 年至 1961 年间每个周四的晚上在 NBC 电视台播出（节目接近尾声时，田纳西·厄尼·福特会拉长音调说：“保佑你的豌豆心。”）。查尔斯·舒尔茨（Charles Schulz）也在访客之列，他在 1959 年首次将《花生漫画》中的人物角色引入广告，帮助推销新的福特猎鹰系列。亨利·福特二世就住在附近，因此劳瑞无论是在职业上还是在社会生活方面都处于有利位置，在那里他可以与福特的老板进行愉快的沟通，但他还是觉得这位“魔鬼老大”愚昧、粗俗而轻率。每年秋天福特有新车问世时，劳瑞的家中都会有两款最新的车。塞耶总是开着一辆黄色的福特旅行车，比尔则是一辆深绿色、皮座椅的雷鸟敞篷车。劳瑞的隔壁住着一位克莱斯勒的高管，是劳瑞的对头，他们年年都要比谁开了什么车。

比尔·劳瑞从布尔大厦顶楼的办公室里可以看到安大略省的温莎市，还有距离稍近的美国最繁忙的内河航道——底特律河中的船只，它们运载的货物大部分都与汽车行业相关。多年以来，每逢 7 月 4 日，在伦敦餐厅吃过晚餐后，他都会把家人带到办公室看夜晚的水上烟火表演。他的大办
公桌正对着窗户，桌子后的墙上一字排开摆放着他参加海军时获得的军功 117
章，他在窗边放着一架 17 世纪的古董望远镜，每天观看河上的繁忙景象。

劳瑞对里里外外的一切都了如指掌。布尔大厦有一间办公室，只有他和两名参与了“前景规划”的员工知道，他们将它称作“坟墓”。这个房

间被隔离起来上了锁，与智威汤逊广告公司的其他工作部门不在同一层楼，只有劳瑞和那两名员工才有钥匙，清洁女工不被允许进入。“坟墓”的卫生由大楼保安负责，但都是在“前景规划”员工的密切注视下进行。所有的废纸都被烧掉了。就是在这间办公室中，智威汤逊广告公司的高级团队开展 T–5 项目工作，那天下午，在重重保卫的福特设计中心内部，亚科卡向劳瑞、斯特劳斯及其助手透露了福特的这一项目。

“前景规划”的制定者们在“坟墓”设立工作室的时间是 1962 年 11 月初，大约在亚科卡和他的福特工作团队首次开始构思新车的一年后。[8] 这个漫长的过程始于 1961 年肯尼迪提出“新边疆政策”初期，当时世界正在发生变化，美国人口也发生了变化，在亚科卡的领导下，福特和智威汤逊广告公司的市场研究人员也在关注这种情况。当时有三股趋势正在汇合。第一是年轻人的数量增加。智威汤逊广告公司的一份备忘录指出，第二次世界大战的时代已经离人们远去，不论是从情感上还是统计学意义上来说都是如此，近 50% 的美国人“在希特勒入侵波兰时（1939 年）还没有出生”，而“如今的人口有 30% 在 1950 年朝鲜战争爆发时也还没有出生”。结合起来看，随战后婴儿潮出生的这些年轻人是美国历史上基数最大的一代人。第二，人口受教育程度越来越高，这与汽车购买直接相关。行业研究显示，20% 拥有大学学历的人口购买了 46% 的汽车。第三个方面是拥有两辆车的家庭数据在急剧上升。通过对这些趋势的研究，福特得出结论：“当下的市场上没有出现符合时代精神的汽车，没有出现满足这群见多识
118 广、受过更好教育、倾向于拥有多辆汽车的年轻人的主要需求的产品。”亚科卡的顶级产品规划经理唐纳德·弗雷（Don Frey）将这种情况描述为“市场对产品的需求”。劳瑞和弗兰克林·托马斯（Franklyn Thomas）在智威汤逊广告公司用了另一种描述，他们称这是“对皮兰德娄的戏剧《六个寻找剧作家的角色》的追忆”。

研发之初，福特经历了几次失败，汽车和模型要么太小，要么过于花哨，又或者是太窄，总之都不符合预期。[9] 最终，亚科卡通过设计副总裁弗雷和尤金·博尔迪纳向设计师乔·奥罗斯、戴夫·阿什传和其他人传递了一项指令：生产出一辆可以胜过雪佛莱 – 科瓦尔 – 蒙扎的汽车。福特猎

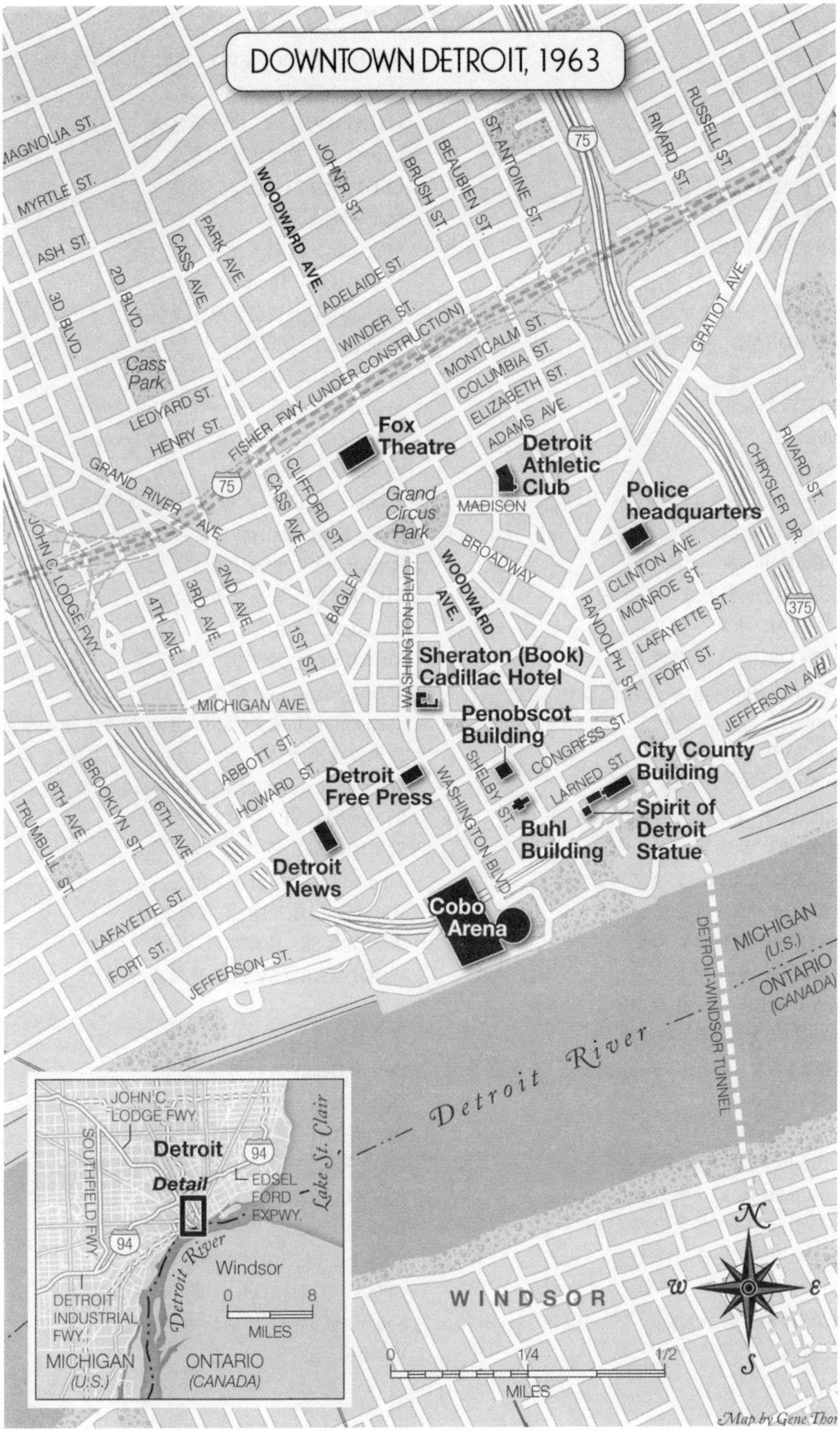
DOWNTOWN DETROIT, 1963
MAGNOLIA ST.
MYRTLE ST.
ASH ST.
3D BLVD.
2D BLVD.
CASS AVE.
PARK AVE.
WOODWARD AVE.
JOHN R. ST.
BRUSH ST.
BEAUBIEN ST.
ST. ANTOINE ST.
RIVARD ST.
RUSSELL ST.
75
ADELAIDE ST.
WINDER ST.
FISHER FWY. (UNDER CONSTRUCTION)
MONTCALM ST.
COLUMBIA ST.
ELIZABETH ST.
ADAMS AVE.
GRATIOT AVE.
Cass Park
LEDYARD ST.
HENRY ST.
GRAND RIVER AVE.
Fox Theatre
Detroit Athletic Club
Police headquarters
CLIFFORD ST.
CASS AVE.
Grand Circus Park
MADISON
BROADWAY
WOODWARD AVE.
RIVARD ST.
CHRYSLER DR.
JOHN C. LODGE FWY.
4TH AVE.
3RD AVE.
2ND AVE.
BAGLEY
1ST ST.
WASHINGTON BLVD.
CLINTON AVE.
MONROE ST.
LAFAYETTE ST.
RANDOLPH ST.
FORT ST.
375
Sheraton (Book) Cadillac Hotel
MICHIGAN AVE.
Penobscot Building
CONGRESS ST.
JEFFERSON AVE.
ABBOTT ST.
HOWARD ST.
Detroit Free Press
SHELBY ST.
WASHINGTON BLVD.
LARNED ST.
City County Building
Spirit of Detroit Statue
Buhl Building
TRUMBULL ST.
8TH AVE.
BROOKLYN ST.
6TH AVE.
Detroit News
LAFAYETTE ST.
FORT ST.
JEFFERSON ST.
Cobo Arena
DETROIT-WINDSOR TUNNEL
MICHIGAN (U.S.)
ONTARIO (CANADA)
Detroit River
WINDSOR
N
W
E
S
0
1/4
1/2
MILES
JOHN C. LODGE FWY.
SOUTHFIELD FWY.
Detroit
94
EDSEL FORD EXPWY.
Lake St. Clair
Detail
94
Detroit River
Windsor
0
8
MILES
DETROIT INDUSTRIAL FWY.
MICHIGAN (U.S.)
ONTARIO (CANADA)
Map by Gene Thor

底特律市中心（1963 年）

【大地图】

1st AVE. 第一大道
2nd AVE. 第二大道
3rd AVE. 第三大道
4th AVE. 第四大道
6th AVE. 第六大道
8th AVE. 第八大道
ABBOTT ST. 阿博特街
Adams AVE. 亚当斯大道
ADELAIDE ST. 阿德莱德街
ASH ST. 岑树街
BAGLEY 巴格利
Beaubien ST. 波比安街
Broadway 百老汇
Brooklyn ST. 布鲁克林街
BRUSH ST. 布拉什街
Buhl Building 布尔大厦
CASS AVE. 卡斯大道
CASS PARK 卡斯公园
Chrysler DR. 克莱斯勒路
City County Building 市县政府大楼
Clifford ST. 克利福德街
Clinton AVE. 克林顿大道
Cobo Arena 科博体育场
Columbia ST. 哥伦比亚街
Congress ST. 议会街
Detroit Athletic Club 底特律体育俱乐部
Detroit Free Press 底特律自由报
Detroit News 底特律新闻报
Detroit River 底特律河
Detroit-Windsor Tunnel 底特律温莎隧道
Elizabeth St. 伊丽莎白街
FISHER FWY.（under construction） 费舍尔高速公路（建设中）
Fort St. 堡垒街
Fox Theatre 福克斯剧院
Grand Circus Park 大马戏团公园
Grand River AVE. 格兰德河大道
Gratiot AVE. 格拉希厄特大道
HENRY ST. 亨利街
HOWARD ST. 霍华德街
Jefferson ST. 杰斐逊街
JOHN C. LODGE FWY. 约翰·C. 洛奇高速公路
JOHN R ST. 约翰·R 街
LAFAYETTE ST. 拉法耶特街
Larned ST. 拉尼德街
LEDYARD ST. 莱迪亚德街
Madison 麦迪逊
Magnolia ST. 白玉兰街
May by Gene Thorp 吉恩·索普供图
Michigan(U.S.) 密歇根（美国）
Monroe ST. 梦露街
MONTCALM ST. 蒙特卡姆街
Myrtle ST. 默特尔街
Ontario(CANADA) 安大略（加拿大）
PARK AVE. 公园大道
Penobscot Building 佩诺布斯科特大厦
Police Headquarters 警察局
Randolph ST. 伦道夫街
RIVARD ST. 里瓦德街
Rivard ST. 里瓦德街
Russell ST. 拉塞尔街
Shelby ST. 谢尔比街
Sheraton（Book）Cadillac Hotel 喜来登（布克）卡迪拉克酒店
Spirit of Detroit Statue 底特律精神雕像
ST. Antonio ST. 圣安东尼街
St. Clair Lake 圣克莱尔湖
Trumbull ST. 特朗布尔街
Washington BLVD. 华盛顿大道
WINDER ST. 温德尔街
WOODWARD AVE. 伍德沃德大道

【小地图】

Detroit Detail 底特律详图
Detroit Industrial FWY. 底特律工业区高速公路
Detroit River 底特律河
Edsel Ford FWY. 埃德塞尔·福特高速公路
JOHN C. LODGE FWY. 约翰·C. 洛奇高速公路
Lake St. Clair 圣克莱尔湖
Michigan（U.S.） 密歇根（美国）
Ontario（CANADA） 安大略（加拿大）
Southfield FWY. 绍斯菲尔德高速公路
Windsor 温莎

鹰是实用的，也有着体面的销售成绩，但不够性感。这款车要能吸引随战后婴儿潮成长起来的这批年轻人和所有想体验年轻和自由的人，不论年龄大小。这款车要时尚动感，重约 2500 磅，成本约 2500 美元，有 4 个舒适的座位，使用标准的落地式变速杆，提供多种选择。

恐惧和兴奋都成了生产这辆新车的驱动力。恐惧是一直存在的，高管们称之为“对错误的恐惧”，但在当时情况下更加复杂，因为福特之前的创意风暴成了汽车厂商历史上的标志性失败事件之一。1957 年 9 月，福特满怀期待地推出了埃德塞尔车系，到 1960 年，该车型就被扔进了历史的垃圾桶，福特因此损失了几百万美元，而亨利 · 福特二世父亲的名字也变成了失败的永恒象征。想让福特通过另一辆新车重拾地位，必定要费一番心思，但亚科卡十分自信，认为自己可以做到这一点。1961 年年初以来，他与项目组每月举行两次晚餐会议，地点就在附近的菲尔兰酒店，参加者包括智威汤逊广告公司的“前景规划”人员和一位作家。他巨细无遗地设计新车的概念，确信自己能够做到埃德塞尔做不到的事情：一击即中美国人热望的靶心。人们称亚科卡是汽车人，而且他有理海大学的工程学士学位，但他的主要角色还是推销员，而现在，38 岁的他将面对自己一生中最大的销售工作。

这辆车的外形究竟是什么样的？初步的答案在 1962 年 8 月 16 日揭晓，当时，亚科卡、亨利 · 福特二世和其他福特高管聚集在保护严密的福特设
计中心。在那里，七辆汽车的实体模型被帆布覆盖着，它们都是一些由粘 119
土和铝箔制成的雏形，其中很多只完成了一边。这七辆模型中只有一辆是由亚科卡的设计师直接设计的，其余六款由林肯水星或合作的高级设计团队完成。由福特分部单独完成的模型一眼就能看出是花了三天时间匆忙赶工拼凑出来的结果。然而，也是这款模型让所有人都感到震惊。白色的模型车由长引擎盖和短后备厢构成。不知何故，它超越了本身拙劣的条件，让人眼前一亮。亚科卡后来说，即使是一辆没有马达的黏土汽车模型，它看起来也仿佛正向前冲，美丽而充满动感。这就是最终的选择：T–5 项目。

智威汤逊广告公司的“前景规划”人员很快就搭建好“坟墓”工作室，随后，劳瑞和斯特劳斯第一时间赶到那里一睹新车的风采。到 1963

年仲春，劳瑞已在底特律的布尔大厦和纽约的莱克星顿 420 号各建立了一个“热点项目”团队，比起之前的两人团队要大很多，但仍然对人员进行了挑选并且高度保密。这辆车即将成型，但该给它取一个什么名字呢？美洲狮？雷霆？雷鸟二代？蒙特卡洛？福特 K–2？野马？猎鹰特别版？雷霆星？ XTC？小马驹？美洲豹？快板？托里诺？

第八章　吟唱的曲调 121

3 月 17 日上午 9 时 30 分，三百辆汽车从教堂停车场缓缓驶出，沿着 12 号街向北蜿蜒进入一个街区，再向西横穿欧几里得街半英里，右转进入林伍德路后继续缓慢行进，最后停靠在林伍德路与费城街交叉口附近的一个车站。另外五百人的迎宾队伍在重建的黄鹂剧院外面等着。这一天是周日，阳光灿烂，缓慢行进的队伍看起来像在送葬，但感觉似乎又多了几分喜庆。对于新伯特利浸信会聚集的大批群众来说，这是他们在一场城市“通过仪式”中的最后一次迁移，但更多的是开始而非结束。[1] 黄鹂剧院是他们的新教堂，这里似乎完全适合由底特律最具表演天赋的传教士克拉伦斯·拉·沃恩·富兰克林牧师带领的会众。

在市区改造之前，新伯特利浸信会在底特律黑人聚居区的心脏地带——喧闹的黑斯廷斯街很有影响力，它的教堂是一座温馨的松木镶板结构的“精神巨像”。即使没有空调，每逢周日晚上也会有数千个饥饿的灵魂聚集在此，从最低一层到楼座都挤满摩肩接踵的人群，有时候，甚至有数百人在外面的街道上通过扬声器收听广播。随着城市改造的进行，黑斯廷斯街连同其生命力一起在 1961 年消失，被克莱斯勒高速公路的混凝土所取代。新伯特利得到 20 多万美元的市政府土地征用补偿后，搬到了 12 街的过渡区。现在教会使用部分清算款项和底特律国家银行的贷款，把林伍 122
德的老剧院改造成一个宗教圣所，主讲坛上的人仍然是富兰克林，除了教堂地点换了，一切似乎并没有太大区别。

“这是胜利、收获和成就的日子，我们感到很高兴，”富兰克林在教堂洗礼布道时对众人兴高采烈地说，“通往成功的道路必定充满艰难险阻，这也是我们今天能在新伯特利说‘信仰给人力量’的主要原因。”信仰得到了回报，教堂受到神佑，牧师和他的信众得到了如潮的祝福，小马丁·路德·金、小亚当·克莱顿·鲍威尔和肯尼迪总统都发来了电报。随后，风琴家哈罗德·史密斯（Harold Smith）开始演奏，不一会儿，新伯特利唱诗班唱起《共和国战歌》《愿主保佑》和《你真伟大》。

刚到 48 岁的 C. L. 富兰克林正处于事业的巅峰，但由于周围的世界在不断变化，他个人也发生了一定程度的变化。[2] 在过去这些年里，作为知名传教士，他大部分时间都在路上，在布道唱歌的巡演中，帐篷演员不定时地由她的女儿艾瑞莎、厄玛、卡洛琳以及小萨米·布莱恩特充任，当时的布莱恩特虽然只有三尺高，但表演热情很高。在这之前，巡演的表演者是由著名黑人福音歌手克拉拉·沃德（Clara Ward）任主唱的沃德姐妹。克拉拉·沃德还是富兰克林牧师时断时续的情人。富兰克林是美国黑人圈首屈一指的巡回飞行牧师，巡回飞行牧师是旧时巡回骑行牧师的现代变体，他们使用飞机代替了马，用大礼堂代替了只有一间屋子的教堂举行活动。但现在，艾瑞莎即将年满 21 岁，准备离开底特律跻身纽约灵魂乐演唱明星行列，厄玛也已经在大学二年级时离开了亚特兰大的克拉克学院，投身史诗唱片公司的专辑录制。对她们耀眼的鳏夫父亲来说，长期辛劳奔波，加上观众每一次对他出场的热切期待，按他自己后来的解释，他“快要垮了”，他心力交瘁，健康状况开始下滑。此外，从他的老友、浸信会牧师
123 同僚小马丁·路德·金以蒙哥马利巴士联合抵制为标志发起民权运动开始，此后的七年中，富兰克林每年都将更多的时间花在为呼吁种族平等站台上，传福音的活动就少了些。1963 年头几个月，受南方老家发生的事件的刺激，富兰克林开始积极参与各类活动，一度身居要职，但也让自己卷入了教会和民权运动的派系分歧之中。

富兰克林的成功之路虽然和其他成功人士有着相似之处，但还是不同于他的浸信会兄弟，极富传奇色彩，有远远超出一般成功人士的特征。他成长于密西西比河三角洲的黑人贫民区——森弗劳尔县，16 岁时开始布道，在孟菲斯和布法罗的教堂开始他的牧师生涯，之后于 1946 年来到底特律。当时新伯特利教会已经存在，这个教会可以追溯到大萧条时代一群底特律妇女组成的祷告唱诗班。在富兰克林的领导下，它发展成为后来拥有

一万名教众的大教会。新伯特利教堂位于黑斯廷斯街和威利斯街交会处，正处于黑斯廷斯街的繁华地段，渐渐有了“人民宫殿”的称谓，无论富人还是穷人，正直诚实者还是混世度日者，主妇还是妓女，铸造工还是殡葬员，教堂都来者不拒。教堂随时为人们提供帮助，或是维持日常生存，或是提供精神救赎。厄玛·富兰克林回忆，从密西西比州、亚拉巴马州或田纳西州来到底特律的新人通常会问：“你能告诉我 C. L. 富兰克林住在哪里吗？”“他们有时 12 点半到来，有时凌晨 1 点突然出现。他们会对我父亲说，‘好吧，你知道的，我身无分文来到这里，没有工作，你能帮助我吗？’父亲便会从口袋里拿出一些钱，给他们找个落脚处。”

50 年代初，富兰克林开始飞行巡回路演（flying-circuit road show）后，底特律的教会不断发展壮大，富兰克林的名声也开始传遍全国，他成了有钱人。他看上去像一个十足的教会显贵：身着奶白色的丝绸服，穿着鳄鱼皮皮鞋，戴着钻石首饰，开着凯迪拉克。火焰表演酒吧、两万饭店、哥谭酒店的乌木房……夜生活和舒适的生活与他的圣职一样，都是生命的一部分，而且不比后者少。塞西尔·富兰克林的童年伙伴斯莫基·鲁宾逊讲述了他们第一次见面的情景，当时他们在附近的一片空地玩耍，塞西尔指着
附近的一所豪宅问：“想看看我的新房子吗？”鲁宾逊后来写道：“我犹犹 124
豫豫地靠近那所房子，一进到里面，我就呆住了：油画、天鹅绒挂毯、丝绸窗帘、满是华丽的金银装饰的桃花心木橱柜。上帝，我从来没有见过这样的豪宅。”富兰克林这个优雅的家庭养育了五个孩子，其中四个（塞西尔和三个女孩）是他与第二任妻子芭芭拉·凡妮斯·希格斯（Barbara Vernice Siggers）的孩子，芭芭拉多年前已经离开他回到布法罗，34 岁时去世。他还收养了一个儿子，名叫拉·沃恩，除去现在的家庭，他早些年还在孟菲斯与一个只有十几岁的女孩生下了一个女儿。

他们称富兰克林是“声音值百万美元的人”“拉比”“有学问的人”“灵魂传道大祭司”（High Priest of Soul Preaching）和“黑美人”。他的讲道可以说是家喻户晓，在路演时，观众会要求听他的经典作品，比如《鹰在巢中》（*The Eagle Stirreth Her Nest*）、《深谷遗骸》（*Dry Bones in the Valley*）或《给我这座山》（*Give Me This Mountain*）。他的布道一部分通过过往的

演出为人所知，也有一部分归功于无线电广播和电唱机的传播。许多布道已被录制成专辑，先后由杰威尔音乐公司（JVB label）和芝加哥的切斯唱片公司（Chess Records）发行，他从每张唱片中得到的版税是 30 到 35 美分。富兰克林在一次口头采访中回忆，路演时，“我会讲（当地的）DJ 一直播放的作品，以及 DJ 认为人们最喜欢的作品。起初我不喜欢那些要求。我一直认为我应该在教堂，不管我讲什么，人们都应该接受，但人们并不喜欢这样。他们想听熟悉的东西……他们通常情绪反应强烈，有的人大喊大叫，有的人冲我吼，站起来拿手指着我。看到人们这样的反应，我感到兴奋，因为我认为，如果单纯从精神层面的提升来说，这在某种程度上对他们是有帮助的”。

故事和故事讲述者之间的相互作用创造了富兰克林的魔法。[3] 他是一位说教大师，善于制造张力，引起观众的期待，用自己的声音作为乐器伴奏。与富兰克林同时代的底特律牧师尼古拉斯·胡德（Nicholas Hood），
125 在更为沉静肃穆的普里茅斯公理会教堂任职，他有时会在星期天晚上溜达到新伯特利浸信会教堂，惊讶于富兰克林戏剧化的布道方式，有时会用笔记下一些从唱机中听到的布道内容——“Mmmmhmmm，uuhuuuh”，后来，他在艾瑞莎的福音 – 灵魂乐风格中也发现了类似的旋律。富兰克林的布道逐步推进，从言语到哼唱，进而是一整首歌曲，约翰·R. 布莱恩特在他的神学论文中形象地描述了这种风格：“歌唱通常在总结的时候开始，但在开始唱歌之前，他还要进行所谓的‘调试’，做法就是在每个短句后都加上哼唱。一旦找到舒适的音调，他便哼着这个调子开始布道。这个时候，他就按照一套固定的节奏布道，风琴手加进和弦伴奏。这时，在场的人犹如经历了一场黑人音乐剧。毫无疑问，它是精神艺术。”

他哼唱的曲调含有一定的隐喻意义，对于底特律的其他许多黑人牧师来说，这样做有点过头。他们赞赏富兰克林的布道，但嫉妒他拥有众多追随者，质疑他的个人作风和财产来源的可靠性。甚至富兰克林自己教区的一些成员也质疑他滥用市区重建基金，但当这些人宣布调查结果，并要求进行信任投票时，有数百人都站在富兰克林一边，只有七人反对他。从新英格兰走出来的胡德牧师，在来到底特律之前曾在新奥尔良领导过一个教

堂，虽然他曾说富兰克林“在道德上对自己要求不严，非常自由散漫”，但他又说，自己的南方经验让他对富兰克林表示理解，并避免对这位外表光鲜亮丽的牧师评价太过苛刻。胡德说，他并没有感觉到与新伯特利教会的直接竞争，因为他自己的普里茅斯公理会教堂与底特律的上层黑人联系紧密，公理会传教士在历史上建立了一大批黑人大学，包括华盛顿的霍华德大学、纳什维尔的菲斯克和新奥尔良的迪拉德大学，训练和输送了大量医生、律师和其他专业人才。但是，随着富兰克林在 1963 年年初转向民权运动，胡德的态度似乎有了变化。富兰克林如果想在底特律的民权运动中发挥领导作用，那就必须消除自己所在社区的怀疑和诋毁。

1963 年的底特律，有多股力量参与民权运动这股强大的正义之潮中。126
全国有色人种协进会的底特律分会是该组织在全国最大的分支机构，致力于发展教育和在体制内通过正当程序开展活动。全美汽车工人联合会由沃尔特·鲁瑟和他的兄弟罗伊以及维克多领导，一直在为民权行动和立法提供道德支持和财政保障，这一点有目共睹。工会领导委员会（Trade Union Leadership Council）是汽车工人联合会的非裔分支机构，1956 年获得特许成立，由赫拉斯·谢菲尔德（Horace Sheffield）和巴迪·巴特尔（Buddy Battle）领导，集中关注底特律劳工队伍中黑人的进步和领导权。乔治·克罗克特（George Crocket）、达蒙·基思（Damon Keith）和小约翰·科尼尔斯（John Conyers Jr.）领导了一个强有力的激进黑人律师团队，致力于积极而灵活地在法律体系内同时为温和或“左倾”的民权机构开展工作。《密歇根纪事报》的专栏作家和社论主笔们也在推动民权运动的发展。阿尔伯特·克利奇（Albert Cleage，“Cleage”和“vague”[含糊不清]一词同韵，不过他是断然不会“含糊不清”的）牧师领导了一个刚形成的黑人民族主义派别，克利奇是中央公理会的牧师，说话直来直去，还有一个以小册子形式出版的家庭刊物《新闻画报》（*Illustrated News*）。当地黑人牧师还组建了浸信会牧师联盟（Baptist Ministerial Alliance），该组织颇有影响力且行事非常谨慎。卡瓦纳市长和爱德华兹局长等市政府领导层就任以来也都致力于推动底特律的民权运动。各股力量的大方向是相同的，但并不总是合作无间。接到著名福音歌手玛哈莉亚·杰克逊（Mahalia Jackson）的电话请求后，富兰克林认为自己应该领导一场大规模运动，这样也许就可以把南方民权运动的热情带到北方城市。富兰克林的女儿厄玛后来回忆，富兰克林和玛哈莉亚·杰克逊“像兄妹一样”，玛哈莉亚号召富兰克林赞助一场民权运动的筹款活动，他毫不犹豫地答应了，完全不考虑其中的困难。

起初，统一战线的建立似乎是可能的，在底特律城市联盟（Detroit
127 Urban League）办公室举行的一次会议上，富兰克林当选为尚未命名的地方民权联盟的总主席。[4] 这个综合团体的明确使命是为底特律提供活动赞助，支持金和南方基督教领袖会议最近在伯明翰领导的民权抗议活动，同时呼吁关注底特律黑人的需求。就在一个月前的4月12日，金在亚拉巴马州最大的城市被捕。四天后，仍在监狱服刑的金在报纸和一些废弃纸张的边缘写下了一份重要的目的陈述——《来自伯明翰监狱的信》，对七位认为他的抗议活动不明智、不合时机的白人牧师作了回应。金写道：“过往的惨痛教训告诉我们，压迫者绝不会主动将自由让给人民，受压迫者必须自己主动争取自由。坦率地说，我参与的这场直接行动‘恰逢其时’，因为此时有部分人还没有受到种族隔离的过度伤害。”富兰克林的计划是邀请金来底特律参加一场游行集会，一方面唤起和提高民众的意识，另一方面希望能筹得十万美元资金，将其中大部分交给南方基督教领袖会议和它的“直接行动”运动。富兰克林的新团体领导层表面上似乎代表一个联盟，实际上由富兰克林的几个亲信掌控，其中包括他的律师詹姆斯·德尔里奥（James Del Rio），新伯特利浸信会的财产受托人、富有的殡仪馆经理本杰明·麦克福尔（Benjamin McFall）以及新伯特利浸信会的音乐牧师小托马斯·H. 谢尔比（Tomas H. Shelby Jr.）等人。新伯特利浸信会将于5月17日在装修一新的黄鹂剧院举行一次大规模集会，小托马斯·H. 谢尔比受邀为这次集会组织一个全市范围的福音合唱团。

距离第二次会议还有两天，人们迎来了第一个值得关注的问题。激进派律师科尼尔斯、基思和克罗克特在基督教女青年会（YWCA）的露西·瑟曼分会会见了不同教派的牧师（包括两位公理会牧师，一位是持主流观点的胡德，另一位是更为激进的克利奇）、黑人劳工组织的谢菲尔德和巴特尔以及汽车工人联合会的几个白人代表。他们也想为金和南方基督教领袖会议筹集资金。他们应该和富兰克林结盟吗？ 富兰克林是否有能力肩负起如此重要的政治事业？他们应该接受富兰克林的拉拢吗？或者他们应该拉 128
拢他？从代表底特律社区关系委员会参会的约瑟夫·E. 科尔斯（Joseph E. Coles）所做的记录来看，他们决定等富兰克林在教堂召开的这次大会结束后再来讨论和回答这些问题。科尔斯写道："人们认为，如果这两个团体可以结成联盟，那么动员会更有效。"

从参会的人数和发言的积极性来看，5 月 17 日的集会取得了巨大的成功。周五晚上，虽然下着雨，仍有约八百人来到新伯特利浸信会教堂，一整晚都在聆听演讲、宣言和组织的决定。在富兰克林的主持下，大会决定将这个团体命名为底特律人权理事会（Detroit Council for Human Rights，DCHR），同时决定 6 月初在伍德沃德大道举行"走向自由"游行，随后在科博大厅举行集会，两场活动都将以金为主角。教堂的捐款箱当场收到了五百美元的筹款，此外还有数千美元的捐款承诺。最后，理事会发布了一份《底特律宣言》（*Declaration of Detroit*），呼应了金的伯明翰书信的紧迫感，同时还引用了"伟大解放者"亚伯拉罕·林肯一百年前使用的一些正式措辞："这座城市人口的 30% 由我们构成，然而我们当中 70% 的人都住在尚未达标的住房中。这有违一百年来以社会契约为基础的宪法所规定的自由，兹于公元 1963 年 5 月 17 日，我们在上帝和所有的人面前宣布，我们不会再对此种光天化日之下的不公保持沉默或纵容它的发生……众所周知，在过去，我们一直被一些冠冕堂皇的承诺所迷惑，并因为一些小小的进步而沾沾自喜，然而现在我们不会再坐以待毙，直至我们的命运与宪法的承诺对等，不仅是合众国的承诺，也包括密歇根州的承诺。我们也绝不会放慢步伐，因为我们的同胞和朋友有可能仍在一些地方饱受痛苦的折磨，被剥夺了完全意义上的自由。"

会后不久，公民权利谱系的两端出现了严重的分歧。一个问题涉及全国有色人种协进会。尽管内部存在不同意见，协进会还是拒绝正式支持游行或加入底特律人权理事会，出于各种原因，他们一度与富兰克林牧师和金博士保持一定距离。另一个问题涉及克利奇牧师。他开始在自己的演讲 129
和一些小册子中谴责所有他认为自鸣得意的守旧派领导层，从全国有色人种协进会到浸信会牧师联盟，再到劳工运动成员，无一幸免。同时，他还宣布，游行和集会应该以黑人为主导，不应由沃尔特·鲁瑟或白人城市官员担任领导角色。克利奇的教堂毗邻富兰克林的教区，从新伯特利沿林伍德街向北走八个街区即到。克利奇没有将富兰克林列入过时一派，而是把他当成可以结盟的民粹主义局外人（至少暂时如此），以便推动一个更具革命性的议程。富兰克林虽然不像克利奇那样直言不讳，但他早在 1956 年就表达了自己对黑人当权派的批评，他写了一封两页的信给《密歇根纪事报》，说他在理发店剪头发时，发现没人知道全国有色人种协进会在做些什么。

此外，富兰克林先发制人掌握地方领导权，暴露出全国有色人种协进会的一个弱点，即它不擅长处理更复杂的斗争中的情绪变化。[5] 到那时为止，全国有色人种协进会底特律分会的成员数量是所有民权机构中最多的，构成也是最多元化的，在底特律有 2.9 万名缴费会员。会员从第二浸信会教堂的 A. A. 班克斯到摩城的小贝里·戈迪，几乎囊括了底特律所有的黑人牧师、医生、律师和商人，甚至克利奇也是其领导层成员。每次全国有色人种协进会举办大型活动，底特律支持这项宏大事业的人几乎都会到场，这些活动的门票和一年一度的黑领结沙龙舞会门票一样令人垂涎。仅在 4 月，全国有色人种协进会就在科博大厅最大的舞厅举办了两场活动，每场都吸引了超过 1200 名底特律人。第一场活动是《解放黑人奴隶宣言》颁布一百周年庆典，两万饭店的主持人齐吉·约翰逊和摩城唱片的史蒂夫·旺达带来了娱乐表演。两周后的另一场活动是一年一度的“为自由而战”晚宴，活动请到了活动家兼喜剧演员迪克·格雷戈里（Dick Gregory）。不过，参加宴会是一回事，对政治和策略的认同又是另外一回事，全国有色人种协进会内部的不同派系都在谋求控制权。在 1962 年的最后几天，对底
130 特律分会地方领导职位的争夺引发了激烈的权力斗争，甚至在几个月后依然余波未息。现任领导爱德华·特纳（Edward Turner）受到了自己分会的提名委员会的挑战，该委员会试图用更年轻、更激进的保险经纪人欧内斯特·谢尔（Ernest Shell）来代替他。特纳正努力保守自己的秘密：他身患绝症，不到半年就会死去。他可以靠更为保守的黑人牧师的支持来守住自

己的位置，这些牧师在选举日当天拉出大批老年教徒给他投票。

底特律分会的日常事务由执行秘书阿瑟·L. 约翰逊（Arthur L. Johnson）负责，他比特纳更激进，但也有自己的矛盾和挣扎。约翰逊自 1944 年以来一直是金的朋友，[6] 当时他们都是亚特兰大莫尔豪斯学院（Morehouse College）的新生，并且是同班同学，金当时只有 15 岁，被批准提前入学。他们学的都是社会学专业，选修了许多相同的课程，而且都是全国有色人种协进会莫尔豪斯学院分会的成员。约翰逊认为年轻时的金是个安静的男孩，并不具备领袖气质。他后来指出，他当时并没有发觉“金有成为伟人的潜质”。现在，20 年后，约翰逊一方面十分欣赏金的勇敢行为和豪言壮语，另一方面自己也在为捍卫全国有色人种协进会的利益而抵制金的南方基督教领袖会议的崛起。这两个团体不仅是在为声望而争，也是在为金钱而争。富兰克林想利用底特律的游行和集会专门为金和南方基督教领袖会议筹款，这就惹怒了一直在筹措资金的约翰逊和底特律分会的一干人等。他们召开了几次内部会议，对这个问题进行了讨论，决定派出由班克斯牧师领导的代表团与富兰克林及其律师詹姆斯·德尔里奥会面，看看是否可以相互妥协，在使全国有色人种协进会从底特律的游行受益的同时，平息来自克利奇的批评，后者是富兰克林新结交的盟友。

最终，这两个目的都没有达到。富兰克林坚持，“走向自由”游行筹集到的资金，除去给南方基督教领袖会议的那部分外，都将用于促进底特律人权理事会的发展。而克利奇一听说有人试图限制和约束他，只会变得更加直言不讳。[7] 他公开嘲笑班克斯和浸信会牧师联盟。在《新闻画报》中， 131
他对全国有色人种协进会和“保守派黑人领袖”进行抨击，指责他们不断阻挠和反对“走向自由”运动，而这仅仅是因为运动筹集到的资金都去了金和他的南方基督教领袖会议那里。克利奇写道，无论如何，“走向自由”运动还在继续发展，老派领袖“被抛弃在一边”并“不再领导自由斗争”。在科博大厅举行的一场向克利奇致敬的宴会（对那时的底特律黑人来说，纪念宴会似乎成了每两周就会举行一次的固定程序）上，克利奇在领奖台上接受了来自哈林的黑人律师保罗·祖贝尔（Paul Zuber）的赞扬。祖贝尔是一位登记过的共和党人，正变得像克利奇一样越来越激进。他在纽约的新罗谢尔、新泽西的恩格尔伍德、芝加哥以及其他一些北方前哨地区领导了废除学校种族隔离的运动，不断挑战全国有色人种协进会的行事策略和指导方针，使协进会的领导认为他是一个花言巧语、蛊惑民心的政客。祖贝尔响应了克利奇的话，他宣布“黑人的反抗已经开始了”，“我们必须告诉我们的领导人，如果你们不想这样做，就闪一边去吧”。

克利奇过分武断和自信，富兰克林相对而言则缺乏经验和名声，这两方面的结合，促成了在五月下旬和六月初发生的几起事件，这些事件要么是企图推翻富兰克林的领导，要么就是为了给他施加更大的压力。由于意外事件不断发生，有人提出取消这次活动，结果只是日期被推迟了两周，改到 6 月 23 日，这个日子会勾起底特律人一些痛苦却难忘的回忆，因为它距离 1943 年种族骚乱 20 周年纪念日很近。[8] 一度有人试图让富兰克林从主席的位子退下来，转而支持两个背景迥异的人：一位是小约翰·科尼尔斯（John Conyers Jr.），他是工会领导委员会的顾问，有着汽车工人联合会的家庭背景（他的父亲曾是工会代表和组织者）；另一位是底特律杰出的黑人医生德威特·T. 伯顿博士（Dr. Dewitt T. Burton），他是老牌精英的门面，他初入社交界的女儿在喜来登－卡迪拉克酒店水晶大厅富丽堂皇的粉色舞厅举行亮相派对，此事还上过《黑玉》（*Jet*）杂志。但面对富兰克林这样一座难以撼动的大山，科尼尔斯和伯顿最终选择了让步。尼克·萨尔瓦
132 多（Nick Salvatore）在富兰克林的传记《异乡的歌唱》（*Singing in a Strange Land*）中提到他有一次在浸信会牧师联盟的会议上偶遇富兰克林的情形，当时，富兰克林被剥夺了发言权，因为据说他没有缴纳会费。萨尔瓦多写道，当浸信会牧师联盟主席 A. L. 梅里特（A. L. Merritt）牧师拒绝让富兰克林发言时，“富兰克林愤怒地追着他跑，但是被人拦住了”。

富兰克林很快为此道歉，他表示自己当时被怒火冲昏了头，之后又在新伯特利周日晚间的电台广播和一封亲手送给《密歇根纪事报》的信中为自己辩护。信的开头写道：“不论之前的报道是怎样说的，作为人权运动的领导者，我过去和现在都没有，将来也不会计划对黑人社区领导层互信联盟中的任何人实施攻击。”他说，这不仅仅是权力斗争的问题，当前的时代需要的是团结。他还通过自己在南方的关系，以马丁·路德·金的妻

子柯瑞塔·斯科特·金（Coretta Scot King）的名义拟了一封电报，称赞他的工作对她丈夫事业的帮助。金在亚特兰大的南方基督教领袖会议总部的助手们不断接到各个阵营连珠炮般的抱怨电话，他们试图缓和局势，即便不能从根本上扭转，也至少在表面上加以控制。他们任命另一位新卡瓦利浸信会教堂的牧师查尔斯·W. 巴特勒（Charles W. Butler）作为他们在底特律地区的负责人和事件联络人，在富兰克林和他的怀疑者之间注入一剂缓和剂。富兰克林被告知，如果他真的希望金现身底特律，就必须表现出自信，让其他牧师发电报公开支持。富兰克林争取到了包括亚伯拉罕宣教浸信会教堂的牧师李和密歇根州浸信会教堂的牧师 D. D. 威廉姆斯（D. D. Williams）在内的 30 位新伯特利浸信会牧师的支持。他还得到了新伯特利成员瑟蒙·布拉德菲尔德（Thermon Bradfield）写给马丁·路德·金的一段话："我们相信，如果上帝要指派一个人来担此重任的话，那这个人一定是富兰克林。我们知道他已经为上帝做了一些伟大的工作，我们也相信，带领我们摆脱蒙昧，将是他接受的最伟大的使命。"

富兰克林领袖道路上的障碍一个接一个地消失了。在底特律权势显赫的国会黑人议员查尔斯·迪格斯也站出来支持富兰克林和这场游行，认为"那些不支持这场运动的黑人'中立者'的态度有失公允"。这一支持 133
尤为重要，它不仅带动底特律的其他领导人加入进来，也消除了马丁·路德·金的疑虑。蒙哥马利巴士抵制运动时期，迪格斯在迪格斯之家殡仪馆的周日晚间广播中募集资金帮助联合抵制运动，最终为金在底特律筹到了一万美元捐款，此后，两人一直关系紧密。就在与迪格斯发表声明支持富兰克林差不多的时间，赫拉斯·谢菲尔德、巴迪·巴特尔和工会领导委员会的其他黑人劳工活动家从谨慎犹豫转向了对集会的明确支持。警察局局长爱德华兹签发了游行许可证，称不会有任何警察干预，人们将像迎接贵宾一样欢迎金的到来。

然后就是汽车工人联合会主席沃尔特·鲁瑟在这场运动中所要扮演的角色问题，这是一个敏感的话题。[9] 鲁瑟活像个 12 缸的政治引擎，具有强劲的马力，全身心地投入这一事业，也是金在民权运动中必不可少的白人盟友之一。忽视他或将他排除在外都是不合适的。但克利奇牧师坚持认为这应该是一场由黑人主导的运动，其他黑人领袖中也有一股持反对态度的暗流。即使他们赞赏鲁瑟提供的支持，但克利奇的尖锐意见——白人自由主义者最终会控制这场运动——也令他们感到担忧。此种情形该如何化解？任务落到了赫拉斯·谢菲尔德和巴迪·巴特尔身上，两人都出身于福特的鲁日河工厂，巴特尔是卡车装载员，谢菲尔德在废物回收部门，他们在汽车工人联合会里担任领导职务，在鲁瑟手下做事。他们根据富兰克林的弱点制订了一个计划，邀请富兰克林和他的律师德尔里奥前往格兰德河边上的工会领导委员会总部进行会面。当时工会官员马克·斯特普（Marc Stepp）也在那里，他后来在一份口述史中详述了诱使富兰克林决定参加会面的原因："酒柜刚好就在巴迪·巴特尔的桌子后面，一打开门就能看到所有的威士忌和酒柜。所以你知道，那儿有很多很多的酒。当时的天气……热得像地狱。（富兰克林）汗流浃背，放肆痛饮，而谢菲尔德，你知道的，则继续扮演着热情好客的主人，让他喝遍他想喝的所有酒。德尔里奥则一
134 直在旁边咒骂着，你知道德尔里奥的，破口大骂。但不管怎样，我们为沃尔特·鲁瑟捞到了一个不错的角色。"

这位灵魂传道大祭司哼着曲子向众人布道。"走向自由"游行即将开始。老鹰在巢中厉声叫道："哦，多给我几天。哦，多给我几天。多给我几天。啊！我的主。"

第九章　重要人物 135

有请美利坚合众国最有创造力的头脑、当世的管理天才、全世界最重要的人物沃尔特·鲁瑟先生。

——警察局局长爱德华兹 1963 年在底特律经济俱乐部介绍鲁瑟

沃尔特·鲁瑟[1]花了许多时间思考现代世界人类的困境，他一边思考，一边写作。不过，他写的不是书，也不是许多文章，而是无数的笔记、备忘录、信件、电报、演讲和夜线节目①。他的话随时都能传到各个地方。到 1963 年，他已经 55 岁，大半生时间都在公共领域的工作中度过。从东京到伦敦，再到布宜诺斯艾利斯，他闻名于世界各国的首都，作为国际工会运动中才华出众的领导者，他的影响力已在许多方面超过了他的劳工同事兼竞争对手乔治·米尼（George Meany）。米尼作为劳联 – 产联（AFL-CIO）的主席，在距离白宫几个街区的华盛顿总部之外扮演着权力掮客的角色，喜欢与朋友在迈阿密海滩闲逛。而同时担任汽车工人联合会主席和劳联 – 产联副主席的鲁瑟，已在底特律东杰弗逊街的团结大厦和他的汽车工人一道开辟了一方天地。这并不是说他是一个政治局外人，他参与内部游 136
戏，只不过是在中西部一个不远不近、相对自由的范围内来参与。鲁瑟十几岁时从西弗吉尼亚州的威灵来到汽车城，此后底特律就一直是他的家。20 世纪中期，他从福特鲁日河工厂模具部门工人干起，一步一步升到汽车工人联合会主席之位。

---

① 夜线节目：于晚间播出的节目，一般指夜间新闻。

顶着一头红头发，面孔带着孩子气的鲁瑟自信而直率，喜好哲学，对周围的政治旋涡应付裕如。在充满烟雾和酒精味的工会大厅，他既不抽烟也不喝酒。鲁瑟的父母瓦伦丁和安娜是德国移民，他们是西弗吉尼亚州煤矿战争的退伍军人。年幼的鲁瑟和兄弟姐妹们整天受到父母社会主义理想的洗礼。鲁瑟的密友曾说，沃尔特被反复灌输：“工人有权享有更好的生活——安全，有尊严，更高的生活水平，良好的教育。所有人，无论种族、信仰和肤色，在上帝和同胞面前都是平等的。”他的理想主义自然而然地被培养起来了，尽管如此，他仍然相信务实的进步高于纯洁性，解决问题高于吵吵闹闹。第二次世界大战期间，工会内部的意识形态斗争风起云涌，他始终站在共产党和资本家的中间位置。到 20 世纪 60 年代初，他被美国国内的戈德沃特保守派攻击为“红色威胁”，与此同时，京都的左派抗议者又攻击他是“美帝国主义代言人”。

1946 年，鲁瑟当选汽车工人联合会主席，在此之前，乔治·罗姆尼称他是“底特律最危险的人”，因为他有能力“在不打破现有社会规范的前提下带来革命”。这是个古怪的说法，一半是极不情愿的称赞，一半是激烈的批评，后来罗姆尼和鲁瑟发现彼此有时也能携手工作，比如他们都同意行业的第一个工人利润分红计划。当时的鲁瑟不是马克思主义者，而是罗斯福主义者——在他这里，埃莉诺和富兰克林这两位“罗斯福”有着同等重要的意义。鲁瑟赞同埃莉诺·罗斯福的人道主义世界观和道德正义，自
137 从富兰克林·德拉诺·罗斯福死后，多年以来，他一直与这位前第一夫人走得很近。第二次世界大战之后，每年夏天或秋天，鲁瑟和他的妻子梅都会挤出时间与埃莉诺在海德公园待上一星期。他们最后一次会面是在 1962 年 11 月，几天之后，埃莉诺便离开了人世。

他现在与白宫民主党的关系也很牢固。鲁瑟和林登·约翰逊在 20 世纪 40 年代就已相识，当时在战时的首都，如果酒店没有房间，他偶尔会在这位得克萨斯州国会议员的沙发上睡一觉。多年来，他们的关系起起落落，刚开始由于都对罗斯福新政有巨大热情而走到一起，之后因为鲁瑟在民权问题上对南方人小心谨慎，而且更倾向于汉弗莱作为肯尼迪的竞选伙伴，致使两人关系紧张，最后，当副总统约翰逊发声力挺种族平等和

经济机会时，他们的关系又再次得到巩固。在大多数情况下，林登·贝恩斯·约翰逊个性强势专断，但根据鲁瑟的得力助手欧文·布卢斯通透露，约翰逊对鲁瑟平等相待，十分尊重他的权力和独立性，“他们之间可以展开双向对话”。

鲁瑟与肯尼迪认识的时间不像他和约翰逊那样长，但他们的关系足够牢固。[2]1954 年，他给纽约医院发送了一封电报要求进行一次特殊手术，肯尼迪当时正在那里接受背部手术，鲁瑟从杰奎琳那里收到一份两页的手写笔记，说他“永远不会知道”杰克知道这一消息时有多激动。鲁瑟对奉承就像自己对别人进行说教一样习以为常，但肯尼迪完全明白这位劳工领袖和汽车工人联合会对他的地位提升有多么重要的意义，同时他似乎很高兴有鲁瑟作陪。“沃尔特和杰克·肯尼迪走得非常近，”从鲁瑟领导的汽车工人联合会出来担任肯尼迪政府住房官员的杰克·康威（Jack Conway）后来回忆，“他们经常坐在一起进行哲学探讨，有时一坐就是两三个小时。杰克·肯尼迪发现，沃尔特·鲁瑟是个可以和他产生思想碰撞的人，他可以向鲁瑟征求意见。与此同时，他感到自己对鲁瑟负有重大的个人义务，因为鲁瑟和汽车工人联合会可能是他最有力的支持者。他参加了汽车工人联合会的会议，并在会上坦率地说，如果没有这个组织，他不会成为总统。”这个会 138
议于 1962 年 5 月 8 日在大西洋城举行，肯尼迪确实在那里说了很多，当然还是带着他个人诙谐机智的风格。“鲁瑟主席，”肯尼迪看着在场众多的劳工同志开始了发言，“上周，在与商会和美国医学协会主席谈话之后，我开始怀疑我是如何当选的。（停顿了一下）现在我终于想起来了。”

自上任以来，除了涉及劳动争议的经济和政治问题外，肯尼迪在很多问题上都向这位汽车工人联合会主席打电话寻求意见和帮助。鲁瑟对肯尼迪推行的个人和企业全面减税计划提供了强有力的支持，认为此举将给经济注入“高速购买力”。冷战期间，鲁瑟和他的联盟在国际舞台上发挥了重要作用，对控制国际工会会员远离共产主义做出了关键性的努力。在柏林危机期间，联合会派出 100 名地方领导人直接到柏林，“作为我们与那个被困城市人民团结一致的证明”。猪湾入侵事件发生后，鲁瑟对促成卡斯特罗的古巴政府释放关押的囚犯也发挥了突出作用。鲁瑟还和埃莉诺·罗斯福、米尔顿·艾森豪威尔领导成立了一个政府授权的私人企业——拖拉机交换自由委员会，目标是筹集足够的资金购买拖拉机和医疗用品送往古巴，以换取1200名囚犯。虽然计划失败了，但是肯尼迪在1961年的一封信中对鲁瑟进行了赞扬，说他“成功使它们的本性暴露无遗。与此同时，美国取得了重大的宣传胜利”。

从那时起，鲁瑟与肯尼迪最紧迫的谈话主题开始更多地转向民权运动而非外交政策。他不断敦促政府采取迅速有效的行动，同时收到来自肯尼迪助手的备忘录，向他解释他们的目标和实际考虑，并且表示白宫有赖其——以及被选中的其他一些白人活动家，如“美国人争取民主行动”组
139 织的约瑟夫·劳（Joseph Rauh）——充当黑人民权领袖（尤其是金和他的南方废除种族隔离运动）的联络人。鲁瑟对金寄予厚望，他将金带到底特律，让他作为主要发言人参加1961年汽车工人联合会成立25周年晚宴，之后还向他的成员分发了印有金演讲内容的小册子，并将发言内容制作成一张$33\frac{1}{3}$转的唱片，收益归南方基督教领袖会议所有。金后来在感谢信中写道：“我必须让你知道，对于你正在为工人，甚至可以说是为全人类所进行的伟大事业，我必将一如既往地支持到底。”

这两人一直保持着频繁的联系，因为在接下来的两年中，民权运动势头一月高过一月，华盛顿和这个国家不得不以前所未有的方式来处理这个问题。1963年4月，金在伯明翰领导的“公民不服从”运动不仅促使他从监狱发出一封申明信，而且引发了令人一生难忘的残酷景象——和平示威者被人用消防软管打倒在地，遭到挥舞着警棍的警察和警犬的攻击，这激起了公众的关注。在该运动的目标基本实现并且运动发起方与地方领导就一份突破性协议达成基本共识之后，数百名抗议者仍然被锁在由该市的激进种族主义者、警察局局长尤金·“公牛”·康纳管理的监狱中。白宫需要帮手来解决伯明翰的残局，于是向鲁瑟求助。司法部部长罗伯特·肯尼迪打电话给鲁瑟和劳，请他们提供现金将示威者保释出狱。[3]两位盟友迅速采取行动，筹集到16万美元。对鲁瑟观察最为全面仔细的传记作家尼尔森·利希滕斯坦（Nelson Lichtenstein）写下了意味深长的话：“在几个小时内，汽车工人联合会的欧文·布卢斯通和威廉·奥利弗就踏上

去南方的路，腰上缠着鼓鼓囊囊的钱袋。”

在鲁瑟及其联合会给民权运动提供帮助的各种方式中，这是最根本的一种。多年来，底特律及其人民为推进种族平等事业作出了许多牺牲，把牧师、律师和活动家派到最危险的南方腹地。在底特律，不论黑人还是白人，都加入到自由骑行、自由步行和静坐抗议的队伍中。蒙哥马利巴士抵制运动中的女英雄、有着钢铁般意志的女裁缝罗莎·帕克斯，现在成了底特律人。她在南方找工作未果，就北上来到汽车城，与弟弟西尔维斯 140
特·麦考利和弟媳黛西·麦考利夫妇一起生活。激进派律师科尼尔斯、基思和克罗克特曾多次前往密西西比州和亚拉巴马州的农村，代表黑人公民处理因吉姆·克劳法而遭到的不平等对待。金在伯明翰被捕那天，查尔斯·迪格斯正在密西西比州的克拉克斯代尔，住在全国有色人种协进会主席亚伦·亨利博士（Dr. Aaron Henry）的家中。这位底特律国会议员和让他借宿的亨利博士半夜被当地一种用廉价汽油和汽水瓶制成的燃烧弹的爆炸声惊醒，爆炸发生的位置就在亨利家的客厅，有人将燃烧弹从窗口扔了进来。伯明翰事件两年后，“血色星期天”恐慌爆发，和平游行者前往蒙哥马利，在经过塞尔玛的佩特斯大桥时被警察殴打。底特律人维奥拉·留佐（Viola Liuzzo）（有三个孩子的白人母亲）去南方帮助应付此事，返回途中开车经过亚拉巴马州时被三K党成员杀死，头部中了两枪。

个人和集体行动的这支力量不仅动力强劲，而且勇气可嘉，发挥的作用尤为关键。不过，其中也有现实的资金问题，在这一点上，底特律的贡献——主要是汽车工人联合会的工作和沃尔特·鲁瑟努力的结果——是至关重要的。底特律和它的汽车工人某种程度上可以说是这场运动的银行。伯明翰事件几个月后，鲁瑟查询了汽车工人联合会用于民权事业的资金的非正式账目。[4] 结果显示，资金投入呈指数增长，从1959年的2925美元到1963年秋季增加到114000美元以上，翻了四倍。钱款被用于奖学金基金、民权组织、致谢晚宴和法律行动（包括那笔保释金），以及为游行和抗议提供组织费用。加上人力和宣传这些非现金投入，总的数额至少是现金数额的三倍。

金钱也是富兰克林“走向自由”游行宏伟构想的一大考量。为了达

成给南方基督教领袖会议领导的南方运动筹集数万美元这一目标，柯瑞
141 塔·斯科特·金给富兰克林发了一封电报："获悉远在北方的底特律人民将分享伯明翰的经历，我感到无比欣喜。"

6月，距离底特律集会的日期已经不远，具有重大影响的关键事件一个接一个地发生，不断印证着富兰克林的看法。6月1日，在密西西比州杰克逊市，全国有色人种协进会主席罗伊·威尔金斯（Roy Wilkins）和该组织在该州的外勤秘书麦德加·艾弗斯（Medgar Evers）在市中心的商店外面领导抗议示威时被捕。6月5日，弗吉尼亚州丹维尔市的学生抗议者在市长办公室进行公民不服从的静坐抗议，因"煽动暴乱"被捕。6月9日，活动家凡妮·卢·哈默尔（Fannie Lou Hamer）在密西西比州哥伦布市的巴士车站被捕，理由是她试图在仅限白人就餐的区域吃饭，当天晚上在监狱里，她被打成重伤。

同一天，底特律市长卡瓦纳在几千英里之外的檀香山夏威夷酒店参加一年一度的美国市长会议，他是这个团体里一颗冉冉升起的新星，即将成为该会议的主席。[5] 会议的主要发言人是肯尼迪总统，他"不远千里"来到这里讨论种族问题。他说，种族问题"不是北部、南部、东部或西部某一个部分的问题，它是一个全国性的问题，是一个全国性的挑战"。平等问题也是如此，面对横扫全国的民权抗议活动，市长们应该"警惕，但不必恐惧"，这个夏天会上演更多这样的游行示威。"伯明翰事件加速了这个国家对平等的呼唤和渴望，夏天不断上升的气温通常也伴随着人民情绪的上升。联邦政府不控制这些游行示威，它的态度是既不鼓励，也不阻挠。我们可以做的是通过立法和行政法令，为引发抗议的怨声提供和平的补救办法，给予所有美国人……获取平等生活的公平机会。"

两天后的6月11日，肯尼迪政府派遣副总检察长尼古拉斯·卡岑巴赫（Nicholas Katzenbach）来到塔斯卡卢萨县，以确保黑人学生申请亚拉巴马大学的暑期课程的权利，与此同时，种族分离主义者乔治·华莱士（George Wallace）州长则发誓称，如果有必要就会守在学校门口，阻止他
142 们注册成为州立学校的首批黑人学生。[6] 卡岑巴赫在福斯特礼堂外耐着性子严肃地听完了华莱士夸张造作的说辞，然后说，他来这里是执行法律，

行政当局已委派亚拉巴马国民警卫队来保障学生行使他们的合法权利，不允许州政府干涉。当天晚上 8 点，肯尼迪回到华盛顿，在总统办公室发表全国电视讲话，说明在亚拉巴马发生的事情，并将此事上升为更大的争取平等的问题。“我们主要面临一个道德问题。它与《圣经》一样古老，与美国宪法一样清楚，”肯尼迪对全国人民说，“问题的核心在于，是否所有的美国人都能享有平等的权利和机会，我们是否会按照自己希望被对待的方式对待我们的同胞。”这次讲话没有停留在语言层面，肯尼迪宣布，下星期他会向国会递交一份全面的民权法案，禁止餐馆、酒店和商店等公共场所的歧视行为。

几小时后，麦德加·艾弗斯在晚间会议上收看完肯尼迪的演讲后回家，在自家的私人车道上被人从背后开枪射杀。杀手是密西西比州的三 K 党成员拜伦·德拉贝克维斯（Byron De La Beckwith）。当晚，他带着一只高性能的埃菲尔德式步枪躲在灌木丛中。德拉贝克维斯被绳之以法要等到 30 年之后。艾弗斯去过底特律几次，1955 年埃米特·提尔（Emmet Till）被私刑杀害后的那段时间，艾弗斯经常接受《密歇根纪事报》采访，他最终也成了那次事件的受害者。鲁瑟和富兰克林牧师都以他的名义捐钱设立了奖学金。

艾弗斯被暗杀似乎并没有引起鲁瑟太大的恐慌。[7]15 年前（1948 年 4 月 20 日），他有一次下班回家时也经历了类似的袭击。当时，他下班回到位于底特律西北边缘的家中，一个枪手出于政治动机躲在房子外朝他开枪。鲁瑟能够幸免于难，可能是因为他改变了日常回家的路线，把他的雪佛兰停在了阿波琳街，通过前门进入自家平房，而不是像往常那样将车停在一条小街上，通过后院进门——枪手已经在那里等了几个小时。鲁瑟那天晚 143
上很晚才回家，一整天大部分时间都在布克 – 卡迪拉克参加汽车工人联合会的执行委员会会议，之后又在团结大楼停留了一会儿。他之前已经打电话给梅，让她准备晚餐。梅将他早餐时吃剩下的炖肉热了。吃完炖肉后，他走向冰箱，在里面找到一碗桃子蜜饯。梅对鲁瑟说起他们的一个女儿，当他转身看向妻子时，一记类似于炸弹爆炸的响声打破了夜的宁静，从一把 12 号口径的猎枪射出的双响铅弹穿过厨房的窗户，打中鲁瑟的背部和右臂，他的整个手臂被打烂，身体倒在厨房的血泊中。

邻居看到一个人从鲁瑟家的后院朝小巷子跑去，接他逃走的司机在一辆红色福特轿车中等着。在底特律劳工的暴力世界中，形形色色的人都有可能成为嫌疑犯。有人认为攻击者来自左翼阵营，因为对鲁瑟将左翼人士从汽车工人联合会领导层中清除的做法感到不满。其他人则怀疑攻击者是右翼种族主义者，因为他们不喜欢鲁瑟将种族融合带入包括保龄球联盟在内的工会活动。这次暗杀发生前，鲁瑟收到了不同派系的匿名恐吓信。犯罪是一个长期存在的问题。他在新格雷斯医院的病床上对他的兄弟说："那些混蛋在我背后开枪。"鲁瑟的另一位助手、汽车工人联合会福特办公室主任肯·班农（Ken Bannon）回想起他的领导遭枪击那天他冲到新格雷斯医院时的情景。"躺在病床上等着医生从安娜堡过来的他是这样对我说的：'肯，他们永远不能以这种方式摧毁我们的信仰。不管他们怎么做，我们都将继续……我们将为人类的进步而奋斗不息。枪炮无法阻止我们。'难以置信，这种人竟然真的存在。"

暴力的阴影一直笼罩在鲁瑟的世界里。1938 年，他和客人正等着享用炒杂烩，两名暴徒冲进他的公寓对他进行殴打。这次遭遇的影响远不及一年前发生在他身上的另一起更出名的攻击事件，在那起事件中，福特的恶棍保安在鲁日河工厂 4 号门外对鲁瑟进行了攻击。那天，鲁瑟站在立交桥上，准备
144 迎接一队坐有轨电车过来的妇女，她们要在这里分发要求得到合理工资的传单。她们已得到迪尔伯恩市政府的准许。鲁瑟在全国劳工关系委员会审判员约翰·T. 林赛（John T. Lindsay）面前作证时，描述了接下来发生的事："一伙人向我们靠近，他们非常嚣张，其中一个咄咄逼人地说：'这是私人财产，赶快从这里滚蛋。'他们从桥的南边向我们走来，我们本能地转向北边楼梯，按照他们的要求离开。我们不希望发生暴力事件。"

鲁瑟作证时说，他刚走了三步就被人从背后袭击了："十到十二个男人朝我扑了过来。我立刻胳膊交叉合拢，试图保护自己的脸。我的头部和整个上身都遭到攻击。周围全是扭打和混战，但我看不见其他人发生了什么。"把鲁瑟打了一顿后，福特的保安把他抬到立交桥的楼梯口，推他下楼梯，后来又把他驱逐出停车场，这时，拿着传单的女人们正从有轨电车

的站台走过来。

鲁瑟从暗杀中逃过一劫后，也就是天桥事件过去 11 年后，工会成立了一个相当于秘密机构的团体来保护他的家庭。[8] 他们搬到了一幢位于底特律郊区的房子里，受到更好的保护。房子周围的区域每个小时都会接受安全检查。“从哈德逊百货或其他商店”寄来的包裹只有在寄件人是汽车工人联合会认识的人的情况下才会被接收，其余包裹一律在车库里打开。他的两个女儿琳达和莉萨都如总统的子女一般，由专人护送上下学，当她们在前院玩耍时，保安人员必须在那里照看。黄昏时，一楼的窗帘会被拉上，后院的灯会打开。鲁瑟不再自己开车了，他会坐在一辆帕卡德装甲轿车的后座上，然后是一辆由汽车工人联合会保安队的爱德华·托朗（Edward Torlone）驾驶的午夜蓝奥斯莫比尔车，托朗还被准许携带隐蔽武器。奥斯莫比尔车的设备符合鲁瑟的要求：移动电话、安全带、有色玻璃、前后都有的收音机喇叭、软垫、白色侧壁。然而不管怎样，枪击并没有减损鲁瑟 145
的活力。随着工人运动声势的不断发展和壮大，鲁瑟的人生辉煌期还在向前延伸，旅行，写作，讲话，组织，训道，推动运动向前发展。他仍有余力做其他一些自己喜欢的事，他在旅行装备中配有可折叠的钓鱼竿，还一直定期打网球，当然，他的臂力因枪伤有所削弱，一些关系近的球友们都知道朝他的正手进攻。

到 1963 年，现代世界的“宏大”已成为鲁瑟事业的中心主题——大企业、大劳动力、大城市、大政府、大生活，“宏大”贯穿于现代生活的各个方面。如何适应这种“宏大”的趋势，使它得到解放并发挥优势，而不是压制它的生命力，成了鲁瑟反复思量的问题。他认为，权力的集中如果被滥用，可能会造成严重危害，但若能明智使用，则有可能成为一种向善的力量。问题不在于权力本身，而在于如何运用。[9] 他将权力的集中比作“传说中的神灯”。如果人类正确对待它，便可以用它做好事。那年，他在纽约民主制度研究中心的一次演讲中说：“当代人和当代社群必须学会与‘宏大’相处，对早期农业社会的朴素有怀旧之情是可以理解的，但这种怀旧不能替代积极用以应对改变我们生活的崭新的科技、经济和政治革命的

观念 政策和计划。即使我们再不情愿，现实也不允许我们停止这种步伐。我们最重要的任务是尝试进行引导和塑造，使历史的潮流向着利于自由和正义的方向发展，确保它有助于提升而不是削弱人类的尊严、安全和自由，防止新的对思想和身体的暴政从中产生。”

种族歧视是一种古老的暴政，其根源来自奴隶制和农业时代，鲁瑟以积极的态度来对待这种“宏大”，将20世纪60年代美国庞大的行政系统视为克服当前困难的重要工具。与肯尼迪总统一样，他认为吉姆·克劳种族隔离是伪善的，将给美国与苏联的冷战造成伤害，同时也会威胁到国际社
146 会先进劳动力的增长。总统担心大规模的游行和示威可能会适得其反，阻碍立法改革，此时鲁瑟站了出来，将自己视为站在局外的局内人，努力推动立法进程，同时参与和帮助、资助抗议，强调运动的种族多样性，试图平息最为激进的声音，因为这可能会使从前的支持者逐渐疏远。鲁瑟的传记作家利希滕斯坦在对鲁瑟阵营的敏锐观察中发现，当金“守护着他代言的运动的自由和自主权”时，鲁瑟则“在1963年关键的几个月里越界……利用他的影响力在这些委员会中行使领导者的职务”。在某种程度上，这表明鲁瑟渴望得到美国高层的肯定，但从他个人的角度出发，他是在使用“这个大政府的权力”来为自己和民权事业谋好处。

民权对鲁瑟来说并不是新问题。[10] 从第二次世界大战底特律出现种族紧张局势开始，20年来他一直积极参与民权运动。1943年4月11日，距离底特律爆发种族暴乱还有两个月的时间，鲁瑟在凯迪拉克广场举行集会，响应全国有色人种协进会的呼声，要求在战时的工厂雇佣更多的黑人。他说，工业家正在招聘来自南方的白人，他们是来底特律找工作的新来者，而这些工作本来可以留给在此长久居住的黑人居民。“不要认为美国人会相互歧视，”他在那次集会上说，“这有违美国宪法，有违汽车工人联合会的章程，有损国家赢得战争的最佳利益。底特律不存在人力短缺问题。所有行业需要做的是让所有在这里生活的男女都有工作。许多黑人妇女已准备好，他们迫切希望进工厂工作。”

20年后，随着“走向自由”游行的临近，鲁瑟对自己在联盟中的角色越来越感兴趣。6月14日，鲁瑟领导一个劳动代表团前往白宫，为将强硬的平

等就业措辞写进新民权法案进行游说，第二天，他向汽车工人联合会 1 区和 1A 区（包括密歇根东南部及加拿大部分地区）的全部 29 名地方官员每人都发了一封信，敦促他们派出大规模代表团参加底特律游行。“伯明翰和杰克逊的自由呼声激起了全国人民的诉求，促使他们在民权领域采取迟来已久和 147
史无前例的行动，”鲁瑟写道，“我们将追随南方基督教领袖会议的领导人马丁·路德·金博士，以个人名义参加这次游行。”[11] 这封信还指出，继伍德沃德大道游行后，金和鲁瑟都将在科博大厅举办的集会上发表讲话。他在一封附信中对他的高级助手说：“这是一件需要付出特别努力的大事。”（不管是有意还是无意，最后的这一句评论不仅传达出鲁瑟的信念，而且也反映了他的承诺与大多数人给出的保证之间的差距。每一个行动都会有相应的反馈。在鲁瑟自家的地盘上，这种反馈最终让汽车工人从城市来到郊区，反对他们领导人的自由哲学，他们中的很多人后来都投票给乔治·华莱士，之后又投给罗纳德·里根。更直接、更狭隘一点来说，鲁瑟的行动使南方制造商更容易开展抵制工人组织化的活动。他的兄弟维克多后来回忆：“南方雇主们印传单，表示不投票给那些为马丁·路德·金提供 16 万美元帮助的黑人同情者。在选举中，他们会大量印刷这样的传单。是的，在这个问题上，我们会失去一些南方的支持者——但是这始终未能改变沃尔特的想法。”[12]）

如果说富兰克林和汽车工人联合会官员在巴迪·巴特尔的办公室吧台的饮酒畅谈为鲁瑟参与游行打开了大门，那么他现在已完全投入其中，还努力让其他人也加入进来。不仅如此，鲁瑟还暗中设法成立一个底特律人权委员会的长期替代组织，因为他和其他人都担心，富兰克林在经验上的缺乏和克利奇的好斗可能会让他们误入歧途。6 月 20 日是星期四，距离“走向自由”游行开始还有三天，当天晚上，他在底特律市中心的斯塔特勒酒店的英语会议室召开了一次会议，这次会议可称为底特律自由建设会议，“目的是讨论问题并交换意见：作为公民，我们应该做些什么，才有助于确保我们的社会在这个重要的道德问题上取得有意义的进步？”[13] 鲁瑟希望这次会议是“非正式和非公开化”的，不告诉富兰克林或克利奇，但他邀请了爱德华·特纳、阿瑟·约翰逊和其他一些全国有色人种协进会的代表，同时还请了许多黑人和白人医生、法官、律师、神职人员、劳工领袖， 148

以及汽车公司、公共事业部门、哈德逊百货公司、报纸和妇女选民联盟等组织机构的代表。韦恩州沃尔特·鲁瑟图书馆存档的会议记录显示，鲁瑟建议成立一个“小型特设”委员会，用来“提供全面的活动信息”，推动现有计划的展开和实施，“消除潜在的危险”。鲁瑟提出的这些建议概括起来就是，人们的期望值提高了，是时候着手完成工作了。

6 月 22 日，星期六。鲁瑟回到华盛顿再次会见肯尼迪总统。[14] 跟他一起的是他的兄弟罗伊（Roy）和威廉·奥利弗（William Oliver），奥利弗是两个月前携带现金去南方将伯明翰的示威者保释出狱的两位汽车工人联合会官员之一。在白宫，他们加入了一个由不同组织的民权领袖组成的小组，其成员包括全国有色人种协进会的马丁·路德·金、罗伊·威尔金斯，学生非暴力协调委员会的年轻主席约翰·刘易斯（John Lewis）以及卧车列车员兄弟会（Brotherhood of Sleeping Car Porters）的领导者 A. 菲利普·伦道夫（A. Philip Randolph）。伦道夫还是预计于 8 月末举行的“进军华盛顿”游行的主要组织者。在首都发动一场声势浩大的民权示威是已经 74 岁的伦道夫思考了二十多年的事，他最早进行此类活动还要追溯到 1942 年，当时他组织的游行在最后一分钟被取消了，因为罗斯福总统发布 8802 号总统令，呼吁在国防工业中禁止歧视，公平就业，从而平息了抗议。历史一直在重演，这一次他们又收到了来自总统的警告。肯尼迪像罗斯福一样，担心由黑人主导的华盛顿示威游行有可能起到相反的效果。负责民权事务的首席白宫助理李·C. 怀特（Lee C. White）在为肯尼迪的会议准备的备忘录的第 5a 点中写道：“应该考虑这次游行对国会的负面影响。”

白宫时间显示，肯尼迪在上午 9 点 7 分到达总统办公室，陪同他的是担任司法部部长的弟弟，当时司法部正处于民权运动的中心。在大会之前的一个半小时里，他们花了很长时间进行私人会面，包括与鲁瑟的会
149 面，但肯尼迪兄弟大部分时间都与金待在一起。他们担心有两个问题可能会阻碍他们的事业，并在政治上削弱他们，而金正是这两个问题的关键所在。罗伯特·肯尼迪率先提出了一个极度私密的问题，他们的谈话收效甚微，于是总统约翰逊·肯尼迪单独邀金到玫瑰园散步。根据联邦调查局局长 J. 埃德加·胡佛（J. Edgar Hoover）提供的资料，白宫认为金的核心集

团中有两个共产主义者，其中之一是他的纽约律师斯坦利·大卫·利维森（Stanley David Levison）。总统告诉金：“我想你应该知道自己正处于严密的监视之下。”联邦调查局在得到肯尼迪的批准后，14 个月来一直在窃听利维森的电话和他办公室的情况。提到金的这两位伙伴时，肯尼迪说：“他们是共产党人，你必须摆脱他们。”金得知这一消息后，并没有表现出要背弃他们的意思，他质疑消息的准确性，对总统提出的要求并没有给出明确回应。之后，对肯尼迪担心的第二个问题的讨论占用了会议的大部分时间，这还要回到李·怀特备忘录中的第 5a 点：担心 8 月的示威游行非但不能对立法的进程起到帮助作用，反而会造成负面影响。肯尼迪说：“我们想在国会赢得一场胜利，而不仅仅是在国会大厦举办一场大型表演。”在错误的时间进行错误的示威游行可能会使一些原本在暗中持同情态度的国会议员选择离开。

威尔金斯也有此担忧，但是对于大多数其他民权领袖来说，这是个老生常谈、空洞无物的建议，而他们却不得不年复一年、月复一月地面对和处理，这和迫使金写下《来自伯明翰监狱的信》的白人牧师们的担心如出一辙。伦道夫告诉总统“黑人已经在街上了”，让他们接受行事谨慎、非暴力经验丰富的运动者的领导，要好过受那些“根本不关心民权和非暴力”的煽动闹事者的领导。金十分愤怒，因为他一次又一次地被告知时机不对。他说，也许时机确实不对，“但坦率地说，我从来没有参加过任何一场表面上看起来时间安排无误的直接行动。有些人也认为伯明翰的游行示威是不合时宜的”。鲁瑟说，地方的示威活动，比如计划第二天在底特律举行的“走向自由”游行，都必须支援立法，但他也强调说，华盛顿的游行示威必 150
须具备包容性，而不应有任何的内部纷争。运动声势随着期待值的增长而一浪高过一浪，很明显，白宫的意见不会阻止这场游行。肯尼迪说，他们“冒着极大的风险”，必须保持对彼此的善意。“我有国会的问题，你有你的团体的问题。”

会议结束，客人们都离开后，肯尼迪走出总统办公室的后门。他正准备离开美国，开启一段欧洲之旅，第一站是德国（他将在那里发表题为“我是柏林人”的演讲）。鲁瑟、金和其他几个人在鲁瑟的华盛顿酒店套房共进午餐，重复讨论和巩固计划。虽然鲁瑟和金没有结伴同行，但他们的下一个行程单上列着相同的活动和目的地 ：底特律“走向自由”游行。鲁瑟那天晚上 6 点离开，到家时刚好看到《底特律自由报》上一篇支持游行的社论，其中说底特律这座“伟大的美国工业城市”的行动将影响到整个国家。“伯明翰、杰克逊、萨凡纳和坎伯兰等地的市民无一例外都在举行大规模游行进行抗议。黑人用这种方式表达自己被作为公民对待的愿望。底特律不同。这不是一个种族反抗另一个种族的游行，而是代表着人类所有民族美好希望的游行，抗议施加在他们同胞身上的不公……虽然我们不认为游行是获得这些权利的最好方式，但它确实是一种方式，是一种在马丁·路德·金博士和他的纪律与非暴力原则领导下被证明有效的方式。”

金蓄势待发。他将乘坐西北航空的航班，在星期天下午早些时候抵达底特律。

当时，卡瓦纳市长已从夏威夷回来了。[15] 肯尼迪在美国市长会议上发表演讲后，卡瓦纳和妻子玛丽·海伦多留了 12 天时间，但他们会在大游行开始前及时赶回家。作为一项家庭预防措施，他们通常会在旅行时乘坐
151 不同的飞机航班，但这次是个例外。在机场，他们带着给七个孩子的纪念品满载而归，他们最小的孩子杰罗姆还只有两个月大。后来的事实证明，他的中间名是克莱斯汀，不是奥林匹克。自从 1 月份市长住院以来，玛丽·海伦一直在试图让他放慢脚步，在瓦胡岛额外逗留的那些日子刚好促成了这一目标的实现。现在，他急于回到工作中去，并且对周日的活动兴奋不已。他注意到，在檀香山这个人口多样化的地方，有“许多种族和谐的例子”，可以作为国家的榜样。他对“走向自由”游行抱有同样的期望，敦促“所有底特律的公民都参与进来”。促进种族平等事业是卡瓦纳走上市长岗位的动力，一上台，他便确立了工作优先级，率先通过了两项任命：任命爱德华兹为警察局局长，阿尔弗雷德·佩勒姆为主计长，后者成为第一个担此职位的非裔美国人。对于怀有更高志向的卡瓦纳来说，种族问题有效融合了他的雄心和理想。

新闻秘书吉姆·特雷纳在机场迎接市长及其代表团，其中包括市长的

执行秘书雷·吉拉尔丹（Ray Girardin），他以前也是底特律的一名新闻记者，在爱德华兹调任联邦法官时对警察局局长的职位表示出了浓厚的兴趣。市长一行人外出时，特雷纳一直是代理市长，当时，除了为星期天的游行和集会所做的各项准备工作外，这座城市还发生了另一件大事，这件事上了当天《底特律自由报》的通栏头条："'赌博沙皇'被控行贿，警方间谍参与破案。"

卡瓦纳和吉拉尔丹在机场一见到特雷纳，便让他将"派对巴士"暴徒托尼·贾卡隆被捕一事的经过和盘托出。

153 第十章　家庭果汁公司

对哥谭酒店的反赌行动宣判了这座具有传奇色彩的黑人建筑的死刑，也带来了大量意料之外的有用情报。[1] 在没收的投注单、毛毡计数表、加法机和数万美元的现金中，警察找到了一个黑名册，上面记着一个非公开的电话号码。这个号码属于托尼・贾卡隆。对警察局局长爱德华兹和波比安 1300 号的刑事调查员来说，这是一条至关重要的线索，它证实了他们在 11 月抓捕行动开展之前的猜测：托尼・杰克作为底特律犯罪集团中的一个重要头目，控制着底特律所有的电话勒索活动，黑人和白人都包括在内。这个号码为他们提供了设置陷阱来证实猜测的手段。

再回到禁酒令时代。当时的底特律黑帮会抢在法律生效之前尝试通过贿赂警察来逃脱罪责。贾卡隆在底特律东部长大，父亲是菜农。他干过许多下层社会的行当，比如调酒师、保镖、司机、赌博场上的跑腿和街头老大等等。1954 年，他因行贿被捕，服了 8 个月的刑，至少从那时开始，他就以向警察行贿闻名。在此之前，他总是在想方设法逃脱刑事责任，1937 年，他年仅 14 岁就因偷盗汽车被捕，结果被判无罪。爱德华兹和他的助手决心将他再次关起来，让他离开底特律更长时间。当然，和以前一样，用
154 贿赂求生存的策略仍然管用，他们招募了一名警司，这名警司在以清理队驰名的麦格劳警察分局做副手，他需要承担一项危险任务：扮演受贿警察吸引贾卡隆及其同伙。

这个角色落到了詹姆斯・W. 托马斯（James W. Thomas）身上。38 岁的托马斯已经在武装部门干了 16 年，各个方面的条件都平均得近乎完美：身高中等，体重中等，黑头发，行为举止也不那么吸引人。他在各个方面都很平均，只有一点除外——他是前海军陆战队员，参加过硫磺岛的战斗，

在底特律的警务系统中，他是公认的不会在紧要关头退缩的人。其实，在爱德华兹给他这项任务前，贾卡隆的手下已经在接近他，试探他是否受贿，这就让他的任务变得容易起来。

托马斯并不是单枪匹马作战。他得到了刑事调查局成员的支持，他们轮流通过电子监视设备密切注视着贾卡隆的一举一动。2 月 28 日，托马斯第一次接触的是托尼·杰克的赌博生意负责人克劳德·威廉姆斯（Claude Williams）。托马斯给他开出了每月 50 美元的保护费价格，并要求与威廉姆斯的老板谈话进行确认。很快，他便与贾卡隆进行了一次典型的黑社会性质谈话[2]：

（T 代表托马斯，G 代表贾卡隆）

T：等等，现在，告诉我，你是谁？

G：托尼。

T：哈！原来你就是托尼。

G：你听说过我？

T：当然。我不知道你是不是我听说的那个托尼。

G：是的，就是我。

T：你说是就是吧。

G：既然你知道我的名号，那你叫什么？

T：吉姆。

G：吉姆，对了，听着，吉姆，你听过我的名号，你听过托尼·贾卡隆这个名字。

T：托尼·贾卡隆？

G：就是我。

三四月间，托马斯与清理队一起进行日常工作，同时也扮演着肮脏警察的角色。他按时收到了他的第一份 50 美元的报酬，但在第二次报酬到来之前，警察已将威廉姆斯逮捕，并控告他赌博。托马斯不确定这次逮捕究竟是计划的一部分还是附带发生的，但他将这一点变成了自己的优势，向 155

威廉姆斯解释说，如果他及时得到报酬，警察也许会网开一面。贾卡隆很快又打来一个电话，他现在称托马斯为“伙伴”。托马斯在位于斯库克拉夫特和查塔姆拐角的一个电话亭中接听了这个电话。

G：你好呀，哥们儿。

T：你是贾卡隆？

G：是的。你是怎么想的？

T：我想知道发生了什么。

G：就是我跟你说的那样。我会大概在这个点联系你。你在哪儿？在外面的电话亭？

T：是的，我在一个付费电话亭。

G：可以听了吗？

T：可以。

G：听着。你能给我一个地址吗？我可以把钱送给你。

T：哦。

G：我应该付你 150 美元。

调查人员现在已经明确了贾卡隆的身份，也掌握了他行贿的证据。在警方记录的一次与赌博掮客威廉姆斯的会面中，托马斯将一张贾卡隆的照片给他看，威廉姆斯承认这是他的老板。但爱德华兹需要无懈可击的证据来给贾卡隆定罪，不能再让他逃脱，一定要将他绳之以法。通过这一次的调查以及对贾卡隆兄弟、“派对巴士”和雄狮队所做的撒网式调查，爱德华兹越来越憎恶这些黑帮分子及其犯罪活动带来的负面影响。在对“派对巴士”案进行调查期间，爱德华兹已经采取预防措施，给《底特律新闻》的
156 发行人和罗伯特·肯尼迪都写了信，以防自己意外死亡。目前的监视表明，爱德华兹的确有担忧的理由。在一份录音中，托尼·杰克对他的一个同伙说他赞成杀警察。

贾卡隆住在贝尔福街上的一所红砖豪宅里，地点就在东杰斐逊和底特律河之间的格罗斯波因特帕克。[3] 只有贾卡隆这样的帮派大佬才会在这里

住。泽雷利斯（Zerillis）和科拉多斯（Corrados）在他之前搬到这里，他们都遵循着一条相同的成长道路，从街头小混混到黑帮老大，从贫瘠的西西里到前程似锦的美利坚，从泰拉西尼·法瓦罗塔到飞速发展的底特律。他们被称为法瓦罗塔暴徒。托尼·杰克和比利·杰克这类人在底特律黑手党的帮助下成了法瓦罗塔暴徒，他们的父母都是从巴勒莫（Palermo）[①]附近的小村庄出来的移民。在格罗斯波因特帕克，托尼·贾卡隆因为忠于家庭而受到尊重。一位本地法官曾经在给他判处死缓时就用过这类表述。范妮·费瑞蒙特（Fanny Fierimonte）是底特律一位警察的妻子，她在贾卡隆那帮孩子附近长大，和他们一起上天主教小学："我们都来自幸福的大家庭，即便如此我的母亲也会说，'你又要和那些意大利小鬼一起玩？'她知道他们的父亲会到处惹麻烦。他们（贾卡隆家的孩子）总是说'爸爸在开会'。贾卡隆一家人都十分隐秘。他们和意大利人待在一起，不会离开他们已有的生活圈子。而其他意大利人则围着他们转。他们是太阳，其他人是围绕太阳运转的行星。"在这种环境下，作为传统的重视家庭的意大利男人，托尼·贾卡隆不会让家人看见自己用来强买强卖的工具，尽管据说他的汽车后备厢里就放着这些工具：包革金属短棒、指节铜套或像石头一样坚硬的鹿腿板。

他是个大忙人，有好几个办公室。他的主办公室在位于圣安托万街1013号的希腊城，办公室墙壁用嵌板装饰，地面铺着地毯。他在这间主办公室里管理他的合法企业，包括东杰斐逊的底特律装卸驳运公司、利弗诺的斯诺害虫防治公司和东帕尔默的家庭果汁公司。西哥伦比亚的莱索德俱乐部（Lesod Club）在被警察查封之前是他的赌博窝点，那里的特色之一是一种叫巴比尔的骰子游戏。爱德华兹对莱索德俱乐部里肆无忌惮的行为深恶痛绝，下决心要将它关闭。年初，最高法院法官威廉·O. 道格拉斯 157
（William O. Douglas）在底特律发表演讲时，要求爱德华兹告诉他警察局采取的行动。爱德华兹便询问道："要不我们出去加夜班监视赌场？"道格拉斯对此十分上心。[4]1963年5月，爱德华兹在纽约法官顾问委员会上发表

① 意大利西西里岛首府。

演讲时说："在那天晚上，我们向他介绍了莱索德俱乐部的安保措施，这家俱乐部在底特律进行有组织犯罪活动，性质非常恶劣，且由来已久，我们必须对其进行处理。它有州政府颁发的俱乐部执照，但实际上是所在地区两个最重要的赌博巨头贾卡隆兄弟经营巴比尔赌博的场所。凌晨 1 点，我们坐巡逻车在底特律市中心的西哥伦比亚 106 号附近停下。这是一座位于商业区的两层楼建筑，光从二楼的百叶窗透出来。门前停着一辆汽车，司机正握着方向盘，正后方是我们的伪装巡逻车。警员若无其事地走来走去，来到面前，我把他介绍给我的同伴——一个头发灰白，脸上饱经风霜的男人。之后，副长官向道格拉斯法官展示和解释了现代有组织犯罪的一些防御机制。他很快确认了那个司机是望风的人，并提供了一份赌博犯罪记录。所有顾客都必须首先接受门口放哨人的检查。确认无误后，放哨人就会按响楼下的门铃，并通过眼神交流向守在楼梯口的人传递信号，后者通过按压一个蜂鸣器打开楼下的门。然后另一个放哨人在二楼重复同样的程序。"这一个看起来并不真实的情景发生后不久，爱德华兹和下属冲破障碍，闯进莱索德俱乐部，不过，当晚托尼·贾卡隆并不在俱乐部里。

贾卡隆的非正式办公室在"希腊花园"的密室内。去年 8 月，底特律警察无意中在"希腊花园"看见贾卡隆和雄狮队后卫维恩·沃克尔以及林德尔鸡尾酒吧老板吉米·巴茨凯瑞斯同坐一张桌子。在"希腊花园"，托尼·杰克当老大，做黑帮生意，收债。心情不好的时候，就坐上他的"派对巴士"出去溜达。无论在哪间办公室，贾卡隆都是同样的自信、干练和
158 不近人情，6 英尺的身高和 200 磅的体重令人生畏，棕色的眼睛精光四射，令人胆寒。他的衣服出自为市长卡瓦纳提供服装的男装店，胸前的口袋里总是装着一条崭新的真丝手帕。每周，他都会去塞维利亚酒店的理发师吉米那里理两次发，那里的擦鞋匠知道要把他的鞋底也擦亮。

与贾卡隆交易几次后，托马斯开始变得焦虑。在一次和爱德华兹的电话交谈中，两人都觉得卧底行动已经暴露。爱德华兹决定立刻采取行动。6 月 20 日（星期四）下午，托尼·杰克去了家庭果汁公司。根据坊间传闻，这家公司是他的弟弟维托在一次骰子游戏中赢得的奖品，兄弟二人是公司副总裁。家庭果汁公司总部设在芝加哥，没有黑帮背景，但贾卡隆兄弟的

卷入使底特律经销部成了他们最赚钱的分部。那天下午，底特律警方在那里找到了托尼·贾卡隆，他穿着灰蓝色西装和刚被擦亮的鞋子。警方以贿赂警察罪将他逮捕，他被带到市中心的记录法院接受审讯。法官保罗·E. 克劳斯（Paul E. Krause）将保释金定为五千美元，贾卡隆的律师抗议保释金过多，克劳斯拿出了一堆关于他的行贿罪行记录和十四次被捕经历的相关文件说：“还有这些事。”贾卡隆没有做任何回应。

托马斯当时不在场，但在这件事上他显然立了功。爱德华兹根据他一贯认为的“宣传是最好的武器，无论防守还是进攻”原则，立即将托马斯晋升为警督，并向媒体宣布了这件事。贾卡隆获得保释，回到格罗斯波因特帕克。经此一役，警察局局长和这位黑手党头目之间再无情面可讲。爱德华兹听了录音带，其中一段让他深受触动，这段录音录的是贾卡隆提到爱德华兹试图缓解城市紧张的种族局势并公开支持马丁·路德·金和即将到来的“走向自由”游行时说的话。“嗯，你知道我的意思。他在替黑鬼做事”，贾卡隆对托马斯说，“但你不为黑鬼做事，对吧？”[5]

乔治·爱德华兹的确拥护很多事情，但没有一件比得上种族平等事 159
业。甚至到了这样一种程度，如果有人能消除种族歧视用语，托尼·杰克便知道他遇到克星了。美国种族问题的教训自爱德华兹出生起就烙在他的意识里。爱德华兹听着父亲（达拉斯的一位律师）的故事长大，父亲给他讲述了他处理的第一个刑事案件：1910 年，他给一名年长的黑人做辩护律师，这名黑人被指控虐待儿童。“他还未到达与客户约谈的地方，一名暴徒就闯进法院大楼，进入审判室，将那个黑人抓住，用一根绳子套住他的脖子，将他从三楼的窗户扔了出去，沿着达拉斯的主街拖拽，最后将他挂在为麋鹿圣殿全国代表大会（Elk’s Temple national convention）建造的拱门上。”1963 年 5 月下旬，爱德华兹在于密歇根州立大学举行的警察与社区关系大会上的演说中提到这个故事，此时距“走向自由”游行还有一个月左右的时间，贾卡隆也刚刚发表他的那番评论。

在那次讲话中，爱德华兹还回忆起他父亲处理的最后一个案件。[6] 1959 年，爱德华兹 79 岁的老父亲在得克萨斯州为捍卫全国有色人种协进会的权利进行辩护，“继续反对得克萨斯州总检察长发起的一项诉讼和禁令”。同时，他也回顾了自己在 1943 年底特律市议会上遇到的情况，当时，“失去理智的仇恨”导致了种族暴乱。“想想我们正在美利坚合众国做的事情，”爱德华兹总结说，“认真思考我们今天所说的话。因为我怀着最为诚恳的态度对你们说出这些话，美利坚合众国曾承诺要让所有人享受平等和自由的权利，并把秩序带给所有人，除了兑现承诺，没有别的路可走。现在，如果你们说困难重重，我表示万分同意。但我也要对你们说，这是可能的，也是必要的，它是我们所有人都要面对的使命。”

平等和秩序。像他的良师益友沃尔特·鲁瑟一样，乔治·爱德华兹试图从中开辟一条大道，但在此过程中难免会因人本身的局限性而产生阻碍。

第十一章　沿着伍德沃德大道的八车道前进 161

从华盛顿起飞的飞机本该于凌晨 1 点 30 分到达，但晚点了，于是，警察局局长爱德华兹带着一个警察摩托车队去机场迎接马丁·路德·金，而不是按计划在市中心的一家酒店等候与他会面。[1] 乔治·哈格警督（Lt. George Harge）也来了，他的出现表明底特律会是这位民权领袖的避风港。哈格在几个月前晋升为底特律警察局中级别最高的黑人警官，他当下的任务是在游行当天全天候负责金的安保工作。金下飞机的时候，爱德华兹在停机坪主持了一场小型欢迎会，哈格就在他的身旁。与金一起下飞机的还有金的旅行助手沃尔特·方特罗伊（Walter Fauntroy），他是华盛顿的新伯特利浸信会牧师，同时也是南方基督教领袖会议的区域负责人。密歇根州的政治领导层想要向大家表明，这不是在南方。罗姆尼州长发布公告，宣布 1963 年 6 月 23 日星期日为“走向自由日”。卡瓦纳市长将自己的豪华轿车提供给金使用。爱德华兹紧接着举办了更为隆重的欢迎仪式，这与金在伯明翰受到的恶劣对待全然不同。金表示：“在这里你不会遭遇狗和消防水龙头。”

有警察护卫开道，官方的欢迎仪式迅速转入城市，直至密歇根大道和华盛顿大道交会处的喜来登－卡迪拉克酒店，伍德沃德大道沿路挤满了围观群众。金梳洗了一番，换了衣服，在他的套房里接受了《底特律自由报》
一位记者的简短采访。身着“严肃的黑色衣服”的金谈到前一天在总统办 162
公室与肯尼迪总统的会面，他们就政府的民权法案进行了商讨。在提及即将于底特律街头举行的“走向自由”游行时，金也强调了大规模抗议活动对推动民权立法的至关重要性，这个想法尚未完全得到肯尼迪的认可。“总统请我们支持他的立法。他希望黑人能被动员起来帮助法案通过，”金说，“总统告诉我，一些国会议员认为这样做弊大于利。我坚持说这不会有什么损害。他担心一些游行会导致暴力事件。我告诉他，示威游行绝对是非暴力的，暴力的是看客和其他一些人。”

金所说的“其他人”指的是“公牛”康纳和其他南方的法律官员，他们一直坚持使用暴力手段推行吉姆·克劳种族隔离法案。各方面的证据——不仅仅是警察部门安排哈格中尉保护金——都表明这一次底特律游行不同以往。警察部门到底该如何应对这次游行示威？爱德华兹在这一点上花了大量时间和精力。这一周恰逢 1943 年底特律种族暴乱 20 周年纪念日，这是个令人难忘的巧合。当时爱德华兹还在市议会，那次事件中人们对自己同胞施加的不人道行为仿佛不堪碰触的块垒，强烈撼动着他的内心。时隔 20 年，现在的爱德华兹希望的就是尽可能避免自己手下的警员与黑人群众发生摩擦。他对负责这次游行细节的中央车站检查员保罗·谢里丹（Paul Sheridan）说：“我希望这是一场和平的、愉快的活动，请你和大家当面谈谈每一个细节，一字不落地说清楚。告诉他们，我们不希望有任何麻烦。让他们将棍棒留在派出所，保罗，告诉他们，在伍德沃德大道上要全程保持微笑。”那天点名时，谢里丹忠实传达了领导的意见，并附上了一则书面提醒：“众所周知，我们永远不能收回我们已经说出口的话，因此，你们此时此刻必须严格确保任何时候你们所说的每一句话都在细节上尽可能严格遵循最好的警察礼仪。”

非裔美国人估计将占到游行队伍的大多数，因此所有可用的黑人警员
163 都被指派参与这次活动，但总数加起来仍然只有 20 人，与 500 多个岗位相比只是很小一部分，这些岗位中有 2 名副高级警监、8 名警督、28 名警司、23 名警探和 452 名警员。爱德华兹不想看到任何意外，但他必须采取一定的手段和措施，以便万一发生紧急状况时可以及时应对。他最担心的不是他的警察队伍表现不当，而是一路上可能会遇到的反游行的闹事者。恐吓信已经渐渐在他的办公室堆积如山。为了防止不测，他派出一百名突击队员驻守在波比安 1300 号的车库，一般情况下，人们不会发现他们，而他们可以通过开放线路直接与游行目的地科博体育场联系。

六个星期前，这场运动还只不过是富兰克林牧师的模糊想法，并且尚在规划阶段就争议不断，多次濒临崩溃，而现在它即将成为现实，甚至在

某种程度上超出了富兰克林这位以鲁莽大胆出名的牧师的想象。似乎所有的因素都朝着有利于游行的方向发展，就连天气也在帮忙。初夏的太阳将高远的蓝天照耀得明媚动人。从犹太社区理事会到罗马天主教教会，从全美汽车工人联合会到当地的卡车司机，从城市联盟（一开始不情愿，但最终还是参与进来）到全国有色人种协进会，从新伯特利浸信会到普里茅斯公理会，从布克・T. 华盛顿商业协会（Booker T. Washington Business Association）到狼獾律师协会（Wolverine Bar Association），从柯南特花园业主协会（Conant Gardens Property Owners Association）到科特兰・布洛克俱乐部（Cortland Block Club），从底特律警察局乐队（Detroit Police Department Band）到卡斯职高游行乐队（Cass Tech Marching Band），富兰克林的底特律人权理事会在这一天拧成一股绳，展现出了强大的活力。

教会、学校、社会俱乐部、公民团体、小企业、工会都安排了自己的领队、臂章和标语，在伍德沃德大道周围 21 个街区的活动范围内设立了各自的集结待命地。这片区域从阿德莱德街开始，沿伍德沃德大道向北一直延伸到与沃伦大道的交会处，此处往南几个街区就是韦恩州立大学和底特律美术馆，距离游行最终目的地河边体育馆约三英里远。起初，游行计划下午四点开始，接着又提前到三点，但是早在中午的时候，集结区就已人山人海，人群蠢蠢欲动。游行开始时，由于伍德沃德大道购物区的哈德逊百货附近的人群太过密集，警察局骑警组被调离原定于此处的执勤点，南 164
下去科博大厅附近更广阔的区域维护交通。之前乐观估计会有十万人参与到游行中，而现在实际人数比预计的要多四分之一到两倍不等（不同的统计，结果会有差别）。

金和随行人员离开酒店时，游行早就已经开始了。豪华轿车载着金和爱德华兹前行时，先行队伍已经到达伍德沃德大道和密歇根大道交会处的战神广场公园。两人从后座下来，感觉错过了一半的游行，应该到最前面去，这时突然传来一声喊叫——“他来了！”——潮水般的人群涌向了金，这份热情在这一天剩下的时间里压得他喘不过气来。

马丁・路德・金来到大街上时，一些人开始唱《上帝保佑美国》。[2] 但是就在那时，爱德华兹通过无线电得知，其他的游行领导人还在阿德莱德的起点处等着他们，他向金示意，两人一起迅速回到轿车中，有色玻璃窗挡住了他们的脸，车子向着之前的约定地点往后挪动。15 分钟后，金和爱德华兹来到前线位置上，与富兰克林、查尔斯·迪格斯、本杰明·麦克福尔、阿尔伯特·克利奇、詹姆斯·德尔里奥、詹姆斯·斯温森和沃尔特·鲁瑟手挽着手开始迈步向前，后面跟着潮水般的人群。在这场“走向自由”游行中，约八条车道宽、一英里长的队伍一起沿着伍德沃德大道行进。卡瓦纳市长在金的正后方，与其他显贵人物一起走在第二排。负责统筹安排的德尔里奥后来称，他原本将卡瓦纳安排在第十排，但雄心勃勃的市长自己挤到了前面。不过，这种可能性并不大。事实证明，德尔里奥是一个不可靠的叙述者，他后来还断定游行人数起码是最乐观估计的两倍。撇开其他不谈，他关于卡瓦纳的说法透露出他与克利奇牧师有着相同的情绪：这应当是一场以黑人为主导的活动，不该被白人领导的光芒掩盖。不
165 管怎样，这场游行产生的巨大影响使这个问题显得微不足道，一如它压倒了这场运动自筹备以来的所有斗争与不和。

鲁瑟、富兰克林和金的身后人潮澎湃，他们在描述当时的感觉时，都说自己那时已经双脚离地，被一股洪流向前推动。厄玛·富兰克林回忆说：“那儿人潮汹涌，以至于你可能会害怕加入进去，或者你到了那儿，站在那么多人中间，十分钟后你若朝后看，甚至根本看不到尽头！”《底特律新闻》报道称，这股人潮的规模和速度看上去“像一座巨大的水坝决堤”。市长的手表不知什么时候掉了，被行进中的队伍踩碎。领导人周围一片喧闹和骚动，说话是徒劳的。“坚持下去！坚持下去！”的喊声在上空回荡。德尔里奥举起扩音器大喊“向后退！向后退！”然而并没有效果。哈格警督与另一位黑人警司德霍特（Tetrault）尽力保护金和他的同伴，一直紧紧跟在他们身后，但不断被人潮推来推去。哈格开始喘气，德霍特无意间被人流推倒在地，刮伤了手和膝盖。如果你被挤出了游行队伍，回到原位的最好的方法就是跑到一条与伍德沃德平行的相对空旷的小巷，重新赶上沿着大道一路向前的人流。人们一路上都在唱着歌，从《我们一定会胜利》唱到《共和国战歌》，从阴沉忧郁唱到欢乐喜庆。行进的人潮中遍布各种标语：时间已经过去了；让我们去格罗斯波因特；我为自己生活在迪尔伯

恩感到羞愧；休想践踏我，白人；底特律需要强有力的住房法案；汽车工人联合会支持肯尼迪的民权方案； 艾弗斯为你而牺牲；停止吉姆 · 克劳法；为自由而战；打倒种族隔离。

其中一些标语，相当显眼地在顶部写了五个字母：NAACP。这是全国有色人种协进会底特律分会的阿瑟 · 约翰逊创造的马基雅维利主义式的作品，他们不仅没有参与游行的计划，此前还花了相当多的时间削减它的重要性，其中一些成员与富兰克林牧师长期不和，力图破坏这一计划。“随着游行的热情在社区不断升温，我们明白它必将成为这座城市乃至整个国家 166
的里程碑，”约翰逊后来解释，“我们支持游行，但不得不承认我们并未在其中发挥领导作用。由于分部处于种族隔离、歧视以及警察暴行等所有问题的前沿阵地，不能参与这样一场标志性的民权事件当然会使我感到非常困扰，但我知道我得做一些事情促进全国有色人种协进会的利益。”约翰逊话中所指的“一些事情”便是印上几千份带“NAACP”字样的标语牌，让人们举着牌子游行。他找到一家丝网印刷品公司，这家公司愿意以 750 美元的价格承担这项任务，于是约翰逊召集执行委员会开了个闭门会议，委员会支持他的计划，并同意对此保密。游行当天早上，他和助手将标语牌带到游行的集结区域，传出消息说任何人都可以携带此标语。“几分钟内，”约翰逊说，“一千幅标语全部都被带走了。”即便富兰克林可能对约翰逊的这一举动感到不满，但他从未明说，眼下他还有许多事情需要处理，无暇为这种不义之举费神。即使是率直的克利奇也将此事放了过去，当然，只此一次。

这场游行从全局来看有何重要之处呢？它没能改变法律和社会规范，完成立法工作。它不能保证使人们的生活发生翻天覆地的变化，也不会对城市、教育、财政、精明的领导者、社会责任或有效的社会计划产生持久深远的作用。游行是极度短暂和富有象征性的。单纯看这场游行，它只不过是如潮的人群，但这并不意味着它没有意义。回顾过往，考虑到底特律在后来的岁月中发生的所有事情，从 1967 年的暴乱到大衰退，再到半个世纪后的破产，仿佛在那个美好的六月举行的“走向自由”游行只是流于表面，甚至空无一物。但是，那样一种时刻具有瓦解时间的魔力，它在历史长河中证明了自己的真实存在，日复一日，超出一切表面的和现实层面的苛刻评判。参与那场游行的人都不会忘记，当他们沿着伍德沃德大道的八条车道向科博大厅前行的时候，每个人都带着自己的故事，这些故事塑造、承载了那一天的游行，经久不衰。

167 普里茅斯公理会本不太倾向于政治示威游行，但该教会的牧师尼古拉斯·胡德（Nicholas Hood）在那天惊讶地发现有近一百名教众最终跟着他参与了游行。普里茅斯公理会那时刚结束长达八年之久的颠沛流离，他们理想的破灭要部分地归咎于杰罗姆·卡瓦纳的前任市长班子、共和党人阿尔伯特·科博（Albert Cobo）和路易斯·米里亚尼（Louis Miriani）。公理会的旧教堂以前是犹太教堂，作为市区改造规划的一部分，该教堂已被拆除，与它一起被拆除的还有大片黑人区和天堂谷，它们要为医院、停车场和克莱斯勒高速公路腾地方。胡德一直试着从积极的角度看待问题，他称自己是“桥梁建造者，而不是桥梁焚毁者”，但他认为那次城市改造或者说“黑人清除”的目的昭然若揭，“完全无视当地的黑人”。推土机到来之前，市政府给他出示了一张总面积达三百英亩的区域的详细规划地图，地图标出了每一个街区的珍贵遗产，却唯独没有指出黑人教堂的存在，这样的教堂不下几十处。

他的教会回应的方式之一，用他自己的话说，就是“是的，城市改造便是黑人清理，但我们要使它为我们所用”。他努力争取在同一地区重建教堂的权利，并希望在他的新教堂周围建设人们能承担得起的住房，但这种可能性在被改造地区简直微乎其微。他给予回应的另一种方式是变得更具有政治倾向。卡瓦纳 1961 年能出人意料地打败米里亚尼当选市长，主要得益于黑人选民的支持。胡德现在考虑在城市政治生活中发挥自己的作用，他能做到这一点，部分也是因为金和席卷南方的公民权利运动的存在。胡德后来说，这场运动不仅撼动了吉姆·克劳种族隔离法案，也唤醒和鼓励了北方黑人在自己的家园采取行动。

胡德来到距离金和游行中的领导层队伍几个街区的后方集结地，他两个年轻的儿子也跟着他，胡德惊讶地看着四周，自忖：这些人都是从哪里来的？像他所在的公理会那样的黑人教会并没有组织游行，全国有色人种

协进会也没有对运动给予支持。不过毫无疑问的是，底特律的黑人市民积
极参与了集会，不论他们属于什么组织。“他们已经压抑得太久，”胡德回 168
忆，“当金要求他们行动起来时，他们很乐意参与游行，他们可以唱歌和跳舞。我也带领着我的教众来到那里，放声高歌，这是一次愉快的经历。我们一路上都在唱，队伍简直比感恩节游行规模还大。我从没见过那样的场景，简直令人难以置信。但我认为这种爆发，部分是由于人民积压已久的情绪需要得到释放。他们都是热爱和平的人，不是些只知道投放燃烧弹和做蠢事的人。他们只是想要一个机会来表达自己。他们来自哪里？他们来自哪里？他们来自四面八方。”

领先胡德和他的队伍一个街区左右的是布克·莫顿（Booker Moten）和他所在的卡帕–阿尔法–普西兄弟会（Kappa Alpha Psi fraternity）的成员。莫顿 18 岁，是韦恩州立大学的新生，同时还是业余摄影师。他希望将游行当天发生的事情拍成照片，收进自己的关于家乡的作品集。他在底特律西部最南端靠近外环路的社区长大，但人非常聪明，考上了离市中心不远的卡斯职高，与住在布鲁斯特公共住宅区的戴安娜·罗斯（那时她还不叫戴安娜）成了同学。在教堂和饭桌上，种族问题是永恒的话题，通常由他的父亲波普斯·布克（Pops Booker）起头，谈论的焦点是城市的住房和人口问题。波普斯来底特律之前已拿到数学硕士学位，却不得不在基督教青年会当餐馆工。“黑人社区的住房隔离如此明目张胆，黑人家庭搬进新社区时，家家户户都会知道，”莫顿回忆说，“黑人圈子里总能看到这类新闻。”工作和住房一直是根本问题，经常还伴随着与警察的紧张关系。但直到进了大学，莫顿才见识到超出自己认知范围的种族问题。他和他的朋友们在游行中讨论联合抵制当地的克瑞斯吉百货（Kresge's），以声援在吉姆·克劳法笼罩下的南方的“午餐台抗议”。和胡德牧师一样，他也觉得金和南方的民权运动鼓舞了北方的运动。那个月他们正在商量，抗议剧院播放不久前刚刚上映的《埃及艳后》，该片主演是伊丽莎白·泰勒。“我们越来越
接受不了一个白种女人演非洲王后，”他说，“这种种族意识已经渗透到底 170
特律的学生当中。”

莫顿那天从游行的正式起点往北一英里的韦恩州立大学校园的中心开

始走。越往南，人就“越来越多，越来越多，越来越多”，让他觉得自己就是某个庞然大物的一部分，身处一股势不可挡的巨大洪流之中。但在回忆往事时，他感受到了历史的全部重量。作为兄弟会成员，莫顿和他的同班同学被要求统一着装，从头到脚都必须是白色的。他们看起来像是小贩，这也是他记得最清楚的：“大热天我们穿着白衬衫、白裤子，一身都是白色，所以不断有人走过来问我买冰淇淋或苏打水。”

16 岁的罗恩·斯科特（Ron Scott）走在附近的人群中。他是西北中学二年级学生，家在离洛奇高速公路不远的杰弗里斯公共住宅区。他们一家起初住在格拉希厄特和底特律河之间的黑人聚居区，城市改造迫使他们搬离了那片社区，往北搬到黑斯廷斯街附近，但是克莱斯勒高速公路项目又让他们重返杰弗里斯。斯科特的政治意识在这场运动中被唤醒，他后来帮助建立了黑豹党人的底特律分支，并最终成长为底特律的一位电视制片人和媒体人。他先受到与他同住一个公共住宅区的、为国会议员迪格斯工作的活动家洛伊斯·威廉姆斯（Lois Williams）的启发，之后，在与好友麦克·埃文斯（Mike Evans）走在韦恩州立大学附近时，他进一步受到激励。此外，他还提到另一个影响他观点形成的经历：1960 年年末的一天，他和一个叔叔被警察拦截，这是一次全市范围的“截停搜身”打击犯罪的活动，基本上街上所有的黑人都被当成了嫌疑犯。黑人罪犯，白人警察——一个矛盾重重的组合。《底特律新闻》和《底特律自由报》在 1960 年末、1961 年初的那个冬天报道称，尽管黑人只占到底特律人口不到 30%的比重，但他们引起的犯罪案件却占了底特律犯罪案件总数的 65%。这些犯罪案件大部分都发生在黑人与黑人之间，然而一篇报道两名黑人谋杀白人妇女的新闻占据了大部分的关注，引爆了警方的行动。斯科特回忆，一名警察用枪
171 指着他的脸说：“黑鬼，你敢动一下，我就打爆你的头。”

那是在爱德华兹就任警察局局长之前的时代，类似遭遇的频繁发生引爆了选举革命，将卡瓦纳和爱德华兹送上了市长和警察局局长之位，但与此同时，之前的犯罪浪潮造成的恐慌已经蔓延开来，推动了白人向底特律郊区逆向流动。

年轻的斯科特听到的第一件关于游行的事是，许多牧师并不支持这场

运动。但负责组织这场游行的是 C. L. 富兰克林，这一点对斯科特来说已经足够了。他在黑斯廷斯街生活时认识了这位灵魂传道大祭司。“我们认识那些去教堂听他布道的人，我们也认识艾瑞莎，因此他的参与对这场游行非常重要，”斯科特回忆说，“我对参加游行很积极。”他沿着伍德沃德大道一路前行，不断思考着将他带到这里的经历——城市改造、警察的态度和这座北方城市的种族隔离——但街上出现了这么多人，让欢欣带上了一丝激愤。他说，这种感觉“是一种愿景和节日气氛的结合……庄严肃穆，但也着实让人感到兴奋刺激。许多和我们年龄相仿的游行者走在队伍中，我们只是大众浪潮的一部分。到游行开始时，我再也抑制不住自己的情绪，一下子都释放了出来。”

为《密歇根纪事报》报道这次游行的人是欧菲尔德·杜克斯（Ofield Dukes）。杜克斯是该报一流的民权记者和社论作家，当时即将去白宫任职，此后长期致力于公共关系和公民参与问题，几十年后，他在使金的生日成为全国性纪念日这一提议的过程中起了关键作用。1963 年，他的名片盒中已有许多这次运动中的关键人物的电话号码，从已故的麦德加·艾弗斯、亚伦·亨利、密西西比的詹姆斯·梅瑞迪斯到马丁·路德·金、拉尔夫·阿伯内西（Ralph Abernathy），到佐治亚州的安德鲁·扬（Andrew Young）。他对大场面进行了报道，但私下因为对底特律的知名人物非常熟悉，写了几则有关富兰克林牧师质疑底特律黑人浸信会管理层的故事。甚至在进行报道的当天，他也带着自己的种族故事参加了游行。他出生在亚 172
拉巴马州，在第二次世界大战期间，他和母亲以及三个兄弟姐妹来到底特律的黑人聚居区，与他们在福特工厂工作的父亲一起生活。他曾在米勒中学——那时底特律唯一一所全黑人中学——担任高年级的副班长和冠军篮球队的领队。毕业后，他希望能进入韦恩州立大学，但没能通过入学考试，最终选择在驻扎韩国的一支军队中服兵役。在后来的一次口头采访中，他回忆，当他随军驻守在“一处可以俯瞰距前线五英里的乔万谷的孤立山头上”时，他一年中大部分时间都在阅读哲学书籍——最喜欢的是威廉·詹姆斯的实用主义。过了服役期限后，他再次参加大学入学考试，终于被韦恩州立大学录取，四年后以每门课 B 等平均分数的成绩从新闻专业毕业。

他说，当时共有九名新闻专业毕业生，其中八个白人学生在《底特律新闻》《底特律自由报》和《底特律时报》找到了工作。这些地方都不愿意雇用杜克斯，因此他加入了《密歇根纪事报》。“你已经遭遇了两次打击，”一个导师告诉他，“现在问题的关键在于你如何对待这第三次打击。”在底特律这家首屈一指的黑人报社，杜克斯充分利用了这第三次打击的契机。他说：“从政治上来说，底特律发生的历史事件都与《密歇根纪事报》有关。”而且，没有人比杜克斯更了解底特律的黑人。现在，在对伍德沃德大道游行进行调查和报道时，他得出的结论是，这是一群由富兰克林领导的民众。他看到“各个阶层的黑人——妓女、医生、学生、老人、酒鬼、牧师和他们的会众，不论远近，都来到这里参加‘走向自由’游行”。

对于《密歇根纪事报》另一位经验丰富的记者拉斯·考恩（Russ Cowan）来说，游行同时满足了他的两大渴求：如潮的人群激起了他对这一事业的希望，而游行这一行为本身也使他个人感到无比兴奋。考恩表示：“多年以来，我一直希望自己能伴随乐队激动人心的旋律沿伍德沃德游行。”他和自己的儿子一起参加了游行，在路上与前次中量级拳击手戴夫·克拉克（Dave Clark）会合。克拉克曾经在布鲁斯特娱乐中心与乔·路易斯一起训练，学习左直拳－右交叉拳－左勾拳技术，这种拳法就是后来众所周知的底特律风格。著名游泳运动员克拉伦斯·加特利夫（Clarence Gatliff）也加入
173 进来。加特利夫经营着布鲁斯特运动场项目，致力于整合底特律的游泳池和娱乐设施。加特利夫和克拉克一起举着横幅，上面写着“布鲁斯特旧时代的人”。在他们附近还有另一位旧时代的人——《密歇根纪事报》的社会编辑默特尔·盖斯基尔，她称，她参加游行“是一场对自身羞耻感的洗礼，因为她那一代人缺乏这种以团结一切力量为目的的精神”。她从未想象过像今天这样的场面，她写道：“我为这一显而易见的场景感到骄傲，但其实我早就感到光荣，对我们民族终于开始了本该于几十年前着手付诸实践的事而感到自豪，这是实实在在、掷地有声的证据，证明我们的社会在向前发展。”她说，沿着伍德沃德大道游行让她找到了归属感。

做分类广告工作的琼·布朗在参加伍德沃德游行时则有不同的反应。和胡德牧师一样，她的第一个问题是：“这些人都从哪里来？如果数字代表

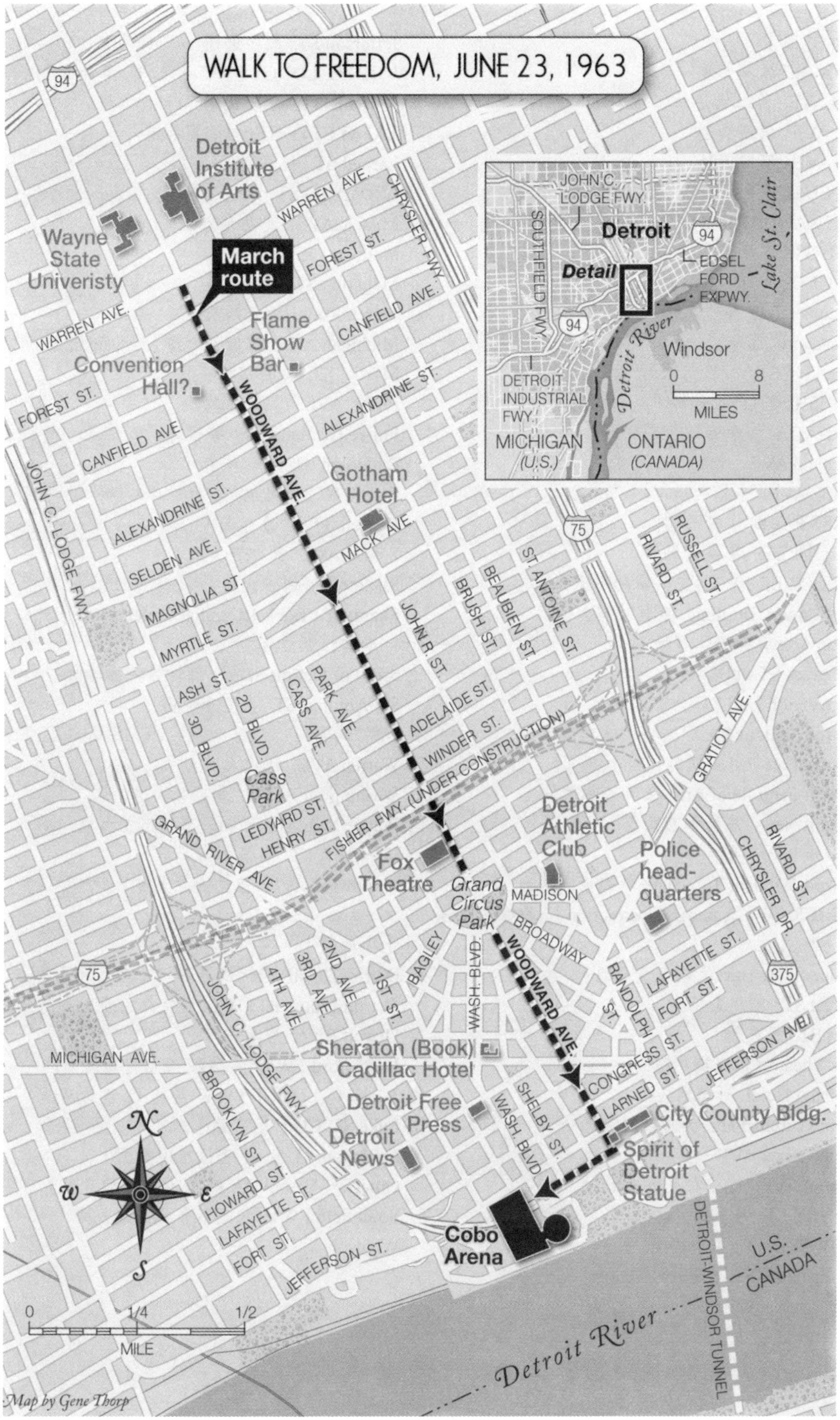

WALK TO FREEDOM, JUNE 23, 1963
Detroit Institute of Arts
Wayne State University
March route
Flame Show Bar
Convention Hall?
Gotham Hotel
WOODWARD AVE.
WARREN AVE.
FOREST ST.
CANFIELD AVE.
ALEXANDRINE ST.
SELDEN AVE.
MAGNOLIA ST.
MYRTLE ST.
ASH ST.
3D BLVD.
2D BLVD.
CASS AVE.
PARK AVE.
JOHN R. ST.
BRUSH ST.
BEAUBIEN ST.
ST. ANTOINE ST.
RIVARD ST.
RUSSELL ST.
CHRYSLER FWY.
MACK AVE.
ADELAIDE ST.
WINDER ST.
FISHER FWY. (UNDER CONSTRUCTION)
GRATIOT AVE.
JOHN C. LODGE FWY.
Cass Park
LEDYARD ST.
HENRY ST.
GRAND RIVER AVE.
Fox Theatre
Grand Circus Park
Detroit Athletic Club
MADISON
BROADWAY
Police headquarters
CHRYSLER DR.
RIVARD ST.
LAFAYETTE ST.
FORT ST.
RANDOLPH ST.
BAGLEY
WASH. BLVD.
1ST ST.
2ND AVE.
3RD AVE.
4TH AVE.
MICHIGAN AVE.
Sheraton (Book) Cadillac Hotel
CONGRESS ST.
JEFFERSON AVE.
LARNED ST.
City County Bldg.
Detroit Free Press
Detroit News
SHELBY ST.
Spirit of Detroit Statue
BROOKLYN ST.
HOWARD ST.
LAFAYETTE ST.
FORT ST.
JEFFERSON ST.
Cobo Arena
DETROIT-WINDSOR TUNNEL
U.S.
CANADA
Detroit River
0 1/4 1/2
MILE
N
W
E
S
94
75
375
JOHN C. LODGE FWY.
Detroit
94
EDSEL FORD EXPWY.
Lake St. Clair
SOUTHFIELD FWY.
Detail
Detroit River
Windsor
0 8
MILES
DETROIT INDUSTRIAL FWY.
MICHIGAN (U.S.)
ONTARIO (CANADA)
Map by Gene Thorp

走向自由游行（1963年6月23日）

【大地图】
1st AVE. 第一大道
2nd AVE. 第二大道
3rd AVE. 第三大道
4th AVE. 第四大道
ADELAIDE ST. 阿德莱德街
ALEXANDRINE ST. 亚历山德里娜街
ASH ST. 岑树街
BAGLEY 巴格利
Beaubien ST. 波比安街
Broadway 百老汇
Brooklyn ST. 布鲁克林街
BRUSH ST. 布拉什街
CANADA 加拿大
Canfield AVE. 坎菲尔德大道
CASS AVE. 卡斯大道
CASS PARK 卡斯公园
Chrysler DR. 克莱斯勒路
CHRYSLER FWY. 克莱斯勒高速公路
City County Building 市县政府大楼
Cobo Arena 科博体育场
Congress ST. 议会街
Convention Hall？ 会议大厅？
Detroit Athletic Club 底特律体育俱乐部
Detroit Free Press 底特律自由报
Detroit Institute of Arts 底特律美术馆
Detroit News 底特律新闻报
Detroit River 底特律河
Detroit-Windsor Tunnel 底特律温莎隧道
FISHER FWY.（under construction） 费舍尔高速公路（在建）
Flame Show Bar 火焰表演酒吧
Forest ST. 弗雷斯特街
Fort ST. 堡垒街
Fox Theatre 福克斯剧院
Gotham Hotel 哥谭酒店
Grand Circus Park 大马戏团公园
Grand River AVE. 格兰德河大道
Gratiot AVE. 格拉希厄特大道
HENRY ST. 亨利街
HOWARD ST. 霍华德街
Jefferson AVE. 杰斐逊大道
Jefferson ST. 杰斐逊街
JOHN C. LODGE FWY. 约翰·C. 洛奇高速公路
JOHN R ST. 约翰·R 街
LAFAYETTE ST. 拉法耶特街
Larned ST. 拉尼德街
LEDYARD ST. 莱迪亚德街
MACK AVE. 麦克大道
Madison 麦迪逊
Magnolia ST. 白玉兰街
March Route 游行路线
Michigan AVE. 密歇根大道
Myrtle ST. 黙特尔街
PARK AVE. 公园大道
Police Headquarters 警察局
Randolph ST. 伦道夫街
Rivard ST. 里瓦德街
Russell ST. 拉塞尔街
Selden AVE. 塞尔登大道
Shelby ST. 谢尔比街
Sheraton（Book）Cadillac Hotel 喜来登（布克）卡迪拉克酒店
Spirit of Detroit Statue 底特律精神雕像
ST. Antonio ST. 圣安东尼街
U.S. 美国
Warren AVE. 沃伦大道
Washington BLVD. 华盛顿大道
Wayne State University 韦恩州立大学
WINDER ST. 温德尔街
Woodward AVE. 伍德沃德大道

【小地图】
Detroit Detail 底特律详图
Detroit Industrial FWY. 底特律工业区高速公路
Detroit River 底特律河
Edsel Ford FWY. 埃德塞尔·福特高速公路
JOHN C. LODGE FWY. 约翰·C. 洛奇高速公路
Lake ST. Clair 圣克莱尔湖
Michigan（U.S.） 密歇根（美国）
Ontario（CANADA） 安大略（加拿大）
Southfield FWY. 绍斯菲尔德高速公路
Windsor 温莎

着力量的话，那么我们的确是非常强大的。”她想到的另一件事是：“如果我们在每个选举日都能像这样那岂不是更好？”她的第三个想法包含了这一路上所有的满足感：“我们现在在做什么？”《密歇根纪事报》的总任务记者[①]雷・麦卡恩（Ray McCann）不太在意这个问题。他认为游行令人印象深刻的原因有很多：“首先，它证明如果进行适当的宣传，黑人将支持民权组织。其次，它显示了黑人合理组织和驾驭人数超过十万的大型集会的能力。最后，如此多来自不同年龄和阶层的白人参与到这次游行，这表明许多美国人已经意识到，公民权利是整个国家亟待解决的问题。”有大批白人参与是一个确凿的事实，人数至少有几千，包括新教牧师、犹太拉比和天主教神父以及他们的追随者。警察局局长的妻子派格・爱德华兹（Peg Edwards）与文化和种族团结圣公学会（Episcopal Society for Cultural and Racial Unity）密歇根分会的一个以白人为主的种族融合团体一起参与了游行。在如此大规模的人群中，白人参与者的比例似乎就比黑人在警察中的比例略多一点，并且许多白人可能只是在市中心的道路两旁观看，却也被算作参与了游行。

事实证明，几乎没有闹事和暴力行为。也根本不需要从波比安 1300
号的车库召唤百人突击队。一些在旁边看热闹的人带来了凳子、冷饮和收 174
音机，仿佛这是一个假日游行。他们的收音机里传出厄尼・哈维尔热情洋溢的嘶嘶声，里面正在解说当天下午老虎队对阵堪萨斯城的比赛（底特律以 11∶2 领先，米奇・罗利奇［Mickey Lolich］向远方跑去，洛基・科拉维托［Rocky Colavito］击打中了本垒，一个名叫托尼・拉鲁萨［Tony LaRussa］的小个子在竞技场上艰难地跑着）。沿途，三名旁观者因跌倒受伤，七名游行者因炎热和疲惫而昏厥，二十六名儿童与父母走散了，还有四人被逮捕，包括两个醉汉和一个扒手。第四个被逮捕的是一个从伍德沃德大道和格兰德河的人行道上下来的人，他说他有消息要传递给金，并在警察试图让他离开时与警察发生混战。这个人是房屋油漆匠约瑟夫・拉里伯特（Joseph Lalibert），他想传递给金的消息是让金慢点走，好让像他这

① 指在完成本职工作之余给其他记者分配安排工作的记者，类似中国的首席记者。

样在罗亚尔奥克附近的伯克利地区等郊区的游行群众能跟上大部队。拉里伯特从来没有接近过金，但其他很多人这样做了，当然，这并没有造成严重的意外事故。《底特律新闻》报道称："无论他走到哪里，人们都大叫，推着挤着想要接触他，与他握手，站在靠近他的位置，或者只是看看他的脸。"爱德华兹局长在机场欢迎他的时候，有人无意中听到金说："我面对过太多的南方仇恨闹事者，到这里才算放松下来。"

一个小时四十五分钟之后，全部的游行者才到达他们的目的地。那时，全国有色人种协进会官员阿瑟·约翰逊正在科博大厅的屋顶观看游行。"这真是激动人心的场面，我不禁喜极而泣，眼泪夺眶而出。"同时，当他看着游行队伍进入科博大厅时，他也感到"一种对他的工作的深刻讽刺"。"这个地方以阿尔伯特·科博市长命名，许多底特律黑人都认为他是种族主义者，如今这个地方给人的印象被另一个人扭转了过来，这个人将成为种族平等的代言人。20 年前的同一天，底特律发生了美国历史上最为惨烈的种族暴动。'走向自由'运动是和平抗议和种族合作的典范。"另一个讽刺当然是涉及他自己的组织：这次美国历史上迄今为止最大规模的民权集会并没有得到全国有色人种协进会的全力支持。

175 到游行结束时，大厅里面已无立足之地了。活动场地被挤得水泄不通，超出了消防员的控制能力，全部 1.6 万个座位都被坐满，还有一万人在邻近的大厅里找座位。劳工领袖的妻子梅·鲁瑟与她的女儿琳达和莉萨都在前排。局长爱德华兹找到了一个可以站立的地方。富兰克林牧师第二有名的歌手女儿厄玛·富兰克林与相当多的实力演员一起待在后台，但她的姐妹艾瑞莎却错过了这次集会——她一个月前从纽约回家，在火焰表演酒吧进行了为期一周的表演后回去了，一时半会儿没法再回来。官方节目特别致谢全美汽车工人联合会、底特律音乐家联合会、克利奇印刷公司和戈迪印刷公司。许多无法进入场内的游行者感到筋疲力尽，于是四散回家。但至少有一万多人留了下来，在建筑物周围围成一个巨大的半圆。布克·莫顿和胡德牧师属于留下来的那部分人，他们在外面通过扬声器收听集会。通过其中一个可以听到整个进程，另一个的声音则淹没于周围的嘈杂声中了，但是，当马丁·路德·金预演他生命中最著名的那段排比句时，他俩可以说都在场。

第十二章　梦想从底特律开始 177

科博体育场内座无虚席，还有人站在后排或是倚着侧墙，现场虽然挤得让人不舒服，但出奇地平静。[1]气氛之所以如此缓和，既是因为沿着伍德沃德大道进行的漫长行走使人产生了集体成就感，也是因为大家知道接下来将要发生什么：一系列的歌唱和演讲，然后集会气氛在马丁·路德·金的演说中达到高潮。女人们自娱自乐，婴儿哭闹着，穿着讲究的男人们拿着小罐子募捐——就像星期天早上在新伯特利浸信会教堂那样。警察围成一圈守在外面阻挡人群，但是除了因人满为患而造成的不可避免的紧张拥堵外，并没有任何推搡行为发生。

演说开始的时间比时间表上迟了一个小时，但是安排了一连串音乐演出的开场足以成为让人留下的理由。演出阵容包括拉姆齐·刘易斯三人组（Ramsey Lewis Trio），他们从芝加哥来到这里，在乔伊路上新开的一家名为“豪华秀酒吧”（Grand Show Bar）的爵士俱乐部表演。钢琴家刘易斯和他的两位搭档——鼓手雷德·霍尔特（Redd Holt）和贝斯手埃尔迪·扬（Eldee Young）——对他们当天在底特律的经历感触颇深。扬觉得这场游行对他产生了“巨大的感情冲击”。霍尔特称它为“迈向平等的伟大一步”。刘易斯则强调，艺人应该坚定地拒绝在实行种族隔离的夜店演出，也不应“接受其他黑人享受不到的特权”。这个爵士三人组为观众献上了最新专辑《碰运气》（*Pot Luck*）里的歌曲。

接着出场的是黛娜·华盛顿，她从芝加哥搬到了底特律，跟她的准第 178
七任丈夫——底特律雄狮队的明星后卫迪克·雷恩（Dick Lane，绰号“夜车”）一起生活，雷恩本人也在科博大厅的观众席上。富有异国风情的蓝调皇后与铲断凶狠的“夜车”十天后将在拉斯维加斯结婚。游行开始的那周，黛娜正在两万饭店演出。她会被吸引到集会上，主要是因为与富兰克林牧师及其女儿艾瑞莎关系密切。她也深受贝里·戈迪的喜爱，戈迪在创办摩城唱片之前，黛娜·华盛顿在火焰表演酒吧演出，戈迪是她的狂热粉丝，“她在舞台上大扭屁股，四处游走，谈论男人”，令戈迪着迷。演出阵容里还有深受欢迎的本地四人组合“四顶尖合唱团”，他们即将成为戈迪摩城唱片旗下的艺人。此外还有来自纽约的灵魂歌者莉兹·兰兹（Liz Lands），她能唱出惊人的五个八度，很快她也将进入摩城。董事长戈迪亲自安排了这场演出的录音，不仅是为了音乐，更是为了金博士的讲话。

不过，金得过一会儿才会出场。富兰克林牧师靠这次和平且成功的游行实现了一个奇迹，现在他要完成另一件同样了不起的事——通过担任主持人而不是自己做主角，实现自我的升华。见识过富兰克林和金二人口才的人都认为，富兰克林无论是在演讲上还是在布道上都可能比金更胜一筹。但是这次，富兰克林仅仅是在二十多个发言者的发言过程中穿插一些简短说辞。在集会前那段令人愤懑的日子里，富兰克林想要维系住他的同盟，就不得不拿出这样一张冗长的演讲者名单。开场介绍后是一段祈祷，一段“属灵”书籍的诵读，然后是“岁月岩石福音合唱团”唱起高亢的黑人民族曲《让所有人放声高歌》（*Lift Every Voice and Sing*），接着，卡瓦纳市长走上讲台，代表底特律致欢迎词。

对卡瓦纳来说，这是一个漫长的星期天。他上午出席了底特律公共图书馆的新楼落成仪式，在那里他称赞图书馆在充满怀疑的时代“长久地延续知识与智慧”。之后，他参加了游行，站在队伍的第二排，正前方三英尺远的位置上就是马丁·路德·金。此刻在科博大厅，他讲起文明与无知的
179 缠斗，以及非暴力与立法行动的力量：“这次集会是在向马丁·路德·金博士致敬，也是向所有为了让自由与正义在这个国家普及而参加游行的好心人致敬。如果我们需要一个人作为智慧与开明领导的象征，那么金博士当之无愧。对平等的渴望，对公正的渴求，对午餐台就座权利的争取，对受教育和工作机会的需求，这些诉求引发了巨大的对抗。但是对于粗暴对待他人、大批逮捕和平示威者、否认公民基本人权的行径，我们的反应一直是迅捷而坚定的。不能让法院单独扛起这项重任，这个国家绝不能再容忍

立法机关对公然违宪行为的无视。肯尼迪总统已经要求国会颁布实现平等所需的法案，我相信全国上下会一致支持这些提案。”

接下来的90分钟里，各色演讲者和各种议程纷至沓来，这反映出种族问题在这个关键的夏天所呈现的异常复杂的严峻现实，也暴露出这个宽泛的联盟存在的弱点。激进派与温和派并存，政客与街头演说家混搭，一些人相信制度与立法程序，另一些人则认为只有发动人民才能实现自我的拯救。克利奇牧师也是其中一方，他曾多次尝试举行只有黑人的集会，但都以失败告终，这次他说，他与他的信众正准备投身于解放斗争中。另一方是代表州长乔治·罗姆尼参会的两位共和党人，罗姆尼是摩门教徒，当天是星期天，因此他不能现身公共场合。主持人富兰克林在介绍从兰辛来的罗姆尼的助手利奥·格林（Leo Greene）时，第一次提到了罗姆尼，观众席上传来稀稀拉拉的嘘声和不满。富兰克林说：“现在请友善一些，友好一些。”格林每次提到罗姆尼，嘘声就会再次响起。罗姆尼的另一位助手斯坦利·G. 塞耶（Stanley G. Thayer）则得到了相对热情的回应，这位从安娜堡市来的共和党州参议员跟从前的罗姆尼一样，也是一位温和的公民权利坚定支持者，他公开欢迎金来密歇根。大家更喜爱的是约翰·伯利·斯温森，这位前州长年轻时在二战中失去了双腿，这天却用假肢走了一遍伍德 180
沃德大道。斯温森对从善如流的科博观众说：“如果美国人能一起战斗，一起死去，那么他们就能一起生活，一起工作。”

接着上来的是鲁瑟，他从夏天一开始便尽可能地与金博士亲近。前一天在白宫，肯尼迪总统对大规模示威活动表示担忧，鲁瑟当场支持了金的主张，这次他重申自己的立场是要让民权事业遍及所有种族与地区。“这是每个美国人的战斗，”他说，“让我们将自由行军的脚步踏遍整个美国。不到每个美国人都充分享有自由的时候，我们不会罢休。”

在传递捐款箱的间隙，众人一起合唱了罗西尼的《圣母悼歌》，接着，国会议员迪格斯介绍最重要的演讲者出场。现场爆发出掌声和尖叫。五英尺七英寸高的金踏上一个小箱子，拿起讲台上摆放在他面前的麦克风。他说：“上帝没有给我足够的身高。”这个偌大的场地变得局促起来，沐浴在一片光影之下。“我的好朋友，C. L. 富兰克林牧师，”他开始发言，“我不知如何告诉你，这个下午我是多么激动，我也不知如何告诉你，跟你一起参与这场我认为是美国史上最为隆重和伟大的自由游行，我的内心有多么的喜悦！我可以向你保证，我们今天在这里所做的一切，将为这个国家所有热爱自由的人民带来启示。”

台下开始传来呼唤与回应，人们高喊着“是的”和“阿门”。[2]

金一直被这一天的所见所闻感动着：警察局局长爱德华兹来机场为他接风，承诺不会有狗和水管；黑人警督乔治·哈格被安排做他的保镖，象征着这座城市对他的全面保护；沿伍德沃德大道行走时，沸腾的人群一直簇拥着他。“我想，还有些东西必须要说，因为这是一次纪律性的伟大示
181 范。成千上万人参与了今天的示威，却没有发生任何暴力事件。”底下传来更多的掌声和表示赞同的叫喊。“我认为，在这场席卷整个美国的自由斗争中，我们出色地示范了对非暴力承诺的遵守，我还要称赞本地的领导层，是他们让这次伟大的盛会成为可能，并通过如此有序的组织使这一伟大盛事成为现实。”

内讧、底特律与南方基督教领袖会议亚特兰大总部之间的谈判和电报、那些认为事件太过重大而怀疑富兰克林无法掌控的人、对沿路可能发生不幸之事的担忧，在金站在箱子上谈论希望、斗争和梦想的此刻，这些都被转化成一个关于救赎的故事。

金朝着这个梦前行，缓慢而坚定。他谈到伯明翰的抗议活动、不可救药的种族隔离以及黑人公民日益觉醒的尊严意识，他们开始认识到，“任何一个人，无论是低音黑人，还是高音白人，在上帝的琴键上都是非常重要的”。他借用汽车城的比喻来回应那些说“冷静下来”“刹刹车”“你们走得太快了”的人们。“我们能给出的唯一答案就是，发动机已经启动了，而我们正开向自由之路，朝平等之城进发。”非暴力是消除敌意的手段，金阐发了其力量所在。“如果他不把你送进监狱，那太好了。任何人在任何意义上都不会喜欢进监狱。但如果他把你送进监狱，你就走进那座监狱，把它从可耻的地牢变成自由和人类尊严的天堂。”提起最近遇害的殉道者麦德加·艾弗斯，他说：“如果一个人没有找到他可以为之而死的东西，那他也不配活着。”

他称赞了黑人团体崭新的战斗状态，但又提醒道：“切勿让我们陷入不信任这个国家所有白人的境地。在这个国家里，有些白人跟我们一样殷切地盼望黑人能够获得自由。”对于在底特律成立的“伊斯兰民族”组织，金表示理解其成立动机，但他也敦促听众，必须拒绝任何理由的种族隔离。他说，“黑人至高无上跟白人至高无上的思想同样危险”，并且不利于“将 182
一个国家的不和谐之音转变为团结友爱的美妙交响”。在底特律终结种族歧视，跟他在南方所做的工作一样重要。“现在北方的情况不同，因为北方没有跟南方一样针对歧视问题设立法律制裁机制，但在三个方面存在一些微妙而隐蔽的歧视形式：就业歧视、住房歧视和公立学校真实存在的种族隔离。”底特律支持肯尼迪提出的民权法案并向国会施压要求通过这一法案，同样有助于实现这一事业。金说，这种施压，也包括再参加一次游行，到首都去，走到林肯纪念堂去（“走向自由”官方日程表里夹着一些小册子，概述了底特律人参加华盛顿大游行的旅行安排，8 月 27 日晚 7 点乘火车出发，游行当天上午 10 点到达联合车站，每个人要花费 28.25 美元）。

金的讲话以一段关于梦想的散文诗结尾：“所以，当我回到南方，我不会感到身陷黑暗地牢，永无翻身之日。我带着这样的信念回去：新的日子将要到来。因此，这个下午，我有一个梦想。”

“继续！”有人喊道。

“我有一个梦想，它深深扎根在美国梦中。”

此时，距离华盛顿游行还有九周，到时候，金会发表另一个版本的讲话，后来，那段讲话永垂史册，成为 20 世纪最著名的美国人的演讲。6 月的这个星期天他在科博说了什么，几乎被历史遗忘，淹没在接下来发生的事件中，不过，底特律的这次演讲是金第一次在大型公众集会上畅谈自己的梦想。他在“走向自由”游行上的即兴讲话是演讲计划的一部分。在这段即兴演讲的成名地华盛顿，这段内容甚至没有官方记载。这段排比句在他的私人圈子里引发了不同的反响。金最喜爱的灵魂乐歌手兼红颜知己玛哈莉亚·杰克逊（Mahalia Jackson）喜欢这段话的气势，据说，在林肯纪念堂，杰克逊就站在金的身后，鼓励他把这段话用到华盛顿 183
的讲话中。南方基督教领袖会议的执行主任怀亚特·提·沃克尔（Wyatt

Tee Walker）则认为这不过是陈词滥调，并曾试图让金舍弃这段话。当金畅谈着那一连串的梦想时，他是在布道，而不是在讲演，是在勾勒节奏与画面，而不是在传达思想与观点。底特律的人民动情地听着。虽是第一次听到，但他们中许多人也听到了熟悉的调子，让他们想起富兰克林牧师的布道。

“我梦想有一天，在佐治亚、密西西比和亚拉巴马，昔日奴隶的儿子可以与昔日奴隶主的儿子一起生活，亲如兄弟。”

九周以后，金会在华盛顿重述这个画面，将它丰富为“有一天，在佐治亚的红山上，昔日奴隶的儿子将能和昔日奴隶主的儿子坐在一起，共叙兄弟情谊。”

“今天下午，我有一个梦想，我梦想有一天……”

底特律人此刻好似在教堂里，鼓掌，期待。

“……有一天，白人小孩儿和黑人小孩儿能像兄弟姐妹一样手牵着手。”

华盛顿的演讲会进一步提醒人们需要克服什么，对梦想的内涵做了扩充：“有一天，在亚拉巴马州，尽管还有凶恶的种族主义者，尽管其州长还满口抗议，拒不执行联邦法令，但有朝一日，那里的黑人小孩儿将能和白人小孩儿像兄弟姐妹一样携手并行。”

“今天下午，我有一个梦想，有一天……”

更多的掌声。

“……有一天，不再有人只是因为人民想要自由，便烧毁房子和上帝的教堂。”

金在华盛顿的即兴演讲里删去了这句话。

“今天下午，我有一个梦想，我梦想有一天，我们不用再遭遇埃米特·提尔和麦德加·艾弗斯遭遇的暴行，所有人都能有尊严地活着。”

184 十一天前的艾弗斯谋杀案在底特律游行者的脑海中依然清晰，许多人打着标语向他致敬。在华盛顿的演讲上，金也略去了这段话。

“今天下午，我有一个梦想，我的四个孩子，我的四个孩子的青春岁月不会跟我的一样，他们会因各自的品格优劣，而不是因为皮肤的颜色而受到评判。”

这是此次讲话中最为著名的一句，但在后来的林肯纪念堂版本里，语序有所改动。肯尼迪第一次发表著名的“不要问”是在底特律，但后来在就职演说中颠倒了其中的词句以增加节奏力量，金也和肯尼迪一样，在离开底特律去华盛顿的时候，为了增强他的不朽句子的力量，将其改成：“他们不会因为皮肤的颜色，而是因为各自品格的优劣而受到评判。”

“今天下午，我有一个梦想，有一天，在底特律，只要付得起钱，黑人能够在任何地方买房子、租房子，并且都能找到工作。”

台下掌声如雷，人们大喊：“没错！”

这年夏天，住房议题是底特律城市政策的核心。市议会的两名成员起草了开放出租立法，禁止业主或房屋销售人员的种族歧视。

“是的，今天下午，我有一个梦想，有一天，在这片土地上，阿摩司的话可以成真，‘公平如流水滚滚，正义如江河滔滔’。”

《阿摩司书》5:24（《圣经》）中的这个句子后来于金在华盛顿的演讲中再次出现，但是在全文中的顺序被调整到了梦想排比之前。在华盛顿演讲中，这句话还有这样一个开场：“不，不，我们现在并且将来也不会满意，直至……”金的很多伟大演说都用了这一句式。他用这一句式来结束1967年4月4日在纽约的河边教堂发表的反战演讲《越南背后》（*Beyond Vietnam*）[1]，后来又用在1968年4月3日在孟菲斯发表的激情演说《我已到达顶峰》（*I've Been to the Mountaintop*）里，金在那场演说中似乎预见了自己的死亡。第二天，他遇刺身亡。

“今天晚上，我有一个梦想，有一天我们能认可杰斐逊的那番话：‘人 185
人生而平等，造物主赋予他们不可剥夺的权利，包括生命权、自由权和追求幸福的权利’。今天下午，我有一个梦想。”

在华盛顿，金在开始他关于梦想的演讲前，先对以上观点进行精简概括，并把它作为介绍词。金表示，他的梦深植于美国梦。“我梦想有一天，这个国家将会奋起，实现其立国信条的真谛——‘我们认为下述真理是不言

---

① 该演讲全称是《越南背后：打破沉寂的时刻》（*Beyond Vietnam: A Time to Break Silence*）。

而喻的：人人生而平等’。”早在华盛顿演讲之前，他已经引用过《独立宣言》中的“生命权、自由权和追求幸福的权利”等语句，并声称建国领袖们的这些承诺，成了开给黑人的空头支票，盖着“资金不足”的印戳被退回来。

“我梦想有一天，深谷弥合，高山夷平，歧路化坦途，曲径成通衢，上帝的光华再现，普天下生灵共谒。”

在华盛顿，金用这句话结束他的梦想排比。在底特律，他还有最后一个梦想：

“我有一个梦想，人们情同手足，会在这一天成为现实。”

在底特律，金说完这段话后就只剩最后一段话。而在华盛顿，他用“让自由之声响起！”的叠句将演说推至高潮，自由的声音随着他而响彻美国大地。两场演讲都在黑人灵歌中结束：“终于自由了！终于自由了！感谢全能的上帝，我们终于自由了！”

记录历史的记者们会在一次演讲里关注和寻找什么呢?《华盛顿邮报》在报道华盛顿游行时并未留意到“我有一个梦想”。金的慷慨陈词只在A15版面上的当天发言记录的第五段被一笔带过，甚至都没有提到那串关于梦想的排比句。九周前，《底特律新闻》对“走向自由”的报道稍微好一些，提到金“在48分钟的演讲结束时，用一连串排比句道出了像兄弟一样和睦相处的新世界的‘梦想’”。《新闻》接着补充道，最后的排比
186 句“得到了如潮群众的热烈回应，金博士匆匆走出礼堂，回酒店洗澡换衬衫”。

胡德牧师和他公理会的教友没能进到体育场内，他们与其他上千游行者一起，聚在门外通过室外扬声器收听整个流程。在之后的几年里，他反复被问及对金在底特律发表的关于梦想的第一次演说的看法。50年后，在为本书所做的采访中，他又被问到这个问题。那时候他已经90岁高龄，跟他一起参加过“走向自由”游行的一个儿子继承了他的衣钵，在同一间教堂担任牧师。关于马丁·路德·金的梦想，他还能想起什么?“老实说，我几乎什么都没听到，”他承认，“但我确实感受到了一种凝聚力，一种喜悦和自由之感。嗯，大概就是这样。”穿着兄弟会全白套装的布克·莫顿当

时离扬声器较近，能听见金讲话。他记得，有一个政客模样的人站在他附近，金的梦想排比刚说到一半，这人脱口而出：“上帝啊，我真希望这辈子也能做一次这样的讲话，哪怕一次也好！”

全国有色人种协进会底特律分会的阿瑟·约翰逊在科博的楼顶见证了这次游行，他找准机会进入体育馆里听了金的演讲，在离开时，他意识到，他的这位老同学早已今非昔比。约翰逊后来说：“马丁这一天在底特律的发言好得不能再好了，他构建出了演讲的框架、节奏、氛围，因此听起来如同一篇伟大的乐章。我们最后都听入迷了。”那天晚上，约翰逊碰到了金，对他的演讲表示祝贺。民权运动的复杂性、约翰逊的全国有色人种协进会与金的南方基督教领袖会议之间的各种猜忌，难免让他们的关系有些紧张，但约翰逊已耳闻目睹了金的卓越。“我们像老朋友一样聊天，我跟以前一样叫他 M.L.，”约翰逊回忆，“他在重大事件上征求我的意见，但是时间和他的紧张日程不允许我们谈下去……我的这位在莫尔豪斯学院的年轻同学，现在已经是毋庸置疑的民权运动领导者了。”

“走向自由”游行结束四天之后，卡瓦纳市长来到喜来登－卡迪拉克酒 187
店，参加在底特律举办的全国报纸出版商协会的午宴并发表讲话。[3] 卡瓦纳说：“我知道，在底特律召开这次特别的会议，肯定是很久以前就决定好的。但你们的远见将你们带到这里，见证底特律史上最伟大的时刻。就在上个星期天，你们肯定都知道，底特律向全国和全世界宣告，所有心怀善意的人——无论他是什么肤色——都可以团结起来和平地抗议‘偏见’这个要人命的恶魔。”卡瓦纳描述了自己与马丁·路德·金一起走完伍德沃德大道的经过，白人和黑人走在一起，游行标志着底特律有了公平与团结的新精神。

“我们底特律人知道，底特律对人权的尊重在很多方面都是全国领先的，”他补充道，“但是我们不能自以为是、自我满足。我们知道还有很多事需要去做。”参与游行的人数如此之多，人们有理由对未来保持乐观和希望。“同样要看到游行的另一方面，这方面的意义可能更大：由诚挚的、热情的人民组成的庞大队伍穿越整个城市，期间却没有发生任何一起值得一提的事故。一起都没有。如果是在一个种族猜疑根深蒂固的城市，人们害怕肤色相异的同胞，这种情况还有可能发生吗？”卡瓦纳说出这番话的时候，饱含恨意的信件正成捆地出现在他的办公室。其中一封信这样写道：

卡瓦纳市长：

我这辈子从没想过，有一天会看到一个白人天主教徒市长像你这样歧视白人。上个星期天，你领导了一场恐怖游行，我为你感到羞耻。你就在那个伪君子路德·金身后，反正他这么做是为了钱。你呢，你是为了黑人的选票。多加留心，你这样做会失去白人的选票。你不过
188 是在用你的行动作贱底特律。我为底特律交了四十六年的税，可既然你允许黑鬼接管底特律，那我就不愿再做底特律的一分子了。

埃丝特尔·托马斯

密歇根州底特律市比尔伍德街 8903 号

市长的行政助理雷·吉拉尔丹写了如下回信：

亲爱的托马斯先生：

我注意到您寄给卡瓦纳市长的信上贴的五分钱邮票，邮票上印有“食物为和平”（“Food for Peace”）和“食物为充饥”（“Food for Hunger”）的口号。或许您在贴邮票的时候没有看到这些字。但是黑人在我们这个城市游行，不就是为了这个吗？我不知该作何解释，您怎么能将一次抗议暴行和非人道行为的和平游行称作是“恐怖”示威呢？托马斯先生，我相信您总会找到办法摆脱对他人的恨意。

炎热的夏季开始了。

第十三章　热　浪 189

1963 年夏天，摩城唱片蒸蒸日上。小贝里·戈迪不仅能绰绰有余地应付开支，还大赚了一笔。他准备开疆拓土，六月份买的大楼表明了这一点，这栋五层的新哥特式大楼几乎占满了整条街。在过去 10 年里，位于伍德沃德与坎菲尔德街交会处的这栋灰色赤陶土大楼每况愈下，曾经的光辉岁月似已远去，但这里的舞厅不仅在底特律人尽皆知，其辉煌历史也享誉整个音乐界。[1]

G
R
A
Y
S
T
O
N
E

“GRAYSTONE”（格雷斯通）是悬挂在伍德沃德大道上的那块招牌。摩城里有些人认为，格雷斯通舞厅和格雷斯通花园已经失去了存在的必要，
它需要的不是一次简单的翻新，而是一个新名字。但是对戈迪来说，格雷 190
斯通有着特殊的意义。作为商人，戈迪可能是吝啬的，同时他也是一个多愁善感的人，心肠很软，而舞厅正好触动了他浪漫的一面，即使它会让他

想起底特律实行种族隔离的那段岁月。从 1922 年舞厅开张到 20 世纪 50 年代中期，30 多年以来，格雷斯通一直是这个城市最大并且最受欢迎的舞厅，又大又深的舞池可以同时容纳三千人跳跃、旋转。所有的知名乐队都曾在这里演出，从让・戈德凯特（Jean Goldkette）到康特・贝西（Count Basie），从格伦・米勒（Glen Miller）到杜克・埃灵顿（Duke Ellington）。不过，舞台之外，种族并没有在格雷斯通融合，这反映出北方城市的种族隔离实际上跟南方的吉姆・克劳法一样普遍。除了星期一以外舞厅每晚都对白人开放，而星期一这一天是给黑人留的。

在为本书所做的采访中，戈迪回忆，“它曾是最漂亮的舞厅，大乐队都来过格雷斯通，都是一流的，比生活本身精彩得多。人们打扮得迷死人。这是周一晚上的去处，我们都把这一晚的时间留出来到那儿去。我在那儿见到了最美的人物和最漂亮的姑娘。我就是在那儿尝试跟姑娘跳舞的。我走进舞池，看见一个姑娘刚跳完，正往另一个方向走，我就走到姑娘身边说：‘我能跟你跳下一支舞吗？’她们总会说：‘不，我已经跳了一整晚了，我不跳了。’我跟我最好的朋友比利・戴维斯（Billy Davis）一起去，他会跳舞，而我笨手笨脚的。他是来自东部的孩子，非常酷。她们会跟我说：‘不，我不想跳了。’我只好走回去，所有人都在笑我。后来我采取‘十取二’（Two out of Ten）原则。我告诉自己：‘看，没关系。如果我请十个姑娘跳舞，两个会答应，所以我不会放弃。’”[2]

因与果从来不是那么简单的，不过戈迪在追忆往事时，似乎不止一次提起过《公民凯恩》里的“玫瑰花蕾”（rosebud），这是理解贝里・戈迪一生所作所为的动机的关键线索。少年时的他个子矮，长得不英俊，还不会跳舞。但他很执着，制订了一个计划。现在，他是一个音乐帝国的领袖，还写了一首歌嘲笑自己青春期的失败，这首歌就是康托斯乐队那首欢快的《你爱我吗（我会跳舞了）》。不仅如此，他还成了这个曾令他蒙羞的舞厅
191 的所有者，并准备把这里改造成摩城的排练大厅和演出场地。你爱我吗？“现在我回来让你知道，我真的可以震翻天。”

戈迪成立了瑞博公司（Rayber Corporation）来管理格雷斯通，还安排他的姐姐埃丝特・爱德华兹出任财务主管，姐夫协助处理合约及票务。后

来他开始为旗下艺人安排活动，以他年轻时参加过的拳击比赛的方式进行友好的乐队之战。他知道自己拥有十分充裕的、高水平的摩城才俊可以推上格雷斯通的舞台。前三年他就已经在进行突破，但实际上到 1963 年的后半年，摩城才发出最耀眼的光芒，正好呼应了汽车工业的复兴。那一年，《公告牌》金曲榜前十位的都是摩城歌手，另外还有八位摩城歌手进入了前二十名。这一盛况由戈迪为 12 岁的天才小史蒂夫·旺达所做的不同凡响的现场录音领头，他的《指尖（第二部分）》在夏天结束之前已蹿升至榜首。

这张唱片的奇迹有两个不同版本的起源故事。[3]《指尖（第二部分）》的录制是在芝加哥南公园街 47 号的帝王剧院的摩城演出现场完成的，这一点毫无疑问，但是音乐专家们在演出举办的时间上产生了分歧，他们提到两次摩城演出，时间上有九个月的出入。有人说演出在 1962 年 6 月中旬举行，当时距离第一张《摩城巡演》专辑发行还有几个月，演出属于专辑发布前的预演。另一些人认为唱片“可能”是 1963 年的 3 月 10 号在帝王剧院的摩城演出上录制的。不管是哪种情况，故事剩余部分同样不寻常，尽管当时小史蒂夫的表现是极难预料到的。自从戈迪签下了天才旺达，摩城一直没能成功打响这一炮。总结起来，他的现场演出总有一种强烈的情绪，而出于各种原因，这种情绪无法在录音棚里重现，戈迪翻遍磁带箱，希望找到捕获旺达魔力的东西，最后选定了帝王剧院版本的《指尖》，这首歌的录音室版本在旺达的前一张专辑里没有引起什么注意。

帝王剧院的那场演出由克拉伦斯·保罗（Clarence Paul）带队，在他的陪同下，小史蒂夫带着邦戈鼓和口琴登上了帝王剧院的舞台。喜剧演员比利·莫里（Bill Murry）全程参与了摩城大部队的第一次“摩城巡演”，同 193
时他也是这场演出的主持人，向观众介绍这位少年天才出场时，小史蒂夫用富有感染力的嗓音大声说道：“对的，没错……来自我的专辑《小史蒂夫的爵士灵魂》里的一首歌，这首歌的名字叫，嗯，‘指尖’。我希望你们拍起你们的手掌。来吧，好的！跺脚，上蹿下跳，爱做什么就做什么！”随后，他和乐队都放开了手脚，气氛感染了全场。很难描述《指尖》这首歌给人一种什么样的感觉。它没有讲故事，没有诗意的歌词，也没有令人难忘的旋律，只是一次跳跃、欢快的音乐远足。小史蒂夫的演出从邦戈鼓开始，随后喇叭声在他身后吹响，然后是口琴即兴演奏。（戈迪对斯蒂夫兰德·莫里斯最强烈的第一印象，是他无与伦比的口琴天赋：“我甚至并不喜欢他唱歌，但我爱他的口琴。”）观众站起来随着他一起舞蹈，他则与观众玩起了教堂式的应答游戏，煽动着“大家说‘是的’”。演出的有些部分显然是经过编排的，有些则是即兴发挥。伴随着一段轻柔的插曲，旺达唱起了《玛丽有只小羊羔》的前几句——他有意或无意地在向那个一切开始的地方致意，将人们带回到林肯－水星的流水线上。戈迪还在流水线旁靠想象创作自己早期的流行歌曲时，就用到了这首儿歌的简单曲调。

高潮很快就在莫里喊出“怎么样！让我们听听，小史蒂夫·旺达！鞠个躬，史蒂夫！”的时候到来，或者本该在那个时候到来。旺达一直以来都以喜欢霸占舞台并自行设计表演内容著称，克拉伦斯·保罗抓着这孩子的胳膊肘送他下台已是惯例，那场面就像一个发威的校长押着顽皮的学生进办公室。但是这一次，小史蒂夫自由发挥了起来，用他的口琴再次吹起了《指尖》。后面发生的事，作曲家马克·瑞博斯基（Mark Ribowsky）给出了恰如其分的描述：“是混乱的几分钟，也是音乐史上的狂欢。”旺达的乐队已经放下了乐器，正在为接下来要上台的音乐人清理舞台。瑞博斯基说，接着要上台的是玛丽·威尔斯。《摩城单曲全集》第三张的歌单上写的是奇异合唱团。不管是谁，总之那阵混乱被录了下来，小史蒂夫还在演奏，
194 乐手们赶忙回到原位，贝斯手乔·斯威夫特（Joe Swift）听见有人喊：“什么调？什么调？”留下那八分钟的记录之后，演出从头来过，莫里被叫来重新登场，保罗又回来把旺达领下去，这回没事了。

几个月后，戈迪将已被遗忘的磁带挑出来做成单曲，他将那混乱的八分钟分到了唱片的两面。原计划 B 面以《玛丽有只小羊羔》开始，然后是混乱和尖叫，再正式开始。但是电台主持和听众们却对 B 面临时加上的一段颤音喜爱有加，于是戈迪在几周之后重新发行了这张专辑，并以这一面作为主打。小史蒂夫终于取得了突破，有了自己的成名曲，不拘一格的《指尖（第二部分）》一路飙升，直冲榜首。

旺达的第一首热门金曲构思于芝加哥，完成于底特律，但是跟摩城的许多其他唱片一样，那张 7 英寸 45 转的唱片的压制地并不是汽车城，而是

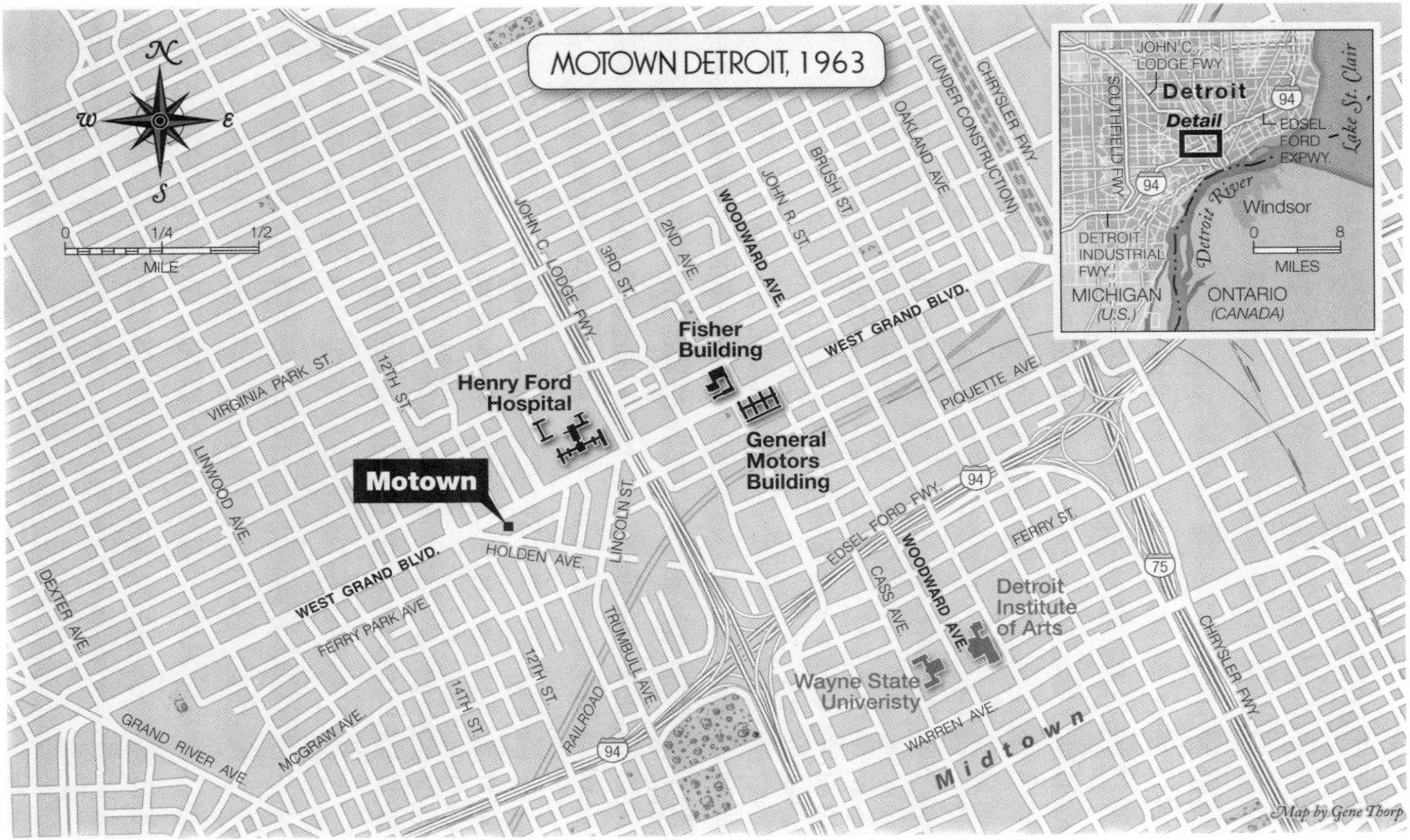

MOTOWN DETROIT, 1963
N
W
E
S
0
1/4
1/2
MILE
JOHN C. LODGE FWY.
3RD ST.
2ND AVE.
WOODWARD AVE.
JOHN R. ST.
BRUSH ST.
OAKLAND AVE.
(UNDER CONSTRUCTION)
CHRYSLER FWY.
WEST GRAND BLVD.
Fisher Building
Henry Ford Hospital
General Motors Building
VIRGINIA PARK ST.
12TH ST.
PIQUETTE AVE.
LINWOOD AVE.
Motown
HOLDEN AVE.
LINCOLN ST.
94
EDSEL FORD FWY.
FERRY ST.
WEST GRAND BLVD.
DEXTER AVE.
FERRY PARK AVE.
TRUMBULL AVE.
CASS AVE.
WOODWARD AVE.
75
Detroit Institute of Arts
12TH ST.
Wayne State University
CHRYSLER FWY.
14TH ST.
RAILROAD
GRAND RIVER AVE.
MCGRAW AVE.
94
WARREN AVE.
Midtown
Map by Gene Thorp
JOHN C. LODGE FWY.
Detroit
94
SOUTHFIELD FWY.
Detail
EDSEL FORD EXPWY.
Lake St. Clair
94
Detroit River
Windsor
DETROIT INDUSTRIAL FWY.
0
8
MILES
MICHIGAN (U.S.)
ONTARIO (CANADA)

底特律摩城（1963 年）

【大地图】

12th ST. 第十二街

12th ST. 第十二街

14th ST. 第十四街

2ND AVE. 第二大道

3rd ST. 第三街

Brush ST. 布拉什街

Cass AVE. 卡斯大道

Chrysler FWY. 克莱斯勒高速公路

Detroit Institute of Arts 底特律美术馆

Dexter AVE. 德克斯特大道

Edsel Ford FWY. 埃德塞尔·福特高速公路

Ferry Park AVE. 费里公园大道

Ferry ST. 费里街

Fisher Building 费舍尔大厦

General Motors Building 通用汽车大楼

Grand River AVE. 格兰德河大道

Henry Ford Hospital 亨利·福特医院

Holden AVE. 霍尔登大道

JOHN C. LODGE FWY. 约翰·C. 洛奇高速公路

John R ST. 约翰·R 街

Lincoln ST. 林肯街

Linwood AVE. 林伍德大道

Mcgraw AVE. 麦格劳大道

Midtown 市中心

Motown 摩城

Okland AVE. 奥克兰大道

PIQUETTE ST. 皮格特街

RAILROAD 铁路

Trumbull ST. 特朗布尔街

Virginia Park ST. 弗吉尼亚公园街

Warren AVE. 沃伦大道

Wayne State University 韦恩州立大学

West Grand BLVD. 西大道

Woodward AVE. 伍德沃德大道

【小地图】

Detroit Detail 底特律详图

Detroit Industrial FWY. 底特律工业区高速公路

Detroit River 底特律河

Edsel Ford FWY. 埃德塞尔·福特高速公路

JOHN C. LODGE FWY. 约翰·C. 洛奇高速公路

Lake ST. Clair 圣克莱尔湖

Michigan（U.S.） 密歇根（美国）

Ontario（CANADA） 安大略（加拿大）

Southfield FWY. 绍斯菲尔德高速公路

Windsor 温莎

533英里外的另一座音乐之城纳什维尔。20世纪60年代，摇滚、节奏布鲁斯赶上了美国的种族运动大潮，纳什维尔虽小，却是这类音乐的重镇。纳什维尔是旧南方的文化象征乡村大剧院（Grand Ole Opry）的所在地，也是那个年代民权运动的一个重要前哨，民权运动活动家的训练场，自由乘车前往前南部联邦所在的各“吉姆·克劳”州的上车点。与西面田纳西州的邻居孟菲斯一样（尽管稍有逊色），纳什维尔的录制条件比周围地区都要先进些。一个典型的例子就是南方塑料公司（Southern Plastics）及其位于栗子街的工厂，这家工厂正忙着冲压摩城的唱片，同时还有一些乡村歌曲、摇滚，甚至包括最早在美国发行的披头士乐队的唱片。

动力来自商业，而非政治。但是南方塑料公司的白人工厂主——约翰·邓恩（John Dunn）、乔·塔尔博特（Joe Talbot）和奥泽尔·辛普金斯（Ozell Simpkins）与摩城打交道，绝不只是将模拟磁带制成黑胶唱片这种不带个人色彩的交易。工厂的一楼是制作唱片所用的蒸汽锅炉、车床、涂料、树脂、金属盘和压模机，楼上有套房间，就是后来有名的“摩城套间”。 195
套间里有两张单人床，还有浴室，客厅镶了松木板，厨房配有富美家牌桌子，还有黑白电视机。纳什维尔的旅馆实行种族隔离，在城里没有公共住所安置摩城的黑人主管，戈迪和斯莫基·鲁宾逊（芝加哥地区的维杰伊唱片旗下的节奏布鲁斯录制者同样如此）也常常找不到地方住，所以到纳什维尔检查生产和分销时，甚至偶尔到工厂开发行派对时，他们都要在二楼的套间住上一两晚。

借用同一时期的橄榄球教练文斯·隆巴迪（Vince Lombardi）的说法，在1963年的摩城，戈迪正在发展一种体系，即通过纪律培养自由。隆巴迪在格林湾（Green Bay）组建了一支强大的橄榄球队，他的球队在严格的纪律下有着惊人的自由。和隆巴迪的球队一样，戈迪的音乐流水线也按照一套程序运作，一切都在戈迪及其颇有影响的姐妹设定的框架中，但内部孕育着创造力和可能性。二者的相似性还不止这些。绿湾包装工队的运动员的选拔标准不拘一格，其中有码头工人，有纨绔子弟，有胡闹分子，也有规矩人。摩城的艺人也是如此。但隆巴迪与戈迪都懂得如何让这群人形成最佳组合并让他们在方向上保持一致，至少在一段时间里如此。最终，两位领导会对成功上瘾，有的运动员和艺人会想要摆脱框架的束缚，控制、金钱和自我表达的问题也会让情况变得复杂，但这些都还没有发生。

西大道上的活动日程以星期为单位。[4] 星期二，埃丝特·爱德华兹主持召开管理部（即所谓国际人才管理股份有限公司，ITMI）会议。会上，她和她的团队核对巡演时间表和宣传日程，尽量使之与艺人的发展需要相匹配。星期四，广告部和市场部的成员碰头，讨论如何通过电台主持、广
196 播节目、印刷品和广播广告来提高唱片的销量。星期五，戈迪在上午 9 点准时召集他的产品评估委员会，听录音小样，就是否可以发行进行投票。在格林湾有一个“隆巴迪时间”，戈迪也有一个自己的版本。参加绿湾包装工队的会议时，如果你是准时到的，那你其实已经迟到了 10 分钟，而且要被扣钱。在摩城，如果你参加产品评估委员会的会议时迟到 5 分钟，那么你就会被锁在门外了，不接受任何理由。在这间会议室里，野心与客观事实总是充满张力。戈迪希望会议如同生产线上的质量控制。他希望这间屋子里没有妒忌和报复：“没有游说，也没有禁言。如果你投我的反对票，没关系，最终说话的是唱片。没有任何私心和政治掺杂其中，这些会让我发疯。”不过毕竟大家都是人，不是机器，妒忌和攻击也是免不了的。几十年下来，戈迪对自己的姐妹并没有多少抱怨，虽然她们常常跟他唱反调，尤其是埃丝特，不管什么时候，只要是在斯莫基·鲁宾逊创作或制作的唱片和弟弟创作或制作的唱片之间做选择，她都会把票投给斯莫基。

那个夏天的摩城群英荟萃，天才云集，阵容之豪华空前绝后。厄尔·范戴克（Earl Van Dyke）加入室内乐队疯克兄弟，让这个热闹的组合拥有了领导者和顶尖的键盘手，除此之外，乐队成员还有鼓手本尼·本杰明和“手枪”艾伦（Pistol Allen），贝斯手是詹姆斯·詹默森，萨克斯手是麦克·特里（Mike Terry），颤音琴手是杰克·阿什福德（Jack Ashford），长号手是帕特里克·拉尼尔（Patrick Lanier）和从卡斯职高出来的小青年保罗·赖泽（Paul Riser），小号手是马克斯·贝尔格雷夫（Marcus Belgrave）与拉塞尔·康威（Russell Conway），吉他手是罗伯特·怀特（Robert White）、乔·梅西纳（Joe Messina）和艾迪·威利斯（Eddie Willis）。四顶尖合唱团靠着深情的四部和声和李维·斯塔布斯（Levi Stubbs）激动人

心的领唱签约；诱惑合唱团与无上乐队即将进入他们的鼎盛时期；长期被低估的女子五人组维尔夫莱茨合唱团（Velvelettes），带着丝绒般的声音从卡拉马祖的西密歇根大学来到摩城，她们在进行《他走了》地区巡演；小史蒂夫（来年他将把“小”字去掉）正在靠《指尖》向榜首冲击；斯莫基和他的奇迹乐队凭借闭幕舞蹈《米奇的猴子》再添热门金曲；玛丽·威尔斯演唱的《你的老备胎》（*Your Old Standby*）仍在节奏布鲁斯的榜单上，这首 197
歌依然是斯莫基为她写的；马文·盖伊在录音棚录制《我能有个证人吗》（*Can I Get a Witness*），为他做伴唱的则是无上乐队。（不久后，滚石乐队就将此曲收入他们的第一张专辑，一些英国摇滚乐队也一直支持并传播着摩城和其他美国黑人艺术家的歌曲。）此时，玛莎和万德勒斯合唱团也凭借霍兰德－多齐尔－霍兰德的《热浪》（*Heat Wave*），从西大道的录音棚里崭露头角。

如果说《来拿走这些回忆》（*Come and Get These Memories*）确立了摩城之音的精髓，那么欢快得势不可挡的《热浪》对玛莎·里弗斯、罗莎琳德·阿什福德（Rosalind Ashford）和安妮特·贝尔德（Annette Beard）来说则有更为重要的意义。这首歌让玛莎和万德勒斯合唱团变成了明星。[5] 里弗斯后来说：“马文、斯莫基、玛丽·威尔斯，还有我的老弟小史蒂夫·旺达，他们都火了，我们终于成了。”摇滚评论家戴夫·马什（Dave Marsh）出生于底特律，跟摩城一起成长，他后来在文章中盛赞《热浪》最为轻快的一节——“是血压在我体内升高，还是爱情本就如此？”他坦承：“就我个人而言，为了感受（麦克·特里的）低音萨克斯，我愿意忍受住院几个星期。”《热浪》发行之时，正好一股真正的热浪炙烤着南加州，于是洛杉矶的天气预报员将这首歌用作夜间预报的背景音乐，它因此变得更加火爆。不过，在底特律，热浪以另一种恼人的方式来袭。

熟悉约翰·R 街的街头夜生活的人都知道辛西娅·斯科特（Cynthia Scott）——所有皮条客、嫖客、警察都知道她。她是个异常高大的妓女，不穿高跟鞋也有 6 英尺高，体重将近 200 磅。7 月 5 日凌晨 3 点，第一区的两个年轻巡警泰德·司皮彻（Ted Spicher）和鲍勃·马歇尔（Bob Marshall）来到约翰·R 街与艾德蒙街的交会处。[6] 他们开的车，官方名字叫“扰乱治安分子车”（disorderly persons car），警察叫它“妓女车”（whore car）。他们的工作是外出盘查，一有机会，他们就会逮捕一批走在约翰·R 街上的妓女，她们从艾德蒙街走到布拉什街，一直拉客到天亮。
198 嫖客大多是白人，大部分来自郊区，包括那些来往于费希博德公司（Fisher Body）厂区的常客。从事这门生意的人都有地下名号，有个皮条客叫“黑钻石”，另一个叫“大小点”。有个妓女，同时是警察的线人，外号叫“第一夫人”。辛西娅·斯科特的绰号是“圣辛西娅”。她的“神圣”之名来自七次因卖淫被捕，还有一次因毁坏财物被捕，那次她在酒吧喝得大醉，把所到之处的所有东西都毁坏了。

巡警司皮彻和马歇尔凌晨在黑暗的约翰·R 街发现斯科特时，她正跟一个嫖客在一起。她似乎一只手抱着那个男人，另一只手抓着一沓钞票。她在打劫他吗？警察靠近他们，试图将辛西娅抓上“妓女车”。她拒不上车，最后被司皮彻开枪打死了。官方报道如是说：警察试图把斯科特抓上车时，她掏出一把小刀向警察刺去，将司皮彻的手割了一道口子，然后逃跑了。两个巡警在后面追，命令她站住。辛西娅再次举起刀子扑向司皮彻，正当她转身逃向街对面时，司皮彻朝她开了枪。子弹从后背穿透辛西娅的心脏时，她正在走路，并没有在跑。

枪击发生的时候，警察局局长爱德华兹已经跟妻子派格离开了底特律，他们正在横跨大西洋的远洋轮船上。他们计划以伦敦的一次司法会议为契机，在欧洲待一个月。爱德华兹当时已经当了 18 个月的底特律警察局局长，因为自信已经在缓和警察与黑人市民的紧张关系上取得了巨大进展，便动身去休假。警察与黑人的关系是他的心结，也是他起初应市长卡瓦纳的请求从密歇根最高法院辞职来接手警局工作的首要原因。爱德华兹还在船上，便收到来自底特律的事态报告，内含“枪击”字样。报告里称，一切都在掌控之中，那位警察的行为得当，无须担心。

这是一厢情愿的想法，或者说是短浅的想法，甚至根本没动脑子。辛西娅·斯科特枪击案没有那么容易摆平，因为底特律警察跟黑人群体之间
199 的纠葛历史漫长而又坎坷。“圣辛西娅”很快成了一位殉难者，一个警察暴力的牺牲品。7 月 13 日，她的葬礼吸引了数百人前往伍德沃德的圣约翰非

裔卫理公会教堂，还有更多人在那一天聚集在波比安 1300 号警察局外抗议，“伊斯兰民族”组织底特律 1 号清真寺秘书、马尔科姆·埃克斯（Malcolm X）的大哥威尔弗雷德·埃克斯（Wilfred X）到场对愤怒的人群发表讲话。《密歇根纪事报》头版刊登了报道和社论。该报认为，辛西娅·斯科特“不是什么重犯，而是个有名的妓女”。司皮徹只是手指被割了一下，“在当时的情形下不需要采取极端措施”。抗议信件和电报淹没了警察总部和市长办公室。国会议员迪格斯说，这座城市必须采取行动，“以防止市民举起法律的武器对付爱乱开枪的警察”。韦恩县的地方检察官和密歇根总检察长办公室都关注着事态进展，他们都倾向于处分司皮徹。很快，爱德华兹便接到了老同事打来的紧急电话，告诉他事情搞砸了，不管他的警察助手告诉了他什么事，他都必须取消他的欧洲之旅，返回底特律。

爱德华兹 7 月 28 日返回的时候，情况已经非常紧急，记者直接在机场门口就辛西娅·斯科特事件采访他。“我们不允许任何人轻易使用或滥用杀伤性武器，至少所有警察都如此，”爱德华兹说，“但是我们也向我们的警察保证过，只要他们遵守警察手册，就会受到法律保护。”接下来的一周，爱德华兹亲自调查该事件，对涉事警察和目击者进行问话，核实县和州政府不予起诉的决定。最后，他与县和州政府得出了相同的结论：司皮徹感到自己的生命受到威胁才开了枪，斯科特已经攻击了他。他开枪的决定是令人遗憾的，也不明智，爱德华兹说，但是根据法律，这是正当的。

“伊斯兰民族”组织和另一个由克利奇牧师领导的松散团体要求警察局局长辞职，但是爱德华兹已经在黑人群体中树立了足够的威望，大多数重要机构，包括《密歇根纪事报》、浸信会牧师联盟和许多黑人商业组织都支持他，虽然他们并不同意爱德华兹对此案的结论。此时爱德华兹的内心 200
也受着煎熬，他后悔枪击发生时自己不在本地，称这是“一生最大的错误之一”。他想知道自己是否本可以阻止这件事发生，或至少能够及时赶到以缓和紧张关系。如今一切都晚了，他费尽心力建立起来的一切似乎都岌岌可危。人们再次对他表示怀疑，每发生一次新的对峙或争端，这种不信任就会加深一层。爱德华兹与卡瓦纳市长本来怀着美好的初衷，这件事却提醒他们，面对变幻莫测的日常生活，他们的初衷是多么不堪一击。

斯科特事件的各种后续让爱德华兹感到了全方位的压力。他最终支持了自己的警员，可与此同时，他的自由派态度和开除警察部门保守派的坚定行动，打击了众人的士气，也削弱了高层对他的支持。这一年早些时候，面对保守派的抵抗，他曾力排众议，将他们的两个领袖人物路易斯·伯格（Louis Berg）和詹姆斯·伯格（James Berg）两兄弟调到了交通局，以降职来逼他们辞职——他们在警局时一个是总警监，一个是副总警监，分别是警局的二把手和三把手。但是，伯格兄弟的感受已在整个部门弥漫开来，他们一向抵制爱德华兹为提升警局在黑人群体中的威信所做的一切努力。街上巡警的警衔要比局长低上好几级，但他们相信，包括从司法机构出来的爱德华兹在内，任何没有在他们位置上的人都无法理解他们的工作所需要承受的紧张与压力。

“必须承认，警察冲在第一线并努力维持大局，但是他们能感到事情在失控”，斯科特枪击案发生一年前加入警队的约翰·赞皮库（John Tsampikou）在半个多世纪后回忆道，“事情正在变化，警察局有许多老派家伙。他们不蠢，肯定不蠢……但是相当保守，他们受过军事训练，恪守职业道德，都非常自律。巡街的时候，我们这些新手往往会更有同情心，
201 直到有人对我们说：‘如果你是这样认为的，就闭上你的嘴。’你能感觉到街上在发生变化。民权运动、增长的犯罪率，对普通警察来说，这些都是一回事，我们不懂得区别对待，然后就发生了辛西娅·斯科特的事儿。事后我认识了泰德·司皮彻，也就是那个开枪的孩子。他终日买醉，我不知道他以前是否酗酒。我想这件事影响了他的一生。向一个逃跑的嫌疑人开枪是法律允许的。我不是说司皮彻对或错，我的意思是那时候政府很支持警察，从没听说一个警察遭到刑事指控。”

安东尼·费瑞蒙特也是一位年轻的底特律警察，他的女友是第一区高级警监的女儿。“有一天我在她家，”费瑞蒙特回忆说，“高级警监打电话回家，说：‘嗯，我回不去了，我们都卷进这个大案子里了，暴动一直不停。有人在这儿枪杀了那个妓女，现在大家都疯了，说她是个好女孩，不应该被杀。’广播新闻里全是不负责任的说辞：‘哦，这个可怜的黑人妇女被射杀了，警察根本没有理由开枪。’我们看看彼此，说：‘她就是个站街

的，惹上了麻烦。’人们根本不知道到底发生了什么。”

大卫·莱特是毗邻韦恩州的第十三区的新警察。“我也在‘妓女车’上执勤过一段时间。约翰·R 街上有指纹记录在案的（妓女）就有三千人。卡斯和第三大道还有白人妓女。”警察们管妓女叫“午间客”，莱特说。警察会抓她们，把她们带到局里，检查她们是否有性病，然后在第二天中午把她们放了。“如果你中午路过法院大楼，会看到有上百个妓女从里面走出来。”大多数妓女接受了这个规矩，都不反抗。据莱特说，辛西娅·斯科特不一样。她长得壮，还爱反抗，她会逃跑。“大多数妓女从不反抗。你只需说‘来，走吧’。在警察面前逃跑是大罪。事情已经发生了，但至今人们都不明白——从背后朝一个人开枪不代表开枪的人一定是错的。双方都在动，当时情况危急。”

如果警察认为这是底特律街头的一次战斗，那这就是一次不平等的战
斗。他们有更高级的火力，开着被称为大四轮（the Big 4）的无标识的警 202
用轿车——克莱斯勒或者别克——车上载着四名警察，一名穿制服，其余都是便衣，配备大量武器，包括斧头柄、棒球棍、霰弹枪和一支汤普森冲锋枪。在底特律犯罪率较高的六个区中，大四轮日夜在街上巡逻，这几个区主要是黑人区，但其中一个区住了很多阿巴拉契亚移民来的白人。大卫·莱特 1961 年加入警队，他在大四轮上的搭档中有一个绰号叫“苗条旋”（Rotation Slim），另一个喜欢引用莎士比亚的作品。莱特回忆：“当警察需要帮助，他们就呼叫大四轮，巡逻的时候成群结队是非常棒的。‘要么进去，要么我叫大四轮来。’大四轮不处理公共关系，他们一来就开始踢屁股。”

辛西娅·斯科特枪击案发生数周后，第一区点名仪式开始前，一位警官拿出了吉他，唱了一首小调，歌曲开头如下：

跑啊辛西娅，跑啊，
司皮彻去拿枪了。

乔治·爱德华兹当年怀着传教士般的热情接手波比安 1300 号的工作，

他从一开始就明白，他的改革举措只能在一小段时期内有效。他想，最多当两年警察局局长，然后就该干别的了。然而，就像他几个月前在密歇根州的演讲上说的，他最大的野心，就是在底特律创造一个完全平等、法律与秩序并重的环境。他之所以会高高兴兴地去欧洲，就是因为“走向自由”运动取得了令人欢欣鼓舞的成功，他本人也受到了马丁·路德·金的褒奖。金写道：“作为一个在南方饱受警察的非人暴力对身体和精神的摧残的人，能跟既是称职的保护者又是真正朋友的警察队伍在一起，我既振奋又
203 欣慰。我相信，游行的成功在很大程度上归功于您和您对底特律警察部门的得力领导。您向这个城市的黑人公民证明，您是朋友，而不是敌人。”[7]如今这番表扬似乎成了空谈，爱德华兹失望地意识到，他对平等和秩序的渴望可能永远实现不了了，就在刚刚展示过对各个种族的充分尊重不到一个月之后，“圣辛西娅”枪击案就将一切毁于一旦。

“热浪”，并非来自爱，而是来自恐惧与误会。底特律这座城市的血压，似乎又一次升高了。

第十四章　宏图伟业 205

大多数福特高层很早就开始他们的工作。平日里早上 7 点，一溜的黑色豪华轿车便从布卢姆菲尔德山开往“玻璃房”（Glass House）——福特公司在迪尔伯恩的总部。跟通用和克莱斯勒的同行差不多，这些人跟车打交道是工作需要，他们自己很少开车，而是雇司机载他们从郊区住宅到办公室，再去市中心的底特律体育俱乐部（Detroit Athletic Club）例行会面。这个俱乐部是商业精英的神经中枢，一排轿车并排停放在外面，主管们在里面吃午饭或者作为“3B”——海狸（Beavers，游泳）、防火墙（Blackballers，手球和墙球）和投球（Bowlers）——的成员玩俱乐部游戏。[1] 对于这些已接受事物既定秩序的人来说，1963 年的夏天，一切似乎仍处在黄金期，他们的工作和娱乐都是封闭的、受到保护的。对他们而言，城市改造只是意味着更快地往来于市区。

霍尔姆斯·布朗（Holmes Brown）当时任职于福特的公共关系部，后来他这样描述公司那一时期的亚文化群：“我这辈子见过的最孤立绝缘的群体。他们认为，它是个‘大机器’……每个人都被封闭在公司内……我妻子反对它，恨它，一直都是如此。她恨底特律和格罗斯波因特，所有的福特子弟都去私立学校，太太们只能与太太们见面，并且社会等级分明；还有与（汽车）经销商的会面，场面怪异。太太们都穿着同样的外套，像制服。不仅男人穿着统一的西装，女人也都穿得一样……不需要别人来教你， 206
你就是知道应该这样。如果你的老板打高尔夫或桥牌，你也要打。”

身在公司最高层，大老板可能跟布朗太太有同感。亨利·福特二世也在用自己的方式抵制生活和工作安排的程式化。7 点钟，他的“福特人”去上班的时候，通常他还在睡觉。他很少在 7 点半之前醒来，离开格罗斯波因特法姆斯的那栋孤寂大宅还要再花上一个小时。公司限定了他的生活，但是底特律汽车界对他的社会期望让他感到厌倦。他把更多时间花在了国外，尤其是意大利——他的情妇玛丽亚·克里斯蒂娜·韦托尔·奥斯汀的故乡。有一次，他训斥下属给福特车装了米其林轮胎，就粗暴地说了句带有极端爱国主义色彩的“我不喜欢青蛙佬（frog）① 的轮胎”，除此之外，他其实是一个心怀世界的人。他能说流利的法语，还在学意大利语，花 70 万美元买了艘游艇，拎着旅行箱出门的日子越来越多。福特二世和妻子安娜将在那个夏天分居，他在寻找新鲜、刺激的事物，甚至想要收购一家意大利汽车公司玩玩。“他已经厌倦了在一座郊区城市做个郊区丈夫，”他的女儿，生活在纽约的夏洛特说，“他向往灯红酒绿的时髦生活，（羡慕）菲亚特老板精彩的生活。我觉得，开着船到处玩对他来说很难。在底特律，他不过是又一个郊区的企业家，他厌倦了这种几乎一眼就能看到底的生活。最后，他真心憎恨与安妮的婚姻，因为他见到了克里斯蒂娜。克里斯蒂娜是他极度渴望摆脱底特律的映照，她是在最佳时刻出现的最合适的人。”

对亨利·福特二世来说，他的最佳时刻出现在汽车行业蓬勃兴盛的时期。汽车销量蒸蒸日上，未来的一切——汽车、道路、人、司机——似乎只会有增无减，一系列的纪念日同时也提醒着人们福特的辉煌历史。

7 月结束前的倒数第二天，魔鬼老大的林肯豪华轿车像往常一样驶向
207 “玻璃房”，这一路需要穿过埃德塞尔·福特快速路，这条路以他父亲的名字命名，时刻提示着人们这座城市与福特家族之间千丝万缕的联系。[2]他的祖父老亨利·福特，出生时正值美国内战中期，当时葛底斯堡战役结束不到一个月。这一年的 7 月 30 日是他的百年诞辰，也是福特汽车公司成立 60 周年和福特改变世界的大规模流水线诞生 50 周年的纪念日。1863 年、1903 年、1913 年，这三个“3”连在了一起。不过，还有另一个 3——1943。1943 年，时任福特公司总裁埃德塞尔·福特死于胃癌，年仅 49 岁，在“民主兵工厂”的建设上，他的功劳是被低估的。也是在 1943 年，年轻的亨利·福特二世被家人从海军训练中召回，加入了福特的管理层。所有

① “frog”是美国人对法国人的蔑称，因米其林轮胎是法国人的品牌，故有此说。

这些年份，尤其是老福特的百年诞辰，在这座借福特公司成名的汽车城里不可能得不到关注。卡瓦纳市长宣布，7 月 28 日到 8 月 3 日为亨利·福特百年诞辰纪念周，市中心福特纪念堂西边的一个广场被命名为亨利·福特广场，当地博物馆里陈列着与他的工作、爱好和家庭有关的展品，报纸用专版回顾他的生平和创立汽车产业的事迹，政界和商界精英此刻正跟与他同名的孙子在格林菲尔德村的洛维特大厅一起参加午餐会，纪念这位福特创始人的百年诞辰。

在发言者那一桌上，魔鬼老大的一边坐着密歇根州的第一夫人丽诺尔·罗姆尼（Lenore Romney），另一边坐着卡瓦纳。宾客们用勺子挖着柠檬冰和薄荷奶油甜品时，底特律市长讲起自己的人生经历，他和千千万万的人一样，是亨利·福特塑造的。卡瓦纳说："在迪尔伯恩，在底特律地区，福特先生一百年前诞生于此，对我们来说是何其幸运。毫无疑问，如果亨利·福特不是生于斯长于斯，今天，密歇根东南部会是另一番样子。亨利·福特与我们生活的方方面面都密切相关。就我来说，我的父亲做了 42 年福特汽车公司的职员……我在幼年时期就知道亨利·福特公司的宏图伟业。我还在格林菲尔德村做过向导。作为向导的我，总是很骄傲地向每年成千上万的游客介绍这份不可替代的美国遗产，这都要归功于福特先生 208
以及他对祖国的爱。"

老福特有一次提到他的博物馆和格林菲尔德村时说："我们要重现美国生活。"午餐后，老福特的孙子、卡瓦纳市长以及前来庆贺老福特百年诞辰的其他宾客恭顺地登上巴士，再次去参观老福特所说的美国生活场景。这里有亨利·福特出生的农舍，农舍从几公里外的格林菲尔德路的原址迁到这里来，被修复成仿造村舍；有诺亚·韦伯斯特（Noah Webster）在康涅狄格州编字典时住的房子；有奥维尔·莱特（Orville Wright）和威尔伯·莱特（Wilbur Wright）修理他们的第一台飞行器时所在的俄亥俄州自行车商店。美国的圣书《麦古菲读本》（*McGuffey Readers*）作者威廉姆斯·霍尔姆斯·麦古菲（William Holmes McGuffey）在宾夕法尼亚的出生地也被搬到了这里。此外还有亚拉伯罕·林肯从事法律工作时所在的伊利诺伊乡村法院，以及发明家托马斯·爱迪生在新泽西的实验室的复制品。那些乘黑色轿车自布卢姆菲尔德山而来的“福特人”一下车，就觉得与60年代变化的世界相隔绝了，这里简直就像神话里的世界，干净而纯粹。

杰罗姆·卡瓦纳本人可能对福特汽车公司心存感激，但是这位市长和他热爱的城市却被排除在福特创始人的美国神话之外。这是底特律故事让人寒心的部分。[3] 亨利·福特的汽车改造了美国的景观，他的生产线成为工业时代的标志；他的鲁日河厂区吸引了成千上万的人离开农场，离开小镇，来到大都市；他的汽车让数百万人更轻松地逃往郊区——城市生活不值得一过。老福特是田园牧歌生活的主要倡导者，在他的定义里，城市生活不是好的美国生活，不是真正的美国生活。可是在他真正的美国生活里，谁被接纳了？谁又被排斥在外？说到这里，这个神话变得反动了。在为祖父筹备百年诞辰的庆祝活动之前，亨利·福特二世老早就意识到这个问题了。与卡瓦纳市长或其他任何人相比，老福特的这位孙子算得上是公司“宏图伟业”的最大受益人，而他也责无旁贷，必须用一生去克服——即便无法消除——附着在福特遗产上的巨大恶性肿瘤。亨利·福特的乡村情结
209 的另一面，是他长期恶毒地对付他认为有威胁性的人，特别是犹太人。他是第一个雇佣黑人的汽车制造商，还从黎巴嫩引进了大批移民，并最终将迪尔伯恩变成了阿拉伯裔美国人的全国中心，但是他对犹太人的攻击更甚于对多样性的包容。他能给马丁·路德·金一份工作并让金的家人移民到底特律，但是他梦想中的场景，与金在其百年诞辰前一个月的伍德沃德游行上所畅想的愿景却大相径庭。

福特反犹的恶行怎么形容都不为过，这些行径都被记录在早年的《迪尔伯恩独立报》（*Dearborn Independent*）上留给了他的子孙后代，而格林菲尔德村的游客却很难见到这份报纸。《迪尔伯恩独立报》为亨利·福特所有，在20年代被他当成自己的首要宣传工具。从1920年5月开始，连续91期《迪尔伯恩独立报》都连篇累牍地攻击犹太人，说他们是“世界的问题”。报纸主编威廉·卡梅伦（William J. Cameron）是福特的传声筒，福特借他提出了一套世界观，将一切怪到犹太人头上：从棒球丑闻到亚拉伯罕·林肯遇刺；从克里斯托弗·哥伦布的背叛，到苏联创造邪恶的犹太国；从爵士乐和激进电影对盎格鲁－萨克逊文化的腐化，到邪恶的犹太银

行家——他声称犹太银行家发起并延长了第一次世界大战。在《迪尔伯恩独立报》的版面上，世界上的任何错误都被追溯到犹太人的某个阴谋。

福特在本国与海外都找到了为这些诽谤捧场的观众。在慕尼黑，崛起中的纳粹党在《国际犹太人：世界的问题》（*The International Jew: The World's Problem*）中将这些专栏散播给纳粹党的追随者。这是一本被译成德语的选集，据《纽约时报》报道，阿道夫·希特勒的藏书室就有一本，他经常翻阅，藏书室的墙上还挂了一张亨利·福特的画像。美国国内，这一时期本土势力三 K 党风头正盛，他们在集会上分发这些专栏文章，福特还被推举为总统候选人。与此同时，福特指示全美各市、镇的汽车销售商在卖汽车时捆绑销售他的报纸订阅业务，借此为《迪尔伯恩独立报》铺开一张全国网络，该报的最高订阅量曾接近 70 万。在大力宣传的同时，报纸的 210
总经理（也是福特心腹之一）欧内斯特·G. 利博尔德（Ernest G. Liebold）成立了一个秘密小分队，鉴别并调查犹太激进分子，还与纳粹联系甚密，竟然用船将一箱党徽寄到了他在迪尔伯恩的办公室。后来，希特勒准备侵略欧洲，在福特 75 岁生日时，他授予这位美国实业家一枚大十字德意志雄鹰勋章，此时距离在格林菲尔德村举办的百年寿诞纪念日还有四分之一个世纪。后来，福特的恶毒被另一个散播谣言的底特律人超越，此人就是臭名昭著的法西斯主义拥护者查尔斯·爱德华·库格林神父（Father Charles Edward Coughlin），他在自己全国知名的广播节目《小花圣殿的黄金时段》（*The Golden Hour of the Shrine of the Little Flower*）上攻击犹太人、黑人以及罗斯福新政。

尽管福特曾为那些冗长的文章做过辩解，声称他对《迪尔伯恩独立报》上写的东西完全不知情，但是被他伤害过的人从未完全相信和接受过他的辩解。亨利·福特二世从在第二次世界大战行将结束之际坐上祖父的位子开始，就不得不去克服这些人对福特汽车公司的强烈敌意。最初的愤怒抵制如今已经演变成犹太文化中根深蒂固的荣誉与信念问题——不要买福特车。“我开始努力去改变这一状况，”亨利·福特二世在公司史学家大卫·刘易斯（David Lewis）的口头采访（这份采访的文稿保存在本森·福特研究中心）中回忆，“我在西海岸待过很长时间，在那里做电影，因为他们的宣传有影响力。华纳四兄弟经营着华纳兄弟公司。哈里·华纳是头头儿，他不允许员工开福特的产品。我的一个朋友加里·库珀（Gary Cooper）不能开着福特的车进入华纳兄弟的制片厂。我花了大力气去扭转这种局面……情况很糟。我不知道那件事是不是真的，但有人告诉我，伯
211 纳德·巴鲁克（Bernard Baruch）① 有一次上了一辆出租车，跟他在一起的人说‘这是辆福特’，于是巴鲁克让出租车停下，下了车。”[4] 老福特在一家以他名字命名的底特律医院里寿终正寝，将欠债留给孙子偿还，亨利·福特二世的偿还方式则是言语和行动。他上任后立刻解雇了《独立报》的主编卡梅伦，转而支持犹太反诽谤组织，给叶史瓦大学（Yeshiva University）② 捐款，在以色列建立业务往来，咨询犹太顾问的意见。

亨利·福特二世对福特公司形象的重塑还体现在公司对待劳工的方式上。在团结工人方面，老福特在“三巨头”中排名末位。30 年代和 40 年代早期，他曾试图压制全美汽车工人联合会的活动，手段蛮横，甚至直接诉诸暴力。在 1937 年的天桥冲突中，公司的保安殴打了沃尔特·鲁瑟。这并非孤立事件，而是福特拟定的针对联合会领导人进行骚扰、恐吓、伤害等一系列行动中的一环。和成立以纳粹支持者利博尔德为首的外围分队来追踪激进分子如出一辙，亨利·福特在他的后勤部建立起一个更庞大的内部间谍与打手网，受哈里·贝内特（Harry Bennett）的铁腕领导，控制公司内部的各种活动。贝内特是福特从纽约街头捡回来的贴身保镖，他对车一窍不通，但他向亨利·福特证明了自己作为内部执法者的巨大价值，凭此升到了公司高层，还以为自己会是创始人的接班人。魔鬼老大接手公司的第一天就开除了贝内特。福特后来回忆：“我只是告诉他‘哈里，咱们该分道扬镳了’，他的反应不是太好。”这个流氓头子手下的上千号“贝内特爪牙”和他一起被解雇。

1946 年，亨利·福特二世成为福特总裁还不到一年，鲁瑟当选全美汽车工人联合会主席。为了缓和公司对待联合会的方式，福特走出了温和但

---

① 伯纳德·巴鲁克是位有名的犹太金融家和总统顾问，曾被《迪尔伯恩独立报》攻击为“犹大在美国的总督”。——作者

② 美国著名犹太教育机构。

不同以往的第一步。福特在口头采访中回忆：“沃尔特当选全美汽车工人联合会的主席，我做的第一件事就是往他的办公室打了个电话，（福特行政办公室里的）每个人都认为我中邪了。但是我说，‘好吧，见鬼，难道你们这些人不用跟他打交道吗？难道他不是在为你们经营厂子吗？不妨观察一下，看看这个家伙到底是个什么样的人’。所以我跟沃尔特在很多很多年里都 212
保持着非常好的关系。但是沃尔特‘左倾’得太厉害了。我并不相信沃尔特所信仰的东西。但是只要跟他一起工作，或者坐在一起聊天，你就会知道沃尔特是讲道理的人，而且是个非常正派和友善的人。”

劳资双方具有争议的拉扯关系无法避免，而且还会持续下去，但是环境已经变得友善了很多。亨利·福特二世在上任初期的一次演讲上说：“福特公司可以成立工会。”他坚称，福特汽车公司不会逆势而行，破坏工会，而是要像公司处理其他事务一样，用正式谈判的方式跟鲁瑟及其领导的工人联合会打交道。在鲁瑟与亨利·福特二世的促成下，工人联合会与福特汽车公司达成了一份在美国劳工史上具有决定性意义的集体谈判协议。这份签署于 1949 年的合约，首次规定公司提供全额养老金福利以及医疗和住院保险，工资增长与通胀指数挂钩。[5] 作为交换条件，联合会同意签订一份五年的合同，向汽车商承诺在这段时间里稳定工作，不闹事。经过 104 天的罢工，克莱斯勒接受了同样的协议，最终，通用汽车也签订了后来著名的《底特律条约》（*Treaty of Detroit*），确立了一系列条款，力争让成千上万的工薪族上升为中产阶层，也让全国数百万的工人都有机会分享那个梦想。要说底特律对于美国意味着什么，它有汽车、音乐、民权，从更深远的意义上说，底特律给了蓝领工人一条通往中产的通道，亨利·福特二世与沃尔特·鲁瑟这两位 20 世纪中期的巨人，对此种结果的产生至关重要。

福特与鲁瑟。1962 年 10 月，鲁瑟第一次出现在底特律汽车展的宴会上，此时汽车制造商协会主席正是亨利·福特二世，这并非巧合。他们之前并无社交往来，二人出身背景完全不同，有着全然不同的视角，但是在很多年里，他们用便签、信件以及偶尔的会面保持着频繁的往来。1961 年的伦敦之行后，鲁瑟寄给福特一份《英国工业关系宪章提案》（*Proposed* 213
British Charter of Industrial Relations），这份礼物让福特感激并觉得有面

子。一年后，福特给鲁瑟寄去了他在伦敦拍的一些照片，他去伦敦是为拜访威廉·凯伦爵士（Sir William Carron）。凯伦爵士是混合机械工程工会（Amalgamated Engineering Union）的主席，执行非常温和的工会主义政策，因此他在1963年得到授勋并被任命到英格兰银行，也被英国的社会主义者贬斥为资本主义的工具。尽管鲁瑟比凯伦更加强硬，但他与美国企业的和谐关系还是受到了左派的批评。

1963年7月中旬的一天，两人再次会面于联合会的办公地，此时距离亨利·福特二世第一次拜访鲁瑟已过去18年。[6]再过两周，格林菲尔德村的亨利·福特百年诞辰庆祝活动就要举行。福特第一次回访鲁瑟时，二人都刚接手各自的工作，全美汽车工人联合会的总部在密尔沃基街上，靠近通用汽车的办公楼，这个街区位于伍德沃德大道西侧，西大道南侧。如今的“团结大楼”坐落于东杰斐逊街8000号，这处产业太为人所熟悉了。埃德塞尔与艾莉诺·福特夫妇曾经就在此处拥有一栋临河大宅。他们有四个孩子，最大的孩子亨利·福特二世4岁时，他们搬到这里，他9岁时他们又离开了这里，搬往阿尔伯特·卡恩设计的位于格罗斯波因特肖尔斯的新宅子。东杰斐逊街上的老宅如今已杳无踪迹，但旧船库还立在一栋不起眼的建筑后面，那栋建筑看上去更像一间不入流的汽车旅馆，而不像是全美汽车工人联合会的总部和劳工运动的中心。

鲁瑟为肯尼迪的民权法案去华盛顿在国会上作证，一回来，他就用一个多小时的时间带着福特四处参观大楼及地面情况，随后二人坐下来谈话。后来有传言称，二人就福特–全美汽车工人联合会的合约问题进行了协商。1964年，他们又谈了一次，但二人对此都予以否认，他们表示谈论的是包括民权在内的政治议题，同时他们作为肯尼迪的劳资政策顾问团的同事，讨论的是需要处理的国家事务。劳资政策顾问团是劳工部长阿瑟·戈德伯
214 格（Arthur Goldberg）的主意，成立的目的是促成商业领导与劳工领袖之间常规的高层次沟通，以期达成共同目标，避免类似1959年钢铁行业长期罢工的国家危机再次出现。“我们曾经轻描淡写地说，对亨利·福特二世来说，重要的是他能看到沃尔特·鲁瑟没长獠牙，对鲁瑟来说，重要的是看到亨利·福特是个可以讲理的人，”曾任顾问团执行秘书的大卫·W. 伯克

（David W. Burke）回忆说，“所以我认为顾问团的主要目标就是预防未来的劳资纠纷，这对国家经济有非常重要的影响。”[7]

在为约翰·肯尼迪图书馆做的口述史访谈中，伯克就福特与鲁瑟在顾问团里不同的工作方式给出了独到的见解。他说，福特在来之前都会让他的团队精心准备谈话要点和简报，非常渴望有所贡献，但并不善于适应讨论中的微妙变化。“我总觉得亨利·福特来的时候准备得很好，他知道他应该坚守的底线在哪儿，但是他完全不知道怎么样就到了底线，也不知道怎么退回去。”伯克指出，如果顾问团试图达成一致，“福特在这种情况下总是非常易怒，因为如果你不知道自己所处的局面是怎么形成的，也就不知道怎么通过议题摆脱它，提出一个解决办法。”鲁瑟则相反，在伯克看来，鲁瑟“非常深思熟虑，他有创新精神，总是在寻找解决事情的新办法”，在面对情况变化时，鲁瑟更善于变通。但鲁瑟似乎也非常想向顾问团中的两个人证明自己，只是方式不同。这两人跟他的工作领域直接相关：一个是福特，鲁瑟名义上的资方对手；另一个是劳联－产联的主席乔治·米尼，此人名义上是鲁瑟的同盟，但鲁瑟在心里将他当成对手。

伯克称，顾问团里，矛盾经常出现在米尼与福特之间，而不是鲁瑟与福特之间，甚至更经常出现在米尼与鲁瑟之间。“我总是感觉比起鲁瑟来，米尼更像是带着某种我不愿意揣测的用意在对付福特。有点类似于‘沃尔特，我会告诉你怎么对付这家伙’。然后他就这么干了。”鲁瑟经常尝试无视米尼，把他的想法对准福特。“他试图向亨利·福特证明些什 215
么……他没有必要去证明自己更聪明，但他又必须证明，自己除了代表美国汽车工人的标志——全美汽车工人联合会之外，还对其他很多事情感兴趣。”这种感情用事的做法，加上壁垒分明的狭隘心态，只会进一步激怒米尼。

鲁瑟自认具有远见卓识，把注意力都集中在了重大议题上，他认为这些议题会决定美国乃至全世界在20世纪余下时间里的劳动状况。1963年春夏，他以各种形式在底特律、纽约以及国外发表政治演说，话题涉及自动化、技术和工作的意义——未来的宏图伟业。[8]他说，未来的联合会不是一个经济组织，而是一股致力于提升生活质量的社会经济力量。联合会将在一个快速变化的社会里运转，在这样的社会中，未来 25 年发生的技术变革要多过过去的 250 年。鲁瑟认为，要适应这个突飞猛进的时代并生存下去，联合会、工薪族、政府必须共同努力创造四个基本条件：有意义且有创造力的就业、充足的教育设施、不分种族的平等权利以及为老龄化所准备的充分的经济保障。医疗保险已经是三年前的事了。顾问团现在讨论的是民权法案。战后汹涌的婴儿潮已经淹没了学校系统，也造成政府资助的激增和更多的家长参与教育。有意义且有创造力的就业是另一个话题。自福特在 1913 年建立第一条生产线起，工厂工作虽说不至于泯灭人性，威胁生命，但也很难不流于乏味，腐蚀灵魂。底特律本地人、伟大的汽车工诗人菲利普·莱文（Philip Levine）在《盐与油》（*Salt and Oil*）中描写了“三个穿着脏工作服的年轻人”：

在
回家，或者泡吧的路上
近午时分，这不是
一张照片
是世上最平常的生活中的
216 一个瞬间
变成你的，或者我的
城市的
未曾书写的传记
或者凝固成
眼眸里
模糊的印痕 [9]

他们可能正离开鲁日河厂区，前往萨拉米酒吧或约翰尼酒吧，路上与逃学出来玩的少年鲍勃·安科尼迎面擦肩而过。安科尼微小的眼眸里凝固着三个穿着脏工作服的男人的身影，这提醒了他。尽管人们都说工作是有尊严的，安科尼却不希望自己的未来就是这个样子，那位诗人也得到了同样的提示。工作，是的，但不是这样的人生。日复一日，周复一周，年复一年，这就是底特律未曾书写的传记。鲁瑟相信，工厂之外应该有更好的生活。在技术进步的未来，工作服可能没那么脏了，但是工作仍旧是使人麻木的，或许更甚。1961 年，鲁瑟提出有一定工作年限的汽车工人应该定期享受较长的公休，他还想在 1964 年的协商中再次提出这一建议，因为全美钢铁工人联合会已经凭一纸合同赢得了类似的福利，合同的公布恰好就在底特律“走向自由”运动发生的那一天。工作满 15 年的钢铁工人每 5 年可享受 13 周的带薪假期。[10] 这一让步换来了两年的和平劳动和工资不增长。休假不仅能够让工人得到休整，也能通过岗位替换扩充劳动力。这些附加福利给鲁瑟带来的好处是那些为了多挣几美元而做的斗争所不能比拟的。钢铁工人的待遇也得到了福特一位发言人的好评，考虑到行业利益，他认为公司“当然很乐于看到钢铁行业没有罢工出现”——这类罢工对汽车制造商也会有连带的影响。白宫新闻秘书皮埃尔·塞林格称，肯尼迪总统对这一协议感到“欣慰”。协议或许真的奏效了，劳资顾问团——鲁瑟和亨利·福特二世是其中的重要成员——功不可没。根据劳工部的报告， 217
自 1960 年起，美国在现代和平年代里有很长一段时期罢工活动的频率都处于史无前例的最低水平。

15 年前，李·亚科卡从普林斯顿大学研究生院毕业来到福特汽车公司，在营销队伍中迅速成长，最终成为福特分部的总经理，掌握了实权。[11] 以前作为公司的明星，他的晋升看来势不可挡，但他从来不是福特的门徒。尽管才干显而易见，他身上还是有些东西令魔鬼老大不悦。鲁瑟是值得尊敬的敌人，但亚科卡是个令人不快的存在。这其中可能有社会和文化方面的原因。在福特的“WASPy”（祖先是英国新教徒的美国白人）群体中，亚科卡从来都感觉不那么自在，魔鬼老大的同事们记得，有好几次，福特称亚科卡是“那个该死的意大利佬（wop）”。主要原因还是野心与行事风格的矛盾。跟很多富人一样，福特不需要自己去卖东西，亚科卡却没有别的办法。“他的能力很强，”福特后来这样评价亚科卡，“不幸的是，他的能力百分之九十九都是销售方面的。不光是卖车，而是卖一切能卖的东西。他推销自己，贩卖创意，如果你想要，布鲁克林大桥他都能卖。他一开口就滔滔不绝地推销东西，这方面他确实干得不错。如果他真的兴奋过了头，我想他最后会忘了一开始要干什么，但是直到最后他都在卖东西。结果不会有太大差别，因为东西总是卖得掉的。”

亚科卡聊起汽车来不眠不休，但市场营销才是他最得意的领域，他的母语就是销售商与广告商的语言。自从在福特的中大西洋区用“a56/56”营销活动——每月支付 56 美元购买福特 1956 年车型——一举成名，他被认为是福特最喜爱的广告人。亨利・福特二世可能有些急躁，他好奇亚科卡为什么要花这么多钱在营销上，质疑这笔花费是否值得。在福特看来这有点互相矛盾，里子与面子不符，亚科卡认为两方面更多的是互相依存的
218 关系。后来，他在美国广告代理商协会上发言总结了自己的理念，那就是“广告的四个自由”。[12] 在广告公司看来，没有什么比这番宣言更契合他们的事业了。亚科卡的“四个自由”——自由接触，自由参与，自由实验，自由游说——倡导广告人全面沉浸并投入从头到尾的整个过程。晋升到福特分部的领导层后，他表示：“我们已经采取了正式举措，确保我们的广告代理商以最快的速度和最近的距离参与到产品开发的过程中来。在新产品发布会 60 天前才给广告商打电话并让他们给些新点子，这不可笑吗？广告人是我们与客户之间的重要纽带。他们帮助我们了解客户想要什么……你必须跟车长时间生活在一起，才能决定一辆车必须具备什么才能让客户耳目一新。你必须实验——画画，打草稿，看看是否漂亮，是否合理。”

智威汤逊广告公司与 T–5 项目就是如此。比尔・劳瑞在底特律的团队以及他们在纽约的创意同行全程参与了亚科卡的新车开发，工作从菲尔兰酒店的晚餐会和布尔大厦的“墓室”内的安全工作开始。到 1963 年盛夏，该公司已经往这个项目派了几百号人了。那时，劳瑞的广告员接到通知，福特的核心决策层倾向于将新车命名为“托里诺”（Torino），这是个意大利城市的名字，在英语里它一般被称作“都灵”（Turin）。这个名字在很多重要的方面都有影响。意大利的时尚业被认为是世界顶尖的，意大利的车以车身设计与制造而驰名，这款福特车型看上去像进口车。劳瑞的副手富兰克林・托马斯（Franklyn Thomas）回忆了接下来发生的事：“为了激发我

们这个‘热门项目’团队的热情，我们需要影像，需要关于这台车的各种影像。我们跟福特公司要一辆能跑起来的汽车样品，以便为这款车营造视觉化情绪和个性平台。福特公司同意了。”[13]

福特公司只有一台组装好的样品，还是个怪异的样品。这台车脱离生产线，几乎是纯手工制造，造价约为 20 万美元。车身没有减震器，斗式座 219 椅被安到了最靠后的位置，车窗不能摇下来，右门打不开。7 月 4 日周末，福特公司把这台样品偷偷装进封闭的运输车，拉到底特律东北部的罗密欧试验场（Romeo Proving Grounds）。由 25 名艺术家、作家和摄影师组成的智威汤逊广告公司团队等待着它的到来。托马斯回忆：“三天里，有时候甚至在晚上，每个人都挥汗如雨，夜以继日地围着那台车拍摄秘密影片，这场疯狂的摄影之旅产生了一千多张静态照片，五千英尺的电影胶片，全部都是彩色。我们需要通过这些影像向福特高层传达我们所了解的这个产品中存在的全部兴奋点……将这款产品带出车库，让顾客看到它，在合适的环境中将它开上公路或小路。”

这到底是台家用车，还是跑车，抑或是二者的结合？福特与智威汤逊在这个问题上存在分歧，所以他们决定提前了解一下公众的看法。签订保密协议后，52 对夫妇带着年幼的孩子来到福特参观 T–5 模型。最初他们似乎一边倒地认为这是跑车，不是家用车。根据托马斯的说法，“他们喜欢这个款式，但觉得不是他们的菜，太不实用”。然后他们被要求猜价格。他们的估价比标签上的标价至少高出 700 美元，大多数猜是 1000 美元以上的高价。得知这款车的价格时，他们“又走回去看，开始理性地考虑这车到底有多实用”。

有了“托里诺”这个工作名称，还有在“罗密欧”测试时拍摄的充足的照片和视频，智威汤逊的创意团队开始策划报纸和杂志广告。

产自底特律的……最新进口产品

> 打扰了先生们，请允许我介绍我的托里诺，设计灵感来自意大利顶级公路车，底特律制造，为高性能跑车设计的斗式座椅，能做三挡变速，可以……

220 这份意大利的优雅要多少钱？

只要1478000里拉。

（比埃米纳姆、迭戈·里维拉的壁画、乔路易斯的拳头以及福克斯剧院的黑人合唱团组成的克莱斯勒广告早48年，也是第一代的“产自底特律”。）

另一则广告：

福特托里诺

它看上去像一辆意大利顶级公路车——价格想必也很昂贵——但不要误会。托里诺是一款轻奢轿车，它产自底特律，价格也实惠。它可能有意大利特色，却是纯正的美国血统，化节俭为愉悦，化节能为舒适，化节约为奢华。

它们都注定会被扔进广告史的垃圾箱。

在后来的回忆中，谈起“托里诺”这个名字被废除的经过，亚科卡似乎颇为满意，尤其是考虑到他与亨利·福特二世关系欠佳。在托里诺的宣传活动准备就绪之时，亚科卡接到了福特公共关系部门的电话，得知公司将为这款车另取一个名字，因为魔鬼老大“正在办离婚，此时他正和在巴黎聚会上认识的意大利离异富婆克里斯蒂娜·韦托尔·奥斯汀交往。他的一些下属认为，给这款车取个意大利名字可能会起到负面的广告效应，流言蜚语也会让老板心烦”。

在智威汤逊公司，“墓室”的前瞻规划师约翰·康利（John Conley）是品牌命名的资深专家，当初帮福特公司命名“猎鹰”的广告人正是他。既然“托里诺”不能用了，他便前往底特律公共图书馆，花了几个小时钻到书里，寻找合适的名字。他找到了“烈马”（Bronco）、“美洲狮”（Puma）、“小马”（Colt）、“猎豹”（Cheetah）、“美洲豹”（Cougar）、“野马”（Mustang）等一系列名字。一切又回到了起点。两年前，亚科卡及其团队将一台跑车样品命名为“野马 1 系”（Mustang 1），这台车虽然只有两座，但是跟 T–5 的设计风格一致。前面的那个名字（猎鹰）意在让人想到军用 221
飞机，如今这台车的形象就是一匹野性十足的骏马。在与亚科卡商谈的时候，劳瑞对智威汤逊公司的员工说：“‘野马’有着非常广阔的想象空间，也非常的美国。”

关于亚科卡如何向亨利·福特二世兜售这个名字，福特分部内部负责公共关系的沃尔特·墨菲（Walter Murphy）讲了一个故事。[14] 当时，亚科卡要为新车再做一次关键性的游说。在此前一晚，他在菲尔兰酒店最后一次与策划团队碰头。墨菲记得，亚科卡说：“明天我要跟亨利在‘玻璃房’开会，我需要一些新鲜的提案。”有人建议他以新名字开场，也有人建议他必须强调这款车会“让通用的蒙扎（Monza）永难翻身”。这时，亚科卡合上了他的资料夹，宣布自己已经想到办法了。

据墨菲记述，第二天早上，福特“在皮椅上伸着懒腰，手指扣在宽大的肚子上”。“你有什么点子，李？”福特问。

游说进行到中途，亚科卡说出了策划会上划过脑海的那句足以让他胸有成竹地合上文件夹的话：“现在，‘野马’这辆小马车，会让每个 30 岁以下的人性高潮。”

福特“坐直了，像是被针扎了一下”。

“你刚才说什么，李？”

亚科卡重复了那句关于性高潮的话。

“不，不是这句废话，”福特说，“你说这个车叫什么？”

“它叫‘野马’，福特先生。”

明智的做法是考虑一下这个故事的可信度，因为故事的讲述者是个搞了一辈子公共关系的人。不过，上面的对话听上去确实像亚科卡和福特的风格。产品开发经理唐纳德·弗雷讲述的版本也是这样，他记得福特在那次开会之前跟他说：“弗雷，我真是烦了你那台破车。我会同意的……但是如果卖得不好，你看着办。”[15]

223 第十五章　住房隔离

乔治・罗姆尼准备作为抗议者来格罗斯波因特参加游行，他的头发从宽阔的额头向后梳着，油光发亮，黝黑的脸上洋溢着执政阶级的光辉神采。[1]早在夏天"走向自由"运动接近尾声时，在科博大厅只要一提到州长罗姆尼的名字就会引发一阵嘘声，尽管他公开发表声明肯定了这场运动，还派出了代表团代他出席。那天是星期天，他没有公开露面，称自己作为摩门教徒必须遵守教义。现在是星期六，又有一场民权游行活动在进行，诉求是自由租售房屋，而这一回他在场。这次并没有数万人沿着伍德沃德大道行进，游行队伍从购物中心出发，沿着该地区最排外的城郊住宅区的林荫道行进，亨利・福特二世、智威汤逊广告公司的威廉・D. 劳瑞等底特律统治阶层精英都住在这里。参与游行的不到 250 人，人数和人行道上的围观人群差不多，围观者并不是很欢迎这些游行者。游行的组织者甚至不知道罗姆尼会出现。"我来到这里是因为我相信任何美国人都应该享有与其他人平等的权利，"他说，"住房领域存在太多的歧视。州政府在住房领域实行的一些政策尤其应该受到谴责。"

他提到的政策便是所谓的格罗斯波因特分数制度——一项房地产发
224 明。这项制度与底特律地区最为卑劣的种族歧视在形式上没有太大区别，可以说是挡在人与人交流互动前最顽固的障碍。1945 年，格罗斯波因特经纪人协会决定对该地区的居住者进行限制，将"不受欢迎者"排除在外。协会设计了一项制度，首先聘请私人调查员了解未来购房者的背景，然后成立了一个秘密的三人小组给他们打分排名，主要依据是他们的职业、国籍、外貌（包括"黑皮肤"的深浅）、所受教育，以及他们的"生活方式"是否足够"美国"化。盎格鲁－撒克逊裔美国人如果有足够的钱，那么基本上可以自由选择，而黑人、亚裔和墨西哥裔甚至无法得分，他们没有任何机会。这项制度也排斥犹太裔，他们的得分必须超过希腊裔、意大利裔、波兰裔和其他东欧裔才有可能在这里生活，然而，除了少数几个像托尼·贾卡隆那样富有的黑帮分子外，他们中几乎没有谁能达到规定的要求。格罗斯波因特分数制度持续了 15 年，直到 1960 年才在法庭上遭到由自由派民主党州长 G. 门嫩·威廉姆斯（G. Mennen Williams）领导的州政府的驳斥。[2] 但三年后罗姆尼来这里参加游行时，它的残余依然存在。

历史学家杰弗里·凯博塞尔维斯（Geoffrey Kabaservice）敏锐地指出，罗姆尼“任意妄为，脾气恶劣，狂暴易怒，满口说教，笨嘴拙舌，自吹自擂，还常常自相矛盾”，但从他的公共生活和私生活背景来看，在对待公民权利问题上，他也显示出了远见、勇气和坚定立场。[3] 他从商界人士成长为共和党政治家之时，恰逢巴里·戈德沃特和一场反对使用法律和政府规章禁止歧视、强制施行种族平等的保守运动崛起。在私生活中，罗姆尼毫不犹豫地遵从耶稣基督后期圣徒教会的教义，并担任其底特律分会的会长，但他公开反对摩门教不让黑人担任圣职的做法，几十年来也一直在努力改善该机构在民权运动中的形象。

1939 年，32 岁的乔治·华勤·罗姆尼来到底特律。他的父母是摩门 225
教徒，住在墨西哥的一个教会殖民地。罗姆尼从来不是一位普通的汽车城经理人，虽然他在某些方面和其他经理人一样，住在布卢姆菲尔德山，将儿子们送到贵族学校克瑞布鲁克上学。他的宗教信仰把他与其他经理人区分开来，做一个汽车人的决定和在市政领域的活动也让他显得与众不同。他在第二次世界大战时就支持民权运动，作为当时汽车制造商协会的首席发言人，罗姆尼表示出对底特律国防工业实行公共住房隔离的不满，这也成为 1943 年底特律暴乱的背景。1954 年，罗姆尼升任美国汽车公司总裁，并通过生产更小更省油的汽车来抵制“三巨头”，身为经理人，他也赞同《公平就业法案》的目标，还领导成立了一个公民委员会，为底特律公立学校筹措资金。在 1962 年参加州长竞选期间，他在第二大道浸信会著名的共和党人牧师 A. A. 班克斯的带领下冒险进入底特律黑人区，并在全美汽车工人联合会的进步非裔分支机构工会领导委员会主办的活动中发表了措辞强硬的民权演讲。批评者称他在确定立场时的政治考量多于道德动因，正如有人认为他推动小型汽车的生产不过是出于对环保的现实必要性的考虑。显然，这两者都有。但最终他失去的选票要比获得的多，而他在黑人社区的竞选活动也就止步于此了。他的一个黑人竞选助手查尔斯·M. 塔克（Charles M. Tucker）提供的一份备忘录显示，他只赢得了“很小一部分的黑人选票”，而且，“罗姆尼过分指望黑人的选票，可能降低了迪尔伯恩这类地区对他的热情”。[4]

选举获胜后，罗姆尼作为一颗冉冉上升的共和党新星引起了全国关注。之后，他继续推进民权活动，为颁布实施新的密歇根州宪法积极争取支持，新宪法将创立一个两党联合组成的民权委员会，并包含一项平权条款，
226 禁止“因宗教、种族、肤色或族裔”而产生的歧视。在就职典礼两天后（1963 年 1 月 3 日），罗姆尼在参加底特律开放住房都市会议（Metropolitan Conference on Open Housing）时第一次以州长身份公开露面。[5] 他在会上将开放住房的相关法律视为进一步推进公民权利平等的关键，并表示“密歇根州的住房歧视无疑是个巨大的问题，而这个问题的核心显然在于种族歧视”。前两任民主党州长威廉姆斯和斯温森都曾试图通过州政府的公司和证券委员会的《9 号法令》禁止房地产经纪人的“不公平交易”，取缔明目张胆的种族歧视行为，比如格罗斯波因特分数制度。1963 年 2 月，这项法规被州最高法院驳回，罗姆尼便敦促立法机关制定一部类似的法律，此举失败后，密歇根州总检察长（民主党人）最后决定，新的民权委员会将有权强制执行私人住房中的权利平等。

6 月 13 日，肯尼迪总统在发表黄金时间演讲时对政府的民权立法提案做了概述，在表示赞美和支持的共和党人中就有罗姆尼。[6] 他在给总统的信中指出：“密歇根人民对这个伟大的道德和权利议题的立场毫不怀疑。”这封信也是他的自我夸耀。“通过 1963 年 4 月 1 日的投票，密歇根人民史无前例地对所有人都应拥有基本人权的信念作出了任何其他州的人民都未曾有过的全面、彻底、清晰的表达。”

倘若罗姆尼在吹嘘密歇根州在民权问题上道德立场坚定时所言不虚，

那么密歇根大学本特利历史图书馆收藏的他的文件便恰恰显示出，密歇根州本土和其他州的人民一样对这个问题并未达成共识。四个厚厚的文件夹里有他从前的一些支持者写给他的信，内容是关于格罗斯波因特游行和其他一些民权问题。其中绝大多数信件都是恐吓信。

住在底特律里弗代尔角的 E. V. 霍格（E. V. Hogge）是最早的寄信人之一。[7] 他用极尽讽刺的口吻描述了上层人士的伪善："既然现在密歇根州人 227
民选了你当州长，给你提供一座白人也要掏钱的州长官邸，那么一个事实便摆在眼前，你在布卢姆菲尔德山实行种族隔离的上流社区里的豪宅就应该长时间空置。也许你会把这所房子租给需要帮助的有色人种，象征性地收点费用，以此为推进公平住房运动打响第一枪，甚至干脆将它捐出去作为福利住宅给贫穷的有色人种住，宽敞舒适的空间可以容纳许多贫困潦倒的人。"

另一位名叫 A. B. 吉尔克里斯特（A. B. Gilchrist）的来信者没有提供回信地址，他将美联社一则关于罗姆尼出现在格罗斯波因特开放住房集会上的新闻剪下来贴在信中，并在标题上打上这样一行字："政治！但这不会使你赢得黑人选票。1964 年你会彻底完蛋。" 帕克赛德路（旁边是白人专属的底特律高尔夫俱乐部）上的 E. G. 布伦南（E. G. Brennan）称罗姆尼为"最卑劣的骗子"，接着又补充道，"我给你投票，为你和新宪法工作，对此我感到后悔不已。你所谓的《9 号法令》和《民权法案》对我来说和民主党颁布的法律没有什么区别。黑人的把戏会毁掉这个国家。如果你的目的是拉拢选民，那么你就是在自作自受，因为白人有更多的选票，我们不会坐以待毙。沃尔特·鲁瑟并不代表劳工，仿效主义不会成功。" 鲁瑟首先是汽车工人联合会的领袖，然后才是公民权利运动的倡导组织者，对他的抨击预示了组织内部分化的逐年加剧。在信的末尾，布伦南用一句话强调了随之而来的后果：未来密歇根州的总统初选南方政客将大行其道。正文结束后，末尾落款"致州长，华莱士"。

1963 年 8 月 1 日，罗姆尼收到了律师唐·E. 布鲁纳（Don E. Bruner）的信。布鲁纳来自佐治亚州的奥尔巴尼，此地是早期民权运动的战场之一。他对罗姆尼在麦德加·艾弗斯的追悼会上说的话感到十分震惊。艾弗斯是一位民权活动家，在肯尼迪总统发表黄金时间民权演说[①]几小时后，艾弗斯在密西西比州被人谋杀。布鲁纳恰巧也是摩门教徒，这层关系充分体现在他对兄弟罗姆尼的评论中："我们南方摩门教徒很难相信摩门长老会提倡种族融合与随之而来的种族合并。我们南方人曾认为你在国家政治领域的地位上升会
228 实现先知约瑟·斯密对美国宪法所作的预言。从本质上来看，预言说美国宪法将命悬一线，而如果它得救了，那么施救者一定是摩门长老。我们中许多人认为你可能就是那个实现这一预言的长老。然而艾弗斯事件之后……我们觉得，作为麦基洗德祭司[②]，你已经抛弃了摩门教教义，只是为了给自己不值一提的政治前程铺路。你的辖区有多少黑人祭司？我的兄弟罗姆尼，所有这一切都增加了混合婚姻的可能，使白人儿童不得不放弃家长中的白人一方赋予他们的全部教会权利，因为他们血液中流淌着小部分黑人的血。"

大部分信件都由州长的工作人员作了回应，但这封信罗姆尼亲自作了回复。"亲爱的兄弟布鲁纳，你会发现，《教义与圣约》的第一部分清楚地写着，福音启示录适用于所有人。此外，《摩门经》有几处也清楚地写着，上帝对所有人一视同仁，他的拯救计划惠及所有肤色的人种，包括白人和黑人。我对教义了如指掌，我知道摩门教教义绝不会否认黑人或其他任何人作为美国公民所享有的一切权利。"

房子拆拆建建。8 月 2 日，在罗姆尼与这位摩门教徒通信后的第二天，工作人员忙着将哥谭酒店这座不可复制的底特律地标拆除后留下的残砖碎瓦运走。酒店的主人约翰·怀特被联邦政府指控赌博，正在前往监狱的路上，他显得颓废沮丧，形容枯槁。同一天，人们还在清除另一块土地上的瓦砾，那里曾矗立着兰辛大楼，它是底特律第一座租给黑人的公寓建筑，从 1930 年开始就有黑人入住。这栋六层楼建筑到 1963 年夏天被拆除时，已沦为妓女和吸毒者的聚集地。那天晚上，在伍德沃德大道上，人群涌入贝里·戈迪引以为傲的新欢——格雷斯通舞厅，欣赏一场大规模的摩

① 指 1963 年 6 月 11 日肯尼迪在全国电视频道上发表的演说。
② 麦基洗德是《圣经》中的人物，原意为仁义的王。

城舞蹈音乐会，表演嘉宾包括斯莫基·鲁宾逊、奇迹乐队以及玛莎和万德 229
勒斯合唱团。在城市另一端的新伯特利浸信会教堂，身为筹划“走向自由”游行的综合团体底特律人权理事会的主席，C. L. 富兰克林又召开了一次会议。辛西娅·斯科特枪杀案搅乱了这座城市的种族形势。6 月 23 日的游行集会带来的黑人和白人的共情已然消散，感觉一切又回到了“我们”与“他们”的对峙状态。

不久有报道称，警察正用消极对抗策略来应对黑人的抗议。[8]《密歇根纪事报》这一周的头版头条惊呼“坎菲尔德街与约翰·R 街交汇处的妓女失控了”。这篇文章开头便称：“底特律警察局是否在用辛西娅·斯科特案引发的抗议作为托辞，眼睁睁看着大规模卖淫活动败坏黑人社区？这是底特律必须立即考虑和面对的一个主要问题，也是一个官方必须关注的连锁反应问题。”那一周的某个晚上，午夜时分，一名记者站在坎菲尔德街和约翰·R 街交汇处的火焰表演酒吧外，目睹了 18 个妓女进行交易时引发的“市场交通堵塞”。“几分钟之内……所有妓女都被开着车的白人接走，消失在夜色中。汽车停下接人使交通一度中断，还夹杂着妓女和嫖客之间嘈杂和淫秽的口头交易，原始欲望在发酵燃烧，这片灯火辉煌的街区一片淫靡、喧嚣和芜杂。”据说，一些狼狈为奸的警察现在不愿逮捕妓女，街上也看不到妓女车了。如果黑人不能接受发生在辛西娅身上的事情，那么警察会说，这是他们应得的。富兰克林等人在底特律人权理事会会议上抱怨，从兰辛的罗姆尼政府到底特律的卡瓦纳政府，在这件事上都有疏忽大意的地方，对枪杀案的调查不够全面深入，也没有回应他们采取补救措施的请求。

人权理事会在新伯特利浸信会教堂的会议有 300 人参加，这次会议最主要的目的是讨论“走向自由”游行的善后工作。[9] 尽管游行在参与度方面超出了预期，但为马丁·路德·金的南方基督教领袖会议和富兰克林的当地组织筹集资金的实际情况却不尽如人意。牧师设定了筹措 10 万美元的
目标，但最新的财务报告显示，只收到了略多于 3.7 万美元的捐款，还要 230
减去包括科博大厅租借费在内的 5256 美元的支出。南方基督教领袖会议的收据显示，所得捐款中大约有 1.8 万美元转入马丁·路德·金设在亚特兰

大的办公室的账户。这总比没有好，同时，考虑到这类活动主要是为了引起公众关注而不是募捐，富兰克林并没有感到不满。他在底特律人权理事会会议上宣布，他的目标是在6月再举行一次大规模游行。

住房隔离。富兰克林的乐观主义让他对周遭的混乱视而不见。在底特律，各民权机构和派系间长期存在裂痕，他的大联盟在左右夹击中开始崩溃。7月中旬，在芝加哥召开的全国有色人种协进会全国集会上，底特律代表团即使没有提供赞助，也本可以尽情沐浴在6月那场游行的光辉中。然而，他们意外地参与到一场两败俱伤的争论中，扰乱了会议。包括全国有色人种协进会底特律分会领导人和总会会长阿瑟·斯平加恩（Arthur Spingarn）在内的一百多名代表都离开了讨论住房问题的会场，以抗议富兰克林直言不讳的律师詹姆斯·德尔里奥出席小组会议。德尔里奥在会上称“走向自由”游行的成功是对全国有色人种协进会的“直接否定”，这进一步激怒了全国有色人种协会底特律分会。报道这次集会的一位《密歇根纪事报》记者记下了当时的情况，“新的敌对情绪正在蔓延”。[10] 谁都不曾料到，激进派惯用的退席抗议策略这次竟会被温和派用上。《密歇根纪事报》援引底特律活动家约翰·科尼尔斯律师的话说，他讨厌退席抗议的做法，觉得地方争端不应该在全国性集会上表现得如此激烈。

在那期《密歇根纪事报》的特稿专页上，布罗德斯·N. 巴特勒博士斥责了富兰克林、克利奇以及德尔里奥和他的传教团，说他们是“放任自由者”和“自我标榜的机会主义者”。民权运动的内部分裂日趋激烈和表面化，并且这种情况不只发生在底特律。在同一版面还有传奇棒球运动员杰基·鲁宾逊的专栏，他在文章中对初夏时金博士在黑人住宅区的一处教堂外被一群黑人喝倒彩、扔鸡蛋的事深感遗憾。鲁宾逊认为金博士遭遇的敌意“在某种程度上”是马尔科姆·埃克斯唆使的结果。马尔科姆是个善于
231 鼓动人心的黑人穆斯林领袖，他对黑人以非暴力应对白人压迫的思想不以为然。金博士被扔鸡蛋时，距离他参加底特律那场声势浩大的伍德沃德大道游行和发表“梦想”演讲仅过去一天，这反映出那个夏天政治的动荡不定。

到了8月，富兰克林已经完全陷入泥潭之中，找不到出路。他非常钦佩金，也支持非暴力。虽然在与全国有色人种协进会打交道时他有自己的

问题，但现在更大的问题是他自己好战的一面。他觉得自己被指责引起不和是不公平的，并试图平息克利奇牧师和德尔里奥对全国有色人种协进会的批评。克利奇对富兰克林屈服于权力的行为感到愤怒，公然缺席 8 月 2 日的会议。最后，克利奇辞去底特律人权理事会理事的职务，加入了一个新的黑人民族主义组织——即刻自由党（Freedom Now Party）。富兰克林和克利奇一直在谋划于 11 月份召开一次北方黑人领袖会议，但对会议应该包含的内容产生了严重分歧。富兰克林将这次会议视为金的南方基督教领袖会议的北方版本，但克利奇更支持马尔科姆·埃克斯的想法，认为它应该更激进，不应该致力于非暴力，希望会议能对所有感兴趣的黑人团体敞开大门。

《新闻画报》（为克利奇家族所有的报纸，发行量为 35000 份）中一则关于这场争论的报道是这样写的："富兰克林担心会议可能被来自东部的'黑人民族主义者和其他激进组织'渗透，他与这些人的立场不同。他表示'必须不惜一切代价防止这种情况发生'。富兰克林不想让即刻自由党参与这次会议，因为作为主席，他'难以忍受自己像马库斯·加维那样被贴上黑人民族主义者的标签'。克利奇牧师指出，他属于即刻自由党，而且是经理事会同意后邀请全国各地的黑人领袖来参加会议。富兰克林说他不能接受黑人民族主义或对非暴力的批评。他说，他对（纽约的）《解放者》杂志中的一篇批评金的哲学和战略的文章十分反感。克利奇称，与害怕白人自由主义者会冒犯聚集在（"走向自由"游行的）看台上的白人一样，劳 232
工领袖和政客们现在要迫使它否定黑人的革命和抱负。"

这还只是争端的早期，它将持续整整十年。

几乎没有人质疑富兰克林的女儿艾瑞莎日渐显露的天赋。[11] 她现在 21 岁，已经可以在俱乐部唱歌。8 月，她从纽约回来，在清教徒街和伍德米尔街交汇处的俱乐部体育场进行了一星期的表演，这家俱乐部号称"底特律西北部最新潮、最吸引人的演出地"。艾瑞莎嫁给了一个巧舌如簧、诡计多端的经理泰德·怀特（Ted White），并生下了第二个孩子小泰德（小泰德十个月大。艾瑞莎在底特律生下第一个孩子时只有十几岁）。艾瑞莎到处跟人说她有多喜欢和泰德一起打高尔夫，和他一起去她最近爱上的加利福尼亚州的贝佛利山游玩。身为底特律人，她的音乐梦起步于这座城市，她在牧师父亲那里接受了音乐启蒙，但并没有像儿时的伙伴斯莫基·鲁宾逊那样最终成为这座城市的一部分。她在哥伦比亚唱片公司录制唱片，而不是在摩城。富兰克林认识戈迪一家，但他从不认为小贝里·戈迪的企业对艾瑞莎来说是上乘之选。自从 1961 年获得《重拍》(*DownBeat*) 杂志的最佳新人奖以来，她走出了一条与其他摩城艺人不同的路，虽然当时在唱片销量上不如摩城的艺人，但她却逐渐形成了一种超越流行音乐的风格。在赛场俱乐部，她尝试了新的蓝调民谣曲风，俱乐部外的人行道上也站满了排队等候进场听她演唱的歌迷。

在“走向自由”游行结束之后的几周里，贝里·戈迪花了许多时间在西大道的摩城工作室听马丁·路德·金的演讲录音。[12] 戈迪只要一听就能判断出一个作品能否成为金曲。他觉得，金的“梦想”凭借其让人难忘的词句及悦耳亲切的嗓音，或许可以成为金曲。摩城的技术人员已经在现场将它录了下来，现在正制作专辑。这个想法并非戈迪首创。早在 1962 年 9 月，埃丝特·戈迪·爱德华兹就曾写信给金，讨论“把你的一些文字作品、布道和演讲录制成唱片的可能性”。现在这个任务留给了她的弟
233 弟戈迪和才华出众的摩城音乐人来完成。在这方面，马丁·路德·金和他的助手比最独断专行的摩城艺术家还难打交道。信件、电报、电话交谈——协商来来回回进行了几个星期，小到唱片封套上的说明文字的用词，大到版税问题，都在讨论范围内。戈迪视金为朋友，几个月前，这位民权领袖在获得一项商业奖项后给戈迪寄去了一张便条，表达了他的好感和问候，令戈迪备感荣幸。金在便条中写道：“对于自由运动而言，你作为黑人文化的传播者的贡献，与你作为给黑人提供就业机会的音乐企业创始人的贡献，是同等重要的。愿上帝继续给予你智慧和能量，为这项事业服务。”金的话令戈迪很是得意，但涉及金钱和授权时，仍然免不了要讨价还价。

“我对你在星期三打电话给我时提出的一些关于专辑制作和版税的问题表示关切，”戈迪在讨论期间写信给金在南方基督教领袖会议的助手怀亚特·提·沃克尔，“感谢您对专辑质量的关注，我向您保证，我们将为此负

责。我们已经向金承诺，每售出一张专辑，金都将获得 40 美分的版税，在专辑发布的时候预付一千张专辑的版税。我敢保证，您调查一下就会发现，这是一个再公平不过的安排。我们是一个不断成长的唱片公司，我们自成立以来已经建立起良好的诚信口碑和高品质的声誉。目前，我们所推出的一些单曲和唱片都位列全国畅销榜单的前列。”

所有这一切都围绕着一点，那便是：戈迪绝不会在版税问题上让步。戈迪使出了惯用的谈判手段：“如果我们想在版税税率上讨价还价的话，就会把起始税率给得更低，那样才有讲价的空间。我们将所有制作专辑的成本考虑在内，直接给了你们一个实在的价格。每张专辑 40 美分的版税起点是我们可以给出的最好价格，我们同时还希望盈利。虽然我们是以拯救世界为出发点来制作这张专辑的，但专辑始终是商业产品，我们不可能在生产高品质商品的同时不考虑盈利。”戈迪坦言，成为“救世主的渴
望”的确是他制作这张专辑的三个考虑因素之一。“首先，我们觉得，通 234
过我们国内外的分销中心发行这张专辑，我们能为捍卫人类尊严的事业贡献自己的一份力量（我们已经为科博大厅捐赠了 500 美元），使金牧师和他的组织能获得世界的认可和支持；其次，我们希望您的专辑成为我们公司为争取自由的斗争所发行的系列专辑中的第一张；最后，我们是一个年轻而积极向上的公司，我们希望成为第一家以最优作为商业宗旨的公司。”

合同最终于 8 月 5 日签订，版税没有发生变化。几个星期后，戈迪前往亚特兰大，在一场为支持华盛顿游行而举行的义演音乐会上将专辑的首张副本交给金。戈迪当场宣布，专辑将于 8 月 28 日，也就是游行的当天发布，这张专辑将成为他的“自由”系列专辑中的第一张。戈迪说：“我们意识到，未来几年，1963 年的黑人反抗将同美国大革命和匈牙利起义一样，成为重要的历史事件，所以我们选择记录下这场运动的领袖们的发言。我们很高兴，金牧师在底特律的演讲成为这个系列的处女作。”华盛顿大游行的发言和音乐或许就是下一张专辑的内容。

底特律已经与华盛顿的游行紧紧联系在一起，摩城唱片则发挥着音乐支持的作用。戈迪并没有公开参与政治。他没有像哈里 · 贝拉方特（Harry

Belafonte）、奥奇·戴维斯（Ossie Davis）、鲁比·迪（Ruby Dee）、迪克·格雷戈里等黑人艺人那样参与游行，发表讲话，或者利用自己的名望给运动造势。从他给怀亚特·提·沃克尔的信就能清楚地看出，他不会让任何其他因素凌驾于他的商业利益之上。然而，他的贡献还是被忽视了。历史学家苏珊·史密斯从《街中曼舞》(*Dancing in the Street*)①中总结出了一个深刻的观点：戈迪更接近于自给自足的黑人民族主义理想，而不是像音乐行业中的许多其他黑人那样更多地与真实的运动联系在一起。就戈迪个人而言，他已经做了自己所能做的一切：录制专辑传播金的演讲，并动员他旗下的艺术家参与进来。小史蒂夫·旺达的《指尖（第二部分）》在
235 美国音乐排行榜上名列首位，但在距离游行还有五天的时候，戈迪将他从自己的纽约全明星筹款秀的演出阵容中撤了下来。与他一同被撤回的还有保罗·纽曼（Paul Newman）、乔安妮·伍德沃德（Joanne Woodward）、比利·艾克斯汀、托尼·贝内特、艾哈迈德·贾迈勒（Ahmad Jamal）、卡门·麦克雷以及昆西·琼斯（Quincy Jones）和他的乐团。史蒂夫当时只有 12 岁，但他准备支援华盛顿游行，这也使他与马丁·路德·金建立了友谊，20 年后，他在使金的生日成为全国性纪念日的过程中发挥了关键性的作用。

纽约的活动收益将用于帮助参加游行的人前往华盛顿。底特律有自己的赞助人，其中包括全国有色人种协进会（从一开始就是）、底特律教会理事会、种族平等协会底特律分会、全美汽车工人联合会和工会领导委员会等组织。曾发动一百多人参加伍德沃德大道游行的胡德牧师和他的普利茅斯公里会教堂帮着预定巴士。全美汽车工人联合会和工会领导委员会预计，至少有两千名汽车工人乘车去华盛顿参加游行，另外还有来自底特律教会和民权组织的至少一千人也将参加游行。多数人会通过专车车队或过夜火车在 8 月 27 日晚上七点离开底特律，在游行开始前几个小时到达华盛顿特区联合车站。

相比“走向自由”游行，鲁瑟和汽车工人联合会在“华盛顿大游行”

① 由玛莎和万德勒斯合唱团演唱的歌曲。

中扮演着更加重要的角色。[13] 在底特律的游行中，尽管鲁瑟和金一起走在前排，并在科博大厅发表了演讲，但他只是参与了一些不相关的组织工作，不受克利奇牧师和底特律人权理事会的黑人激进派的欢迎。像许多政治家一样，他在全国舞台上的地位可能比在底特律更为重要。他和他的工人联合会对金的非暴力联盟也十分重要，既能争取白人的支持，又能为金的事业筹措资金，积累资源。

工作之余，富兰克林在底特律工会领导委员会的酒吧喝酒时，终于被说动，同意鲁瑟参与底特律游行活动。但说到华盛顿的游行，鲁瑟和汽车工人联合会从一开始就参与其中。在两次游行中，鲁瑟的任务都一样：扩大联盟，努力确保游行和平进行，维持与可能会支持黑人民权立法的主流 236
白人或国会议员的关系。鲁瑟通过其长期助手杰克·康威（Jack Conway）影响游行领导层做出了另一个关键决定，将集会地点从国会大厦挪到林肯纪念堂。这个安排使集会远离了立法者，提供了一个威胁更小、更具包容性的历史性共鸣环境。最终说服游行领导人同意这一举措的一个关键因素是，鲁瑟同意（使用由他领导的劳联－产联的产业工会部门的资金）支付近 1.9 万美元的费用建造一个音响系统，使声音甚至能传入林肯纪念堂台阶前面积广大的倒影池。这是底特律在那个意义非凡的夏天里为华盛顿大游行提供资金支持的又一例证。

鲁瑟希望整个劳联－产联都能支持游行，但乔治·米尼对此表示反对，并在 8 月 12 日举行的执行委员会会议上带头彻底否决了这一想法。米尼最想做的是让大家都知道工会支持民权立法，个体工会如果想参与进来的话是可以独立行动的。鲁瑟和米尼向来不和，而这一次，米尼的做法成为他们关系破裂的导火索。鲁瑟说，米尼的支持“太无力了，必须输一次血才能使之维持下去并让公众了然于心”。几个大的工会组织，包括国际妇女服装工人联合会在内，都参与了进来，但没有哪个组织的投入程度超过汽车工人联合会，它的整个领导层都从底特律“团结大楼”办公室转移到华盛顿市中心的酒店房间，与游行组织者联合办公。

早在 4 月时，鲁瑟直接给肯尼迪总统打了电话，敦促他从密西西比州撤出所有联邦资金，理由是在州隔离政策下，“太多公民的宪法权利受到公开的、明目张胆的侵犯”。7月，他在众议院司法委员会为民权法案作证，公开反对任何形式的妥协，并说道：“在这个法案中，你如果向任何一个原则妥协，哪怕是极小的让步，都会让一个迫切指望你来带头的民族失望。”
237 这样的例子有好几个，这是其中两例，它们表明鲁瑟展现出的进步性已超出白宫所能接受的程度。不过，他的社会变革理念还要依赖政府权力来造福百姓，因此他小心谨慎，希望自己不要离肯尼迪政府太远。在距离华盛顿集会还剩最后几个小时的时候，他几乎成了他们的代言人，主要负责让其中一位关键演讲者的措辞不那么肆无忌惮，这位演讲者便是学生非暴力协调委员会的主席约翰·刘易斯（John Lewis）。刘易斯的演讲稿在游行前一天晚上传到了到肯尼迪的司法部和鲁瑟的汽车工人联合会的工作人员那里，引起了高度关注。在演讲稿中，刘易斯将华盛顿贬低成一个“卑鄙的政治领导人用不道德的妥协成就事业”的地方，指出提出民权立法的时间太晚，程度太轻，并宣称：“如果我们的社会要发生什么激烈的社会、政治和经济变革的话，人民大众一定会将它们兑现。”鲁瑟后来向汽车工人联合会的领导层解释，它听起来像是学生非暴力协调委员会主席在“呼吁公开革命”。

已加入联盟的主流白人宗教领袖不能接受这样的措辞。红衣主教帕特里克·奥博伊尔（Patrick O’Boyle，华盛顿总主教）看到刘易斯演讲稿的副本时表示，他不会响应这样的号召。在游行当天早上，鲁瑟与金和其他游行领导人开会，硬是将这个问题提了出来，据鲁瑟后来回忆，他当时说：“如果约翰·刘易斯坚持要作这个演讲，他可以去别的地方，但他没有权利在这里大放厥词，因为如果他试图这样做，便会破坏我们联盟的完整性……这是不道德的，他没有权利这样做，我要求立刻进行投票，因为我必须去叫大主教了。”如果说刘易斯最终投降了，这显然有点夸张。他的演讲依然措辞激烈，但一定程度上有所缓和，足以让奥博伊尔改变态度。最后，人们并未发觉这一天有任何不和谐的声音，金的加强版梦想演讲给人们留下的印象如此深刻，足以让他们忘掉一切。

鲁瑟那天下午也发表了讲话，就在刘易斯讲话之后。“我支持民权运动，既是因为民权作为社会道德问题，关乎人类的尊严，也是因为我相信自由是人类不可剥夺的价值，被剥夺了自由的人不能算完整意义上的人。238
当公牛康纳带着他的警犬和消防水管破坏伯明翰地区自由的时候，他也破坏了我在底特律的自由……我们必须明白，如果否定了伯明翰的自由，就谈不上保卫柏林的自由。这次集会不是结束，而是开始。它是一场伟大的道德圣战的开始……我们必须完成未竟的民主事业。”鲁瑟的传记作家尼尔森·利希滕斯坦将其描述为“一次精彩的演讲”，但他也指出，“这可能是一种结束”。根据利希滕斯坦的分析，20 多年来，类似的谈话已经贬低了鲁瑟所谓的社会民主言论的价值。事实上，1963 年的夏天也许刚好是一个转折点，美国自由主义话语完全脱离“新政—公平交易—劳工党”的轨道，进入种族划分主导一切政治的时代。

漫长的一天。这次的游行活动，从商场播放小史蒂夫的《指尖（第二部分）》开始，以金的梦想演讲结束。终了之时，夜幕缓缓降临到神圣的广场，25 万多人陆续返回巴士、火车和轿车，等着被送回纽约、费城、匹兹堡、芝加哥、亚特兰大和底特律。金、鲁瑟和其他游行领导人被再次请到白宫与肯尼迪总统会面。在底特律的“走向自由”游行的前一天，他们最后一次在那里齐聚，总统担心华盛顿的游行可能会适得其反，阻碍民权立法的进程。最终，游行成功进行，没有发生严重的意外事件，金的演讲压倒了当天所有人的讲话，使全国为之一振。现在，在总统办公室，金不太巧妙地试图转移关注点，问总统是否听说过沃尔特·鲁瑟。肯尼迪说：“哦，我听说过他很多次了。”

贝里·戈迪不久便意识到，相对于金在华盛顿的演讲，他为金推出的第一张专辑在公众眼里已变得无关紧要，发售的第一天它基本上没有动销。[14]
谁又在意底特律的那场梦想演讲呢？在底特律以外的城市几乎没有人知道它，何况现在一个更为振奋人心的版本已经成了家喻户晓的经典。也许《华盛顿邮报》完全错过了这次事件的精彩时刻，但金的演讲给他们带来了前所 239
未有的震撼，游行结束不到一个星期，他的演讲便有了一个不朽的名字——《我有一个梦想》。底特律的梦想演讲已彻底过时，华盛顿的这个续集则确实值得做成唱片，虽然这一次的困难远远不止版税上的金钱纠葛。制作了金的演讲录音的摩城和另外两家唱片公司，即 20 世纪福克斯（20th Century-

Fox）和迈斯卓先生（Mister Maestro），最后被金和负责组织游行的民权运动联合领导委员会（United Civil Rights Leadership）起诉，理由是侵犯版权。他们在法庭的起诉书中主张："侵权录音继续在市场上发行，必将严重损害民权运动联合领导委员会通过销售原告的演讲录音获得资金的能力。"

最终，金本人在案件中提供了一份宣誓证词，以几点事实解释了底特律演讲与华盛顿演讲的区别。他的律师们称，底特律演讲没有版权的事实并不对金第二次演讲的版权构成损害，而戈迪是在凭事后之明利用金的不朽演讲为自己谋取商业利益。金在宣誓口供中称："1963 年 6 月 23 日，数千人自愿聚集一堂，穿过密歇根州底特律市中心的街道，举行和平集会，而我在一个叫科博大厅的礼堂进行了一场演讲。如上所说，经我同意，我在底特律发表的演讲由贝里·戈迪在西大道 2648 号的录音工作室——摩城唱片公司进行录制……在上述被录制的演讲中，我说过'我有一个梦想'……但将底特律的演讲命名为《我有一个梦想》的人不是我，上述贝里·戈迪的录制团队，在看到上述表达因我在华盛顿游行演讲中使用而广为接受后，从我在底特律的演讲中将其摘录出来定为标题。"

金在他的宣誓证词中指出，虽然这两篇演讲稿都有关于"梦想"的短
240 语和其他相似的用词，但是华盛顿的演讲"从整个文本来看完全不同于我在底特律科博大厅所发表的演讲……虽然我在 8 月 28 日华盛顿演讲的后半部分使用的许多词句与底特律演讲的后半部分相似，但我在华盛顿演讲的后半部分还有许多词不同于我在底特律的演讲。我同意记录、分发和销售任何从我在密歇根州底特律的演讲中所摘录的部分，但无论过去还是现在，我都不认为其中包括我在 8 月 28 日所发表的演讲的声音记录"。

戈迪在金提起诉讼后向金发了一封电报进行说明，他记得，金的律师克拉伦斯·琼斯曾说他们可以继续制作专辑，但"如果这不是真的，我们将立即把专辑从市场上收回。撤回这张专辑会给我们带来经济损失，但我们还是准备这样做，以此作为我们对民权组织团结事业的贡献"。最终，双方达成协议，摩城唱片继续制作专辑，为金和他的组织提供比现在更高的版税，底特律演讲的那张专辑几乎不再被提起。

在参加华盛顿游行的几千名底特律人中，有两名是市议会成员：梅尔·拉维茨和小威廉·T. 帕特里克。这两名底特律政治家，一位是白人，一位是黑人。[15] 游行结束后，两人一起站在林肯纪念堂的台阶上，手拉着手唱起自由颂歌，然后返回底特律，更加坚定地推动他们在那年夏天共同发起的开放住房立法。帕特里克是委员会中唯一的黑人成员，而拉维茨作为韦恩州立大学的社会学博士，在他的学术和政治生涯中致力于研究城市动态发展和如何改善居民生活。底特律过去、现在和未来的问题与麻烦成了拉维茨生活的动力。他不仅对眼前之事了如指掌，而且颇有远见。他专注于社区研究，关注其异常状态和恢复手段。50 年代中期，在为底特律的 241
计划委员会工作期间，他曾试图扭转麦克大道东侧街区的状况。

拉维茨在议会里是公认的书呆子，戴着角质框眼镜，叼着烟斗，十足像个大学教授。他充满热情且头脑清醒，对底特律的穷人和边缘人物抱有同情，但他明白问题错综复杂，光有善意不足以解决问题。他在 1958 年为社会学杂志《阿尔法－卡帕－德尔塔》（*Alpha Kappa Deltan*）撰写了一篇文章，对底特律市正在进行的城市改造可能引发的问题做了分析。他预言，黑人将“进入附近的中老年社区。在这些社区里，许多白人已经离开或正在离开。他们离开后，留下了许多坚固的、被照料得很好的房子”。问题的关键在于新居民经济能力差。“一些白人和黑人没有经济能力买房子，却还是买了房子，于是他们很快就失去了土地合同……有时几个家庭一起购买一套只能容纳一个家庭的房子，两三户或四户一起解决首付和月供。这种过度的拥挤不仅加速了白人中产阶级的外迁，也阻碍了黑人中产阶级居民在此永久居住。（很明显，白人离开要比黑人入住更容易。）住房和经济压力使这些中老年社区在接下来的十年中逐渐沦为贫民区。”

在 1961 年当选为议会议员时，拉维茨努力寻求解决这个城市难题的办法。他认为房东对贫民区的问题负有部分责任，并提出，如果房东不能充分维护他们的财产，那么市政府应该没收他们收取的租金，并用这些钱进行必要的改造。他认为，从长远来看，要想解决白人流失、资金外流和税收外流等更大的问题，唯一合理的方法是建立一个大都市政府，要让城市的主导产业——尤其是汽车制造三巨头——对底特律和它的社会福利负起

更大的责任。关于房东的法案一直没有通过，大都市政府的概念也从来没
242 有实现过，而三巨头对城市的承诺也并不牢靠，还会受制于其他一些让它们束手无策的因素：汽车工业几十年来一直在撤退，工作岗位逐渐流向其他城市、其他州乃至其他国家。

帕特里克拥有密歇根大学的法律学位，他一直是底特律政界的先锋人物，也是20世纪第一个进入议会任职的非裔美国人。自1957年当选以来，他就与拉维茨联手解决经济和种族问题。在50年代末底特律经济衰退期间，他协助建立了一个委员会，旨在保护底特律工薪阶层免于因强制回收而失去房子。他还推动了警察部队的整合，支持局长爱德华兹对警察局的改革，并与市长卡瓦纳一起落实通勤税政策，以缓解市政府的财政困难。

对拉维茨和帕特里克来说，他们提出的开放住房立法不仅仅是城市政策问题，更是势不可挡的平等和民权运动的一部分，是罗姆尼和他的两位民主党前辈试图在国家层面实现的目标的地方增强版。任何人因种族、肤色、信仰、民族、族裔或血统而在房屋的出售、租赁方面对他人进行区别对待，就是违反规定，并将受到美国专门法院规定的30天监禁或100美元罚款的处罚。这项法案最为大胆，同时也是迄今为止最具争议的地方，是它禁止个人私有房主的歧视，这意味着个人在出售房子或出租公寓时不能依据种族来选择出售或出租房屋的对象。唯一例外的是私人住宅的单个房间。

住房隔离。没有什么问题比这一点更能清楚地体现底特律的种族裂痕了。一边是白人房主团体，他们说他们为人权而战，为他们社区的神圣和安全而战。另一边是非裔教会和社会团体、白人和黑人宗教领袖以及20年前（1943年种族暴乱后）建立的底特律社区关系委员会，他们都试图弥合
243 城市的种族鸿沟。8月，距离华盛顿游行还剩几周时间，社区关系委员会在花费数年时间整理出住房问题中的种族歧视事件后，以6：1的投票结果通过了《帕特里克－拉维茨法案》。在他们整理的种族歧视案件中，发生时间最近的一宗案件涉及雷蒙德·罗伯逊（Raymond Roberson）的悲剧——他在格拉希厄特和七英里路附近一直没能租到公寓。

罗伯逊是一位黑人盲人，[16] 曾作为钢琴调音师在格林内尔兄弟音乐厅位于凯利路的分部工作。他告诉社区关系委员会，1962年年底刚到底特律

时，他联系了 40 位左右的房地产经纪人，得到的答复都是他们不会或不能把公寓租给黑人。一位经纪人建议他看看格拉希厄特和菲尔–克莱斯特附近的房子，但他去了那里的第二天就被告知，有人已经付了定金。城市联盟的一位调查员继续跟进，结果发现，附近的邻居发现有黑人来看公寓时，会向房主和经纪人施加压力，不让他们把房子租给他。看到报纸上的广告时，罗伯逊再一次尝试，他先打电话咨询，称自己是一个盲人钢琴调音师。只有一个房东同意和他见面，但当他赶到见面地点下了车后，女房东称病，拒绝与他谈话，等到第二天他再打电话给房东时，她说公寓不再出租了。根据委员会的档案，罗伯逊在工作地附近一直找不到公寓，而这只是众多类似事件中的一例。

《帕特里克 – 拉维茨法案》的反对者不仅试图让这一法案流产，还提出了一个允许他们以财产所有者“免受干涉”的名义继续歧视黑人的替代法案。[17] 历史学家托马斯 · J. 萨格鲁（Thomas Sugrue）是研究底特律种族发展动态的头号专家，他指出，当时“越来越多的底特律白人认为，开放住房的倡导者属于一个阴谋集团，这个阴谋集团聚集了政府官僚、民权组织和自由主义宗教团体，其中的许多人受左翼思想的影响，牺牲白人房主的利益来进行他们的社会工程实验，为‘受压迫集团’谋利益——在这个过程中否定私有财产权和民主原则”。两场开放住房委员会听证会（一场在 6 月举行，另一场在 9 月中旬举行）的记录都印证了萨格鲁的分析。 244

声称代表了 250999 名选民的大业主委员会主席托马斯 · 波因德克斯特（Thomas Poindexter）说，这项法案的政治动机过于明显，大业主委员会或社区关系委员会的成员，只要同时也是全国有色人种协进会的成员，就会存在利益冲突。他认为，没有必要制定《帕特里克 – 拉维茨法案》，因为黑人在底特律交了好运，其中一些人可以“买得起比我能买到的更好的房子”。全国公民协会的唐纳德 · 萨金特（Donald Sargent）说，黑人和白人的“天性”不同 ，如果黑人“能尊重我们的婚姻传统”，那么白人会很欢迎黑人成为他们的邻居。东北业主委员会的安德伍德先生（Mr. Underwood）说，一个秘密政府在背后支撑着这项法案，而支持它的教会应该交税。温盖特业主协会的道奇先生（Mr. Dodge）说，这项法案的背后还有共产党人的支持。斯蒂佩尔公园市民协会的鲁兹先生（Mr. Lutz）称，帕特里克的观点“有一定的颠覆性”。格拉希特－康纳斯业主协会的克里斯蒂先生（Mr. Christie）说，社区关系委员会是“不切实际的社会改良家和巫师猎人组成的团体，应该废除”。大贝尔蒙特市民协会的沙利文先生（Mr. Sullivan）谈到了遗传学，认为开放住房是向无阶级社会迈进的一步。雷德福市民协会的福尔克斯夫人（Mrs. Fulks）则称这是向思想控制的极权立法前进一步。另一位反对者是密歇根财产权保护委员会的奥维尔·F. 谢伍德（Orville F. Sherwood），他也是格罗斯波因特分数制度的管理者和约翰·伯奇协会的有偿组织者。

9 月 26 日，市长卡瓦纳现身公开支持《帕特里克－拉维茨法案》。“我亲爱的底特律同胞：我一再被要求声明我对开放住房的立场。为了表明我的立场，我决定发表这则声明。一直以来，我本可以对这个重要议题保持沉默。从政治的角度来说，这样做是明智的。然而我的良知不允许我这样
245 做。我相信，歧视是一种罪恶，它与我一直以来所接受的一切宗教义务以及我对广大市民同胞的义务背道而驰。在我看来，开放住房法案是通向底特律人民真正互相了解的坦途的重要一站。底特律不是，也不应该是另一个伯明翰。长期以来，全国各地的人们都对底特律成熟的种族关系表示赞赏和钦佩。底特律的方式，就是用沟通代替障碍，用和平代替暴力，用容忍代替偏执，用理解代替仇恨。”

第二天，卡瓦纳的办公室收到一封信，写信人是住在底特律西北部菲尔丁街的 W.G. 莫纳威克（W. G. Morneweck）。“肯尼迪以下的所有市长、议员、律师、传道士、牧师，你们住在离黑人住宅区多远的地方呢？当你们的伙伴实施你们所宣扬的东西的时候，我会听从，然而直到……黑人被教导得与白人一样的时候，我们才会与他们一起生活。我在福特当了 23 年工头，手下黑人和白人都有。发生种族暴乱的时候，两三个黑人男孩来到我身边，问我是怎么想的。我告诉他们，除非黑人和白人都成为基督徒，否则他们永远不会和谐共处。”

10 月 8 日，星期二，投票日。近三百人挤进了议会大厅观看整个投票过程。最终的投票结果是 7 : 2，法案没有通过。只有帕特里克和拉维茨投

了赞成票。

作为回应，一些失望的地方民权活动家开始到处发传单，他们希望这些传单能传到全球各个地方。他们对开放住房的投票结果感到不满，但他们所针对的不是波因德克斯特、谢伍德和那群持反对态度的私有房主，而是由市长卡瓦纳、州长罗姆尼和底特律体育俱乐部的大佬们共同主导参与的向世界出售底特律的宏大计划。“美国并没有资格承办 1968 年奥运会，”传单上写道，“奥运会代表公平竞争……公平竞争并没有成为底特律和美国所有公民生活的一部分。”[18]

247

第十六章　底特律精神

国际奥林匹克委员会主席艾弗里·布伦戴奇[1]即将来底特律访问的时候，理查德·克罗斯对不能到场迎接表示遗憾。克罗斯是一位律师，在底特律声誉斐然，罗姆尼当上州长时，他取代罗姆尼成为美国汽车公司的首席执行官。在布伦戴奇重回他出生的城市那天，克罗斯正在加州给西部汽车经销商作演讲。几天前，克罗斯在自己位于市中心、可以俯瞰底特律河的佩诺布斯科特大厦顶层的律师事务所写了一封信给布伦戴奇，表示他一直期盼着主席的到来。在信中，他以一位老同事的口吻，同时带着律师的逢迎之语，向布伦戴奇表达了自己的想法，就像他 10 年前做的那样。那时，他通过谈判成功使纳什–凯文内特公司和哈德逊汽车公司合并为美国汽车公司，使自己名声大振。

在信的开头，克罗斯回忆起他们 1963 年在圣保罗的奥运之旅中相见的情景：“5 月初巴西一别后，我就一直很忙，那天我们在雅拉瓜一起吃饭的愉快场景就像发生在昨天。相信我，艾弗里，底特律对奥运会的热情是持久而高涨的。自从我 20 年前开始与弗莱德·马萨伊一起为底特律工作以来，我必须承认，我心中从来没有像现在这样热切地希望底特律能承办这
248 届奥运会，我希望你能认可这种乐观的态度，我们毫无疑问将竭尽所能保证完成任务，绝不出差错。这里的每个人都热切期盼您能在 9 月 10 日来底特律，期待向您展示这座城市发生的许多变化，以及它已经具备和将会具备的优良设施。”

“将来”指的是选址于密歇根博览会会场的奥林匹克体育场，该场馆尚未建成，但已经获得州立法机构的批准。在 1968 年夏季奥运会举办城市的竞选中，底特律是决赛入围者中唯一还没有符合要求的体育场的城市，

这可能是底特律的弱点。相比较而言，由于之前未能击败底特律成为美国候选城市，洛杉矶在场馆建设方面下足了功夫。克罗斯想让布伦戴奇知道，体育场虽然还没有建成，但已是一个既定事实。同时，为了提供更有力的证明，他指出，州长罗姆尼已派他去体育场委员会监督体育场的建设工作。克罗斯自认为是可信赖的人，并认为布伦戴奇是奥林匹克纯洁性的突出体现者，将他奉为这座城市和整个国家的骄傲："我期待着有一天可以与你一起步入体育场，登上主讲台，看着你宣布 1968 年奥林匹克运动会开幕。同时，我期待着你作为一个伟大的美国人和杰出的底特律人登上荣誉的殿堂，因你一生中对倡导业余体育运动所作的巨大贡献受到表彰。"

克罗斯还参与了许多底特律的公民事务，同时为罗姆尼州长的州民权委员会和卡瓦纳市长的社区关系委员会工作，在那里他主要负责为开放住房政策提供支持，并留意这个问题所引发的种族摩擦。他的信件在底特律市议会否决《帕特里克－拉维茨法案》几个星期前到了布伦戴奇手里，然而无论投票结果如何，之前早就有迹象表明了会有问题出现。正如卡瓦纳沉浸在"走向自由"游行的余温中一样，克罗斯坚持说底特律是民权典范，比其他城市都走在前头。克罗斯断言："我碰巧也是根据新密歇根宪法建立的民权委员会的成员，你我都知道，芝加哥、纽约、费城和许多其他城市的社区都存在着各种问题，但我可以告诉你，底特律有一个稳定而和谐的 249
社区，它处理种族问题的方式十分成熟。"最后他总结道："我知道国际奥林匹克委员会的每个人都在看着你，想探出蛛丝马迹，看你是否同意选择底特律作为比赛地。我相信你在看到我提供的证明后会表示同意，因为我知道，过去你对底特律和其他美国城市在现有情况下克服民权运动浪潮带来的不稳定因素的能力持怀疑态度。"克罗斯说，尽管那天他不得不待在加利福尼亚，但布伦戴奇可以放心，"底特律的优秀公民将在第十届奥运会上向他献上最隆重和最热情的欢迎仪式"。

布伦戴奇乘坐美国航空公司 416 号航班从芝加哥起飞，于 10 时 37 分到达底特律。[2] 等着迎接他的有底特律奥林匹克竞选史上的元老级人物老弗莱德・马萨伊，以及美国奥林匹克委员会副主席道格拉斯・罗比。罗比是底特律人，掌握着奥林匹克运动界的最高权力，是国际奥林匹克运动会的三位美国投票成员之一，另外两位美国人就是布伦戴奇和洛杉矶的约翰·朱伊特·加兰（John Jewett Garland）。加兰是一位富有的房地产大亨，他希望洛杉矶赢得提名。因此，底特律人十分担心，加兰作为《洛杉矶时报》继承人的丈夫和帮助洛杉矶成功申办 1932 年奥运会的功臣的儿子，是否会把票投给底特律。在一些信件和谈话中，他经常对底特律申办奥林匹克的资格和机会表示怀疑。在布伦戴奇最近的一份笔记附录中，加兰用讽刺的口吻聊到了一些他在波希米亚树林（Bohemian Grove，北加利福尼亚州最为独特的露营度假地）散步时从一个底特律老汽车人那儿听到的话。“附：当我在波希米亚树林散步时，我听克莱斯勒前总裁 K. T. 凯勒（K. T. Keller）说，他认为奥委会会以 3 : 1 的票数反对底特律举办 1968 年奥运会。我很想问他是否引用的是罗比在去年秋天制作的‘书’中预测的概率。”如果加兰不是底特律的朋友，布伦戴奇的支持将变得更加重要。

布伦戴奇在底特律的第一站是现代化的会议中心科博大厅[3]，他坐
250 在电动高尔夫球车的后面，绕着河滨的庞大设施行进，那里将作为奥林匹克的活动中心。随后，一行十人来到底特律体育俱乐部与市长卡瓦纳、州长罗姆尼以及底特律奥林匹克委员会的成员共进午餐。这个精英团体除了罗比、弗莱德·马萨伊父子外，还包括亨利·福特二世的弟弟本森和威廉·克雷·福特、底特律爱迪生公司主席沃尔克·希斯勒（Walker Cisler）、《底特律新闻》的编辑马丁·S. 海登、美国航空公司副总裁杰克·汤普金斯（Jack Tompkins）、通用汽车的广告代理商坎贝尔 – 埃瓦尔德广告公司总裁托马斯·B. 亚当斯、建筑师路易斯·罗塞蒂（Louis Rossetti）以及房地产大亨小阿尔弗雷德·格兰西（Alfred Glancy Jr.）。格兰西将庞恰特雷恩酒店带回底特律，并一度成为曼哈顿帝国大厦的股东，他对自己的世界级微型火车模型收藏颇为自得，经常在格罗斯波因特肖尔斯的豪宅开派对进行展示。卡瓦纳在午餐开始时先向大家表达了问候，称赞布伦戴奇是一个“建设者和行家”，并特别在午宴上介绍了两位黑人官员：市议员帕特里克和市政府主计长阿尔弗雷德·佩勒姆。午餐后，卡瓦纳带领布伦戴奇乘直升机游览底特律，俯瞰奥运会的各个举办场地。

他们先是在奥林匹亚体育场的上方盘旋，这里过去叫老红色谷仓，拳

击、摔跤和篮球等项目的比赛会安排在这里进行。尽管奥林匹亚体育场自1927年成为底特律红翼队[①]的主场以来已经有些年头了，但这个选址和名称并不算坏。左手边的韦恩州立大学附近是未来奥运村的所在地。接着是底特律大学的室内田径场，此地将作为另一处室内赛事举办地。密歇根州博览会会场的赛道那里未来会建一座有十万个座位的奥林匹克体育场。再往回看就是圣克莱尔湖和格罗斯波因特游艇俱乐部，帆船比赛的场地就安排在那儿；贝尔岛、底特律游艇俱乐部和那片平静水域将用于承办赛艇比赛；东杰斐逊的布罗德黑德·阿默瑞将用于举办击剑和举重比赛。最后，他们回到科博大楼楼顶的直升机停机坪。布伦戴奇得赶下午5点50分的飞机回芝加哥，因此，在底特律奥林匹克委员会总部稍作停留后，他便与马萨伊、罗比和汤普金斯一起从市中心回到机场。

汤普金斯后来向市长卡瓦纳提交了一份行动报告，详细说明了他在这
次行程中听到的一切，以及候机时他们在美国航空公司贵宾俱乐部休息室 251
招待布伦戴奇时所说的话："我已经和艾弗里一起在奥委会工作了20多年，从未发现他像现在这般热情亲切，底特律承办奥运会的能力令他颇为震惊。全新的《底特律精神》雕像、崭新的建筑和正在发生的变化给他留下了深刻印象，当然，印象最深的还是科博大楼。"汤普金斯注意到，一贯谨慎的布伦戴奇这一次甚至开始帮底特律出谋划策："他指出了他认为我们所具有的优势，以及我们该如何利用这些优势，还主要从政治方面对美国的劣势作了分析，并给我们提供了应对的建议。总而言之，他的到访显然意义非凡，我们成功地让他看到了我们承办奥运会的诚意和能力。他多次提到他多么感怀在底特律体育俱乐部和直升机上与你共度的时光。他强调，你的热情、你对奥林匹克需求的了解以及你对承办奥林匹克运动会的渴望都让他难以忘怀。"汤普金斯最后说，他和妻子即将前往东京、香港、曼谷、德里、卡拉奇、德黑兰、贝鲁特、伊斯坦布尔、罗马和巴黎，拜访这些地方的奥委会成员，进行广泛游说。最后他们将到达德国度假小镇巴登－巴登，在那里等待国际奥林匹克委员会做出最后的决定。

---

① 底特律职业曲棍球队。

布伦戴奇的到访使民众重新看到了希望。一本宣传底特律的超大尺寸的精装书已经送到了国际奥委会全体成员和包括罗姆尼州长的团队在内的世界各地的政治家手中，好评如潮。[4] 书的封面上附着一张《底特律精神》雕像的彩色照片，向世界展示底特律最好的一面：在 1962 年底特律车展上，如潮的人群在科博大厅里反复打量着新车；摩天大楼耸立在底特律河畔，那里被称为“世界上最繁忙的水道”；鲁日河厂房的钢熔液热气腾腾；一大批闻名世界的底特律人，如亨利·福特和沃尔特·鲁瑟、克莱斯勒和道奇、山崎实和沙里宁（Saarinen）①；老虎体育场的球赛；肯尼迪在布克–
252 卡迪拉克外的一场集会上演讲；人们成双成对地在市长卡瓦纳最爱光顾的伦敦餐馆享受美食；在世界最高的百货大厦 J. L. 哈德逊大厦展出的商品和人体模型；学生在底特律美术馆上艺术课；晚上的街市灯火辉煌，大红色霓虹灯广告牌已成为 47 层楼高的佩诺布斯科特大厦的标志；当然还有在市–县政府大楼召开的底特律奥林匹克委员会会议。就连底特律在美国的对手也被打动。加州州长埃德蒙·G. 布朗（Edmund G. Brown）写道：“如果你作为州长能使底特律像宣传册上描述的那样好，那么你无疑是伟大的，这是我见过的最好的书，你和你的市民值得夸耀。”

有一次，罗姆尼与小康·多诺万（Con Donovan Jr.，一家出版公司的副总裁，旗下拥有《体育》杂志）在机场候机厅偶遇。随后，多诺万又访问了底特律坎贝尔–埃瓦尔德广告公司的总裁汤姆·亚当斯，而亚当斯也是底特律奥委会的主要成员之一。之后，《体育》杂志刊登了一篇言之凿凿的社论，在各个报摊销售火爆，社论对这样一个伟大的体育城市为什么应该举办奥运会进行了分析：“一年又一年，在起起落落中，大批热情的体育迷开始支持老虎棒球队、底特律雄狮队和底特律红翼队……底特律以及附近社区的人们都热爱体育运动。”9 月 15 日《底特律新闻》周日版开辟了一个专门版块介绍“奥运会主办城市”，分析了底特律将如何被选上以及为何会被选上。第二天卡瓦纳来到白宫，下午 4 点，肯尼迪总统签署了联合

---

① 美国建筑师，代表作有通用汽车公司技术中心（1948—1956）、圣路易市杰斐逊国家纪念碑（1960）、麻省理工学院礼堂和小教堂（1955）、美国环球航空公司候机楼（1956—1962）以及华盛顿杜勒斯国际机场候机楼。

第 72 号决议，表示国会将全力支持底特律。布伦戴奇不能出席，但向总统新闻秘书皮埃尔·塞林格传达了积极的消息：“我刚刚从底特律回来，在那里我见到了市长卡瓦纳、州长罗姆尼和邀请函中的其他许多底特律杰出领袖……我们对肯尼迪总统及其行政部门对奥林匹克运动表现出的兴趣印象深刻，在下个月的巴登－巴登会议上，我想国际奥林匹克委员会（Comité International Olympique）会看到这一点的。”[5]（国际奥委会的官方语言是法语，它的总部在瑞士洛桑，对于喜欢扮演世界公民角色的布伦戴奇来说，253 用法语名字来指称他的组织是再寻常不过的事了。）

对卡瓦纳来说，这次到访华盛顿还有两项比争取国会支持更有实际意义的行动。首先，司法部长罗伯特·肯尼迪给国际奥委会总部寄去了一封信函，保证每个奥运会国家的运动员，包括一些像民主德国那样不被美国承认的国家的运动员，都会获得参加奥运会的资格；其次，肯尼迪总统本人抽出时间为底特律代表团录制了一段短片，将在巴登－巴登会议上展示给国际奥委会。肯尼迪完美地完成了自己的表演，尽管如此，他心里肯定在想着其他事情。一天前，美国三 K 党联合会①成员在伯明翰第 16 大街浸信会教堂的台阶下面布置了一枚炸弹，引起了爆炸，这个教堂在去年春天曾是民权运动的集会点。爆炸波及一群正准备去地下室参加青年布道的孩子，导致四名年轻女孩遇难。其中一个 11 岁的女孩名叫丹妮丝·麦克奈尔（Denise McNair），是底特律居民马修·皮宾斯（Matthew Pippins）夫妇的侄女，现在他们已经离开位于底特律东部圣奥宾的家，正在去伯明翰参加葬礼的路上。

底特律曾五次尝试申办奥运会，但从来没有像这次这样投入如此巨大的热情。是这座汽车城真的有举办奥运会的合理机会，还是它的领导人在自欺欺人？游说的力度之大、范围之广充分体现了他们的信念，他们的时机终于到了。底特律款待了布伦戴奇后，汤普金斯进行了全球范围的游说，研究者整理了国际奥委会每位行使投票权的成员的档案，地方电视台则播放了一系列电视节目来筹集资金以资助将参加巴登－巴登会议的代表

① 亚拉巴马州的三 K 党组织，美国最大的三 K 党组织之一。

团。底特律做了能做的一切，几乎不给对手留机会。他们甚至举行了火炬传递，这通常是上一个奥运会举办城市将举办权传给下一个城市时做的事。这一次火炬将从洛杉矶传到底特律，从 1932 年传到未来的 1968 年，这被
254 称为历史上行程最长的传递，大约 2521 英里。[6] 9 月 27 日上午 11 点，在洛杉矶市政厅，火炬在美国密歇根州参议员、底特律奥林匹克委员会成员菲利普·A. 哈特（Philip A. Hart）的见证下传出，市长山姆·约蒂（Sam Yorty）将两磅丁烷燃料火炬交到两英里赛跑的世界纪录保持者吉姆·比蒂（Jim Beatty）手中，随即开始了火炬传递。火炬从洛杉矶开始传递，沿着 66 号公路穿过加利福尼亚州、亚利桑那州、新墨西哥州、得克萨斯州、俄克拉何马州、密苏里州和伊利诺伊州，一直到芝加哥，然后沿着 12 号公路和 I-94 号公路穿过印第安纳州和密歇根州来到底特律，上百名高中生和大学生参与到火炬传递中，还包括一些气喘吁吁的记者和政治家。整个火炬传递持续了 13 个昼夜，福特捐赠的六辆旅行车组成的大篷车伴随着整个传递过程。

10 月 11 日上午，火炬抵达底特律，[7] 奥林匹克支持者在市政厅外的《底特律精神》雕像前举行集会，这座高 26 英尺的青铜人像盘着腿，双臂伸出，顶部是接收火种的地方。许多参加最后一天行程的传递者都在那里。自火炬开始传递已有两周时间，卡瓦纳市长从最后一位火炬传递者手中接过了火炬，当地的政治家和底特律奥林匹克委员会成员都围绕在他周围。卡瓦纳发言："今天，在《底特律精神》雕像前，我们见证了奥林匹克竞赛的真正精神与美国人民精神的完美结合，老老少少 300 多人带着这个象征美国人民理想和愿望的火炬，历经漫长艰辛的 2600 英里的胜利之旅来到这里……这些奥运火炬手不仅将这个国家的希望和信念带给了这座城市，他们也代表了那些即将前往巴登 – 巴登接受挑战，向世界展示底特律的人。"

与此同时，那天早上，摆在卡瓦纳和他的奥林匹克团队面前的是一项不相干的挑战。大约 50 位民权抗议者（白人和黑人的数目相当）参加了当天的集会，在整个活动中一直发出嘘声和嘲笑。抗议者对市政府三天前否决《帕特里克 – 拉维茨法案》表达不满。市议会的所有九名成员都参加了集会，投反对票的七名成员的名字被念到时，抗议者发出一片嘘声。即使

是曾公开表示支持法案的卡瓦纳也没能幸免。现场奏起国歌时也能听到嘲 255
笑声。集会结束后，抗议者在市政厅前游行示威，举着标语，大意是：一个拒绝平等权利的城市没有资格承办奥运会。卡瓦纳感到很恼火，在他眼里，这些抗议者粗暴无礼，他们在国歌响起时的行为让他忍无可忍。“在国歌响起时起哄、尖叫或做出其他恶心举动的人都应公开道歉，”他说，“这是他们欠这座城市正直的市民的。今天这一小部分失控的团体绝不代表他们本应代表的市民的思想或态度。来自各个民族的火炬接力者都在一起生活，吃饭，奔跑，共同面对困难……在他们的艰辛努力告一段落时碰到这种应受谴责的事件，他们一定像我一样感到无比震惊。”

全国有色人种协进会底特律分会的执行理事阿瑟·约翰逊说，虽然有几个协进会成员参与了抗议，但是他的组织并不支持这种事件。约翰逊说：“我想，任何一个合格市民都不会赞成在国歌响起时发出嘘声。”其中一位抗议者大卫·费因伯格（David Feinberg）后来写了一封信给卡瓦纳解释他这样做的动机。

费因伯格说，1960 年，他在韦恩州立大学读书时参军，之后在军队待了三年。“通过带来物质利益的方式让人民减少对自由和平等的追求，这令我厌恶，”他写道，“不幸的是，我认为底特律人对于奥运会所能带来的荣誉和数百万美元感到非常兴奋，然而他们忘记了我们当中还有一大群人尚未获得充分公平的就业、教育和住房的机会。正是在这种情绪的驱使下，我参加了周五上午的抗议，反对将奥运会带到底特律，哪怕它可能给这座城市带来巨大的经济增长。因为，给我们多少钱可以使我们忘记在第二次世界大战中与种族主义者战斗时牺牲的黑皮肤和白皮肤的美国人呢？我爱美国。我尊重我们国家的建国原则……星期五下午回到家后，我得知我们 256
的国歌被嘘声和尖叫声淹没。我自己没有收到任何通知说现场会奏国歌。因此，我实际上并不能确定自己在国歌响起时是否发出了嘘声。让我说得更清楚一点：如果我事先知道现场会奏国歌，那我一定会立正站好，跟着一起唱。”

《密歇根纪事报》社论版上的一篇长篇社论谴责了示威者的行为。“过去伟大的黑人领袖，从弗雷德里克·道格拉斯（Frederick Douglass）到马丁·路德·金，都是激进的，但他们在为争取黑人完全自由的荣誉和尊严而战时，依然维持了自己的人格与尊严。然而，当斗争的方法变得不光彩和不体面的时候，这种斗争就沦为低层次、低水平的行为。因为只有心胸狭窄的人、种族主义者、愚昧可怜的白人和蛊惑民心的政客才会做出这种毫无原则、令人憎恶的行为，这不是黑人与这些傻瓜一起在泥泞中爬行的借口。”

大多数底特律代表团的官员，除去州长罗姆尼和其他几个后到的，都在火炬接力后的第二天，也就是 10 月 12 日星期六下午，从底特律前往德国参加巴登 – 巴登会议。[8] 小弗莱德·马萨伊和一个由技术人员组成的先遣队伍已经带着三吨半重的设备和展示材料提前到达德国，这些设备和材料都将用于在会议上向国际奥委会介绍底特律。卡瓦纳市长及其夫人率领着代表团的主要成员。黎明时，他们在大西洋上空接到泛美驾驶舱的通知说法兰克福有雾，于是改道伦敦。在机场吃完早餐后，他们乘坐同一架飞机起飞，又被告知，法兰克福机场仍然处于关闭状态，于是他们先飞往斯图加特，以便更好地观察天气。

飞行过程中又有不好的消息传来。根据那个一度拥有过帝国大厦的阿尔弗雷德·格兰西（他在这次航程中记了日记）的说法，“杰罗姆·卡瓦纳提到，WKYZ 电台的戴夫·戴尔斯（Dave Diles）将来自巴黎的报道发回了底特律，在他去往巴登 – 巴登的途中，一个苏联的代表告诉戴尔斯，
257 苏联将投票给里昂，同时还给出了许多理由”。法国里昂是决赛入围者之一，布宜诺斯艾利斯和墨西哥城也入围了。卡瓦纳就这一新问题向底特律爱迪生公司的董事长沃尔克·希斯勒（Walker Cisler）寻求建议，希斯勒是第二次世界大战同盟国远征军最高司令部的公共事业主管，并且和苏联有一定的来往。卡瓦纳说，他会在星期一打电话给白宫，寻求苏联的直接帮助，希斯勒也答应动用他的资源。但除了苏联，加兰也是一个问题。“我们还得到一份报告，称道格拉斯·罗比公开声明，美国人的三票只有两票会投给底特律，洛杉矶的加兰不会投票给底特律。尽管他们被邀请参加了从洛杉矶到底特律的火炬传递启动仪式，但洛杉矶奥委会成员一个都没有

出现，洛杉矶的报纸也没有对此做任何报道。”所有这一切都使格兰西感到担忧，他在日记中坦言：“我对我们能否获胜感到越来越悲观。”

由于斯图加特的天气转好，飞机便降落在那里，代表团选择租用汽车来继续他们去往巴登－巴登的 65 英里旅程。格兰西与希斯勒和马丁·海登一起乘坐一辆梅赛德斯。新闻编辑回忆，斯图加特在战争结束时几乎已经被盟军的炸弹夷为平地。“去巴登－巴登的路十分……巴登－巴登在黑林山的西北角，从瑞士边境算起，位于德国境内的部分大约有 150 英里。我们的车是一辆使用柴油发动机的梅赛德斯，司机是一位郁郁不得志的赛车手。刚到时司机并不知道森林酒店的具体位置，但最后我们总算是安全抵达了。过了一段时间后我们才发现它在城市的郊区，在山的一侧，毗邻一个设施完善的高尔夫球场。

格兰西最后与海登共用一间套房，两间卧室中只有较小的那间有一个浴室，格兰西在这间卧室住下。“沐浴后感觉好多了——虽然我已睡意十足，因为当时已经过去整整 24 小时了（从离开底特律算起）。”但是，他不仅没有休息，反而和海登乘坐出租车来到镇上，首先在国际奥委会开会地巴登－巴登休闲宫停下。（“马丁对出租车司机说‘妓院’，他的发音就中西部德国口音来说实在是太糟糕了……但这也让我粗略了解了朋友的另
一面。”）接着他们前往苏联代表团下榻的酒店，因为海登想要拜访他们，258
后来由于找不到翻译，他们只得作罢，改道去与杰克·汤普金斯和他的妻子金妮共进晚餐。晚餐谈话的内容主要围绕着俄罗斯人将如何投票，又会给新闻记者带来怎样的关注点展开。海登之后便去睡觉了，但格兰西留在休闲宫看汤普金斯夫妇玩轮盘赌……休闲宫同时也是一个赌场。他说，金尼“留下了一点钱，算是她对巴登－巴登繁荣发展的贡献”。

第二天充满谣言和混乱。格兰西和海登回到休闲宫，碰到了小弗莱德·马萨伊，马萨伊看到游说活动的规则改变后表示不满。马萨伊说，起初，入围的四个城市都同意在投票表决前共同为国际奥委会举行一次联谊。“今天我们得知，布宜诺斯艾利斯要在明天中午为国际奥委会举办一场鸡尾酒会，里昂也将在星期三中午宴请除底特律以外的所有人。里昂请来了他们的顶级厨师准备法国美食点心，同时还运来了 500 瓶顶级葡萄酒（然而

里昂代表团有可能自食恶果，因为德国人已经开始皱眉，认为‘他们的食物不是很适合法国酒’）。这里的筹备委员会为这些宴会留出了时间，却没有留时间给底特律，就是为了防止他们举办宴会。我建议今天晚上 6 点 30 分我们整个底特律代表团举行一次会议，讨论这些问题和其他相关的细节。杰里·卡瓦纳也呼吁召开会议。”

底特律奥委会成员承担着一项使命——收集所有参加巴登 - 巴登会议的国际奥委会成员的情报。他们从地理和政治角度对这个团队进行了研究。欧洲有 34 位成员，其中 27 位来自自由世界，7 位来自“铁幕”国家。另外有 9 位来自亚洲，5 位来自非洲，8 位来自中北美洲，3 位来自澳大利亚和新西兰。他们给奥委会的每个成员都准备了游说信，根据其母语使用了从冰岛语到印度斯坦语在内的各种不同语言。他们喜欢什么、不喜欢什么都被写进了报告。（底特律情报收集者指出，法国博蒙伯爵过去一直是名记
259 者，管理着印度支那银行，同时还是赛马会、探险者俱乐部以及一家名为“绅士作家”的俱乐部的成员。）一些国际奥委会成员似乎对奢靡的生活没有免疫力——收受礼物、酒水和女色。但是底特律代表团接到的指示是遵守公平竞争的游戏规则。他们在离开的几周前给卡瓦纳写了一封信，信中，弗莱德·马萨伊先生对这位市长在一次战略会议上指示底特律在巴登 - 巴登活动应该谨慎小心表示赞赏。马萨伊开玩笑说：“在国际奥委会成员面前跳草裙舞是不合适的。”接着他又补充道：“前方的路必定充满挑战，我们任重而道远。关键的一点是，我们必须忘掉自我，站在奥委会成员的立场和角度来审视自己。因此，我很高兴你提出这一点……我们的行为必须做到无可指摘。一个人在教堂的行为和在酒吧的行为显然是完全不同的，而我们在巴登 - 巴登的那一周实际上就是在教堂。我由衷地感到高兴，你会在那里指导委员会其他成员的思想和行为，他们热情高涨，也许会说出或做出一些可能导致我们失去奥运会的言语和行为。”

10 月 16 日星期三晚上，国际奥委会全会在休闲宫开幕。在一小段莫扎特乐曲和芭蕾舞表演之后，布伦戴奇就业余精神和运动精神的重要性作了精彩的演讲。“有时候我们感到难以理解，作为一种生活哲学，业余精神意味着对手头任务的奉献和热爱，而不是为了得到报酬或奖励。”布伦戴

奇如是说。跟过去在自己的奥林匹克“帝国”各处的旅行一样，东道主德国对这位酒店大亨和百万富翁的每一项需求都予以满足。“学者和科学家靠着这种精神获取知识，追求文明的进步；受这种精神的驱动，伟大的艺术家和音乐家宁愿在阁楼一角忍饥挨饿，也不用他们的作品获取商业利益；每一个国家的伟大的爱国领袖都在这种精神的支配下推动社会向前发展；凭着这种精神，默默无闻的雕塑家和建筑师为世界创造了伟大的建筑和教堂却不曾留名；还是这种精神，引导着亨利·福特和托马斯·爱迪生在工业社会取得各自的成就，即便这些成就不会给他们带来财富，他们也会去 260
完成。”

福特。亨利·福特。底特律代表团感到精神振奋。这是奥林匹克领导人的一个微妙暗示吗？

宴会后，其他人聚集在赌场赌博时，底特律代表团的几个成员正在展厅里忙碌地工作着。这个精英团队也包括马丁·海登，但他大部分时间都在为第二天要刊登在《底特律新闻》上的报道做记录，那时他已经扫清了耽搁他之前的报道的障碍。报道先是在休闲宫的电报处耽搁了几个小时，因为他没有提供电话号码，接着又在法兰克福延滞，原因是他们不确定他是打算将消息发往密歇根州的底特律，还是其他的“底特律”。阿尔·格兰西在日记中对室友的手忙脚乱幸灾乐祸。但是现在，这些问题都解决了，报道及时发出。底特律显贵人士通宵加班加点，就像兄弟会的男孩子们赶制返校日游行花车一样。海登后来写道：“底特律也许不会赢得奥运会承办权，但它已经改写了建筑工业史，创造了一项新的世界纪录，那便是他们以最高的薪水聘请了建筑团队。”

> 一直到那天黎明，汽车和广告公司的多位高层，一位房地产大亨，公共事业、公共关系和电影公司的高管们，都在爬梯子，装吊灯，锯木材，争分夺秒装配展品，为他们的城市申办奥运会提供支持。一个英国人写道：“简直令人难以置信，这种做法太美国了。”他看到一度坐拥半个帝国大厦的阿尔弗雷德·格兰西……跪着锯展览用的桌子腿。给他打下手的是密歇根贝尔电话公司公共关系人弗兰克·布坎南。广

> 告商托马斯·B. 亚当斯在半墙高的地方，在下面帮他扶梯子的是美国
> 汽车公司总裁理查德·克罗斯。同样在忙碌的还有已退休的美国金属
> 公司总裁弗莱德·马萨伊和他的儿子小弗莱德·马萨伊，这个在底特
> 律大名鼎鼎的美国金属公司副总裁此时却在搬运家具。他们现在都转
> 换角色，听从四名技术人员的指挥。这四名技术人员早在几个星期前
> 就已开始装配底特律展品，然后小心翼翼带着它们远渡重洋来到德国。
> 261 里昂动用了军事人员，墨西哥城找来了一个施工队。在展示厅两侧陈
> 列着密歇根和底特律运动员激动人心的比赛照片，中间则是一个经过
> 重新设计的 12 英尺长的密歇根州博览会会场的模型，配备了一个拥
> 有 11 万个座位的体育场。向来处于竞争状态的两位底特律建筑师路易
> 斯·罗塞蒂和奥斯卡·斯托罗诺夫（Oscar Stonorov）联手设计了它。

他们在早上六点完成安装布置，几个小时后，国际奥委会成员和全世界的新闻媒体开始在大厅涌动，观看四个入围城市的展示。包括卡瓦纳市长和杰克·汤普金斯在内的底特律代表轮流在他们的展示区就位，但第一位主持展示的是韦德·H. 麦克里法官，密歇根州团队的两名非裔美国人之一，另一位是帕特里克议员。麦克里是费斯克大学和哈佛法学院的毕业生，在哈佛法学院，他是班里第 12 个毕业的学生。1961 年，麦克里接受肯尼迪总统的任命，到东密歇根州的联邦地区法院任职。他是一个精明的法理学家，向来表现得谦恭有礼，从来不威逼恐吓对手，会说拉丁语和希腊语，因和他的法官助理一起在法庭上背诵《埃涅阿斯纪》而为人所熟知。那时，在底特律杰出的黑人中，麦克里不摆政治姿态，远离政治斗争，受到所有人的尊重。他支持奥林匹克运动，但他也清楚，是种族形势将他带到巴登 - 巴登。卡瓦纳、罗姆尼和他们的团队都需要他。

国际奥委会的地缘政治形势正在改变，虽然速度不快，但不可避免。欧洲依然占主导地位，聚集着大批奥运“贵族”和“领主”，但现在投票者中也有一些人来自世界上一些长期得不到发言权的地方，他们对美国的民权斗争和平等承诺的兑现问题仍然存有疑问。此外，更多的有色人种运动员也参与到奥运会中来。在 1960 年罗马奥运会上，金牌第一次被授予

一名来自撒哈拉以南地区的非洲运动员、埃塞俄比亚伟大的马拉松选手阿贝贝·比基拉（Abebe Bikila）。早在7月1日，罗姆尼州长的法律顾问理查德·C. 范杜森（Richard C. Van Dusen）就根据公平就业实施委员会的埃德·霍奇思（Ed Hodges）的建议，向老弗莱德·马萨伊寄去了一封信，劝 262 他对此进行通盘考虑。"当你召集代表团参加国际奥委会会议时……考虑让黑人代表参加是明智之举，"范杜森写道，"当然，在目前国家种族关系处于紧张状态的局势下，任何美国城市都会遭遇一个严肃问题，那便是：向大家作出解释，表示我们的国家欢迎黑人运动员。从你的代表团中选出一个符合条件的黑人，由他来代表底特律，没有什么比这更能说明问题的了。我承认这可能牵扯到财务问题（承包旅行费用），但我认为这个想法值得认真考虑。"

马萨伊回信说，他们本来要请早年曾在底特律生活的联合国外交官拉尔夫·邦奇（Ralph Bunche）为他们录一段影片，但他因为忙于联合国的工作而不得不退出。之后他们说服1960年十项全能金牌得主拉弗·约翰逊（Rafer Johnson）录制了一段支持底特律申奥的视频作为替代。"除此之外，我们计划至少让一名黑人加入我们的代表团……而目前的想法是，让韦德·麦克里法官陪同市长。"最后，帕特里克也来了，当然前提是他能够从开放住房法案被否决的失望情绪中摆脱出来，单独对待这项任务。

到达巴登－巴登后不久，一个来自中东地区的国际奥委会代表告诉卡瓦纳市长，他收到了一封从底特律发来的邮件，这封邮件给这座付出诸多努力的城市泼了一瓢冷水。回信地址上的姓名是劳埃德·E. 多尔比（Lloyd E. Dolby）。多尔比是底特律的公共汽车司机，他对全国有色人种协进会当地领导人的声明颇为赞同，认为底特律黑人在开放住房法案令人失望地遭到否决后，应该"进行前所未有的游行反抗"。他寄给国际奥委会代表的信封里装着一张写着"公平竞争并未成为底特律生活的一部分"的传单，附带的说明上写着："这个国家不能接受世界各地的许多有色人种，因为它还没有解决对黑人的差别对待问题，黑人还在努力争取自由。他们已经被剥夺这些权利十多年了。下面这件事有必要让人知道，1963年10月8日，底特律市议会以7∶2的投票结果可耻地否决了一项开放住房法案。"真相

263 是，信上的内容是议会投票表决两天后，全国有色人种协进会住房委员会在开会期间拟好的，该委员会当时组织了一场写信运动，约有 50 名支持者参与。

底特律最好的防卫也许是帕特里克和麦克里的证词，他们得知了信的内容，并准备回应。“韦德和我一直都在这个地方，”帕特里克后来说，“我们随时注意任何与种族问题有关的暗示。”卡瓦纳还争取到底特律当地的全国有色人种协进会领导爱德华·特纳和阿瑟·约翰逊的支持，他们表示没有参加写信运动，并向巴登－巴登发送了一封电报作出说明：“鉴于我们城市的政府官员和商业领袖远赴联邦德国展示我们的城市，我们也意识到，如果他们能成功，我们的城市将获益颇多，因此，全国有色人种协进会底特律分会做出决议，公开表明立场，支持底特律申奥。”

在后来撰写的一份有关巴登－巴登之行的详细报告中，帮助塑造底特律形象的广告人查尔斯·F. 亚当斯描述了竞争的情况：“里昂用巨幅照片展示城市和基础设施，还有一些比例模型，但是他们的陈述显然有些离题，让人云里雾里。布宜诺斯艾利斯的展示规模更小，但用了一种有趣的多屏幕幻灯片演示方式。我相信，当我们看完墨西哥城的展示，我们中的一些人才第一次意识到他们对此次竞标的重视程度。这是相比较而言规模最大，同时也最精致的展示。展示区的入口是一个阿兹特克废墟的复制品。他们的城市和设施通过一组大型彩色照片墙展示出来。在我们展示计划修建设施的比例模型的地方，他们展示的是已经建好的体育馆等设施的真实照片。他们用大量的本地特色家具作为中心装饰品，这样他们就可以与代表们舒适地聊天。虽然他们的人数可能比底特律的要少，但他们都穿着相同的外套，看起来整齐而富有活力。”

然而底特律也表现得不错，亚当斯想。“我们的展示非常好。下午罗姆
264 尼州长的到来是一剂强心针，他的出现——由卡瓦纳市长陪同——是对我们努力的最好肯定。国际奥委会参与投票的成员全天都在到处访问。我们底特律人表现优异。展示者了解底特律的故事，并恰到好处地将其表现了出来。比尔·帕特里克议员和韦德·麦克里法官既代表他们的机关，也代表他们的城市，他们庄严体面而卓有成效地完成了使命。”

报道事件的记者们的感受证明，亚当斯对墨西哥城的担忧不是多余的。《底特律自由报》体育编辑莱尔·史密斯（Lyall Smith）在当天上午发出的一封电报中说，媒体记者与巴登－巴登代表们在讨论时“对墨西哥评价很高”。他引述道格拉斯·罗比告诉他的话说：“底特律绝对没有稳操胜券。在今天的会议上，我听说许多人大力支持墨西哥城。我觉得他们是我们的首要竞争对手。”罗比告诉史密斯，可能需要经过两至三轮投票才能决出最终的获胜者。获胜者需要 30 票。罗比还说，底特律满打满算可能也只有 20 票左右，其中还包括一些一厢情愿的想法，比如认为苏联和其他铁幕国家会投票支持底特律。史密斯报道说：“这里流言满天飞……苏联的投票几乎分散在每个竞标城市的角落。”一位底特律举重方面的官员坚持说苏联人会与他们站在一个阵营，但墨西哥人声称他们已赢得了苏联人的支持。

马丁·海登在投票前一天也感觉到了墨西哥城的崛起，尽管他估计这其中一定有一些不为人知的交易。他说，仅在几天前，底特律代表们还担心，如果允许竞标国家的每位运动员以最低花费参赛，他们便可能被指控试图购买奥运会。而现在，海登写道：“他们突然意识到，墨西哥城有可能已经将奥运会买下。”他说，一些政治分析家改变了四个城市的竞选赔率，转而将这次竞标看作墨西哥城和底特律的对决。另外两个竞选城市也慢慢意识到“墨西哥人的狡猾。墨西哥城的运动事务总管何塞·德杰西·克拉克（General Jose deJesus Clark）狡猾地在一年时间里以个人的名义对国际奥委会代表不断献媚，百般争取。这个争取过程开始于去年秋天，墨西哥城举办了奥运五项，同时向每一位国际奥委会代表提供免费往返机票。现在有消息传出，温文尔雅的克拉克手握墨西哥城金库的钥匙，时刻准备着开出更好的条件——如果墨西哥城赢了，国际奥委会的每位成员及其家属 265
的奥运之旅和费用都由墨西哥城承担。底特律的领导者们决定不跟随。其中一个人说，墨西哥人只是侥幸。如果我们这样做，就会被看成是有钱又丑陋的美国人，为达目的不择手段”。

那天，莱尔·史密斯在《底特律自由报》上报道：“唯一能救底特律的是利用周五的 45 分钟陈述的影响趁热打铁完成投票。”他引用老弗莱德·马萨伊的话说，底特律不可能在第一轮投票中胜出，“但如果我们失去这次机会，那便意味着结束。如果我们这一次没有赢得承办权，就再也没有其他机会了，继续争取也没有意义了”。

周四晚上，当整个底特律代表团聚集在礼堂为第二天上午的官方陈述彩排时，人们最后一次迸发出了希望。“大多数人还是第一次看到整个展示过程，效果极好，”查尔斯·亚当斯说，“这真是杰作。技术上令人印象深刻。它以鼓舞人心的力量和奔涌流动的情感讲述了整个故事。马萨伊、卡瓦纳和罗姆尼这三位负责展示的代表表现得无比精湛。当我们准备离开大厅回去调整休息，为第二天这个不凡的日子养精蓄锐时，新闻中心传来消息，底特律的赔率是 2∶1。”

星期五上午 10 点，四个决赛入围城市的代表团聚集在休闲宫，在国际奥委会成员面前就位。展示按首字母排序进行：布宜诺斯艾利斯、底特律、里昂、墨西哥城。亚当斯报道称：“几乎没有什么仪式，国际奥委会主席艾弗里·布伦戴奇介绍了布宜诺斯艾利斯，并告诉他们有 45 分钟的展示时间。毫不夸张地说，谁也不能预料即将发生什么。布宜诺斯艾利斯的展示不只是一个单一的视觉画面，还包括三段长演讲，每一段都被完整翻译出来。展示持续了一个半小时，内容从‘一个具有大都市特色的城市’到‘通过通力协作，城市已经实现功能上的协调并进’，再到‘天空总是湛蓝色的’。展示结束时，媒体区有一半的座位是空的。大约三分之一的国际奥
266 委会代表离开了大厅，另外三分之一在看报纸。其中一位正极其沮丧地盯着（阅读）幽默漫画部分。正是在这样一种氛围中，大会宣布，下一个进行展示的是底特律。”

底特律申请了五分钟的时间进行技术调适。这是老马萨伊的战术策略，五分钟足够他将任性的国际奥委会代表们催回到大厅。

底特律不问奥林匹克可以给它带来什么，而是看中底特律能为传承奥林匹克理想做些什么。这是展示的主题，灵感来自肯尼迪总统的就职演说用语。1960 年参加竞选期间，肯尼迪在底特律第一次用了与此相似的表达。我们十分清楚我们将要面对的挑战，我们也乐于接受这样的挑战。马萨伊开始了他的陈述：“先生们，首先，我希望大家能知道，我和我的同事对能

代表我们的城市——美国底特律来到这里参加竞选感到无比喜悦和荣幸。在过去 24 年里，底特律已经多次向世人展示了它的实力。我们很感激，也很自豪，感谢奥委会再次给了我们一个机会，向大家展示我们城市的设施和人民的热情好客。在设计我们的展示和陈述时，我们试图站在你们的角度，从你们的视角来观察底特律。我们努力尝试回答一个特别重要的问题，这个问题将对你们即将做出的选择起到重要的导向作用——底特律能为传承奥林匹克理想做些什么？”

马萨伊随后把展示舞台交给了卡瓦纳。卡瓦纳指出，底特律人民十分渴望奥运会，代表团的大多数成员都是自费来到巴登 – 巴登。接着，他播放了肯尼迪总统代表底特律做的官方邀请的短片，短片中，肯尼迪称在底特律举行的奥运会将“具有重大的国际意义”，同时将底特律描述成“处在美国中心的一个伟大的体育之都”，肯尼迪表示，希望国际奥委会代表“以奥林匹斯山众神的智慧来做出这个异常艰难的决定”。然后，卡瓦纳和罗姆尼轮流向大会宣传底特律，介绍它的设施和建设中的体育场。为了使解说显得丰富生动，他们使用彩色宽屏幻灯片来展示整个城市，播放拉弗·约翰逊支持底特律申奥的短片，镜头中的拉弗·约翰逊不拘礼节地坐在桌旁。约翰逊不仅是一位国际明星，还是一位乐观主义者，对公民权利运动持积极态度。他表示，自己希望国际奥委会能选择底特律，不仅是因 267
为它的设施，更是“因为底特律已经表明，它理解奥运会的全部，过去如此，将来也定会如此。底特律对奥林匹克精神和理想的理解建立在这样一个典型视角上，那便是，积极寻求国际各民族间的友谊。很明显，它就发生在当今的美国”。

展示过程被掌声打断了 12 次，甚至一些外国记者也拍手表示赞成。看着上方的屏幕，亚当斯作了如下记录：“当灯光亮起，我所在的看台的景象令人印象深刻。那一刻，会场上鸦雀无声。新闻媒体的包厢区顿时安静了下来。每个国际奥委会成员都一动不动地坐在座位上——或者我应该说，毫不夸张地讲，是坐在座位的边缘。之后，全场响起了一片热烈的掌声。”德国奥林匹克委员会主席告诉在观众席工作的马丁·海登，底特律的展示精彩纷呈。一位法国代表说，美国人应该在宣传上获得金牌。底特律随后立即举办了午宴，根据指示，亚当斯和他的同事们要做最后一分钟的推销。亚当斯回忆：“我分别与一名酋长、非洲代表团的一位成员、一名挪威伯爵以及一名哥伦比亚的代表谈话，我也花了十分钟试图赢得在场最高贵的来宾的支持，但不幸的是，他们并不是承办宴会的人。大家的意见十分一致。底特律的陈述使他们很受感动。他们都表示这是他们见过的最好的展示。乐观和友好的氛围充满了宴会厅。我们感到振奋。”

午饭结束后，里昂开始他们的陈述。讲解全部使用法语——奥林匹克运动的第一语言。很多内容亚当斯听不懂，但在他看来：“似乎都是一堆无关紧要的材料。有一处展示了一个场景：罗马教皇和约 50 名红衣主教盛装走过一条通道。坐在我旁边的麦克里法官靠过来对我说：‘我知道这是一部奥运宣传片，但我完全不知道它在说什么。’”在里昂与墨西哥城进行陈述的间隔中，会场到处都在议论那封敦促国际奥委会代表拒绝底特律的信，
268 说底特律在住房问题上缺乏公平性。卡瓦纳和代表团领导层早些天就已经知道了反对底特律的活动，但现在似乎尽人皆知了。亚当斯把它称作“令人沮丧的消息——它将我们的热情消耗殆尽”。

之后轮到墨西哥城进行陈述。据亚当斯所说，他们的陈述引来了更多的关注：“没有任何视觉展示，但负责为墨西哥城讲解的是四位准备充分、绝对称职的发言人。一位负责讲述城市本身，包括它的历史、实力和设施。另一位提到每日 2.8 美元的出差费，比底特律的还要低 20 美分。（底特律之前就表示说，如果能得到承办奥运会的机会，每位运动员每天只需要 3 美元。）接着，一位知名的墨西哥医生爱德华多·海博士（Dr. Eduardo Hay）指出了墨西哥城的主要劣势——海拔高度。他引用一组数据表明，墨西哥城将近 3000 米的平均海拔意味着运动员的体能表现会发生改变。结束时，他说了一句令人感到费解的话，我没有记录下来，但却不会忘记，‘如果历史学家对过去无法达成一致，记者不认可现在，科学家不相信未来，那么如何能让医师对这个小问题置之不理呢？’国际奥委会似乎对此印象深刻。最后一位解说者慷慨激昂地回顾了墨西哥城的历史，详细讲述了它在美洲和世界文明中的地位，同时，他还提醒奥委会的代表，墨西哥城代表拉丁美洲，那里从未举办过奥运会。他表示，选择墨西哥城最能体现奥

林匹克运动最为根本的品质——团结包容的精神。”

之后，新闻媒体被请出大厅，以便国际奥委会成员就敏感的问题向每个城市提问。美国人被问及有关民主德国和朝鲜等国家的签证以及每位运动员的花费问题。亚当斯报道称：“据说当时国际奥委会对底特律的态度是友好而亲切的，马萨伊先生似乎充满了信心。我们在楼下等候，在那里一位欧洲记者向我保证，我们赢定了，他的底特律报道已经写了一半。”

共有 58 位国际奥委会成员参与投票。他们审议了一小时后，大厅的门被重新打开，宣布结果的时候到了。

墨西哥城 30 票，底特律 14 票，里昂 12 票，布宜诺斯艾利斯 2 票。

底特律的梦想破灭了。墨西哥城在第一轮投票中就赢了。底特律因为 269
少了一票，于是委员会不得不进行第二轮投票，底特律也期待着在第二轮得到更多的票。但整个苏联集团都倒向墨西哥城，一些欧洲国家受夏尔·戴高乐（Charles de Gaulle）的影响也支持墨西哥。三张美国人的票，底特律只得到了两张。最后证明，加兰并不是底特律的朋友。“这个结果给了我们当头一棒，”亚当斯说，“几个底特律人告诉我，得到消息那一刻，他们仿佛感觉生了一场大病。几分钟后，当我把消息传递给大厅另一边的一个小组时，他们几乎不相信我。我们先是都惊呆了，接着是困惑，然后带着一丝刺痛感无可奈何地接受了结果。几年前竞争 1964 年奥运会承办权时，东京获胜，底特律花费了 2 万美元，结果以 9 票排在第三位。这次底特律花费了 20 万美元，结果以 14 票排在第二。所有的努力，最后只换来了多五票的结果。”

到底发生了什么？一些底特律人认为，底特律的失败正是因为它的成功。“我真的以为我们能赢得承办权，”道格拉斯·罗比说，“但现在我相信，国际奥委会成员只是认为奥运会不应该来美国，即使我们从 1932 年以后就再没有举办过奥运会了。他们认为美国已经拥有了一切。我们是一个‘富有’的国家，而这是‘无产者’的时代。”

美国汽车公司的执行官理查德·克罗斯在九月布伦戴奇访问底特律之前曾写信给他表达底特律申奥的热情，此时他也表明了类似的看法：“几个国际奥委会的成员告诉我，委员会对底特律充满钦佩，并认为我们的陈述和展示是无可挑剔的。但他们同时觉得，像底特律这样成功的大城市并不需要奥运会。他们的想法似乎是，让奥运会在墨西哥城举办更好些，毕竟它从来没有机会得到国际社会的关注。”

在《底特律新闻》的“新闻记者”专栏中，皮特·沃尔德迈尔（Pete Waldmeir）提出了另一种看法。他生动地回忆了他在巴西奥委会全会期间与一位墨西哥人的相遇，这位墨西哥人正是当初与理查德·克罗斯和布伦戴奇一起在哈拉瓜共进午餐的人。“这是一位高大的墨西哥人，小而圆且明亮的眼睛陷在略显肿胀的眼窝中……如果你想知道他看起来像谁，那就
270 让九岁的你画一幅墨西哥英雄潘丘·维拉的肖像吧。他的名字是让·何塞·德杰西·克拉克·弗洛里斯（Gen. Jose deJesus Clark Flores）。在解释为什么是墨西哥城而不是底特律赢得最后的举办权时，他的一些评论即使现在看来也是言之有理的。克拉克当时问：你们的设施在哪里？你们的体育场在哪里？你们有赛车场吗？你们明天下午就能在自己的国家举办奥运会吗？我们可以。”沃尔德迈尔说，那场谈话让他感到很不舒服。克拉克已经有了答案。“我只能说：‘我们有计划。’”

这些并不是底特律失败的全部原因。作为一个国际性的大都市，墨西哥城的确极富魅力。在政治领域，墨西哥城虽然与美国结盟，但并不参与冷战活动。一些代表担心，尽管有罗伯特·肯尼迪的保证，民主德国和朝鲜也许还是无法获得签证。亚当斯在投票后找机会进入会议室，随后便看到了那份关键的文件，其中“委员们实际上都强调了司法部长信中关于签发签证所说的话，信件在这一问题上否决了美国的权利”。

那么，底特律的写信活动对投票有影响吗？代表团成员坚持说没有。“认为自己与底特律申奥失败有关系的黑人想错了，将底特律申奥失败的原因归结于抗议信的白人也想错了，”麦克里法官说，“据我所知，种族从来都不成问题。”帕特里克议员说，对于自己提出的开放住房法案遭到否决一事，没有人比他更失望，但现在人们对奥运会的攻击似乎误入了歧途。“我认为人们对事情的理解有误，”帕特里克议员说，“他们的策略陷入了混乱。他们以为要达成目的就必须制造混乱……那里的每件事情韦德和我都有参与。我们有一个很好的团队。所有人一起把工作做得很棒。如果底

特律的所有部门都能像这个 50 至 100 人的团队一样工作，我会深受鼓舞，这个城市大有希望。”

反事实的历史不过是推测和空想，它建立在“如果……会怎么样？”这个问题的基础之上。这个问题永远不可能有结果，但也会有那么些时候值得问一问“如果……会怎么样？”之类的问题。如果底特律被选为 1968 年奥运会的承办城市会怎么样？它会不会对城市的健康发展产生影响？从 271
物质和财政的良性发展来看，其他奥运会举办城市的经验表明，它带来的影响并不是长期的。一些体育场仍然存在，但是大部分奥运场馆都变成了令人毛骨悚然的运动鬼村，甚至在几年或几十年内完全消失。可以说，奥林匹克体育场能给密歇根州博览会会场带来的最大好处是，也许会让雄狮队在底特律待上一段时间，也许能阻止它后来在 1975 年临时迁到庞蒂亚克银顶体育场，要知道，市中心的福特球场到 2002 年才建成。

然而，的确存在这种可能性。当时是 60 年代，巴登 – 巴登的政商团队对城市有更强的责任感，因为整个世界都在看着他们。人们对无法预知的结果抱有更大的期望。如果底特律赢得了承办权，那么在离奥运会只有一年之际，1967 年的暴乱是否会发生？是否会以同样的方式发生？或者卡瓦纳政府是否会采取更有效的措施来应对，以防止或控制它的发生？没有谁知道答案，但值得思考。然后细想一下 1968 年的种族局势，对黑人运动员联合抵制奥运会的呼吁几乎重创了奥运会，黑人短跑运动员汤米·史密斯（Tommie Smith）和约翰·卡洛斯（John Carlos）在领奖台上历史性地戴着拳击手套向黑人权利致敬[①]。假如那届奥运会不是在墨西哥城举办，而是在底特律这个处在长期的复杂种族斗争历史中心的美国城市举办，这一切又会以怎样的方式发生？

卡瓦纳的办公室事先预备了一份胜利宣言，准备于 10 月 19 日在底特律发布。在宣言中，他说，奥林匹克将“让底特律的名字从地球上每个男

---

① 汤米·史密斯和约翰·卡洛斯是 1968 年墨西哥城奥运会 200 米冠军和季军获得者，作为黑人，他们在颁奖台上戴着拳击手套将手臂高高举起，以此为黑人赢得尊严和权利，汤米·史密斯也因此被取消金牌。

人、女人和孩子的口中说出”。现在，市长不得不发表一份失败声明：“毫无疑问，我们对结果感到失望。不过，我们知道这对于国际奥委会来说是一个艰难的决定。底特律接受这个结果，尊重真正的体育传统和奥林匹克精神。我们祝贺墨西哥城代表团和墨西哥的同胞，同时希望他们知道，我们会配合他们将 1968 年奥运会办成最精彩的一届。底特律在申奥展示和陈
272 述中表现出的专业和奋斗精神将伴随底特律一起迎接未来的其他挑战。”然而，当市长星期天晚上到达罗马，和玛丽·海伦一起期待着保罗教皇的接见时，他的话听起来却不那么和蔼亲切了。他告诉那里的记者，很明显，大多数国际奥委会委员甚至在巴登－巴登会议之前就已经做出了决定，由于存在反美情绪，底特律遭受了不公正的待遇。

罗姆尼当天就抵达了底特律。当州长带领着铩羽而归的代表团成员理查德·克罗斯、阿尔弗雷德·格兰西、马丁·海登、马萨伊等人走下泛美航空公司的喷气式飞机时，有 400 人来到机场迎接。科迪高中乐队站在飞机下面，在一场所谓的“凄凉的细雨”中，演奏着密歇根大学的战歌《胜利者》。

第十七章　烟　圈 273

1963 年 10 月 28 日发行的《新闻画报》(克利奇牧师名下的底特律报纸)刊登了一幅素描小品，在画着一些与奥运五环相似的香烟烟雾的草图上，印着一首名为“烟圈”的散文诗：

> 我们不需要拥有“他们”想要的一切。
>
> 我们不再对奥林匹克感兴趣，不会比他们对辛西娅·斯科特更感兴趣。
>
> 他们试图对所有不满采取行动，因为黑人向奥林匹克委员会提出底特律的种族歧视。
>
> 我们不知道他们对此感到羞耻。
>
> 不管怎样，我们没有射杀辛西娅·斯科特，是他们杀死了她！[1]

克利奇那时已经和 C. L. 富兰克林决裂，进一步远离富兰克林的思想主流，并在很大程度上成了一名黑人革命者。他出生于黑人中产阶级上层家庭，父母是底特律第一代非裔医生。他拥有欧柏林大学神学院硕士学位，当时作为初出茅庐的年轻牧师，接受胡德牧师和其他温和派的公理会和长老会的教导。现在，52 岁的克利奇正走在另立宗派的道路上。未来几年内，他就会成为贾拉莫吉·阿贝贝·阿杰曼(Jaramogi Abebe Agyeman)，也就是位于黑圣母圣地(Shrine of the Black Madonna，位于密苏里州的尤里卡镇［Eureka］)的泛非正统教会的创始人和第一任神父，相信耶稣是黑 274
人，是这个教派的信仰基点。“走向自由”游行是他最后一次参加有白人自由主义者参加的活动。甚至那时他已经不愿意这样做了，只不过在富兰克林的要求下才不情愿地作出了妥协。现在，他们的联盟已经结束，一同结束的还有他对主张消除种族隔离者的同情。马丁·路德·金的梦想表达不适合他，即使是其中对种族主义最坚决的谴责也是如此。他现在与马尔科姆·埃克斯站在一起，后者将于 11 月 10 日作为克利奇的北方黑人草根领袖会议的闭幕演讲嘉宾来到底特律。

那周还有其他会议与克利奇的会议竞争。富兰克林为了保持他的底特律人权理事会的活跃度，在市中心赞助了一场活动——黑人峰会领袖会议，吸引了近三千人参加，其中大多数人是为了听来自哈林的国会议员小亚当·克莱顿·鲍威尔（Adam Clayton Powell Jr.）的演讲，此人是底特律的常客。鲍威尔的讲话平淡无奇。他呼吁黑人活动家团结一致，批评卡瓦纳市长提出的所谓黑名单，并特别指出辛西娅·斯科特一案，认为这是反映警察暴行的例子。[2] 现场来听鲍威尔讲话的人群让这次活动看起来似乎很成功，但其实不是。底特律大多数黑人牧师都不支持这次集会，或者拒绝承认与富兰克林牧师有更多的关系。富兰克林试图发起一场机动车版的“走向自由”游行——他称之为“驶向自由”——结果只吸引了一百位司机开车参加。11 月的这场游行不仅没有复兴他 6 月的荣耀，它的失败也标志某种终结。这位灵魂传道大祭司在此后不会消失，但是他作为底特律民权的领导者——或者说是自封的领导者——的日子已经结束了。几年前，富兰克林已经停止到处周游的生活，以摆脱身体上的疲劳。现在，试图弥合这么多派别隔阂的精神压力已使他精疲力竭，活动便越发少了。

另一场由克利奇赞助的会议因富兰克林阻止激进分子参与而被贴上了“草根”的标签。辛西娅·斯科特枪杀案和黑人解放的哲学或神学将
275 底特律的草根分子团结在一起。除了克利奇外，他们的领导者还有格蕾丝·李·鲍格斯（Grace Lee Boggs）、詹姆斯·鲍格斯（James Boggs）、亨利兄弟、米尔顿（Milton）以及理查德（Richard），这些人都出自克利奇的教会，建立了高级领导团体（Group on Advanced Leadership，GOAL）和密歇根州即刻自由党。为了在这座城市发起一场革命运动，他们举办了两天的组织和战略研讨会，地点在凯利先生酒吧和娱乐中心，那里是摩城艺术家们经常光顾的流行音乐爱好者聚集地。研讨会由鲍格斯、克里夫兰的

唐·弗里曼（Don Freeman）、马里兰州剑桥的格洛丽亚·里查德森（Gloria Richardson）和纽约的威廉·沃西（William Worthy）领导。讨论的最终结果之一是，克利奇决定在第二年代表即刻自由党竞选密歇根州州长。会议在金·所罗门浸信会教堂举行，距离摩城总部约半英里。年轻的底特律警察安东尼·费瑞蒙特当天被指派在教堂外巡逻。他后来说，他主要负责在教堂前放置“禁止停车”的标志，同时“将闲杂人等赶走”，以方便情报员拍马尔科姆·埃克斯和其他参加者的照片。不过，当时的实际情况是，当公共汽车和汽车不断聚拢时，费瑞蒙特却开始与人们打招呼问好——“欢迎来到底特律！你好吗？”——直到两个便衣警察将他抓住。“我坐在警车上，他们问了我一遍所有人的名字。‘你知道这个混蛋是谁吗？你这个废物！’他们试图观察每一个人并拍下他们的照片，而我的出现阻止了这一切的进行。”金·所罗门浸信会教堂中的演说进行了五个小时后，会议以马尔科姆·埃克斯的讲话作为结束。这次讲话被看作是马尔科姆职业生涯中最为重要的讲话之一，后来被命名为《致草根同胞》。

“底特律之红”是他的老绰号之一。[3]“红”是大红色，是他头发的颜色，“底特律”表示他从 20 多岁起就一直待在这座城市。奥马哈出生时被唤作小马尔科姆，他的父亲是一位活跃在马库斯·加维的全球黑人进步协会里的巡回传教士。马尔科姆大部分成长期在靠近东兰辛的密歇根州度过。在父亲被有轨电车撞死，母亲发疯被赶到卡拉马祖的一家精神病院之后，马尔科姆最终离开了那里，去马萨诸塞州与一个姐妹一起生活。他在马萨诸塞州和纽约过上了吸毒、犯罪的生活，最终进了监狱。入狱后，他加入 276
了“伊斯兰民族”组织，这个组织认为白人是魔鬼。这种思想源自 1930 年底特律的一个神秘小贩华莱士·D. 法尔德（Wallace D. Fard），华莱士在抵达汽车城四年后失踪，只留下了他的宗教。马尔科姆在 1952 年获释后，乘车从马萨诸塞州到底特律，与他的大哥威尔弗雷德一起生活。他先后在家具店和卡车工厂工作，最后进了福特汽车公司的林肯－水星车间，在小贝里·戈迪待过的那条生产线上工作。威尔弗雷德的家是严格的穆斯林家庭。他使用威尔弗雷德·埃克斯这个名字，并在底特律 1 号清真寺任秘书，在离屠宰场不远的地方经营着一个店面。在辞掉福特汽车公司的工作后，马尔科姆·埃克斯在等级森严的“伊斯兰民族”组织中地位迅速上升，到1963年11月，他回到底特律并在克利奇牧师的“草根”会议上发言时，已不仅是继伊利亚·穆罕默德（法尔德的继任者，将教会总部搬到了芝加哥）之后第二位最有势力的黑人穆斯林，还是穆罕默德的一个威胁，尤其是在政治上。《致草根同胞》是马尔科姆的黑人激进神学最清晰的表达，他将自己的神学与亚非革命运动联系了起来，这些革命运动远比美国的运动壮阔。

五个月前，金在底特律用美国各个州的地理位置描绘他的梦想，现在，马尔科姆·埃克斯以同样的方式来识别敌人：“当你我在底特律，在密歇根州，在美国，在这样一个人人都在觉醒的世界，我们都会意识到，我们在美国有一个共同的敌人，无论他是在佐治亚州或密歇根州，无论他在加州还是纽约州。他是同一个男人：蓝色的眼睛、金色的头发和苍白的皮肤——同一个男人。”[4]金描绘了这样一个梦想：有一天，前奴隶和前奴隶主的儿子能平起平坐。马尔科姆·埃克斯则构建了另一幅图景：所有有色人种都紧密团结在一起，“关起门的时候有话直说，讨论磋商。来到街上时，你们就要一致对外，统一阵线。在白人面前，我们不能暴露内部分歧。277 将白人排除在我们的集会之外，这是第一步，然后我们再坐下来商讨自己的事”。大约有二三十个白人在金·所罗门浸信会教堂听了马尔科姆·埃克斯的讲话。他们被隔离成一个单独的区域。

马尔科姆在表达了对黑人团结的渴望之后不久，便对马丁·路德·金以及参加底特律（不包括克利奇）和华盛顿游行的领导人发起了进攻。他用奴隶制的术语“家养黑奴”和“田地黑奴”进行敌我划分，将他自己和黑人民族主义者划为“田地黑奴”，而把金和种族融合主义者归入“家养黑奴”。他说，成功的革命都要流血，“不要奢望和平的革命。不要奢望不还手的革命。非暴力革命是子虚乌有。只有黑人革命才会宣称所谓的非暴力革命，也只有黑人革命才会连自己的敌人也爱。以废止种族隔离的餐馆、公园和公共厕所（你可以与白人使用同一个厕所）为目的的革命，根本就不是革命”。马尔科姆称金是一个“堕落的偶像”，伯明翰废除种族歧视运动——马尔科姆称它是民权运动的最低点——之后，他“作为领袖几乎是完全失败了”。当伯明翰的运动失败后，黑人开始走上街头，谈论起华盛顿的游行。也就是在那时，有影响力的白人开始操控这场运动，扼杀了黑人革命。

“街上的草根群体，他们将白人吓得要死，将华盛顿特区的白人统治集团吓得要死。我当时就在他们当中。当他们发现这辆黑人压路机要碾压首都时，他们打电话给威尔金斯，打电话给伦道夫，给这些你们尊重的全国黑人领袖，告诉他们：‘取消吧。’肯尼迪说：‘看！你们把事情搞得太过火了。’老汤姆说：‘老板，我阻止不了，因为根本不是我发动的。’让我告诉你他们是怎么说的吧。他们说：‘我根本没有参与，更不用说带头了。’他们说：‘这些黑人自行其是。他们跑在了我们前面。’那只狡猾的老狐狸说：‘好吧，如果你们没有参与，我会让你们加入的。我会把你放在队伍的最前面。我保证。我表示欢迎。我会提供帮助。我会加入进来。’” 278
马尔科姆·埃克斯说，就是在那时，美国民权委员会成立了，拿的是白人富翁和汽车工人联合会的钱。

他继续构筑自己的历史版本：“很快，他们完成组织安排，白人给他们提供高级公关专家，让全国各地的新闻媒体为他们服务。接着他们开始安排‘六巨头’（民权运动领袖）作为游行的领导人。最初，他们甚至不在游行队伍之列。你在黑斯廷斯街——黑斯廷斯街还在这里吗？——的游行讲话就在黑斯廷斯街。你在莱诺克斯大道的游行讲话……就是游行讲话发生的地方。但白人将六巨头的名字加在讲话前面，用他们的名字命名游行。他们成了游行本身，控制了游行。他们接管游行后，第一步便是邀请白人沃尔特·鲁瑟，他们请来一位牧师、一个拉比和一位老白人传教士。是的，一位老白人传教士。帮助肯尼迪掌权的相同的白人因素——劳工、天主教徒、犹太人和自由派新教徒，这些成功将肯尼迪推上权力宝座的集团，也都加入了华盛顿的游行。”

游行被稀释了：“这就像你手上的黑咖啡，如果它的味道过于浓烈，你会做什么？你会给它加奶，使它的味道中和冲淡。要是加了太多奶，你甚至喝不出那是咖啡。它之前是热的，现在变凉了。它之前味道浓烈，现在变淡了。它之前可以给你提神，但现在它让你想睡觉。这便是他们对华盛顿游行所做的事。他们加入进来，但他们没有融合进去，而是渗透其中。

他们……掌控了游行，而当他们掌控局势时，这场游行便失去了战斗性。他们不再感到愤怒，不再狂热，不再强硬了。没有人想到会是这样，它甚至已经不再是一场游行了。它成了一次野餐、一场马戏团表演。只是一场全是小丑的马戏团表演，其余什么也不是，什么也没有。你们在底特律刚好也有一场——我在电视上看到了——小丑们领头，既有白人小丑，又有黑人小丑。”

他说，华盛顿的游行受到如此严格的控制，领头人不会让詹姆斯·鲍德温发言，因为他们害怕他说的内容。“他们控制得那么紧。他们告诉那些黑人什么时候进城，怎么来，在哪儿停止，携带什么标语，唱什么歌，他
279 们可以说的话，他们不能说的话，然后告诉他们在日落时出城。所以他们中的每一位汤姆都是日落时出城的。我知道你们不喜欢我现在说的话。但我这样说是有根据的。这就是一场马戏团表演，一场可以击败任何好莱坞作品的年度最佳表演。鲁瑟和其他三个魔鬼应该获得奥斯卡最佳演员奖，因为他们表现得好像他们是真心喜欢黑人，愚弄了一大帮黑人。这六位黑人领袖也应该得到一个奖——最佳配角奖。”

这其中的确有一些不可否认的事实，只是各方对意义和动机的解释大相径庭。鲍德温没有讲话，约翰·刘易斯不得不对他的激进言辞进行压制。白人宗教人士在领导层中与鲁瑟站在一起。白人自由主义者和工会的资金主导了游行进程，包括将地点从国会大厦迁移到林肯纪念堂。这一切动机何在？马尔科姆·埃克斯会说是白人操控了整个局面，目的是阻止黑人群众。肯尼迪和鲁瑟会说，他们是在应对政治现实，并且这一切都是为了使民权法案保持生命力而做出的努力。不论是哪种情况，底特律的黑人知识分子都明白马尔科姆·埃克斯的《致草根同胞》对普通群众的影响。无论是在语气上还是在内容上，它都标志着过去的结束，并为此后的黑人权力运动开辟了一条道路。马尔科姆的传记作家曼宁·马拉布尔（Manning Marable）指出，无论他是否有意为之，他的生活从这次演讲之后发生了“根本性的改变”，就像马丁·路德·金的“梦想”演讲一样。演讲的内容也证实了底特律、芝加哥和纽约的一些传闻：马尔科姆正在脱离伊利亚·穆罕默德和他的对抗性较弱的“伊斯兰民族”组织一派。《密歇根纪

事报》在一篇关于这篇演讲的文章的按语中作出了暗示："狂热的马尔科姆·埃克斯如今是黑人穆斯林运动中的二号人物，尽管一直有一些相反的传言……"

为《密歇根纪事报》跟踪报道民权运动进程的欧菲尔德·杜克斯（Ofield Dukes）在同一期报纸里谈到，权力斗争正在使底特律黑人社区走向分裂。[5] 他以克利奇和富兰克林主办的两场形成竞争的会议为例，指出许多黑人领袖拒绝参加其中任何一场会议。"最近的一些事件清楚地表明，280
黑人领导层的分裂正在加剧。即使一些所谓的已经分裂的小团体也在继续分裂。传统组织面临着双重挑战，除了内部问题，还有寻求承认和领导层地位之争的外部问题。"原因是复杂的，但仇恨和嫉妒是真真切切的，并且这背后并没有更深的目的，杜克斯写道："从社会谱系这一维度来观照这种领导阶层的斗争，其实不难发现白人权力结构的影响。另一方面，在另一端等待着掌控和利用这种局势的白人的破坏性因素也要对黑人领导层的不和、分裂与破坏负责……黑人社区中的阶级差异也造成了领导层之间势如水火的混乱局面。大多数黑人领袖都来自所谓的黑人上层阶级，比如底特律的全国有色人种协进会领导层以及在底特律当地的城市联盟领导层中任职的黑人。然而，遭受种族歧视和隔离最多的却是黑人下层阶级。偏见和伤害的锁链牢牢套在黑人下层阶级的颈部。"

杜克斯认为，即刻自由党现在所做的一切都是徒劳，但他也对自己看到的工人运动的虚伪和胆怯提出了批评。他写道："鲁瑟在全国影响很大，可是在《帕特里克－拉维茨法案》中几乎看不到韦恩县汽车工人联合会的存在。"在这里，杜克斯强调了白人自由主义劳工领袖的一个倾向："离本土越近的种族问题，联盟就越难集中精力开展和处理针对这些问题的活动。劳工领导人所倡导的立法对白人工人不会产生立竿见影的作用。但是，倡导拥护一项反对住房歧视的法案却是另一回事。"不过他也指出一个例外，鲁瑟的助手比尔·奥利弗（汽车工人联合会官员之一，曾带着钱去亚拉巴马将马丁·路德·金从监狱中保释出来）也曾在底特律为《帕特里克－拉维茨法案》公开作证。奥利弗说："没有什么比行动中的无知更可怕。"

281 富兰克林和克利奇的竞争性会议结束一周后，在底特律又上演了第三场重要集会。这一场集会与政治或公民权利没有任何直接的关系，却在黑人社区中引起了比之前的集会更多的关注。此时，距离十月份在华盛顿霍华德剧院举行的第一场摩城巡演已有 13 个月，摩城艺术家第一次全员出动，带着摩城巡演时感染全国无数音乐爱好者的热情，给家乡观众奉上了一场不同凡响的表演。

小史蒂夫・旺达、奇迹乐队、马文・盖伊、玛丽・威尔斯、金・韦斯顿（Kim Weston）、玛莎和万德勒斯合唱团、康托斯乐队、奇异合唱团、诱惑合唱团，喜剧演员兼主持人比利・莫里以及乔・坎贝尔和他的乐队，都于 11 月 16 日和 17 日周末这两天齐聚伍德沃德大道的老福克斯剧院。这次全国范围的演出比第一次的巡回演出难度要大，一路伴随着缺少支持和资金的问题，但这场返乡表演既带来了经济效益，也使底特律的精神面貌为之一振。人们星期六早上 9 点开始在人行道上排队，剧院两天都是满座。[6] 据福克斯总经理威廉・布朗（William Brown）透露，这是剧院五年以来到场人数最多的一次。和初夏时的“走向自由”游行很像，这两天的庆祝活动没有发生任何意外事件。第一场演出之前的名人集会不仅吸引了小史蒂夫，还有乔・路易斯，这个乔・路易斯不是别人，正是那个出生于底特律，在哥谭酒店被拆除以前常去那儿吃煎蛋牛排早餐的“布朗轰炸机”。

1962 年 10 月摩城唱片举行首次巡回演出时，卡瓦纳市长谈到了底特律的经济精神，却并没有提到摩城。现在，他写信给小贝里・戈迪，欢迎摩城艺术家来福克斯剧院表演，表示自己理解了摩城音乐的意义。“我们应该向参与摩城巡演的演出人员和赞助者表示祝贺，因为他们复兴了现场音乐表演，”卡瓦纳称，“特别令人感到高兴的是，在过去几年中最成功的一次全
282 国范围的表演完全由底特律人完成……这些艺术家的精彩作品使底特律成为全国音乐唱片工业的中心，也对提高这座城市的声誉作出了突出贡献。”

斯莫基和他的奇迹乐队最后登场，结束了全部演出。当乐队开始弹奏《米奇猴》的第一个音符时，斯莫基问道：“大家都准备好了吗？”——整个剧院的热情都被点燃了。“1，2，1–2–3–4——Lum de lum de la iiiii。”每个人都站起来跟着斯莫基一起唱歌跳舞。

第十八章 陨 落 283

在福克斯剧院与摩城唱片的巨星一起沸腾的同一周，火焰表演酒吧关门歇业。可以说，火焰表演酒吧孕育和成就了摩城。火焰表演酒吧曾是戈迪姐妹经营香烟和照相生意的地方。她们在这里把她们的小弟弟贝里介绍给经理人和艺术家们，正是这些人帮助贝里开启了他的音乐事业。也是在这里，贝里第一次见到比利·霍利迪、黛娜·华盛顿、黛拉·里斯、山姆·库克、比利·艾克斯汀和杰基·威尔森等明星。后来，他仍然是从这里请来了莫里斯·金和许多爵士乐手，组成了摩城的常驻乐队——疯克兄弟。如今，一切都已没入历史尘埃之中。跟一年前的哥谭酒店一样，底特律黑人的一件珍宝就此湮没无闻。据《密歇根纪事报》记载，“它就那样无声无息地消失了，没有任何仪式，没有鸣响，也没有一首最后的安魂曲”[1]。

有些俱乐部并不只是俱乐部那么简单，它们不仅是聚会之所，更像是家。酒吧里的色彩缤纷明丽，吧台前是舞台，每到深夜，音潮澎湃，人潮涌动，男男女女精心装扮彼此吸引，齐吉·约翰逊拿着麦克风介绍艺术家们，领着大家玩“柔软”和“小鸡冒险”的游戏。这就是火焰表演酒吧。它是底特律城区最热门的去处，有中西部地区最漂亮的 Black & Tan①，娱乐活动不断，每晚有多达五场的演出。拨打电话“2–8714”，在约翰·R 街 4264 号，与坎菲尔德街的交汇处，可以找到它的位置。从 1949 年开始，酒吧五光十色的霓虹灯在底特律的夜色里闪烁了 14 个年头，直到褪去最后
一丝光亮，化成空洞的灰。酒吧最终被夷为平地，给另一个医疗中心的停 284
车场腾出位置。即便这种拆除是不可避免的，甚至可以说，作为一座城市

① 一种混合酒。

生命历程的一部分，这种拆除也是必要的，但失去火焰表演酒吧的现实依旧令人痛苦，它意味着底特律文化的空缺，而且无法恢复。

一周后，东部时间 11 月 22 日下午 1 点 39 分，《底特律新闻》总部一长排电传打字机的铃声开始响起来。一般而言，一个混乱的新闻工作室的噪音是不会引来额外关注的，但这次情况不同。公告铃一直在响，一遍响十声，响完一遍又响一遍，没有停下来的意思。一群记者向打字室走去，想知道究竟发生了什么事。“合众社加急—快报—肯尼迪受重伤—可能遭刺客枪杀。”

艾瑞莎·弗兰克林正在底特律市中心百老汇市场的购物通道上逛着，[2] 两旁摆放着咸牛肉和腌制肉肠。她在感恩节前的这一周回到家乡，准备与富兰克林牧师和其他家人一起过节。她先是注意到人们在奔跑，冲撞，耳语，然后刺耳的广播响起，她听到了总统被刺杀的消息。齐吉·约翰逊打电话给住在芝加哥的母亲，问她是否看到了新闻。母亲告诉他：“是的，儿子，我正握着念珠呢，我们都要祈祷。”[3] 那一周，约翰逊无法安心写自己的《齐吉带你行》专栏，总统被刺杀的消息使他陷入了一种比对火焰表演酒吧关门的惋惜更大的悲痛中。他思忖着马丁·路德·金曾在底特律和华盛顿都说过的话，他说，他有史以来第一次发现“白宫里有个不看肤色而只相信个人优点的人”。

鲍勃·安科尼，那个目睹了福特圆形大厅火灾惨剧的逃课学生，此刻正和莎伦沿着雪莉庄园公寓前的人行道一路走着，这里离他位于拐弯处的伍德米尔的家不远。每周他都会将这栋公寓的焚化炉清理两次，房客们都认识他。道格拉斯夫人，那个住在大楼西南角地下室的寡妇，朝他大声叫道：“鲍勃，总统被杀了！”[4] 这则新闻并没有在他的世界里掀起过多的情
285 感冲击，却在他的头脑中激起了一种病态的想象。之后几周，他和卡伯特街头帮派兄弟会的一个伙伴在他地下室的卧室里重演总统遇刺的场景：鲍伯坐在一个木制的洗涤盆上挥手，就像坐在敞篷豪华轿车中的总统一样，他的朋友“拿着我的一支未上弹的来复枪假装狙击手”。对枪支的着魔使安科尼结识了李·哈维·奥斯瓦尔德，他用的是一支意大利造的 6.5 毫米口径卡尔卡诺来复枪，这是在芝加哥克莱因体育用品店购买的。安科尼自

己当时已经在克莱因买了几支来复枪和手枪。他利用他们的邮购服务，寄了一张谎称自己已满 18 岁的虚假证明，而实际上他只有 15 岁。

11 月正值密歇根猎鹿季，一天下午，底特律警察雷蒙德·默里与四个朋友北上去距离密歇根 72 号公路不远的格雷林和卡尔卡斯卡的中间地带猎鹿。[5] 在回大熊湖边的营地小屋的路上，他们路过一家杂货店，听到了肯尼迪总统遇刺的消息。等他们到达小木屋时，总统已经死了。默里回想起一年前那个 10 月的早晨，在底特律市中心的喜来登 – 卡迪拉克酒店入口，肯尼迪迈步从他面前经过，并朝他微笑。然而，肯尼迪遇刺的画面马上从他脑海闪过，对于一个狙击手来说，在目标附近的建筑物顶部埋伏是再容易不过的事。默里陷入沉思，“一切仿佛就发生在眼前一样”。

贝里·戈迪正在西大道的办公室里。[6] 据他后来描述，他刚得知肯尼迪遇刺的消息，助理巴尼·艾尔斯就打电话来提醒他马文·盖伊来了，看起来情绪很不好。盖伊怒气冲冲地从销售部出来，抱怨摩城对专辑《我有证人吗？》的宣传不够。现在他逼近戈迪的办公桌。“他们在耍我，BG，”盖伊喊道，“我刚在楼下的销售部……他们跟我扯淡，老大。”盖伊抱怨，他的单曲本可以有更多的播放量，但销售部却只推玛莎和万德勒斯合唱团以及斯莫基和奇迹合唱团的专辑 。戈迪告诉盖伊，对销售员发火是愚蠢的，他们可以成就他，也可以毁了他。责怪盖伊的时候，他称盖伊是“小伙子”，这无异于火上浇油。最后，戈迪沮丧地走出办公室，结束了这场争 286
论，他还大喊了一句，“你难道不知道总统刚刚被杀了？！”小史蒂夫·旺达那天正在密歇根盲人学校，回到家后，他与他母亲一起坐在电视机前，电视里有关达拉斯的每一则报道都牵动人心，如一位传记作家所言，这越来越像是“美国灾难的预演”。

在迪尔伯恩的“玻璃房”（福特全球总部）外，消息引起了多方震动。[7] 亨利·福特二世在社交和政治层面都与肯尼迪打过交道。虽然他是一个老共和党人，但在底特律汽车行业最为繁荣的时候，他却和民主党政府走得更近。福特公司历史上的奇才之一、公司前总裁罗伯特·S. 麦克纳马拉现在正担任肯尼迪的国防部长。在达拉斯的刺杀现场，有个细节会永远和福特联系在一起：肯尼迪遇刺时乘坐的正是 1961 年版林肯大陆——一辆由福特在底特律郊区的威克瑟姆工厂生产，又由赫斯和艾森哈特公司①在辛辛那提改装而成的四门敞篷车。

美国特勤局称这款车为 X–100。福特以每年五百美元的价格租用给白宫，但它的实际价值在 20 万美元以上。该车液压助力的后座可以升高十英寸，使坐在里面的总统能有更好的视野。X–100 车顶由可拆卸钢架和透明塑料组成，配有 350 马力的 V–8 引擎，特制的门套上可以看到用金丝手绣的总统印章。车子内部设有探照灯、无线电话、红色警灯和警报器以及可折叠的额外乘客辅助座位。1963 年，车身新增了一个功能：为特勤局特工设计的后车厢盖安全把手。“多么漂亮的‘林肯大陆’。”达拉斯电视台的播音员在当天早些时候说道。当时总统和总统夫人正坐在汽车后座上随着整个车队离开爱田机场向市区驶去。几十年后，X–100 会作为亨利·福特博物馆的展品重见天日。到那个时候，距离沃伦委员会（Warren Commission）②的调查已经过去很久了，车子上四溅的脑浆早已被清理干净，发生在它身上的恐怖事件也不过是遥远的过往。如今，这款轿车就摆在离托马斯·爱迪生的实验室和林肯的律师事务所不远的地方，不过是又一件美国历史的遗物罢了。

10 岁的大卫·劳瑞（David Laurie）正在格罗斯波因特大学的教室里听
287 表哥发表海洋学学术报告，这时突然传来了肯尼迪总统被枪杀的消息。[8]
于是，这所私立学校立即中断教学并将学生送回了家。大卫·劳瑞的家在格罗斯波因特法姆斯，是梅利韦瑟路上的一幢现代独栋住宅，回到家后，大卫发现他父亲比尔——智威汤逊广告公司在底特律的负责人——周末的大部分时间都待在电视机前，惘然若失。周六早上的动画片被关于暗杀情况进展的新闻报道代替。大卫注意到，他的父亲一直在咬指甲，他知道父亲只有在感到紧张时才这样。大卫的母亲塞耶似乎越来越恼火。作为家中

① 装甲客车制造商。

② 沃伦委员会的正式名称为约翰·F. 肯尼迪总统被刺事件总统委员会 (President’s Commission on the Assassination of President John F. Kennedy)，由美国总统林登·约翰逊指定，成立于 1963 年 11 月 29 日，负责调查 1963 年 11 月 22 日约翰·F. 肯尼迪被刺和刺客李·哈维·奥斯瓦德被击毙的经过。

立场坚定的保守派，她不喜欢肯尼迪家族，不喜欢他们的政治活动，也不喜欢他们的论调，而且认为这出戏演得太过头了。从某种程度上来说，塞耶像是右翼版本的杰基·肯尼迪（肯尼迪夫人）：都年轻漂亮，成长环境也相同。她们都曾是新港那场夏季舞会上初入社交界的少女。那时，塞耶正跟着父母 B. E. 哈钦森夫妇去罗得岛的詹姆士敦开启他们的一年一度的避暑之旅，杰奎琳·布维尔则跟着母亲和继父小休·达德利·奥金克洛斯（Hugh Dudley Auchincloss Jr.）去了史密斯农场——海湾对面的夏季别墅。但塞耶·哈钦森·劳瑞并不待见杰奎琳·布维尔·肯尼迪，她儿子对她在肯尼迪遇刺后那段时间的态度感到迷惑不解，并且一直记忆犹新。

沃尔特·鲁瑟的女儿丽莎当时正和佛蒙特州帕特尼学校的学生们在一起。[9] 她听到大锤敲击一截旧火车轨道的声音，就有种不祥的预感，这是学校发布紧急通知的方式。宣布肯尼迪逝世的消息之后，学校指示一切照常进行。她后来写道："我简直不敢相信，我对肯尼迪总统是怀着浓烈的感情的，在几次全美汽车工人联合会大会和劳动节庆祝活动中，我曾亲眼见过他。"削完土豆皮后，她打电话给底特律的父母，父亲的声音"夹杂着愤怒和悲伤"。丽莎和她父亲一样悲痛欲绝，丽莎说："在某种程度上，是他（肯尼迪总统）帮助我重拾了对未来的希望。"

鲁瑟一直计划下周一大早就到华盛顿去，出席白宫在 11 月 25 日为刚刚接替康拉德·阿登纳（Konrad Adenauer）担任联邦德国总理的路德维希·埃哈德（Ludwig Erhard）举办的国宴。[10] 然而 11 月 23 日凌晨，他接 288
到电报："总统的遗体将于星期六停放在白宫的东厅与大家作最后的告别。现邀请您于下午 2:30 到 5:00 前往拜祭。——罗伯特·F. 肯尼迪。"

鲁瑟一直以来都十分重视与肯尼迪总统的交往，在过去的三年中他已经成为出入白宫最为频繁的外来访客之一。几个月前，应鲁瑟的一个长期助手的要求，白宫助理肯·奥唐奈尔（Ken O'Donnell）的秘书编制了一份记录鲁瑟与肯尼迪总统会面情况的列表。格温·金（Gwen King）称，列表虽然不完整，但她已经尽了最大的努力。除去诸如在"大型聚会、午餐、晚宴"这类活动上的见面，鲁瑟与总统有过 22 次"单独会面"或"小范围会面"。其实，这份列表还应该加上一些。鲁瑟和肯尼迪上一次单独会面是在 11 月 6 日，当时鲁瑟正在市区的斯塔特勒希尔顿酒店参加美国劳工联合会国际事务部执行委员会的会议。这次会面没有被记录在列表中。17 天后，他回到华盛顿，向肯尼迪作了最后的告别，奉上了他最后的敬意。

鲁瑟有在文件里做记录的习惯，他通常使用英文缩写“WPR”来指代自己。那一天，他写道：“11 月 23 日，星期六，我刚在白宫与肯尼迪总统的遗体告别完回来，休伯特·汉弗莱① 打电话通知我说约翰逊总统让他联系我。他告诉我，约翰逊总统希望在第一时间和我谈话，下午四点半总统会打电话给我。之后，约翰逊总统在斯塔特勒酒店打电话给我，开口就说：‘我的朋友，我需要你的友谊和支持，比以往任何时候都需要。’他告诉我他希望早日见到我。大约 15 分钟后，劳工部长威拉德·沃茨② 打电话给我，传达给我的信息与休伯特·汉弗莱传达给我的一样。我告诉威拉德·沃茨，我已经与总统通过话了。”

这便是约翰逊的作风，即便在国丧期间，他还在网罗和游说支持者。不
289 过，鲁瑟了解这位新总统的当务之急。在 1960 年洛杉矶民主党大会上，鲁瑟对这个得克萨斯州人是否能兑现关于民权的承诺就持怀疑态度，曾试图让约翰逊无法如愿当选总统候选人，似乎他自己也有谋取总统职位之意。但在此后的几年里，约翰逊做了很多事情来表明，他已经从各个方面准备好，要用自己巨大的政治能量来兑现承诺，无论是经济方面还是法律方面。11 个月前（1963 年初），约翰逊对底特律的访问令人印象深刻，当时他从华盛顿飞过来参加《解放黑人奴隶宣言》颁布一百周年纪念活动，给密歇根历史最悠久的黑人浸信会教堂第二浸信会教堂立了一块牌匾。第二浸信会教堂是密歇根地区最古老的黑人浸信会教堂，一百年前，就在《解放黑人奴隶宣言》颁布几天后，该教堂的成员率先在底特律庆祝黑奴解放。在去福特礼堂发表慷慨激昂的“民权”演讲之前，约翰逊在州长罗姆尼的陪同下重新回顾了这座市区教堂充满活力的历史，重述了纪念牌匾上的话。[11] 那些话写于一个世纪

① 休伯特·霍拉蒂奥·汉弗莱（Hubert Horatio Humphrey Jr.，1911 年 5 月 27 日—1978 年 1 月 13 日），美国政治家，曾任明尼苏达州联邦参议员，第 38 任副总统（1965 年—1969 年）。

② 1969 年—1970 年任美国劳工部长。

前，其中一部分这样写道：“底特律的黑人公民坚信，在人类历史的发展过程中，总会有这样一天，它注定将成为一个永恒的灯塔，照亮国家和民族进步的新时代，点燃一个民族的希望，沐浴在这希望和祝福中的人们将永远不会忘记这样的时刻。”

在 1963 年那个动荡不安的春夏之交，民权运动的浪潮席卷了整个南部地区，国会也将政府的民权立法问题提上了议事日程。此时，约翰逊证明了自己是白宫一位有价值的盟友。现在，就在他刚上任的几个小时里，他向鲁瑟承诺，他要看到这一历史过程完成。“亲爱的沃尔特，”几天后，约翰逊写道，“你温暖的话语给了我极大的鼓舞。如果还有后续的工作要进行的话，我需要像你这样专注而富有想象力的贤才的支持和帮助。一想到在未来的日子里我可以指望你，我就感到有源源不断的力量。”

肯尼迪总统被暗杀，杰罗姆·卡瓦纳市长失去的不仅是一个政党领导人，肯尼迪总统还是卡瓦纳的信念和抱负的化身。作为一位自由而务实的爱尔兰天主教徒，一个英俊的大家族里成长起来的帅气男人，肯尼迪及其
家族的一切无疑是卡瓦纳的榜样。他自然没有肯尼迪那样的运气和名望， 290
但在肯尼迪家族中，他看到了许多他努力想要追赶的特质。尽管比肯尼迪胖，也不是一个好的运动员，但他还是很喜欢别人拍他和下属们打橄榄球的照片，因为这场景能使他看起来像肯尼迪一样有活力。他教育自己的一帮年轻儿子的方式也在很大程度上模仿了海厄尼斯港①的模式。[12]他给他们系领结，穿运动服，带着他们到处走。他承诺如果他们在 21 岁之前不抽烟不喝酒的话就奖赏他们（他曾听说约瑟夫·肯尼迪这么做过），最终他把他们送进了预科学校（年龄最大的马克去了距离白宫八英里的乔治城预科学校，他在那里的朋友是小罗伯特·F. 肯尼迪）。1963 年秋，肯尼迪的追随者遍布美国各地。于是，聪明好学的政客们半是希望半是自欺地认为，他们自己也许能成为另一个肯尼迪，底特律的杰罗姆·卡瓦纳就是他们中最重要的一位。刺杀事件发生之后的星期一中午，卡瓦纳市长在底特律旧市政厅为肯尼迪主持了一场追悼会。底特律再次与一个世纪以前的事件发

---

① 肯尼迪家族所在地，此处代指肯尼迪家族。

生了联系。

卡瓦纳说："1865 年 4 月 15 日，七千底特律市民聚集在这里，悼念亚伯拉罕·林肯——刺客子弹的受害者。近一个世纪之后，同样是在这里，我们悼念另一位为自由而战的伟大英雄。他不幸逝世这一残酷现实使我们的思绪不由得要再次穿过那充满恐惧和疑惑的时间迷雾。虽然我们敬爱的领袖约翰·菲茨杰拉德·肯尼迪依然会在天堂庇佑着我们，可是我们终究已与他天人永隔，这足以使我们悲痛万分。美国需要团结所有的力量来保护我们的民主免受这种肮脏的、令人作呕的行为的威胁。我们不应该指望别人。我们应该继续保持警惕，守护自由的堡垒。我们应该拼尽全力，只有这样，他才不会白白牺牲。"

《密歇根纪事报》的一篇社论将肯尼迪遇刺列入所谓的"1963 年美国悲剧"[13] 中，"1963 年美国悲剧"由一系列的暴力事件构成，包括麦德加·艾弗斯在六月被暗杀和九月份发生在伯明翰第十六街浸信会教堂的爆炸案。C.L. 富兰克林牧师也做过相同的归类总结。其实，没有迹象显示种
291 族对暗杀起了直接作用，但富兰克林视肯尼迪为弥漫于美国社会的仇恨文化的受害者。肯尼迪遇刺那一周的星期日，他在新伯特利浸信会教堂布道时说："扣动扳机的不是狙击手一个人，密西西比州的罗斯·巴奈特州长、亚拉巴马州的华莱士州长、白人公民委员会的沃尔克将军，这些人都是达拉斯事件中刺杀总统的凶手的帮凶，密西西比的杰克逊事件亦如是，麦德加·艾弗斯就是在那里被击倒的。"

人们都在为肯尼迪唱颂歌的时候，只有马尔科姆·埃克斯持不同意见。在被问及对暗杀事件的看法时，他提出了截然不同的观点。他不仅将此事件与美国的种族暴力文化联系起来，更将其与美国在越南和刚果领导人横死事件中所起的作用联系起来。他说，肯尼迪"没料到报应来得这样快。我自己也是农场里长大的孩子，小鸡们回到自己的家绝不会使我难过，他们总是令我高兴"。《密歇根纪事报》谴责了他的尖锐言论，以利亚·穆罕默德同样也对此进行了批评，他的信徒们指责马尔科姆，将他与组织划清界限。马尔科姆在底特律的大哥威尔弗雷德·埃克斯早年曾带他了解黑人穆斯林，他也决定站在穆罕默德一边。

如果历史学家对肯尼迪为美国民权运动所做的努力仍然存有疑虑的话，那么底特律经常到教堂做礼拜的黑人对他的死所表现出的强烈情绪和反应则是确定无疑的。在肯尼迪遇刺身亡后的第一个礼拜天，整个城市大大小小的教堂都挤满了人，对他表示尊重和哀悼。富兰克林牧师称，肯尼迪是“继林肯之后最伟大的自由斗士”。在沃伦大道浸信会教堂，唱诗班唱到“您的心此刻与上帝同在吗？”时，一些参加集会的人激动得不能自已。在西北基督神教会，孩子们没有去上主日学校的课，而是严肃地与父母坐在一起追悼哀思。东大道卫理公会教堂已是人满为患，伍迪·韦德牧师（Rev. Woodie Wade）将准备好的布道词放在一边，临时开始向听众颂扬肯尼迪总统。马其顿教堂、卡瓦利教堂、卡瓦利山教堂、新和谐教堂以及圣约翰教堂联合为肯尼迪举行了一场哀悼纪念会，吸引了数千名悼念者。

值得注意的是，肯尼迪在他任职的三年里任命了八名非裔联邦官员，292
其中就有底特律的韦德·麦克里，而在他之前的所有总统任命的非裔联邦官员加起来也才不过十人。他还在职业生涯的一些关键时刻将具有影响力的底特律黑人带入华盛顿。达蒙·基思、威廉·帕特里克和赫拉斯·谢菲尔德就曾随一个底特律代表团在1960年6月访问了肯尼迪在乔治城的家，当时他正努力巩固黑人对他竞选总统的支持。1963年6月21日，244位律师受邀聚集在白宫东厅开会，其中就有基思、约翰·科尼尔斯和乔治·克罗克特。这次会议是政府为其民权举措向法律界寻求支持，会议促成了公民权利保护律师委员会（Lawyers' Committee for Civil Rights under Law）的建立。（当时，美国律师协会在民权事务上存在分歧。律师协会自身的民权与内乱委员会中有些人反对联邦政府的民权行动。历史学家安·盖瑞提·康奈尔指出，这些反对者中包括亚拉巴马州莫比尔的托马斯·G. 格雷夫斯［Thomas G. Greaves］和密苏里州开普吉拉多的拉什·H. 林博［Rush H. Limbaugh］。格雷夫斯指责联邦政府鼓励“有色人种”违法，与警察作对。林博说，他所在的社区“引以为傲的一件事是不允许黑人生活居住，而且永远不会有黑人住在那儿”，他的儿子后来成了一名右翼广播脱口秀主持人。）

“我们必须完成肯尼迪总统未完成的任务。”《密歇根纪事报》11月最后一期的头版头条旗帜鲜明地亮出了这句话，副标题则将肯尼迪与马丁·路德·金联系到一起：“肯尼迪带给了我们一个梦想。”在底特律优秀的黑人中，工会领袖谢菲尔德和活动家兼律师基思等杰出的底特律黑人都相信林登·贝恩斯·约翰逊会担起重任，继续实现肯尼迪的这个梦想。像沃尔特·鲁瑟一样，他们起初都反对肯尼迪在 1960 年民主党大会上选择约翰逊作为他的竞选伙伴，但现在他们认为约翰逊已经证明了自己，正如他被提名后在一次与黑人领袖的会面中承诺的那样。谢菲尔德说：“从那以后，我所看到的一切已经表明，约翰逊先生被提名后在洛杉矶所说的都是真的。他说，如果黑人能给他一个机会，他在民权领域所做的事，将会比
293 过去一百年中所做的更多。”约翰逊任副总统以来，基思与他见过两三面，发现他在支持民权法案方面毫不含糊，“而且他也明确表示，人的基本尊严和价值，与种族、信仰或肤色无关”。

在那个星期天下午的早些时候，厄尔·鲁比（Earl Ruby）离开了自家经营的位于利弗诺大道和柯蒂斯路交汇处（离底特律大学不远）的干洗店。[14] 他正在听车上的广播，这时，他听到李·哈维·奥斯瓦尔德（Lee Harvey Oswald）被枪杀的消息。行凶者被证实是厄尔的哥哥、达拉斯旋转木马俱乐部老板杰克·鲁比（Jack Ruby）。鲁比兄弟原姓鲁宾斯坦（Rubenstein），与其他八个兄弟姊妹一起在芝加哥麦斯威尔街附近混乱无章的环境中长大。厄尔后来说，他和杰克十分亲密，亲近到什么程度呢？比如他 1960 年搬到底特律开这家干洗店时，借给杰克 1.6 万美元，而且从未指望杰克把钱还给他。杰克 11 月 24 日被捕，几小时后，他就第一时间从达拉斯监狱打电话给厄尔。几十年之后，厄尔即将离世，《托莱多刀锋报》（Toledo Blade）的杰克·莱森伯里（Jack Lessenberry）问他，杰克在电话里对他说了什么。到那时为止，已经有无数对于杰克行凶动机的猜想。许多书里猜测，他与黑手党有关联，与有可能是指使杀害肯尼迪的幕后黑手的黑帮分子有往来，其中包括位于底特律的卡车司机协会会长吉米·霍法（Jimmy Hoffa）——鲍勃·肯尼迪的司法部的目标罪犯。杰克·鲁比在肯尼迪遇刺案中扮演的角色会成为传说和谜题，其人其事和其中的动机也将引发无尽的争论。莱森伯里（Lessenberry）2003 年和厄尔·鲁比谈话的

时候，厄尔住在底特律郊区的一个辅助生活中心里。当时距离他富有传奇色彩的哥哥去世已经 36 年了。杰克在那通从牢房打给厄尔的电话里到底说了什么？“厄尔，我想我们会得到许多公众的关注！”

奥斯瓦尔德在出地下车库时被鲁比枪杀，《底特律新闻》的托尼·瑞普利（Tony Ripley）正是在场的记者之一。其他人通过电视直播看到这一幕，瑞普利则是亲眼所见。那一年，瑞普利似乎无处不在，几乎可以说是“解体中的美国”的见证者和记录者。麦德加·艾弗斯遇害案、伯明翰教堂爆 294
炸事件和如今发生在达拉斯的悲剧，他都进行了跟进报道。在近距离目睹奥斯瓦尔德被鲁比杀害之后，瑞普利想办法去了沃斯堡玫瑰山公墓，对奥斯瓦尔德的葬礼进行了报道。[15] 参加葬礼的只有几个警察和联邦特工，以及奥斯瓦尔德的母亲、兄弟、遗孀和两个年幼的女儿，没有人去抬棺材。美联社驻地记者麦克·科克伦（Mike Cochran）后来回忆，《沃斯堡星报》（*Fort Worth Star-Telegram*）的杰瑞·弗莱蒙斯（Jerry Flemmons）当时走过来对他说：“科克伦，如果我们要写一个关于李·哈维·奥斯瓦尔德葬礼的故事，我们得先亲自埋了这个王八蛋。”瑞普利走过来加入了他们。最后还是以底特律为代表的几家新闻媒体的记者共同将那个廉价的木制棺材抬进了坟墓。瑞普利一年后在密歇根州的一次演讲中说：“当时，我与真实历史的距离是如此的近，我不由自主地伸手去触碰它。”

11 月 21 日，在暗杀发生的前一天，也就是肯尼迪动身前往得克萨斯的那个早晨，底特律的警察局局长乔治·爱德华兹正在华盛顿国会山进行自我陈述。[16] 当时参议院司法委员会正在核议总统提名他任职美国上诉法院第六巡回法院一事。他作为底特律警察局局长的日子已接近尾声，这或许也是他所期望的。爱德华兹已经争取到许多重要人士的支持，包括密歇根的两位参议员、密歇根法院的院长、州司法部长、达蒙·基思领导的非裔律师以及有影响力的底特律公民领袖，其中有许多人参与过由市长卡瓦纳、议员威廉·帕特里克、理查德·克罗斯以及马丁·S. 海登和他所在的《底特律新闻》编辑部领导的巴登–巴登底特律申奥活动。不过，反对该项提名的势力也已经显现，为首的是田纳西州保守派律师。很明显，他们幕后有联邦调查局局长埃德加·胡佛的支持。田纳西州是组成第六巡回法院的四个州之一，其余三个州分别为肯塔基州、俄亥俄州和密歇根州。

田纳西州的反对者们利用胡佛的联邦调查局提供的信息，拿过去的历
295 史大做文章，认为爱德华兹不具资格。他们指出，爱德华兹的父亲是得克萨斯州有名的左翼人士，这对他产生了重要的影响，而且爱德华兹本人在大学期间也曾参加过左翼团体，还做过一个激进劳工组织的领导，他曾与鲁瑟一起组织1936年凯尔西－海因斯车轮公司工人罢工，并因涉嫌扰乱治安被抓。《孟菲斯商业诉求报》（*Memphis Commercial Appeal*）则称他是“一个不称职的人，沃尔特·鲁瑟的马屁精”。田纳西律师协会的主席谢泼德·泰特（Sheppard Tate）用了更具律师口吻的词，称第六巡回法院是“全国最大的法庭之一”，同时哀叹道，“我不想看到任何一个将有损民众对它的信心的人来任职”。

在肯尼迪遇刺案的审理过程中，确认听证会似乎变得无关紧要了，参议院直到三周之后才又回到爱德华兹的问题上。12月11日，尽管委员会的主席詹姆斯·O.伊斯特兰（密西西比州的保守种族隔离主义者）表示反对，民主党占多数的司法委员会还是支持对他的任命。此后不久，全体参议院进行了辩论和投票。此时，明尼苏达州的参议员休伯特·汉弗莱站出来对爱德华兹表示全力支持。汉弗莱在40年代末任明尼阿波利斯市市长时就认识爱德华兹，当时爱德华兹是底特律市议会议员。汉弗莱说：“爱德华兹身上有一个重要特质使他比其他任何人都更能胜任，那就是他深刻的社会正义感和公平感。”他还补充道，这些难能可贵的品质从爱德华兹对底特律警察局的改革中已可见一斑，这次改革为全国树立了标杆。

爱德华兹成功当选，在圣诞节的前一周，他正式辞去警察局局长一职。卡瓦纳市长带着“巨大的遗憾”接受了爱德华兹的辞呈，同时任命他的办公室主任雷·吉拉尔丹为新局长，吉拉尔丹是《底特律时报》的前记者，曾报道过警察打人事件。爱德华兹曾经对一个老朋友说，他1961年从密歇根最高法院下来接任警察局局长一职，就是希望能缓和底特律不断加剧的种族紧张关系，“就是这种紧张的种族关系让很多领导人觉得好像屁股下面
296 垫着一桶炸药”。他还希望“使宪法在这座大城市能成为一个活的文件”。

现在，两年过去了，实验也结束了。这时的他不可能知道，四年后的一场种族骚乱会使他的努力付之东流。

肯尼迪遇刺后的那些夜晚，底特律的俱乐部都出奇地安静。[17] 人们依然出来寻欢找乐，歌手们依然唱着跳着，但舞台上的表演和坐在下面的观众都一样压抑。11 月 27 日，星期三晚上，感恩节前夜，再过一天就是贝里·戈迪的 34 岁生日。是夜，戈迪与父亲、母亲、所有的姐妹以及安娜的丈夫马文·盖伊在两万饭店聚餐。那天晚上最有特色的表演来自一位技巧纯熟、韵律感极强的歌手——约翰尼·哈特曼（Johnny Hartman）。那年年初，他刚和萨克斯演奏家约翰·克特兰（John Coltrane）一起录制了一张爵士民谣专辑。哈特曼绕着俱乐部走动，鼓动客人们唱歌，一度还说动了一位女服务员。最后，他把话筒递给盖伊，盖伊细腻动人地哼唱了一曲《（恐怕）化装舞会已结束》（［*I'm Afraid*］*The Masquerade Is Over*），抢尽了风头。当时，戈迪的女友玛格丽特·诺顿（Margaret Norton）已经怀孕，四个月后，他们的儿子出生，取名为肯尼迪·威廉·戈迪。“肯尼迪”的名字是为了纪念已逝的总统，中间名“威廉”则是为了纪念威廉·斯莫基·鲁宾逊。

戈迪那一周正为纪念肯尼迪创作一首新歌。一天，他和妹妹埃丝特在办公室里写歌词，一位客人突然进来。来客是黑人演员林肯·派瑞（Lincoln Perry），他更为人所知的名字是斯泰平·费奇特（Stepin Fetchit）。在 1963 年，恐怕没有人会比斯泰平·费奇特更过时了：慵懒、迟缓，看上去混乱不堪，任何事情都做不好。他只是一个诠释着负面消极的过时观念的黑人，却极受某些白人观众喜欢。派瑞与马丁·路德·金、马尔科姆·埃克斯有天壤之别，但他坚信自己被误解了。他告诉戈迪，他在忽悠白人观众，就像奴隶曾经对他们的主人所做的那样，假装自己无能“给老主人看”，以此作为逃避的手段。戈迪不仅只是听听而已，他随即让这位访 297
客帮他创作歌曲。这首歌便是后来由莉兹·兰兹演唱的《愿他永生》（*May What He Lived for Live*）。莉兹·兰兹的声音极富感染力，她唱歌剧时的声音可以达到 F 调的八度，比中央 C 音还要高半度。这首歌本是为肯尼迪而作，但遗憾的是，五年后，兰兹在马丁·路德·金的葬礼上唱起它时，它才流行起来。歌曲的制作人那一栏里写着贝里·戈迪、埃丝特·爱德华兹和 W. A. 比森（W. A. Bisson）——显然是林肯·派瑞的另一个化名。

愿他永生
愿他永生
愿他为之奋斗的都实现
愿他永远与我们同在

之后不久，在八月下旬的大西洋城，这首纪念歌曲迎来了它最耀眼的时刻。当时，民主党主席约翰·M. 贝利（John M. Bailey）的年轻助手乔·利伯曼（Joe Lieberman）在民主党全国代表大会的会场上向代表们发放了两千张唱片。

在感恩节之后的几天，当底特律雄狮队和绿湾包装工队在他们的传统假日橄榄球比赛中打出 13：13 的比分时，如果有人走在底特律城，询问当地市民是否知道理查德·雷恩（Richard Lane），那么几乎没有人能够给出答案。但如果提到“夜车雷恩”（Night Train Lane），就是另外一回事了。[18] 人人都知道“夜车雷恩”。自 1960 年赛季前被交易到雄狮队之后，雷恩已经成了底特律的一部分。作为一流的橄榄球后卫，雷恩以用鼻子拦截和惩罚式拦截闻名，特别是他突如其来的平直球——由于过于危险而被国家橄榄球联盟禁止使用。雷恩那时 35 岁，职业生涯最辉煌的时期即将结束。他职业生涯的全盛时期从 1952 年在洛杉矶公羊队开始，就是在这个时候，他创下了 14 次拦截的新秀纪录。还是在这个新手赛季，他获得了“夜车雷恩”的绰号，此名堪称美国体育史上最为伟大的绰号之一。有人认为这是因为他害怕飞行，总是赶晚上的火车从一个城市到另一个城市。其他人则认为这是唤起他作为一个橄榄球手的紧张感，要像火车头那样冲向对手。最流
298 行的说法是，“夜车”是雷恩在公羊队的队友汤姆·菲尔斯（Tom Fears）起的绰号，菲尔斯既喜欢音乐又喜欢给人取绰号，并且经常在更衣室播放“夜车”的专辑。不管这个绰号是怎么来的，用来形容迪克·雷恩算是恰如其分。

在这个满是天才黑人音乐家、律师和牧师的城市里，“夜车”是极为珍贵的少数几个黑人明星运动员之一。雄狮队是全国橄榄球联盟中最早开始签约黑人球员的队伍，仅在 1948 年他们就签下了鲍勃·曼（Bob Mann）和梅尔·格鲁姆斯（Mel Groomes）。曼是来自密歇根大学的出色接球手，他是 1949 年橄榄球联盟中接球码数最长的接球手。但是一年之后，他恼火地离开了雄狮队，因为他要被减薪，而当时拟定要签约的两个毫无经验的新球员的薪酬都几乎是他的两倍。直到 10 年之后（杰基·鲁宾逊的时代已过去 10 多年），沃尔特·布里格斯（汽车大亨和公开的种族主义者）持有了数十年的底特律棒球队老虎队才签下了他们的第一位非白人选手，此人便是来自多米尼加的奥斯瓦尔多（奥奇）·维吉尔（Oswaldo [Ozzie] Virgil）。1958 年 6 月 6 日，他在布里格斯体育场上场，打破了选手的肤色障碍。维吉尔起初总感觉自己依然不属于底特律的黑人社区，因为他是一个拉丁裔黑人，而不是非裔。老虎队在 1963 年的时候仍然几乎全是白人选手，但在那一年的赛季结束之前引进了两位黑人外场选手盖茨·布朗（Gates Brown）和威利·霍顿（Willie Horton）。

雷恩不只是名人堂的球员，自从三年前来到底特律，他已经成为底特律黑人中的代表人物。他还是德克斯特大道极受欢迎的埃尔塔可餐厅的所有者，那儿请来的新厨师是阿瑟·麦迪逊，正是那个靠着在哥谭酒店的乌木房做厨师成名的大厨。在《密歇根纪事报》上可以经常看到“夜车雷恩”的埃尔塔可餐厅的广告，牛排、虾、扒肉和烤全鸡是它的招牌菜。雷恩也是俱乐部的常客，在火焰表演酒吧和其他一些地方与歌手和夜猫子们一起玩乐。现在，自从 7 月与伟大的蓝调歌手黛娜·华盛顿举行婚礼后，他和黛娜便成了底特律最有才华的夫妇。他们在博伟街（阳光广场）4002 号拥有一套宽敞舒适的公寓，距离底特律西北部的埃尔塔可餐厅一英里。“夜车”与蓝调女王结婚后，称自己为“幸运七号”。39 岁的黛娜·华盛顿生 299
活阅历丰富，结过很多次婚，雷恩是她的第七任丈夫。《难以忘怀》是她在 1959 年推出的热门歌曲，歌曲中，她的发音清楚直接，令人难忘的是她的嗓音，无论是高音还是低音都舒适自然，轻松的调子里透着一股亚拉巴马的味道（她儿时住在亚拉巴马州西部城市塔斯卡卢萨）。她是 50 年代最受欢迎的歌手之一，虽然不能免于批评，许多人还是更愿意看到她一直坚持纯粹的蓝调，而不是深入到所谓的流行音乐。从《烟雾迷蒙你的眼》（*Smoke Gets in Your Eyes*）到《为我泪流成河》（*Cry Me a River*），再到《你是不是我的宝贝？》（*Is You Is or Is You Ain't My Baby*），几乎没有什么歌是她不能唱的。只要在舞台上拿起麦克风，她就能令台下的男观众神魂颠倒，“夜车雷恩”便是其中之一。

12 月初，黛娜结束外地演出后回到底特律，参加为期一周的致敬“夜车”的活动，为雷恩以自己的名字命名的奖学金项目筹集资金。[19] 不久前她又上了新闻，拉斯维加斯的一位美容师对她提起诉讼，索赔 7 万美元，原因是黛娜对这位美容师为她做的假发给了差评。黛娜称，在她演唱的间隙，一位观众告诉她，她的假发“看起来像只老鼠”。美容师声称自己因为黛娜的评论而万分焦虑，饱受折磨，黛娜则对底特律的朋友说自己也是受害者。当然，现在她很开心地与“夜车”一起待在底特律，期待着与家人共度假期。结束圣诞节购物后，她告诉当地的摄影师詹姆斯·克利弗（James Cleaver），她已疲于奔波，非常想在底特律定居。克利弗认为她看上去“充满活力，生气勃勃，这样说不过是在展现自己独特的幽默罢了”。

12 月 13 日，星期五。晚上，黛娜留在博伟街的公寓里，雷恩开车去底特律大都会机场接黛娜与前夫所生的两个儿子乔治·詹金斯（George Jenkins）和罗伯特·格雷森（Robert Grayson），他们从一所新英格兰预科学校过来。之后，雷恩夫妇穿着睡衣看电视，孩子们则一直待在另一个房间里——对雷恩来说，这是一个安静的夜晚。他们已经打包好行李，准备
300 第二天全体出动前往芝加哥，周日有雄狮队与排名第一的芝加哥熊队的比赛。他们在凌晨 1 点左右睡着了，在 3 点 45 分，雷恩被电视机失去信号后的嗡嗡声吵醒。他发现妻子躺在床边的地板上失去了意识。雷恩马上打电话给 B.C. 罗斯医生（Dr. B. C. Ross），罗斯赶到公寓后用尽各种方法也无法让这位爵士女王再醒过来。凌晨 4 点 50 分，罗斯宣布黛娜·华盛顿死亡。黛娜的儿子们此刻也都醒了，他们从隔壁房间朝这边看，雷恩告诉他们：“她离开了。”底特律警局凶杀组的侦探威廉·查布（William Chubb）带着两名巡逻队员随后来到了公寓。据警方报告，他们采访了罗斯医生，

后者认为“死者应该是摄入了一种未知类型的药。在床边的床头柜上有一个没有贴标签的瓶子，里面装有约 50 粒橙色和蓝色的药丸”。这些药丸与尸体随后一起被验尸官送到验尸房进行尸检。结果显示，她的血液中含有巴比妥类药物，异戊巴比妥（amobarbital）和司可巴比妥（secobarbital）[①]的含量超标一倍。黛娜死前服用了几种处方药来减轻焦虑和减肥，其死因被判定为意外过量使用药物。就像她的歌里唱的，“我终于自由了，我再也不要受伤了”。

受黛娜·华盛顿的死讯震动最大的是芝加哥和底特律，她的事业从芝加哥开始，而在底特律早早地结束了。贝里·戈迪曾有许多个夜晚在火焰表演酒吧聆听黛娜演唱，她性感的外表令戈迪着迷。黛娜是 C. L. 富兰克林的密友，对富兰克林那群唱歌的女儿们来说，她就是个活泼的大姐姐。她在底特律最后一段时间的演出也包括 6 月 23 日在科博大楼的集会上的表演。就是在那场集会上，马丁·路德·金发表了他的第一次“梦想”演讲。黛娜的遗体被送回芝加哥埋葬之前，人们在富兰克林牧师的新伯特利浸信会教堂为她举办了一场追悼会。教堂里已经挤满了人，悼念者就在教堂外的林伍德路和费城路上排起了长队。在青铜棺材内，被鲜花环绕的黛娜身披白色貂皮披肩，手戴白色手套，配以钻石头饰和镶有宝石的拖鞋。灵魂传道大祭司主持布道，齐吉·约翰逊负责主持娱乐部分的内容。齐吉也来自芝加哥，并且人们通常认为是他发现了黛娜。黛娜 15 岁时，他就在一场 301
业余歌手比赛中听过她唱歌。他见黛娜远远超过了芝加哥圣卢克浸信会教堂唱诗班的水平，就帮她进了莱昂内尔·汉普顿（Lionel Hampton）[②]的乐队当歌手，薪酬是每周 85 美元。从那时起，她和齐吉就很亲密。她总是叫他齐格菲尔德。“她在娱乐圈红得发紫的时候我恰好在她身边。”齐吉在追悼会上说。底特律也是使她事业不断上升的福地，她离开乐队后的首次独唱表演就是在哥谭酒店所在的大街另一头的天堂剧院。曾多次给黛娜伴奏的两万饭店管风琴家洛维·曼（Lovi Mann）吹起教堂管乐器，轻柔地演奏

---

① 异戊巴比妥和司可巴比妥同属镇静催眠类药物。

② 美国爵士颤音琴演奏家。

了她的一些脍炙人口的歌曲，新伯特利的唱诗班为一位独唱者伴唱，歌者的声音时而高扬，时而下沉，然后又带着饱满的情绪上升，雷恩坐在前排，双臂交叉，眼神涣散地看着。

这是在衰落之年发生的最后一出悲剧，艾瑞莎·富兰克林的福音歌如咒语般在空中回响：底特律说再见。

第十九章　老旧的供水船 303

林登·约翰逊已当了将近一年的总统，他相信，自己可以利用娴熟的政治技巧和强大的意志力来解决大多数问题。在涉及国内议程时，他常将注意力转向底特律。国家经济的繁荣稳定有赖于底特律汽车工业的健康发展，而全美汽车工人联合会的力量对林登·约翰逊来说也有着多方面的意义，他们既是他选举中的基本盘，也是他的民权议程中积极游说的对象。但他心里清楚，让所有这一切都有利于他的前提是和平——不是在海外，而是底特律谈判桌上的和平：总得让亨利·福特二世和沃尔特·鲁瑟都满意才好。这个想法是 1 月 25 日鲁瑟与约翰逊和国防部长罗伯特·麦克纳马拉谈话的背景。周六的那场谈话多数时候是约翰逊在说，麦克纳马拉主要是听，并在适当的时候引导谈话，使它变得不那么针锋相对。[1] 麦克纳马拉认识鲁瑟的方式和总统不一样，他和鲁瑟更多时候是作为对手而非盟友。第二次世界大战之后，他们站在不同的立场上同时在底特律的汽车工业中成长起来：麦克纳马拉 1946 年进福特汽车公司任职，鲁瑟则升任全美汽车工人联合会领导层。

麦克纳马拉曾是美国陆军航空队①的青年军官，他利用军事规划技术和统计分析，以现代化的方式复兴了福特。当时，智威汤逊广告公司底特律分部的经理诺曼·斯特劳斯心怀敬意地见证了这一切。因为一直在问各 304
种问题，进入福特公司的麦克纳马拉等人一开始被人称为“每事问孩子”，这个绰号即便没有嘲笑之意，也是一种挖苦。他们取得成功后，绰号很快就变成了“神童”。凭借对大公司卓有成效的管理，麦克纳马拉得以去华

---

① 美国空军的前身。

盛顿为肯尼迪管理五角大楼，而现在则是约翰逊的帮手。

在初任总统时，约翰逊心目中最重要的是国内政策而非国防战略。他决心完成肯尼迪政府在民权方面的工作，并建立起自己更加广泛的经济和社会议程。约翰逊在肯尼迪被暗杀后打电话到鲁瑟在华盛顿住的酒店告诉他，自己比以往任何时候都需要这位劳工领袖的帮助，此后他们的关系一直在加深。鲁瑟本人也极希望接近权力的中心，而约翰逊精通谄媚和操纵的双重艺术，他让鲁瑟觉得自己已成为总统的知己。在距离圣诞节还有两周的时候，约翰逊授予鲁瑟专使头衔，让他加入美国代表团于 12 月 12 日赴肯尼亚内罗毕参加独立庆典。鲁瑟在肯尼迪时代与白宫一直来往密切，他与约翰逊的交往则更为亲密。约翰逊在他的总统办公室里日理万机，不断接打电话，鲁瑟总是在他优先接电话的名单中。12 月 23 日晚上 9 点 18 分，约翰逊打电话同他讨论民权立法问题和减税建议。他告诉鲁瑟："我们必须继续推进民权。"[2] 来自佐治亚州的民主党参议员理查德·罗素（Richard Russell）——《南方宣言》的联合撰写人——是民权立法的主要障碍。约翰逊告诉鲁瑟，罗素现在声称他可以击败任何投票表决，阻碍议案通过。约翰逊给出的建议是："如果你们能让曼斯菲尔德强硬点……这是对付罗素的唯一办法。"他指的是来自蒙大拿州的参议院多数党领袖迈克·曼斯菲尔德（Mike Mansfield）。

在 1 月 8 日的第一次国情咨文演讲之前，总统请鲁瑟拟了一份发言备忘。[3] 鲁瑟及其助手提供了六页的"经济机会"计划，在某种意义上勾勒
305 出了林登·约翰逊在历史性讲话中所呈现的粗略蓝图，约翰逊在演讲中宣称"要在美国无条件地与贫困做斗争"，呼吁消除"不是一些，而是所有种族歧视"，并敦促建立一个"高级别的自动化委员会"。鲁瑟对这项技术革命感到非常不安，经常在演讲中表露出担忧，而约翰逊的回应是："如果我们有智慧发明这些机器，我们就同样有能力证明它们对于人类来说是福音，而不是祸患。"

自动化、工作场所条件、中产阶级工资、工作安全保障、有意义的工作以及生活质量——这些是鲁瑟和他的团队所关心的核心问题。他的任务就是要在棘手的问题上取得平衡。他不得不设法满足不同工会选区的直接

投诉和各种要求，但同时他也充满自信地期待现在遇到的问题在将来都能迎刃而解。1964 年 1 月，他预见到的一个问题是美国在全球汽车市场上的脆弱，他将这一点与其他问题联系起来，包括流离失所的工人以及为了抵御国外竞争而产生的对小型汽车的需求。所有这一切，连同斯蒂贝克汽车公司的倒闭，都成为约翰逊和麦克纳马拉 1 月 25 日进行谈话的背景。

斯蒂贝克汽车公司经历了一段漫长而又无法挽回的衰退期，即便公司在 1962 年底特律车展上推出了时尚新车阿文蒂，最终也没能扭转颓势。由于到处都是斯蒂贝克处境艰难的传闻，他们在 1963 年秋就发给经销商的 1964 年新车型几乎无人问津，从那时开始公司情势急转直下。距离圣诞节还有五天的时候，南本德工厂关闭，那里的汽车工人（鲁瑟的全美汽车工人联合会成员）陷入苦寒境地。

与此同时，报道显示，1962 年车展后的 14 个月里，世界汽车市场已经发生了变化。当时大型汽车似乎呈复苏态势，亨利·福特二世在谈到底特律在国际竞争中的处境时充满信心。1963 年，尽管三巨头正处于销售的黄金期，但第一次出现了世界上超过一半的汽车产自美国之外的情况，并且估计差距只会逐年扩大。大众汽车正在崛起，日本汽车也蓄势待发，他 306
们都掌控着全球小型汽车市场。1963 年，美国销售了 37.5 万到 40 万辆进口汽车，当时预计 1964 年汽车进口量将高达 50 万辆。专家称，造成这一结果的原因之一是美国汽车制造商在 50 年代末为应对早先的国外潮流而开始制造的小型车一年比一年大，到现在都可以当中型车了。

在不利的发展形势中，鲁瑟也看到了一些积极因素。[4] 1949 年之后的这 15 年里，他一直敦促美国汽车制造商通过制造小型汽车来适应不断变化的外部环境。现在，他和全美汽车工人联合会的助手们制定了一个宏大的计划，目标是造出一款他称之为“代表美国的小汽车”。这需要强有力的中央计划和汽车行业、汽车制造商、工人之间的合作才能完成。鲁瑟非常喜欢这些概念，它们激起了人们对战争时期的新政和全民动员的回忆，但与美国工业的推进方向越来越格格不入。一家合资企业被组建起来，汇集了福特、通用和克莱斯勒的工程技术人才，他们重新雇佣斯蒂贝克的工人，在南本德的闲置工厂里生产出了那辆车。鲁瑟引用了亨利·福特二世的话来解释为什么美国需要合资企业。福特曾说："大众去年在这个国家销售了约 20 万辆汽车，如果我们开始与它竞争这块市场，通用汽车也会加入，克莱斯勒也有可能加入，到那时，分摊到我们自己身上的这块市场可能就所剩无几了。"鲁瑟坚持认为合资企业可以克服这个问题。如果三巨头能像战时的民主兵工厂那样在和平时期走到一起，他们便可以赢得经济世界大战，改善美国已遭受重创的收支平衡。"造成这种收支不平衡的原因就在于美国汽车工业未能生产小汽车参与国内和国际市场竞争。"鲁瑟认为，为了节约成本，"代表美国的小汽车"计划应该避免年年更改车型。他引用参议院的一个附属委员会几年前的一项评估称，每年改变车型平均给每台车增加了约两百美元的成本。事实上，大众已经"证明了在小型汽车市场中没有每年更改车型的必要"。

307 此类合资企业都需要联邦政府的大力支持，包括司法部暂停执行反垄断法的协议，这也是约翰逊与麦克纳马拉讨论这一问题的最终结果。从谈话中可以看出，约翰逊对小型汽车生产提议的好处并不是很感兴趣，他更在意的是安抚鲁瑟——原因是多方面的。不仅仅是因为鲁瑟是总统提出的倡议的关键支持者，这其中还牵涉一些阴暗的政治算计。工人与汽车三巨头的劳动合同将在这一年晚些时候签订，时间刚好就在约翰逊进行总统竞选的时候。他不想在 11 月份因为大规模的汽车工人罢工拖累经济而使自己尴尬。他与麦克纳马拉的谈话便是从这里开始的。另一个问题与约翰逊的策略有关。一年前，欧洲经济共同体对产自美国的鸡肉进口设定了苛刻的关税税率。在这场知名的"鸡肉战争"中，约翰逊通过对进口白兰地、马铃薯淀粉、糊精和轻型卡车强制增加 25%的税率来进行报复。轻型货车的关税特别针对大众汽车，大众生产的一些货车被归入这一类。约翰逊这样做还有个目的，就是让鲁瑟满意，通过削弱国际竞争的方式支持美国劳工。约翰逊将此作为手中的另一张牌，以便给鲁瑟施压，避免将来可能发生的罢工。

约翰逊对麦克纳马拉说："他要把（汽车合约）推到死路上，这会杀了我们。"但作为一个世界级的人类行为学学生，特别是在政界，约翰逊认为自己找到了安抚鲁瑟的方法。"尽管我认为他太自负了，但是倘若我们真能让某家公司……生产这种小汽车，那才真有意思……让司法部门去运作，按他的想法来。”

麦克纳马拉疑惑不解。他的上司在想什么？先不说这种想法处处与汽车制造商的自由企业理念背道而驰，它似乎也是很天真的，完全不顾底特律的现实环境。根据自己在福特的经验，麦克纳马拉认为，三巨头会立刻拒绝这个想法，恰恰是“因为这是鲁瑟想要的”。

约翰逊似乎没有被说服。他不但不与麦克纳马拉争辩，还试图将他拉进自己的密谋中来。约翰逊说，国防部可以“签一些合同”来帮助鲁瑟启 308
动他的计划。“你是用车大户，何不跟他们签个合同，免得你老是得坐着那些该死的蠢旧的供水船四处跑？你为什么不能买他个十万辆？”

麦克纳马拉周到而巧妙地拒绝了约翰逊的提议。他说，约翰逊喜欢一脚踩在两条大船上，不管是超大的总统豪华轿车，还是白色的林肯敞篷车——他曾经用它载着他的客人周游得克萨斯州的山谷国家牧场。（肯尼迪似乎也特别喜欢福特，他最喜欢的是 1961 年雷鸟敞篷车，底特律的广告商比尔·劳瑞也曾开过这款很酷的车。）麦克纳马拉说，小型车不适合五角大楼。大领导和高级官员需要更多的空间和更多的舒适感。对此，约翰逊回答说：“好吧，那么那些坐着福特的水星汽车四处奔波，为将军们传递信息的军士是不是可以考虑一下？”

随后，讨论主题便发生了改变，事情也就不了了之了。鲁瑟继续推销他的“代表美国的小汽车”设想，但它除了让总统在心里盘算了一下之外，没有取得任何进展。汽车公司对小汽车的建议没有太多兴趣，他们更关注他提出的降低价格的建议。他们绝不会仅仅因为沃尔特·鲁瑟希望他们如此，就真的这么做。市场以及营销人员会决定价格水平应该是什么样子。尽管如此，鲁瑟还是忠于约翰逊，而民权、贫困和联邦促进社会公平的行动等议题也是他进行谈判的中心。他认为自己首先是一位推动社会进步的人，其次才是一位集体谈判者。然而，在选举之前，仍然存在工人罢工的可能。

309 第二十章　未竟的事业

《密歇根纪事报》的欧菲尔德·杜克斯新年第一件事，便是与摄影师吉姆·克利弗漫步在底特律的街头，思忖那些底层人的生活和他们对于未来的期望。“贫民窟居民、流浪汉、酒鬼、妓女、失业者以及生活拮据的逃避现实者在 1964 年到底该期待些什么呢？这些社会麻风病人和社会的弃儿凭什么去指望和相信，幸运之轮和命运之法会朝着他们希冀的方向运行呢？”杜克斯带回的答案并没有惊喜。

他们的第一站是位于圣·安托万街和波比安街之间的格拉希特的一处廉价旅馆，此处距离底特律警察局总部只有一个半街区。这个晚上天气寒冷，北冰洋的冷空气使密歇根的温度降至零下，躲避在此处的人们都衣衫破烂，疑惑地打量着这两个好管闲事的闯入者。此时，对这些人来说，除了不被冻死以外，任何想法都显得多余。有个人说，1952 年，他离开匹兹堡来找工作，到现在已经失业 12 年了。另一个说，他太老了，民权已经跟他不相干了。第三个人说，他盼着快到早春，好在监狱混张舒适的床，因为在寒冬腊月，“我到街上去装作喝醉了，甚至躺在人行道上，警察也不会理我，因为还没到季节。他们到春天——三月、四月和五月——才开始管我们”。杜克斯又在边注里补充道：“这个人……不觉得黑人的情况在 1964
310 年会取得多大进步。”一些妓女、商店老板和克莱斯勒快车道——沿着过去的黑斯廷斯街与克莱斯勒高速公路并行的一条支线公路——沿线居民的回应也都是相似的。社会底层的人们并不抱多大的希望。

这则报道发表在 1964 年《密歇根纪事报》的第一期，这一期整版都是对前一年的总结评估和对新一年走向的预测。[1]C. L. 富兰克林牧师入选年度八大牧师。杰罗姆·卡瓦纳市长和前警察局局长乔治·爱德华兹则在那年的年度市民之列。这一期报纸点出了底特律和全国的重大事件："走向自由"游行；"黑人革命"席卷美国南方；约翰逊访问第二浸信会教堂，参加《解放黑人奴隶宣言》颁布一百周年纪念活动；华盛顿大游行；马丁·路德·金的"梦想"演讲；警察在约翰·R 街和艾德蒙街交汇处射杀辛西娅·斯科特；推动联邦民权立法；底特律市议会否决开放住房法案；在《底特律精神》雕像前举行的奥林匹克号召动员大会上播放国歌时遭抗议者嘘声；密西西比州麦德加·艾弗斯的政治谋杀案；三 K 党在伯明翰第 16 街浸信会教堂放置炸弹，导致四名年轻女孩死亡；马尔科姆·埃克斯在金·所罗门浸信会教堂发表情绪激烈的《致草根同胞》讲话；达拉斯肯尼迪总统遇刺事件；黛娜·华盛顿服药过量死亡。纪事专栏作家兼韦恩州立大学管理人布朗斯·纳塔尼尔·巴特勒（Broadus Nathaniel Butler）曾在第二次世界大战中在塔斯基吉空军服役，后获密歇根大学哲学博士学位，他写道："1963 年是美国历史上最为矛盾的一年，最令人激动也最令人心酸，最鼓舞人心也最悲惨不幸，最反动也最进步。1963 年的每一个侧面都能在历史上找到某个或长或短的时期作为对应，但就我们所知，没有哪一年能（像 1963 年一样）如此完整清晰而又深刻透彻地包含和映射美国整个波澜壮阔的历史。

在布罗德斯的专栏上面是一篇标题为《1964——事业未竟的一年》的 311
社论。编辑们写道，所有的民权活动和努力都需要立法来实现。"黑人之星在黑暗的夜空闪烁，为 1964 年发出微弱的希望之光。但是要使 1963 年的反抗在 1964 年开花结果，这种希望必须辅以努力、决心和更大的团结。"

除了引人注目的"走向自由"，底特律的进步算是中规中矩，甚至还遭到一些负面的解读。虽然开放住房法案被否决，但社区关系委员会执行主任理查德·马克斯称，他的机构记录了 16 个例子，它们可以表明有"已知的黑人家庭"住进了以前据说是纯白人的居民区——西部谢弗路以西的区域，东部七英里路以北、康纳路以西的区域。但是超出过去居住区域的实际界限之外的黑人迁移遭到白人社区组织越来越多的敌意，他们用语言和一些带有准军事组织色彩的策略发起了一场并非可以轻描淡写的种族战争。20 年来，这场战争一年比一年加剧。历史学家托马斯·萨格鲁指出，这些团体提到了“入侵”“渗透”以及一些身体和口头对抗的策略。据萨格鲁的报道，“在1963年进入圣巴塞洛缪教区邻近地区东北部的第一个黑人家庭面对的是‘回七英里路另一边去’的标语”。

底特律的种族问题总有复杂的力量在起作用。就在开放住房倡导者为自己的提案做出无可辩驳的陈述，在法庭上对阵保守的私人房屋所有者权利条例并取得胜利的同时，有关底特律公立学校中发生的敲诈勒索、持刀行凶和斗殴事件的报道也越来越多了，其中还包括珀欣中学的教师被打事件。一些负责治安的政客呼吁警方恢复卡瓦纳当选市长、爱德华兹成为警察局局长之前那一年的镇压政策，当时这项政策因为不分青红皂白针对黑人公民而饱受诟病。同时，城市联盟公布了一份报告称，警察局内部仍然
312 存在种族歧视。尽管爱德华兹努力协调，对警察局进行了整合，但该部门仍然只有44名黑人警察，占警力总数的3.25%，而且他们比白人同事更难获得晋升机会。爱德华兹现在在联邦法院任职，但他的盟友都在尽最大可能地维护他的政策。他们注意到，最新的警察学院班有9名黑人，占班级总数的7.4%，虽然不多，但也是一种进步。另外，帕特里克·艾弗里·杰克逊（Patrolman Avery Jackson）被指定专门负责招收非裔警察。同时，报告还指出，底特律除了两个城区外都有黑人警察工作，而在爱德华兹时代，16人被提拔到“优待”岗位，包括一名女警——她成了第一个在科学局处理法庭证物的黑人。

威廉·T. 帕特里克职业生涯的改变似乎同时与公民权利问题利益面的两边都发生了关系。1963年年底，帕特里克宣布不再做市议会上唯一的黑人议员，转而在密歇根贝尔电话公司找了一份工作。此举立刻被看作是对运动的打击和一种进步的信号。有些人称它是种族融合的代价。尽管换个角度看，它也可以被当成见证了哥谭酒店和黑斯廷斯街的消逝的历史进程的一部分。帕特里克在电话公司的新工作是助理总顾问，已属于管理层，之前在底特律，很少有非裔能达到这个级别。然而，他离开议会后，人们越发担忧，对他空出来的位置的竞争会进一步分裂这座城市的黑人政治团体。底特律的黑人劳工领袖赫拉斯·谢菲尔德说，帕特里克值得赞扬，“但是如果黑人群体继续美化这种处境，而无视他从议会退出造成的非常现实

的政治混乱，那便是彻底的愚蠢”。

当时底特律的黑人占人口的 29%，而议会成员要凭多数票当选，由整体投票选举产生，这使得白人候选人胜出的概率大得多，几乎没有留下机会给非裔代表。随着各类有心上位者表露野心，分裂早已在黑人社区内出现。帕特里克是一位不可多得的公众人物，除去一些恶毒的白人社区保护主义者和少数黑人分离主义者外，他可以与底特律各方的社会和政治势 313
力和谐相处。正是因为他在与州长、市长和底特律商业精英共同参加的巴登–巴登申奥之旅中表现突出，密歇根贝尔电话公司才决定将他纳入麾下。与此同时，他坚定不移地支持开放住房立法，在城市政治生活中充当黑人先锋，这些都巩固了他在非裔群体中的地位。

“啊，如果你恰好是杰里·卡瓦纳的话，生活该是多么美好。”[2] 对这位底特律市长来说，新年伊始在《底特律自由报》上读到这样的句子作为开局并不算坏。弗兰克·贝克曼（Frank Beckman）的这句话也许暗含着一点讽刺——毕竟，他是一个严厉、务实而又顽强的政治记者——但随后的话就不留情面了。“35 岁时，你成为底特律的市长，每年有 2.5 万美元的收入。政客们从你的身上看到了远大的前程。孩子们感冒好了，贤惠的妻子也不那么疯狂了。”

卡瓦纳刚刚被美国青年商会评为全国杰出青年，与他一起当选的有三十几人，其中包括印第安纳州民主党参议员伯奇·贝赫（Birch Bayh）、哥伦比亚大学专门从事苏联影响力研究的教授兹比格涅夫·布热津斯基（Zbigniew Brzezinski）、任职于联邦贸易委员会的费城黑人律师 A. 利昂·希金博特姆（A. Leon Higginbotham）以及纪录片导演兼制片人小乔治·史蒂文斯（George Stevens Jr.）——他的父亲（跟他同名）执导了经典电影《巨人》（*Giant*）。卡瓦纳如今深得各方器重。杰出青年的颁奖仪式在圣莫尼卡举行，但在去加利福尼亚之前，卡瓦纳准备前往华盛顿会见约翰逊总统和其他一些被选去白宫讨论城市问题的市长。卡瓦纳第一次见约翰逊是在几年前，那时约翰逊还是副总统，地点就在约翰逊位于国会大厦参议院会议室附近的办公室。卡瓦纳当时明显感到约翰逊把他视作肯尼迪的人，就算不是在鄙视他，也是在提防他。约翰逊曾对他说：“我看你穿着常春藤盟校的衬衫。”后来，在描述那场会面时，卡瓦纳解释：“很明显。他在向我表
314 明他不喜欢我的衣服。”但从那时以来，一切都变了，现在，这两人成了彼此需要的盟友。

从 11 楼的办公室透过被建筑外幕墙遮挡的窗户向外望去，卡瓦纳可以看到科博大楼的南侧和西侧以及通往加拿大的大使桥。当他低头看着桌子上的记事簿时，他看到了他的前任路易斯·米里亚尼的照片。这张照片是 1961 年那次换届交接的遗留物，他没有将它还回去，也没有扔掉它，而是决定把它放在一个他不管怎样都能看得见的地方，虽然这两个政客之间毫无感情。他说，这张照片可以作为“一种提醒，告诉自己这一切也会过去”。然而接下来呢？有传言称他将在下一届州长选举中挑战乔治·罗姆尼。来自安娜堡的民主党国会议员尼尔·斯特布勒（Neil Staebler）加入了竞争，但是斯特布勒对劳工和民权的态度受到沃尔特·鲁瑟和全美汽车工人联合会的质疑，他们正在寻找另一个人选。鲁瑟首先想到的是 G. 门嫩·威廉姆斯。这位以六年任期闻名的前州长，在肯尼迪当选总统后就去华盛顿接任了主管非洲事务的助理国务卿。威廉姆斯拒绝了鲁瑟的提议，于是鲁瑟转向了卡瓦纳。

密歇根的一些政治观察家说，虽然卡瓦纳还没有完成他的第一任市长任期，但他有一半的可能会参加竞选。贝克曼对他的描述是“精力充沛，不安分，野心勃勃”，最后一个词并没有夸张，因为他一直以肯尼迪为榜样塑造自己。“我对市长的工作感到很满意，”卡瓦纳在回应外界的推测时说，“我目前还是希望继续留在我的岗位上。但是任何人在自己的发展道路上都必须考虑所有政治因素和一切机会。”

在 1964 年的新年致辞中，卡瓦纳回应了《密歇根纪事报》的主题“未竟的事业”。[3] 1963 年是“重要的一年”，他说：“它见证了国家大部分地区的经济繁荣，尤其青睐底特律。工资和薪金的总体水平得到提高，失业人数减少。底特律林立的新建筑表明，过去的一年是充满活力的，这对 1964 年来说是一个好兆头。”但是要做的事情还有很多，卡瓦纳乐观地认
315 为，底特律和约翰逊领导的国家都可以做到，而约翰逊已经将自己定义为

一位激进的总统。卡瓦纳说，他的乐观主义是源于“人的天性和对进步的坚信”。但他又补充道，所有这些希望都基于一个最重要的条件：一个和平的世界。在他发表讲话的同一天，一则头条新闻报道了两名著名的西点军校毕业生在南越受伤的事。其中一个是第二次世界大战著名指挥官的儿子小约瑟夫·W. 史迪威准将，另一个是威廉·C. 卡彭特中尉——一位大学橄榄球明星运动员，在 1959 年陆军学院队①中以“孤寂的尽头”成名。美国军队在越南战争中只是作为顾问，但随着战争的进行，已经有 163 人在战争中丧生。

“我为小贝里·戈迪感到自豪，”齐吉·约翰逊在他的新年第一篇《齐吉带你行》专栏中写道，“他激励着底特律的年轻人追求属于他们的未知目标，总有一天他们会找到令观众和听众满意的东西。”

1964 年 1 月，摩城唱片迎来了它的第六个年头。戈迪曾在他当时的新演出地格雷斯通舞厅举办过一次盛大的圣诞派对，以告别过去一年的时光。多数对摩城唱片的记载都根据戈迪的自传《沐浴爱河》（*To Be Loved*）将这次派对举行的时间记录为 1962 年 12 月，但这是不准确的。戈迪直到 1963 年 6 月才买下格雷斯通舞厅。1963 年 12 月的圣诞派对是他在格雷斯通舞厅举办的第一个晚会。戈迪一家都参加了派对：戈迪的父母，姐妹安娜、埃丝特、格温和露西，兄弟富勒、乔治和罗伯特，以及他们各自的家人。当时处于上升期的整个摩城团队中的绝大多数制作人、技术人员、词曲作者、销售人员、音乐家和艺术家们，以及当地的 DJ、主持人、俱乐部老板和朋友也都参加了。齐吉透露：“如果我妄想念出所有到场的未来之星的名字，那我一定会被当成愚蠢的专栏作家。”[4] 马海毛西装、三角帽、晚礼服、毛皮大衣——大家都穿戴着各自最好的礼服前来赴会。罗伯特·戈迪穿着圣诞老人的衣服分发奖金支票。斯莫基·鲁宾逊弹钢琴，许多歌手都 316
聚集在他周围——他获得了“摩城精神奖”。

在摩城，一切都像底特律的汽车业一样红红火火，但在 1964 年，这里

① 代表美国军事学院的橄榄球队。

也要处理之前没有完成的事情。

距离摩城唱片最小的成员小史蒂夫·旺达的 14 岁生日还有几个月的时间，他名字中的“小”已经从艺名中被去掉，正式被称为“史蒂夫·旺达”。[5]他还在变声期，对他来说，唱准原本为他量身定制的音调更加困难了。《指尖（第二部分）》让他名扬海外。在休假期间，他去巴黎和伦敦演出，参加各种电视节目。在旅行中途，为了能在 1 月 5 日的《埃德·沙利文秀》上露面，他缺席原定对联邦德国和荷兰的访问飞回纽约。史蒂夫的露面本来已经列入电视节目指南并在底特律宣传，但节目时间耗尽，主持人沉浸在他每周例行的节目结束仪式（一个隆重的晚安）中，史蒂夫没能上台。9 月以来，节目组和史蒂夫的合作一直很稳定，但如今披头士乐队带着他们的“英伦入侵”来了。在五个星期后的 2 月 9 日，他们将在美国首演，而史蒂夫仍在等待属于他的机会。

考虑到时代趋势，戈迪在海外之旅开始前将精力投入到一项似乎颇有远见的事业中。或许这并不奇怪，戈迪自己有两个癖好：第一，他意图促使摩城唱片不再局限于种族化的节奏布鲁斯市场，而是成为代表美国年轻人的音乐风格；第二，他从小就迷恋好莱坞和南加州的生活方式。在 1963 年的最后几个月里，戈迪在洛杉矶成立了一个小型辅助机构。他聘请了几个编剧和制作人，梳理电影文化，发掘潜在的合作项目，为摩城旗下艺人寻找发展机会。这其中就有来自电影《肌肉海滩派对》（*Muscle Beach Party*）的制片人，这部空洞无物的电影由弗兰基·阿瓦隆（Frankie Avalon）和安妮特·富尼切洛（Annette Funicello）主演，情节是他们在马利布海滩上嬉戏打闹。电影呈现了 50 年代白人青年文化最温顺的一面，直白地表现了当时社会的精神风貌，史蒂夫·旺达在这部电影中出演了一个
317 配角，加入海滩上的人群，对口型唱了一首名叫《快乐街》的歌。歌词几乎都是在模仿《指尖》，以致有人说那几乎不像歌词——大多是一些鼓励的话，诸如“拍拍手，跺跺脚，找到快乐街的节奏”。

摩城唱片已然大获成功，但他们最有才华的团队中的三个乐团仍然在期盼着自己的首张金曲专辑。戈迪正迈向富人行列，他的唱片公司正在向国际企业转变，西大道的工作室可以与纽约和洛杉矶最好的工作室相媲美，

而且这是后来奠定了摩城风格的无上乐队、诱惑合唱团和四顶尖合唱团成名之前的事。

在事业未竟之年，诱惑合唱团在奇迹乐队和奇异合唱团的鼎力帮助下首先取得了突破。[6] 1 月 8 日星期三下午，他们进入西大道的工作室开始录制一首由斯莫基·鲁宾逊和鲍比·罗杰斯（Bobby Rogers，斯莫基在奇迹乐队的同事）创作的歌曲，他们在出发参加第二次摩城巡演的路上构思了这首歌。可以说，斯莫基和罗杰斯就像家人一样。他们同一天在同一家医院出生。罗杰斯不仅是鲁宾逊的朋友，为斯莫基的女高音充当男高音，还是斯莫基的夫人克劳黛特的表兄和奇异合唱团成员旺达·扬（Wanda Young）的丈夫。在摩城众多天赋极高的底特律人中，罗杰斯被视为最被低估的人之一，他在作曲和编舞方面的才能是与生俱来的。当他和斯莫基沿着无尽的公路开车旅行的时候，他们会交换对歌曲开场、声部和尾韵的看法，直到新歌有了一个大致的雏形。他们你来我往，一个想出一句“你笑得如此明媚 / 你知道你可能是一支蜡烛”，另一个回一句“我抱你抱得如此紧 / 你知道你可能是一个手柄”。最终，他们完成了《你的方式》（*The Way You Do the Things You Do*）的创作。

在“蛇穴”工作室的录音日，艾迪·威利斯找来了疯克兄弟的成员为他弹奏愉快的吉他和弦中的快速切分音；艾迪·肯德里克斯（Eddie Kendricks）则以他标志性的假声担任主唱；新加入的五重奏成员大卫·拉芬（David Ruffin）与保罗·威廉姆斯（Paul Williams）、奥蒂斯·威廉姆斯（Otis Williams）一起合唱，声音低沉浑厚的梅尔文·富兰克林（Melvin Franklin）担任伴唱。这首歌完全是诱惑合唱团才华的体现，但词曲单纯清澈，是典型的斯莫基的风格。据说，《你的方式》在美国流行音乐界占有重要的地位，鲍勃·迪伦听后十分感动地称斯莫基为“美国最伟大的在世诗人”。唯一的问题是，迪伦事实上从来没有说过这话。[7] 摩城唱片的公关阿尔·艾布拉姆斯后来承认，他听贝里·戈迪说斯莫基的歌曲创作才能应该得到更多的认可，之后便杜撰了鲍勃·迪伦的话。艾布拉姆斯回忆，他当时正在跟与迪伦走得很近的作曲家阿尔·阿罗诺维茨（Al Aronowitz）聊天，就问阿罗诺维茨是否可以得到迪伦的一句赞扬斯莫基·鲁宾逊的话。阿罗 318

诺维茨问他有没有想到什么句子，他便给了“斯莫基·鲁宾逊是美国最伟大的诗人”这句话。艾布拉姆斯回忆起当时的场景，阿罗诺维茨“想了一会儿，然后说：‘为什么一定要跟鲍勃说呢？这听起来像是他会说的话。去吧，就这样说吧。如果鲍勃在媒体杂志上看到这句话，他会认为他说过。他肯定不会否认的。’”所以，艾布拉姆斯将这句话告诉了戈迪，随后它便被公之于众了。艾布拉姆斯后来说：“我必须承认，每次我见到迪伦接受大型采访时都害怕他可能会说‘见鬼！我从来没有说过！’”但阿罗诺维茨是对的，这种情况并未发生，鲍勃·迪伦对斯莫基·鲁宾逊的这句赞语成为摇滚界的神话。

无上乐队似乎无处不在，但所到之处都不是她们想去的地方。[8] 其实，她们完全可以逃离密歇根州的寒冬，去百慕大度过两个星期的休闲时光。弗洛伦斯·巴拉德 21 岁，玛丽·威尔森和戴安娜·罗斯也才 20 岁，但她们已经待在摩城唱片很久了，所有人都把她们当成年人对待。她们每晚在克雷豪斯酒店的俱乐部表演，第一场演出从 11 点开始，第二场从凌晨 1 点开始。弗洛伦斯对百慕大的粉色沙滩赞不绝口，玛丽痴迷于水晶洞穴，戴安娜则喜欢购物。她们回底特律后不久便与齐吉·约翰逊一起去 80 英里外的杰克敦，为当地的州立监狱的囚犯进行节日音乐会表演。她们穿着镶有亮片的连衣裙和高跟鞋跳舞，唱了四首歌，台下数百名观众的热情都被点燃，跟着她们一起唱，此时距离约翰尼·卡什（Johnny Cash）在福尔松监狱举行的那场名垂千古的监狱音乐会还有四年。

319 戈迪在 1963 年的最后一个季度做出了两个决定，为无上乐队明确了未来的发展道路。第一个决定是让罗斯担任主唱，而不是根据歌曲来决定三人中谁是主唱。第二个决定是让她们与摩城唱片最炙手可热的歌曲创作团队霍兰德–多齐尔–霍兰德合作，他们为玛莎和万德勒斯合唱团创作过三首热门金曲，包括去年夏天的重磅歌曲《热浪》。他们能帮无上乐队再创辉煌吗？对于这个团队早期的磨合来说，《当爱的光芒在他的眼中闪耀》（*When the Lovelight Starts Shining through His Eye*）是第一步。10 年后，很少有人能记住它冗长的名字，却记住了它极富感染力的、持续的切分节奏：“也许——我该意识到——啊——我应该——道——歉。”最终，这首歌在美国单曲排行榜前 100 位中取得了第 23 位的成绩。尽管这个成绩还不足以令无上乐队成名，但已经是她们取得的最好成绩了。

与霍兰德－多齐尔－霍兰德歌曲创作团队的合作还包含着另一个层面的因素，因为已婚的布莱恩·霍兰德与戴安娜·罗斯开始了婚外恋。这在摩城文化中并不是什么新鲜事。无论已婚还是单身，无论是在西大道还是各处的大街小巷，每个月都有新的性伴侣关系在形成和破裂，增加着破裂的能量和场面的紧张。罗斯绝不是唯一的涉事者，却是更为活跃的参与者。她已经和好几个摩城唱片的音乐家发生过关系，包括最著名的斯莫基·鲁宾逊，现在她又在打贝里·戈迪的主意，经常将他迷得神魂颠倒。2 月的一个晚上，她与布莱恩·霍兰德的妻子莎伦在两万饭店的浮木酒吧（摩城唱片经常光顾的非官方酒吧）发生了正面对峙，她与霍兰德的罗曼史也随之结束。据玛丽·威尔森和弗洛伦斯·巴拉德事后回忆，莎伦·霍兰德走近矮小的罗斯，居高临下，开始大声咒骂：“如果你不离我男人远点儿，你就等死吧！”罗斯紧握拳头站在那儿，直到威尔森和巴拉德迎上来保护她。“莎伦一直说她要踢戴安娜——大家通常总是叫她的姓的，从来没有人这样直呼过她的名字，有几分钟时间，我们不得不拉住她。”巴拉德回忆说。据说他们的恋情那晚就结束了，但可能引发了别的事情。几个月后，无上乐队有了她们的第一首热门金曲，其中有一句歌词显得特别应景。“宝贝， 320
宝贝，我们的爱去哪儿了？”这首歌的风格最适合玛丽，但无上乐队的三位成员都不讲道理地抱怨道，这首歌是为奇异合唱团所写，他们得到的不过是别人挑剩下的次等品。弗洛伦斯认为这首歌的主旋律过时了。戴安娜不情愿地用低音区将它唱出来。后来，这首歌成为她们的第一首冠军金曲。“我在燃烧，燃烧，心中极度渴望。”

远离了欧菲尔德·杜克斯调查底特律底层市民时走过的穷街陋巷，这段时间关于底特律汽车公司如何繁荣的报道一个接着一个。所有预测和初步估算都目标明确：三巨头 1963 年的汽车和卡车销量比以往任何时候都要多，尤以新年第一季度最为突出，而且红利还在继续。福特汽车公司宣布，公司 1964 年第一季度净收入创下纪录。克莱斯勒的收入比上一年增长了

48%，通用汽车在三巨头中位居第一。不管是对公司高层还是对工薪阶层来说，这似乎都是好消息，但对约翰逊总统来说就不一定了。约翰逊一直在借与麦克纳马拉商谈小型汽车计划来安抚鲁瑟，1964 年年初的几个月，他也一直在重申他的担忧，认为底特律的狂热氛围可能会导致汽车价格和工资的增长，引发通货膨胀。随着新车季的到来，下一轮的合同谈判近在眼前，他极力敦促汽车公司管理层和劳动者注意他们的行为，以抑制通货膨胀的发生。

如果鲁瑟理解约翰逊的关注点，他就会把它转化成自己的优势，将主要责任推给汽车制造商。[9] 俗话说，最好的防御是进行强有力的进攻，他提出，汽车公司赚得这么多，责任应该由他们担，而不是他。他先拿通用开刀。“比如通用汽车，据说……通用 1963 年的税前利润惊人……超过 33 亿美元，”他在给约翰逊的备忘录中写道，“这还不包括用于支付管理层奖金的利润。”公司董事长弗雷德里克·G. 唐纳（Frederic G. Donner）1963
321 年获得了 130 万美元的工资和奖金，另有超过 1.4 万名通用汽车高管分享了超过 1 亿美元的奖金，这是前所未有的数字。通用汽车拥有如此巨额的财富，鲁瑟写道，“以至于在底特律盛传着这样一个笑话，说通用汽车公司正在存钱买联邦政府”。他进一步指出，事实上，汽车制造商赚了这么多的钱，本可以在降低汽车价格的同时增加工资。鲁瑟对总统说：“我们真诚地希望汽车行业能降低价格，不仅是因为消费者有权享有更实惠的价格，也因为相对低的价格会增加汽车销量，从而为我们的工人提供更多和更稳定的工作。就汽车工人的工资和其他经济利益而言，你可以放心，全美汽车工人联合会将遵循传统政策，不会为增加收入而造成价格上涨。”

从 1 月下旬到 3 月，鲁瑟完善了他今后谈判的目标。他说，自己考虑的重中之重是工作环境和就业岗位的创造，同时他也表示，只有当工人们能分享一些过去一直被管理层拿走的经济繁荣年份的利润时，才有公平可言。“只有傻瓜或是经济白痴才会相信我们的分红在生产 700 万辆车的年份和生产 500 万辆车的年份是一样的，”他在工会的一次集会上说，“工友们，分红不是静止不变的……它要随着股东一块儿涨，这才叫分红。”到全美汽车工人联合会在大西洋城举行年会时，鲁瑟迫于底特律当地工人在这一问题上给他的压力，在最高目标中增加一项提前退休条款。他继续对公司精英发起攻击，在年会的开幕演讲中把目标从通用汽车转向福特及其所有者。在代表们激动地为此欢呼时，他将亨利·福特二世最近在芝加哥发表的一篇演讲中的话作为自己的素材。在这篇演讲中，福特二世抱怨，利润跟不上其他经济指标是汽车工业发展的威胁。换句话说就是，公司上层想要的更多。鲁瑟说："现在我知道，他一晚上花 25 万美元来办派对，我知道这很奢侈。"他指的是亨利·福特二世 1959 年在底特律的乡村俱乐部为他的女儿夏洛特初次参加社交活动举办的一场铺张的派对，派对请来了弗兰克·辛纳特拉（Frank Sinatra）、加里·库珀（Gary Cooper）和皮 322
特·劳福德（Peter Lawford），一个装饰家还特地从巴黎飞来为聚会安装了带有异国情调的水晶吊灯。"我知道他为他最新的游艇花了 50 万美元，也许他还有其他一些奢侈的爱好。这可能是他在平衡收支方面会遇到困难的原因。但我想说的是：（去年）他拿了多少薪水、奖金和福特股票的分红？4895790 美元。他不用自己去挣得这些，他只是挑了个好祖父。"鲁瑟指出，一名福特工人积累 729 年的收入才能和亨利·福特二世一年所赚的差不多，"我以一个老福特工人的口吻对亨利说：'你不值得我们代表所有人在这个联盟的谈判桌上坐 729 次。'"

两天后，约翰逊总统在汽车工人大会上发言，再次呼吁双方应避免做出"破坏我们的成本和价格稳定"的决定，明确反对对工会的要求设置上限。[10] 对鲁瑟和其他劳工领袖而言，这是意外之喜，令他们的精神为之一振。就在同一天，约翰逊的首席经济顾问沃尔特·W. 海勒（Walter W. Heller）离开华盛顿去底特律经济俱乐部演讲。经济会按照预期走吗？海勒说："1964 年，这个答案在很大程度上取决于密歇根。"

保罗·赖泽和戴安娜·罗斯在卡斯职高读书时是同班同学。[11] 赖泽当时和戴安娜不熟，但他们毕业时站得很近——纯粹的字母排序机缘。和戴安娜一样，赖泽在高中毕业之前一直在西大道上四处闲逛。他后来成了录音棚乐队里年轻的长号手，当时只有 18 岁的他和长号手乔治·博安农（George Bohanon），还有其他疯克兄弟的成员以及老爵士乐手一起演奏，这些人才华出众，举止粗俗，他们看重的是在那里可以赚钱，同时享受音乐和团队合作，而不是在老板面前卑躬屈膝。1964 年的头几个月里，赖泽努力适应了定期轮换的工作方式，每周至少工作两到三昼夜。赖泽回忆：
323 “当时，摩城就是一个不折不扣的工厂，24 小时连轴转。”那情景在他脑海中留下了深刻印象，以至于 50 年后他还可以回忆起工作室的细节，那时的工作室早已结束了它的音乐使命，被改造成博物馆保留下来，然而赖泽仿佛还是能透过脑海的记忆清晰地看到疯克兄弟的每一位成员，他们坐在哪里，他们怎样嬉笑怒骂，怎样演奏。他可以清楚地念出他们的名字：博安农、厄尔·范戴克、汉克·科斯比（Hank Cosby）、本尼·本杰明、查恩克·威利斯、白人兄弟乔·梅西纳和詹姆斯·詹默森。所有人中，要数詹姆斯·詹默森脾气最为固执，他的凳子就在墙角，那是他弹奏芬德精确贝斯（Fender precision bass）的地方，在对位技巧上没人比他更精通。如果詹默森认为他们都演奏到位了，就会跺跺脚，站起来说“就是这样”，拒绝再弹更多，哪怕贝里·戈迪要求再试一种。詹默森不仅认为录音师没有得到应得的报酬，还认为太多的尝试带走了歌曲的自发性和灵魂。

赖泽对詹默森等老录音师心存敬畏。赖泽从黑人基督教会出来，他的家庭属于克林顿街大伯利恒殿教会，他在卡斯职高接受了古典音乐训练，卡斯职高给乐队分配了字母标志，身着字母服的乐队成员和身穿足球或篮球员队服的队员一样骄傲。在摩城唱片工作室里对疯克兄弟的所见所闻令赖泽激动不已，与以往的任何经历都不同。赖泽在卡斯职高的另一位同学戴尔·沃伦（Dale Warren）当时在摩城拉大提琴，尽管赖泽当时“讨厌节奏布鲁斯，就是讨厌它，从不听它”，但沃伦还是将赖泽招入摩城唱片。赖泽表现优异，在成为摩城唱片的正式成员后，卡斯职高一直打电话给他，希望他回去。这是戈迪的魔法之一，摩城唱片正是因此实现了各种可能。有人也许会批评摩城的位置和唱片像工厂的装配线。可是它也有自由和机会的意识，愿意做一切尝试，对所有天赋异禀的音乐人敞开大门，不在意他们的出身，从贫困潦倒的无上乐队到看准时机成就自己的玛莎·里弗斯，再到优秀的高中生长号手保罗·赖泽，均是如此。“有多少大公司愿意接受十七八岁的人？从没有听说过，”赖泽后来回忆说，“那里充满机会，一切都是那么棒……简直让人如鱼得水，贝里拥有一家永不过时的公司。”在那里，赖泽能识谱，能领会编曲，能可靠地跟着乐谱演奏，这一切都令其他乐队成员印象深刻，只是有点太紧张了。“我来到这里简直如梦初醒。这 324
是文化上的冲击。疯克兄弟，不用我说你也知道，他们出身街头，是典型的硬派作风，彻彻底底的硬派作风。而我则有着完全不同的背景，理智，非常循规蹈矩，从不喝酒，更别说过度饮酒了。”很快，一切都变了。“他们绝对‘带坏’了我，”赖泽愉快地回忆，“他们样样都教会了我，但这是成长的乐趣所在。我告诉你，这就像一个菜鸟刚进了一个足球训练营。你知道他们怎么戏弄菜鸟吗？我还带着高中的那套规矩……进入录音室。这完全行不通。感觉就像试图驯服一窝野性未除的狮子。”

1963 年夏季的某一天，摩城的工作不经意间改变了赖泽的生活。那天，他完成一场录音工作后，离开录音室，驱车沿路西行。虽然戈迪给音乐师的薪水不高，但赖泽也接了不少活，攒够了新车的首付款，而且不是别的什么车，而正是 1963 年别克 - 里维埃拉的首款车型，车身黑色，线条明快，光滑整洁。他 19 岁，看起来很不错，他会说：黑人配黑车。在与林伍德路的交汇处，他向右转，向着新伯特利浸信会教堂方向驶去。“当时这个可爱的小姑娘正在过马路，她 16 岁。接下来发生的事便众所周知了——两个孩子和四个孙子。我认准了她。她要去街对面的商店。我说：‘我会等你，带你回家。’半个街区！时间一秒又一秒地过去……在我转弯离开大道向北时，我未来的妻子从马路那边过来了。她很可爱，而我有一辆闪亮的新车——我们就这样在一起了。”

1964 年年初，赖泽与马文·盖伊一起在路上走着。正值严冬，他们要在克利夫兰待上四天，住在欧几里得街上一个四面透风的旅馆，雪花顺着窗缝钻进来——对他来说这是一段富有挑战性的旅途。他回到工作室，直到 3 月份为止，一直跟录音乐队一起录制斯莫基·鲁宾逊写给玛丽·威尔斯的另一首歌。这首歌就是《我的男友》（*My Guy*）。斯莫基在女人堆里长大，自信能像女人一样思考。在这首歌中，他决定模仿玛丽·威尔斯，想象一个像她这样的女明星如果对一个工厂工人忠贞不渝的话会是什么情形——也许就发生在福特的鲁日河工厂。作家大卫·利兹（David Ritz）后 325

来将它描述为“一个震撼的忠诚研究案例”。赖泽认为斯莫基是摩城唱片的三大天才之一，其余两位是史蒂夫·旺达和马文·盖伊。他认为，旺达和盖伊都有着充沛的创作能量，但可能会受到贝里·戈迪的商业期望的伤害，斯莫基却恰好在摩城唱片的商业发展和个人才能发挥两个方面取得了平衡。

对摩城唱片工作室来说，3 月 13 日又是一个漫长的周五。疯克兄弟整天都和斯莫基、技术人员连同他们的八轨磁带一起工作，努力找到歌曲开场的正确方式。威尔斯从听到那首歌起便爱上了它的旋律和歌词，她的歌声温柔、性感、舒缓，最后甚至引得梅·韦斯特（Mae West）结结巴巴地说：“今天没人能将我的男友带走。”伴随着罗伯特·怀特轻快的吉他三连音和厄尔·范戴克的教会和弦进行，一段优美的高音长号伴奏穿插其中，吹奏者是极具天赋的博安农和赖泽，但这个开场开始一直出不来，录音持续到很晚，疯克兄弟的老乐手们烦躁起来，长号手意识到，他们可以模仿 50 年代的爵士乐《加拿大日落》的开场即兴重复段落曲调。急促的西部左手节奏在高音长号的伴奏下，听上去如泣如诉，像是一种哀怨的爱的呼唤：Daaaa——da-da-d-daaa——C—— C-A-G-A。他们终于完成了，为了避免版权纠纷，他们做了一点轻微的修改。“斯莫基说：‘哦，我喜欢它。’”公众也这么认为。在春天结束之前，玛丽·威尔斯和《我的男友》登上了《公告牌》榜单首位。

《底特律新闻》的标题这样写道：“朴实的玛丽打败了披头士。”[12] 这则新闻说，自披头士热席卷美国以来，她是第一个“在唱片销量排行榜上打败披头士而登上榜首”的女歌手。更值得一提的是，披头士乐队自己也向西大道发电报大喊：“我们喜欢玛丽·威尔斯！”这也标志着底特律和披头士四人组之间的语言冷战开始解冻。披头士乐队 2 月 7 日抵达美国时，底特律大学的学生发起了一场“消灭披头士乐队”运动。这更关乎风格问题而不是声音。学生们发起这次运动，并不是为了借此打压英国人，从而提升摩城，而更多的是一场多元文化间的争论，就像航空母舰对军舰。无
326 论情况怎样，当披头士乐队被问及底特律的这场运动时，他们的回答是“我们要打倒底特律”。如果只是看看新闻报道，那么这似乎真有可能会发

生。《底特律自由报》和《底特律新闻》对披头士乐队来美第一周的报道甚至比对摩城唱片在成立以来的整个五年间的报道都多。但事实上，披头士乐队并没有想要“打倒”底特律，反而常常对底特律报以尊重，他们在节目中翻唱了一些摩城唱片的歌曲，最开始是《钱（那是我想要的）》，这是摩城早期的金曲，由贝里·戈迪和詹妮·布拉德福德创作，最先由贝瑞特·斯特朗演唱。

对于摩城唱片的公关人阿尔·艾布拉姆斯来说，《底特律自由报》上能有关于玛丽·威尔斯的文章就已经是最重大的事了。他后来指出：“这标志着摩城唱片的艺术家第一次在我们家乡的日报（两家中的一家）上受到关注，而这些报纸通常都只关注体育英雄和电影明星，并且关注对象几乎都是白人。”《我的男友》还带来了另外两方面的影响，好坏参半。它的成功促使斯莫基·鲁宾逊为诱惑合唱团写了一首类似的歌——《我的女孩》（*My Girl*），后来这首歌成了他们第一首夺冠金曲，也成为摩城唱片史上最著名的歌曲之一。同时，也正是因为这首歌太过成功，玛丽·威尔斯和在她耳边吹风的人都认为她应该得到更多的报酬和荣誉，此事促使她从摩城唱片出走，独立发展，从此再没有像从前那样大红大紫。从 1960 年进入摩城唱片到 1964 年出走，她在摩城只待了四年，最终，为玛丽·威尔斯的一些早期歌曲做伴唱的无上乐队取代了她的位置。但玛丽·威尔斯仍是第一人，她在西大道的成就经久不衰。她的声音带着独特的诗意，她的个人思想也是如此。根据底特律工人阶级诗人菲利普·莱文所写的，她把“苦难”说成是“底特律 1 月的油毡地毯”，将自己的年轻时代视为“清洁女工之女”。

未竟的事业。四顶尖合唱团在 1964 年的最初几个月仍然尝试在摩城唱片的天空中找到自己的位置。他们虽然比西大道的其他大多数团体更有经验，技艺更纯熟，在当地的名气也和其他团体旗鼓相当，但在贝里·戈迪这里他们资历最浅，还没上过全国排行榜。戈迪花了好几年时间试图将他们从哥伦比亚和其他唱片公司挖走，终于在 1963 年末将他们签下，这是他们在观看了在哈勒姆区阿波罗剧院举办的第二次摩城巡演之后的事。负责唱高音的阿卜杜勒·“公爵”·法基尔回忆：“我们去那里看了演出，还说，哇，他们好棒！我们得加入他们。” 327

他们被当成民谣歌手，四重唱乐团，能得心应手地驾驭广泛的流行曲风和传统歌曲，戈迪的第一个想法是让他们录制一张典型的美国歌谣专辑。[13] 他的最爱一直是爵士乐，而灵魂乐与摇滚乐的结合让他看到了机会，不过他对旋律标准的要求总是“温柔和缓”，并总是鼓励艺人们像约翰尼·莫瑟（Johnny Mercer）的《月亮河》（*Moon River*）和伦纳德·伯恩斯坦（Leonard Bernstein）的《某处》（*Somewhere*）那样表演和录制歌曲，从无上乐队到马文·盖伊，再到史蒂夫·旺达，都是如此。四顶尖合唱团在这一点上似乎比其他人更适合，他们先是在摩城与制作人米奇·斯蒂文森以及工作室的老牌录音师一起待了几个月。但是在专辑完成之前，戈迪认为它不赚钱，便弃用四重唱，改成别的演唱方式。他按照之前无上乐队的模式，将他们交给霍兰德 – 多齐尔 – 霍兰德，同时确定了一个主唱，于是，四重唱变成了以声音强烈灼热、富有穿透力的李维·斯塔布斯为主，其余三人作为伴唱的结构。在大多数情况下——包括无上乐队和诱惑合唱团，某种程度上也包括奇异合唱团和万德勒斯合唱团在内——这种转变在音乐上已被证明是成功的，但这样做也给乐队成员造成了心理上的困惑，引发了嫉妒和最终的失调。不过，四顶尖乐队从一开始就是与众不同的。

这个团体的灵魂是斯塔布斯和人称“公爵”的阿卜杜勒·法基尔的深厚友谊。他们都来自底特律的东部，斯塔布斯出身于六英里路的公共住房，法基尔则住在更靠北的珀欣中学附近，家中是独户住宅。他们在高三前十分亲近，“公爵”邀请李维与他的家人住在一起，他们将地下室整理好，作
328 为共同的卧室。两个年轻人都有一定的音乐背景。“公爵”的父亲是来自亚洲次大陆的移民，该地区后来成为孟加拉国的一部分。他靠一把西塔尔琴在街边弹唱，攒够钱到了伦敦，在那里做厨师，最后到了美国。他在底特律北部定居，在布里格斯工厂打工，做汽车零配件，并在那里遇见了“公爵”的母亲——非裔卫理公会牧师的女儿，他们家从佐治亚州搬来。“公爵”在环绕着音乐的教堂里长大。他在教堂唱诗班和学校的合唱团唱歌，一直唱到 10 岁时变声。“他们不会让我参加唱诗班了，因为我的声音在成人和儿童之间，”法基尔回忆，“这种感觉就像我失去了一个兄弟或姐妹，我难过极了。音乐无处不在。当你在街上散步，无论走到哪里，你都能听

到动人的音乐。音乐就在你身旁。所有的孩子都在唱歌。我在和李维成为亲密的伙伴之前，先后在五六个不同的合唱团唱过歌，感觉都糟透了。”

“公爵”酷爱运动，尤其是在珀欣中学时代，他擅长篮球、足球和田径。斯塔布斯可能是一个更好的运动员，但他唯一的爱好是音乐。“公爵”记得自己曾见过斯塔布斯在一百米跑冲刺时超越了州冠军，他对斯塔布斯说：“你是一个出色的运动员。”斯塔布斯回答：“朋友，我一门心思只想唱歌。”四顶尖合唱团的名字可以追溯到临近他们高中毕业时，那时他们被邀请参加珀欣中学的一个告别派对，来参加这场一年一度的沙龙舞会的是一群底特律黑人上流社会的女孩子和中上层初入社交界的年轻女性。这群上层社会的黑人女孩也是歌手，称她们的组合为“谢赫拉莎德（合唱团）”（Scheherazade）。这个聚会只面向受邀请者，“公爵”和斯塔布斯能在此之列，主要是因为女孩子们想听他们唱歌。这是后来贝里·戈迪在格雷斯通舞厅举行的乐队间“友好战斗”的雏形，当时还没有正式组合名字的他们便被与“谢赫拉莎德（合唱团）”放在一起进行比较。为了完成一个四重唱，斯塔布斯和“公爵”请来了在北方中学上学的两个朋友劳伦斯·佩顿和奥比·本森，四年后，斯莫基·鲁宾逊也要在这所中学就读。当女孩们迫不及待地想看他们表演时，斯塔布斯对他的伙伴们说：“跟着我
就好。”他们的合唱流畅和谐，仿佛他们为此已经排练了几个星期——斯 329
塔布斯担任主唱，公爵担任第一男高音，劳伦斯担任第二男高音，奥比负责男中低音的演唱。

在那个夏天，他们将自己的组合取名为“四大目标”，穿着山姆牌的白色羊毛西装，在沃菲尔德剧院的业余表演中拿了奖，还不时接到弗林特的埃迪酒吧的演出合同。“公爵”在获得了篮球奖学金后决定去俄亥俄州威尔伯福斯的中央州立大学——一个历史悠久的黑人学校上学，奥比·本森也获得了大学奖学金，他们打算唱完这个夏天就到学校去。“但是一旦我们登上舞台，我们就知道自己不会去上学了，”“公爵”回忆，“很奇妙，我们竟觉得如此兴奋。《生活是一个梦想》（*Sh-Boom*，*Sh-Boom*）、《六十分钟的人》（*Sixty Minute Man*）、《喷泉里的三枚硬币》（*Three Coins in a Fountain*），这是我们都热爱的事情。”改名为“四顶尖”后，他们开始了

一段长达十年的演艺道路上升期。从底特律车展到密歇根的黑人休闲胜地艾德威尔德的天堂俱乐部，再到底特律的火焰表演酒吧、两万饭店的浮木酒吧和罗斯福俱乐部，乃至卡次启尔山脉的一些地方，包括在一场全国巡演上为低吟歌手比利·艾克斯汀伴唱。最后，在 1963 年年末，贝里·戈迪打来了电话。戈迪后来坦言："我非常需要他们，看到他们对彼此是那么忠诚，我知道他们会对我和摩城唱片同样忠诚。"

他们会忠诚，但不会天真，更何况是在商场经过了 10 年历练。不像戈迪麾下大部分在摩城唱片拿到第一笔薪水的艺人，四顶尖合唱团知道怎么签合同。戈迪把合同递给他们，希望他们马上签字，但"公爵"法基尔说，即使之前他们已经表示无论如何都会加入摩城唱片，他还是想在签字前留一个晚上检查合同。当戈迪说他不喜欢耽搁，之前没有人要求留时间琢磨时，法基尔看了看合同，说："我在合同里并没有发现对我们有任何优待。"戈迪说，他没有给过任何人优待。但最终，戈迪让了步，答应给他们每人象征性的一百美元预付款。同时，戈迪还承诺一定为他们打造出金曲唱片，让他们成为明星。

做到这一点比预期的时间长了许多，因为他们在录制那张美国歌谣集时走了不少弯路。不过，他们在摩城的工作室里一直很忙，经常为公司的
330 女歌手和其他团体伴唱。不久，法基尔便与无上乐队的玛丽·威尔森建立了关系。这也是摩城唱片奇妙的早期岁月的尾声，之后的摩城因为病态地追求成功，并受到野心和嫉妒的蚕食，一切都开始分崩离析。"玛丽·威尔森买下了这所房子，经常组织聚会并负责烹饪，马文·盖伊、HDH、斯莫基和大家都会过来。每次都会有 10 到 20 个人，"公爵回忆，"她的厨艺很棒，而我是一个很好的品尝者，这感觉难以言喻。你永远无法用语言来形容，是的，确实没有任何言语可以形容这一切，早年的岁月是那么美妙、充实和满足。"

那年春末的一个晚上，四顶尖合唱团正在底特律的两万饭店表演，布莱恩·霍兰德突然闯进他们的更衣室大声宣布："伙计们，你们的成名曲有了！"他拿着录音机，按下播放键，是一首未经处理的器乐演奏版歌曲，霍兰德跟着旋律当场唱起来。摩城唱片一天的工作时间是 22 小时，

当时虽然已是深夜，霍兰德还是说服了他们跟他一起回到西大道，趁热打铁完成歌曲的录制。布莱恩・霍兰德和“公爵”、奥比、劳伦斯三人录制和声，艾迪・霍兰德带着斯塔布斯进控制室打磨旋律。艾迪一遍又一遍地唱出旋律，直到斯塔布斯说他想用笔写下来。“虽然你不在身边 / 我却经常能听到你的声音”，斯塔布斯觉得他想出了合适的分句，他们便开始了歌曲《宝贝，我需要你的爱》（*Baby, I Need Your Lovin'*）的第一次出镜录制，戈迪承诺的这首热门金曲为四顶尖合唱团此后 60 年独一无二的曲风奠定了基础。

戈迪的母亲伯莎・富勒・戈迪最喜欢给她的八个孩子讲的一句名言是：你学到的一切都将为你所用。[14] 老戈迪遇见她时，她在佐治亚州的一所种族隔离小学教三年级。在底特律，她是这座城市最有修养的家庭的女性家长，自始至终，她都是一位老师，而且要求严苛。作为她的次子，小贝里・戈迪早年大部分时间都觉得她对自己很失望。她希望她的孩子都能 331
成为大学毕业生，然而他高中就辍学了。她希望他们事业有成，这样就能在她的朋友面前炫耀一番。他作为拳击手自然不符合母亲的期望，在流水线上工作肯定也不行，更不用说卖爵士乐唱片或匆忙潦草地将脑海中浮现的旋律写下来了。但这些都已成为过去。他在拳击比赛中学到的竞争意识，在流水加工线上学到的关于如何制作产品的本领，还有他从纯粹的音乐爱好中学到的东西——这些统统都没有被浪费。当时，正是母亲无言而坚定的支持，才说服了他一些不情愿的兄弟姐妹借给他 800 美元的家庭贷款，帮助他启动摩城唱片的事业。现在，他的工作室拥有众多才华横溢的艺术家，从史蒂夫・旺达到马文・盖伊，从斯莫基・鲁宾逊和奇迹合唱团、玛莎和万德勒斯合唱团，从无上乐队到诱惑合唱团再到四顶尖合唱团，如今母亲为他感到无比骄傲。她经常带朋友去西大道的工作室参观，让那里的员工作自我介绍，向大家解释他们的工作，然后在客人离开的时候无比自豪地宣扬：“我的儿子拥有这一切。”

伯莎・富勒・戈迪出生于 1899 年，1964 年时她已经 65 岁了，可她的生活节奏却没有慢下来的迹象。她是摩城唱片和各种社交俱乐部的常客。新麋鹿慈善互助会的女性互助团体是这些俱乐部之一，作为一个非裔美国人团体，其名称是在同类的全白人机构的名称前加上了一个“新”字，这似乎特别符合戈迪夫人的哲学。这个女性慈善互助会经常在伍德沃德大道的格雷斯通舞厅（现在归她的儿子所有）举行宴会。为了纪念伯莎具有里程碑意义的生日，他们与摩城唱片合作，在格雷斯通舞厅为她举行了一场纪念宴会。男人们穿着燕尾服，女人们穿着别有胸花的舞会礼服来参加。她所有的孩子（8 个）和孙子（17 个）都来了。议员梅尔·拉维茨向她宣布了底特律市政府授予荣誉的决议。从前与家族格格不入的小贝里·戈迪如今成了家族英雄，他作为代表发言，向到场的各位表示感谢并分发礼物，其中包括一张表面印有美元的慢转唱片。这张唱片记录了他的崛起和戈迪家族具有的资本家的敏锐。

332 底特律的黑人运动一直在由上到下、从北到南地蔓延扩张。从地下铁路[①]时代起，经过大迁徙时代到现在，底特律一直就像北方工业区的极星，吸引了第一批逃亡的奴隶，接着是大批的工厂工人和家庭。经过一两代之后，许多移民过来的南方人在可能的情况下，都回到了佐治亚、亚拉巴马和密西西比，他们为了回归南方故乡，连吉姆·克劳种族隔离法案也忍了。有些人回去恰恰是因为南方公开的种族歧视——他们要与此斗争。1964 年 3 月，小约翰·科尼尔斯成了他们当中的一员。

科尼尔斯家族祖籍在佐治亚州。[15] 小约翰在 20 年代初离开佐治亚，在底特律的克莱斯勒工厂找到了工作，在那里他遭遇了北方变相的吉姆·克劳法。在工厂里，同样的工作任务下，他和其他黑人油漆工的报酬要少于白人油漆工。面对这样一个残酷的事实，他个人直接向沃尔特·P. 克莱斯勒投诉，从此开始了工会活动家的漫长职业生涯，其间领导着全美汽车工人联合会的左翼阵营。他的儿子是西北中学的毕业生，也是朝鲜战争的退伍军人，靠卖真空吸尘器给哥谭酒店等机构完成了韦恩州立法学院的学业，同时也将父亲的激进主义带进了法律和政治领域。在 1960 年大选后的两年里，他一直在德克斯特大道上的费舍尔基督教青年会对面（距离

① 19 世纪美国废奴主义者把黑奴送到自由州的秘密网络。

摩城大约一英里）的民主党国会议员小约翰·D. 丁格尔（John D. Dingell Jr.）的驻外办事处工作。1963 年夏天，在肯尼迪发表了全国民权电视演讲后，科尼尔斯成为白宫会议上招募的底特律人中的一员，负责协助民权保护律师委员会（Lawyers' Committee for Civil Rights）推动民权立法和诉讼的进行。1964 年 3 月中旬，底特律国会议员席位开放，这个选区与丁格尔的选区毗邻，他在这个选区发起了一个公开的国会议席竞争运动，并志愿给南方州的民权斗争提供法律服务。

3 月 21 日，国家律师协会（National Lawyers Guild，NLG）[①] 底特律分部接到一通电话，密西西比州哈蒂斯堡的一个民权工作者需要法律援助。学生非暴力协调委员会的一名年轻员工被逮捕并被指控强奸一名 58 岁的非 333 裔美国女人。这个年轻人声称地方当局诬陷他，目的是威胁民权运动。科尼尔斯接手了这个案子，第二天就来到了哈蒂斯堡，但他不确定自己是否会被允许在密西西比州执业，因为他在那里没有执照。他听说当时整个州只有三名黑人律师。当他试图到监狱见他的当事人时，监狱看守拒绝了他的请求，说是需要先向警察局局长致电以确认一些最基本的法律权利。第二天，在被告的预审听证会上，法庭坐满了白人和黑人旁听者，一些是民权运动的参与者，一些来自社区，他们先是随意找了空位坐下。检察官看到这一情况，就“以和平与安宁的名义”，动员黑人一起坐在他们自己的位置，在密西西比州，吉姆·克劳法仍然有效。作为回应，一位法警吼道：“所有黑鬼，到你们自己那边去！”

科尼尔斯从语言和行动上都对此提出了反对。而法官只是根据当时的情形，作了口头道歉。当官员们试图在法庭上实行种族隔离时，来自北部的一些参与密西西比州自由运动的白人牧师拒绝挪位置，促使法官将所有人全部清出法庭，推迟听证会并将被告人关进监狱，一直到下一次大陪审团入座。由于案件一直悬而未决，科尼尔斯返回了底特律。又是没有完成的事业。他在新年的大部分时间里都忙于国会竞选，最终也取得了胜利，

---

① 一个由律师、法学生、律师助理、监狱律师等法律维权工作者组成的公益性律师协会。

在那个位置上一坐就是 50 多年。

当科尼尔斯还在密西西比州时，马丁·路德·金从南方来到底特律，在伍德沃德大道的中区循道卫理教堂和大马戏团公园发表了演讲。9 个月前，他领导的那次成功的游行也经过这座教堂，当时他们一行至少有 15 万人，从伍德沃德一路走到科博大厅。那场运动的主持人 C. L. 富兰克林牧师此时已经基本上——虽然算不上彻底——退出了民权运动。在 2 月举
334 办的告别庆功晚宴上，富兰克林宣布，他打算六月在老虎体育场举行一场自由庆典活动，但此后就没有下文了。马丁·路德·金这次来到底特律时没有游行，但是三千名听众挤满了教堂。在演讲开始之前，欧菲尔德·杜克斯问他，肯尼迪总统被刺杀一事是否让他感到更为不安。当时他有几个随行人员，但没有保镖。他说，在底特律这样的城市，警察会保护他，但他在南方的时候，那里的警察则不会这样做。一个月后，卡希亚斯·克雷（Cassius Clay）击败了迈阿密的桑尼·利斯顿（Sonny Liston）成为重量级冠军，使整个体育界大为震惊，包括在底特律福克斯剧院通过闭路电视观看了比赛的拳击爱好者。从那时起，克雷宣布他将成为以利亚·穆罕默德的追随者。在他成为穆罕默德·阿里之前还临时用过卡西亚斯·埃克斯这个名字。马丁·路德·金对此不以为然。他说，种族隔离的拥护者“正是我们所反对的”。在看过许多大城市体育专栏作家所阐述的主题后，金补充道：“也许卡西亚斯应该花更多的时间来提高他的拳击技术，少说点话。”

底特律仍然是马丁·路德·金友好的北方前线。政客、警察、媒体都很配合。年初，《底特律自由报》请他写个专栏来阐述 1964 年的目标，为此，他们将大部分周日专题版块都替换掉，来刊登金的文章。金写道，非暴力运动正在进行，他还没有预见到“任何大规模的黑人转向暴力”的迹象，同时，他对黑人取得完全解放后的下一步——经济平等表示担心。他所谓的“迅速膨胀的自动化”的出现，使得不熟练和半熟练的黑人工人在底特律这样的制造业中心极易受到冲击。

两个星期后，金的对手马尔科姆·埃克斯在他之后来到底特律。马尔科姆刚刚脱离以利亚·穆罕默德，尽管他在底特律的兄弟威尔弗雷德·埃克斯拒绝加入他的大胆举动。马尔科姆再一次来到金·所罗门浸信会教

堂——之前他发布《致草根同胞》的地方——发表讲话，如果说与之前有所不同的话，那便是他的话更具争议性。“这是选票和子弹的年份，”他说， 335
“我们拥有年轻的一代，他们不关心胜负。白人没有良心。他们靠坦克、飞机和原子弹壮胆，但黑人凭借的只有刀。在黑暗的角落，它才是平等的。”底特律当地作家贝蒂·德雷默斯（Betty De Ramus）也在当晚的观众中。根据她的描述，这个讲话者“瘦削、高挺，以一种征服者的大跨度步伐和目空一切的无畏语气说着话”。她认为马尔科姆·埃克斯是一个“情绪操纵大师”，同时她发现自己在辩驳他的话时也在与自己辩论。“首先是侵略性，接着是因侵略而起的负罪感，而当一切都结束时，他使你感到无比矛盾、犹豫不决。他是一个将观众玩弄于掌心的人。”底特律警察局的警察在讲话之前和之后都在控制交通和车流。在黑暗的角落里，没有子弹，也没有刀锋。也没有什么是平等的。

乔治·爱德华兹认为“走向自由”是他作为底特律警察局局长任职期间最主要的使命，然而他现在已从一线退下来，甚至比富兰克林牧师退得更彻底。他现在负责处理联邦上诉法院案件，而不是底特律紧张的种族关系局势或当地暴民的叛乱行为。[16] 但是，他在 1963 年以及在波比安 1300 号任职期间也有未完成的事。马丁·路德·金在中央卫理公会发表演说的那一天，“派对巴士”黑帮分子托尼·贾卡隆贿赂案的初审法官批评了爱德华兹，认为他不应该在 6 月 20 日警察对家庭果汁公司进行搜捕后对媒体说这么多。爱德华兹后来说，他十分了解约翰·A. 吉利斯法官，他是一个“随心所欲的爱尔兰人”，不喜欢警察镇压街头的妓女，也不相信底特律有黑手党。

事实证明，无论吉利斯相信还是不相信，他并不是爱德华兹和托尼·杰克（安东尼·贾卡隆）及其党羽案的主要问题。辩护律师十分出色， 336
出庭的主要证人立场太弱。案件引发了一个小问题：那个据说收受贾卡隆贿赂的警察詹姆斯·W. 托马斯在哪里打印的笔录和有关案件的报告。托马斯声称他只在警区办公室打印笔记，辩方律师罗伯特·温伯格（Robert Weinberg）质疑托马斯的说法，因为笔记清楚地表明它们出自两个不同的打字机。托马斯突然哽住了喉咙，跟着脱口而出：“我撒了谎。”笔记在哪里打印并不重要，托马斯的坦白才最重要。尽管有谈话录音，而且案件证据确凿，贾卡隆还是被判无罪。

1963 年，在警方对黑帮的调查行动如火如荼地展开之际，爱德华兹在底特律体育俱乐部请《底特律新闻》的编辑马丁·海登吃午饭，并向他吐露，自己写了封信给他，如果自己遭遇不测，就打开这封信。爱德华兹称他并不觉得自己有生命危险，这样做只是为了以防万一。爱德华兹说："我保证那将是你看到过的最骇人听闻的新闻故事。"当然，最后的结果是，爱德华兹安然无恙，那封信也从未被打开。14 年后，一个盒子被送到西拉斐特底特律新闻大厦一楼的前台。收件人是马丁·海登，它被送至他的木质办公室。他的秘书打开它后，惊恐万分，里面是个人头。未完成的事业？这是典型的黑手党作案手法，但这个变态的送礼者身份仍未确定，尽管里面的死人头已经确定是从韦恩县停尸房出来的。海登退休时，《底特律新闻》的皮特·沃尔德迈尔决定写一个关于他的专栏。[17] 沃尔德迈尔后来回忆："采访一直进行得很顺利，最后我再也提不出其他问题，就问了他一句，'收到那个装在盒子里的人头是您从事新闻工作这些年以来发生的最奇怪的事吗？''不，'他苦涩地答道，'你问我这个愚蠢的问题才是我从事新闻工作以来发生的最奇怪的事。'"

第二十一章　神奇天空之旅 337

沃尔特·布尔·福特三世（Walter Buhl Ford III）是亨利·福特的曾孙。人们叫他布利（Buhlie），这个昵称也与他精力旺盛的富家子弟个性十分匹配。他的父母将他送去马萨诸塞州西部一所男女同校的预科学校伯克希尔中学读书，但是他在毕业前就离开了，几年之后，他最终去了伊普斯兰提的克里雷学院（Cleary College）。克里雷商学院成立于一个世纪前，最初叫克里雷书法学校。尽管他的叔叔亨利·福特二世看起来不是个有模有样的学生，但他从霍奇基斯中学到耶鲁的成长轨迹相比年轻的布利来说就要学术得多。

1964 年 3 月 7 日，星期六。在这个“阴冷”的中午，底特律汽车贵族的两个分支聚集在一起，见证了布利与芭芭拉·门罗·波瑟利亚斯（Barbara Monroe Posselius）的婚礼。[1] 芭芭拉的外祖父曾任克莱斯勒公司的副总裁。芭芭拉和布利在幼儿园时就相识了，他们在底特律格罗斯波因特法姆斯富丽的乡村俱乐部接壤处的街道上长大，布利住在普罗旺斯路，芭芭拉住在欧文大道。结婚时芭芭拉只有 18 岁，布利 20 岁。婚礼在格罗斯波因特法姆斯圣保罗湖边天主教堂客厅的壁炉前举行，出席婚礼的 50 位客人中除了亲戚，还有几个两人最亲密的朋友。

布利的表姐妹、亨利·福特二世的女儿安妮和夏洛特，及时从纽约搭
乘私人飞机赶了过来，参加星期五晚上在本森·福特叔叔家举行的婚礼彩 338
排宴会，并准备在星期六黄昏前婚宴一结束就返回曼哈顿。尽管这是他们这一代福特儿女的第一场婚礼，但姐妹俩即将举办的奢华底特律成人礼派对要比这场中规中矩的婚礼成本高出太多。现在，她们穿着定制的大衣和貂皮帽子和她们的父亲一起来了。父亲自从和母亲安妮分开，和他的意大

利情妇克里斯蒂娜缠绵悱恻并迅速成为夫妻后，她们就几乎不怎么和他说话了。离异后的福特夫人毫无参加福特家族聚会的心情，她留在纽约准备她的欧洲之行。伴随着从圣克莱尔湖吹来的风，姐妹俩来到教堂的入口，遇到了她们的祖母——穿着长款皮大衣的老埃德塞尔·福特夫人。她们向她问好："你好，奶奶。"

猜一猜：哪一位福特先生是创始人亨利·福特的直系后裔，但也是一位与老亨利·福特没有血缘关系的福特先生的儿子？答案是：布利。他的母亲约瑟芬·克雷·福特，也就是亨利·福特的孙女、亨利·福特二世的妹妹多迪，与工业设计师沃尔特·布尔·福特二世结了婚。沃尔特·布尔·福特二世来自投资银行家族，与福特家族姓氏相同，他的家族在底特律也算是家底丰厚的。就他父亲这边而言，布利的高祖布尔1848 年任底特律市长，与建造了布尔大厦的布尔家族有亲戚关系。布尔大厦是一幢位于市区的摩天大楼，福特汽车的广告商智威汤逊广告公司的底特律办公室就在这栋大楼里。他的祖母弗吉尼亚·布拉什是 1812 年战争期间曾指挥过密歇根民兵的布拉什的后裔。布拉什街就是以他的名字命名的，街道从约翰·R 街和波比安路之间的市中心向北一直延伸过来。而另一位布拉什与密歇根领地[①]第一任州长刘易斯·卡斯将军的孙女结了婚。卡斯这个名字在底特律十分普遍，从摩城唱片的戴安娜·罗斯和保罗·赖泽就读的卡斯职高，到伍德沃德大道向西一个街区并与伍德沃德大道平行的卡斯大道，都以此命名，而卡斯大道多年来一直是这座城市波希米亚人群的聚集地。

339 婚礼进行得很快，一点也不铺张。伴娘由芭芭拉的小妹，16 岁的南希·波瑟利亚斯（Nancy Posselius）担任，伴郎则是布利的弟弟、14 岁的阿尔弗雷德·布拉什·福特（Alfred Brush Ford）。在简短的婚礼仪式末尾，新郎将一枚小巧的铂金戒指轻轻套在新娘的无名指上，随后，这对新婚夫妇便乘坐一辆负责接送的褐红色水星小轿车渐渐远去，领着一队豪华轿车

---

① 美国建国之初的称呼。1805 年，密歇根领地从印第安纳领地分出，经过一系列的划分归并，到 1836 年形成现在的密歇根州边界，1837 年，密歇根领地正式成为美国的第 26 个州——密歇根州。

前往芭芭拉位于刘易斯顿路上的祖母家，迎接他们的是香槟和午宴。庆祝活动结束后，布利和芭芭拉在拿骚度过了三个星期的蜜月旅行，然后在安娜堡的公寓定居，以便布利可以在附近的商学院继续学习。《底特律新闻》和《底特律自由报》受委托在社会新闻页面刊登了婚礼的情况，但它的新闻价值似乎远远比不上在同一周早些时候发生的另一件事——一件让布利家喻户晓的事。

来自中西部的 700 多个汽车经销商参加了在底特律科博大厅举行的、由福特汽车公司赞助的商品展销会。展会由福特分部的李·亚科卡、比尔·劳瑞及其在智威汤逊广告公司的广告商参与策划，目的是为福特未来更大的汽车市场招揽经销商。会场共有 18 个展位，每个展位由一名福特高级管理人员负责处理特定的业务，包括新车型、二手车、卡车、服务和零件以及广告、市场营销和公共关系。福特在那个月可谓势如破竹，它在过去一年半的销量已经达到了创纪录的水平，还即将推出一款新车型，希望能给购买者耳目一新的感觉，同时在竞争中压倒对手。亚科卡说："福特公司正在采取一些我们认为相当剧烈的变革步骤，以便为我们自己和经销商们迎接更大市场的到来做准备。"这是一系列大胆直接的举措，为的是给消费者呈现他们梦寐以求但在新的一年里还没有见过的汽车，它即将开始生产，并将在 4 月中旬的纽约世博会上揭幕，它就是——野马。

布利到底是一项宏大计划当中的一环，还是以自己随性的方式无意中为此作出了贡献，我们不得而知。事实上，《底特律自由报》负责报道汽车行业新闻的记者弗莱德·奥姆斯特德（Fred Olmsted）每周都在跟进野马的进展，也一直与他在福特和智威汤逊广告公司的资源保持着频繁接触。[2] 340
星期一的午餐时间，在展会开幕前，奥姆斯特德离开了西拉法叶的《自由报》大楼，向北来到华盛顿大道，当他经过喜来登－卡迪拉克酒店附近开放的停车场时，无意中发现了一个闪亮发光的物体，便停下了脚步。这是他一直等着要看的梦想之车，如同一位美人——一辆仰光红色野马敞篷车。奥姆斯特德马上找到一个电话亭，打电话回他的办公室："赶快派一个摄影师来这里！"摄影师雷·格隆卡（Ray Glonka）迅速赶到现场开始拍摄：侧视图、网格视图、后视图、车牌。于是便有了福特这件秘密武器的第一组公开照片。

在为这组停车场的野马敞篷车照片撰写一个精彩的故事之前，奥姆斯特德联系了一个福特发言人，这位发言人费尽唇舌，却没有说服他将这组照片收回。保留悬念是福特的工作，却不是新闻媒体的职责。在一张照片上可以清楚地看到汽车的牌照：I2H36。之后，福特便在可以接触到野马的内部人员中选择了一部分人进行调查，看看是谁如此愚蠢地将它停放在一个公共场所。福特高层也接受了调查。亨利·福特二世本人已经试驾野马几个星期了，他没有用接送车，而是驾驶着野马从格罗斯波因特法姆斯开到迪尔伯恩的“玻璃房”。他一直在他的妹妹多迪面前吹嘘，多迪对他说，自己也想体验驾驶野马的刺激感。最后，亨利答应了，于是多迪便暂时拥有了这辆仰光红色野马敞篷车。当她那婚期在即而躁动不安的儿子问她是否可以开着它兜一圈时，她答应了。正是布利把它开到市中心，驶入了公用停车场。一个服务员回忆说，这位年轻的司机告诉他：“这真刺激！”后来他告诉奥姆斯特德：“发动机有很多卡扣。”

奥姆斯特德的报道成了这座城市的热门话题，甚至成了之后那周《时代》和《新闻周刊》杂志的主题，这两本杂志都在制作关于李·亚科卡和野马的封面故事。亚科卡后来告诉野马车的专家罗伯特·A. 弗里亚（Robert A. Fria），这些都不是事先计划好的，是“那个浑小子沃尔特·布尔·福特将我们的秘密抖了出去”。其实，整个事件到底是福特早有预谋，
341 还是仅仅出于布利的失误，到最后似乎都无关紧要。在这种情况下，那句老生常谈的“所有的宣传都是好的宣传”概括了一切，这也符合一场周密的商业运作计划的方式。事实上，像这样的策略已经不是第一次被使用了，在智威汤逊的计划蓝本中，这样的策略就曾被用来推销 1948 福特车型，这是按历史时序发展的“一个漫长的，渐进的过程”——遮掩信息，封闭事实，刺激内部人事，给予行业杂志恰到好处的诱人碎片，让兴奋持续发酵，逐月放出信息，吊人胃口。现在，福特又故技重演，采取了带有神话色彩的演绎方式，使它成为美国历史上最为成功的营销活动之一。

3 月 9 日上午，也就是布利的婚礼结束两天之后，第一批出售给公众的野马开始在鲁日河综合工厂的迪尔伯恩装配车间下线。[3] 一条原福特费

尔莱的生产线被重新整合，用来制造野马。它在公众中持续升温了三个月。在正式接受订单之前，已经有两万三千名顾客访问了当地的经销商，想尽快订购汽车。现在，生产线上的每一辆汽车都有自己的经销商订单、规格和车辆识别号。按部就班的装配开始了：底盘，油漆作业，前悬挂，然后车身下降安装发动机和变速箱，最后是挡泥板、格栅、轮子、门和前排凹背座椅。在汽车行业，生产的第一天被称为“整车投产”日。亚科卡和他的整个团队到场见证他们期待了近两年的“整车投产”。虽然亚科卡独吞了大部分功劳，但唐·弗雷无疑是那个在野马最艰难的日子里给它出谋划策、帮它渡过难关的人。弗雷是亚科卡任下的助理总经理兼福特公司总工程师，在亨利·福特二世抵制这一计划的时候，他依然坚持，甚至在“魔鬼老大”称，如果计划失败，他的愚蠢难辞其咎的时候，他也没有退缩。‘整车投产’日的到来是对他的肯定。他后来告诉作家大卫·哈伯斯塔姆（David Halberstam）：“到现在为止让我感到最兴奋的事就是在野马‘整车投产’日的装配车间待上了一整天，在远处静静地望着它……那里就像一个停满了野马的足球场。”

生产线达到最高效率需要一些时间。第一周，593 辆野马汽车下线。在生产的高峰期，生产线每天运转 12 小时就能装配 1200 辆汽车，另一条 342
野马装配线即将在加利福尼亚州圣荷西市上线投产，但即便如此，它们的生产速度也比顾客的订购速度慢。这也是野马销售计划的一部分。在销售的世界里，炒作和期望相互促进。只要确定来对了地方，顾客就愿意在周末的早上排队等待几个小时，只为买到想吃的美味食物，对汽车也是如此，如果一辆汽车值得拥有，他们愿意为此等待。在距离“整车投产”日还有很久的时候，福特和它的广告代理商已经巧妙地向公众证明了野马值得拥有。

作为智威汤逊广告公司底特律办公室的经理，比尔·劳瑞在布利之前就驾驶了数月的野马，或者至少可以说是一辆早期的原型样车。[4] 在 1963 年的一个夏日，几辆野马的原型样车被推荐给底特律的青年夫妻用作测试研究，劳瑞借了一辆试驾了一个周末。据他的儿子大卫回忆，父亲把车子开进梅里韦瑟路上的私人车道，接上他和母亲赛耶，之后便开车过了桥进入安大略，向东南方向开了 45 英里到达伊利湖上的加拿大皮利角国家公园。“我们驾驶着这辆新奇的车，没有人见过，所以我们一停下车，便有一百人围过来拍照。‘那是什么车？’‘野马。’没有一个人见过。”

说实话，这辆车不是劳瑞喜欢的类型——也许很性感，但不够精致、气派。一直以来，他都更喜欢深绿色的雷鸟敞篷车。也许有人认为广告商向公众展示了一种超越汽车实体的风格，但这并不意味着他们一定要将他们卖的东西带回家，即使有内部压力逼迫他们这样做。内部通知不断从智威汤逊广告公司的总部流出，敦促员工购买他们所宣传的产品，从汽车到肥皂和香烟，“这是一种最为有效的方式，借此我们可以对我们的客户和朋友说，我们相信我们正在做的事情将造福公众”。当利格特与迈尔斯一年前推出了新的云雀香烟，莱克星顿大道 420 号的邮件室就满是香烟盒，内部通知建议：“我们认为您会想尝试这个新的……品牌。它，正如包装所
343 说，口感丰富，却极其醇和。”公司董事长诺曼·斯特劳斯甚至会签署个人文件传给全国各地的朋友，建议他们选择福特。但对于劳瑞来说，他会选择雷鸟，而不是野马。在他看来，野马太像乔装打扮过的中号猎鹰。它比猎鹰更低也更宽，有着赛车的外观，但许多基本设计确实都出自猎鹰，发动机也是如此。野马的发动机要么是标准的猎鹰 170 立方英寸六缸发动机，要么就是缩小版的猎鹰 164 马力、260 立方英寸 V-8 发动机。

野马的成功在很大程度上是基于这样一个悖论：它的一切似乎都是新的，但事实上却并不完全是新的。发动机和基本设计都来自猎鹰，基本的营销策略也与福特和智威汤逊广告公司的关系一样古老。要说新的方面，是不是就在于福特在春天发布了它，而所有其他汽车都在早秋发布呢？并非如此。事实上，亚科卡使用了与两年前在春天推出福特银河 500 XL 系列同样的策略，这款车采用了一些与野马相同的配置，是一款带有凹背座椅、内部装饰时髦新潮的跑车。一切都是新的，但实际上并没有什么是新的。野马的设计看起来新颖、时髦、现代，福特花了超过一千万美元把它打造成全新的产品投入市场。不可否认，任何商业成功都会有一丝运气的成分，但通常这种运气也都是在经过反复实践论证后才有的结果。野马是才华横溢的福特设计师们多年实践和摸索的结晶，是在亚科卡和广告人从宏观层

面做了深入研究，而福特的研究部门从微观层面上对消费者的理想车型进行了仔细调查之后才结出的硕果。

从对猎鹰的销售研究中，研究部门了解到，更具运动感、动力更足的车成了越来越多的客户的诉求。他们在迪尔伯恩进行调研，请年轻人参观原型车。他们发现，较低的价格会使人们对野马的实用性产生完全不同的看法。另一方面，在对广大婴儿潮人口的研究中，他们意识到，这一代人对象征自由与年轻的东西有一种强烈的诉求。于是，他们确定了野马项目的三个基本主题：性能、价格和造型。

4 月 1 日，福特汽车公司招募的青年男女第一次聚集在第 42 街和莱克 344
星顿大道拐角的海军准将酒店，距离智威汤逊广告公司的总部一个半街区，他们将在纽约世界博览会福特展馆工作。他们大多数只有 20 岁出头，是来自全国各地的两百强精英，以来自中西部地区和西海岸的居多。[5] 韦恩州立大学的学生文森特·柯里（Vincent Currie）开着他的小雷诺（Renault）从底特律出发，在找到其他住处之前，先在基督教青年会住了下来。韦恩州立大学另一个学生雷·查特林（Ray Chatelin）从底特律搭飞机赶了过来，来这里的头几个晚上也在基督教青年会度过。两人都在学校的布告栏上看到了这份工作的招聘启事，并在迪尔伯恩通过了一个简短的招聘程序。在查特林看来，福特正在纽约以外寻找“健康阳光的类型”。他感觉“纽约人太过粗暴，他们需要更温和一些的人”。被选上的人在海军准将酒店度过了一整天，进行情况介绍和体检，然后在广阔的世博会举办地周围地区，也就是拉瓜迪亚机场附近的喜来登酒店的水晶宴会厅接受了四天的培训。

福特展馆被称为福特奇迹圆形大厅，这个名字向我们透露了一部分故事。这个名字是在向福特圆形大厅致敬，[6] 后者是阿尔弗雷德·卡恩在 1934 年为芝加哥“世纪进步”展览会设计的展馆，后来搬到了迪尔伯恩，直到 1962 年 11 月 9 日被烧为平地之前它都是美国最受欢迎的旅游景点之一。尽管纽约的这栋建筑结构轻巧明亮，弧形的柱子之间用一排排玻璃片覆盖，不似老福特圆形大厅几乎无窗的石灰石材质，但其圆形的中心和整体外观还是能让人想起老福特圆形大厅。展厅负责人约翰·G. 莫拉里

（John G. Mullaly）一直忙着为展览会筹划布置，老福特圆形大厅被火烧毁的时候，作为经理的他正在休假。他与亨利・福特二世一起查看了被大火
345 烧焦的残骸，虽然他们清楚，圆形大厅不会在迪尔伯恩重建了，但在纽约以更具辨识度、更现代的风格重建它的想法已确定下来，这种风格用福特一位公关人的话来说就是“一座现代版的白色仙境宫殿”。

青年们被分配在福特奇迹圆形大厅的各个区域工作。加上周围的配套设施，整个福特大厅就是一个巨大的矩形建筑，有足球场那么大，覆盖了皇后区法拉盛草地公园 7 英亩的场地。罗伯特・卡罗（Robert Caro）在关于博览会总裁兼策划人罗伯特・摩西（Robert Moses）的一部颇有影响的著作《权力掮客》（*The Power Broker*）中说，福特和通用汽车获得了比其他参展商更多的展出空间，因为他们与摩西关系甚笃，作为城市高速公路的策划者和倡导者，摩西的职业利益自然会与底特律汽车业联系起来。在福特展馆内，闪亮的福特新型汽车陈列在基座上向公众展示，但使它成为焦点的主要还是来自沃尔特・迪士尼的设计。福特请迪士尼的 WED 公司[①]为他们设计娱乐活动，于是便有了国际花园，这个花园由来自世界历史上 12 个不同地方景观的精细雅致的微型复制品组成，从古罗马到中世纪的欧洲，再到现代的马来西亚。同时，那里还有关于亨利・福特的生平和时代的实景模型，包括他事业起步时设计的福特四轮车。那里有“汽车零部件乐队”，是一组用汽车零部件打造的自动音乐演奏阵列。接下来便是最主要的景观“神奇天空之旅”——迪士尼设计的一段从过去通往未来的 12 分钟游程。旅客先是搭乘福特定制的敞篷车环绕展馆一周，鸟瞰整个广场，然后滑进一段时间隧道，里面的电子动画会展示火山喷发，恐龙笨重地行进和战斗，史前鸟类振翅高飞，穴居人在烹饪和绘画，嘴里发出咕噜声。之后进入另一个时间隧道，游客会看到一幅典型的 60 年代早期风格的未来太空城市景象：天空高速公路、气垫船、各式塔楼，不一而足。因为有了“神奇天空之旅”，成千上万的游客被吸引到福特的展区。雷・查特林、文

① “WED”是公司联合创始人沃尔特・埃利亚斯・迪士尼（Walter Elias Disney）的姓名首字母缩写。

森特·柯里以及大多数年轻的同事都将为“神奇天空之旅”服务。游客们也将在“神奇天空之旅”中第一次体验到福特令人激动的新车野马。

四月对福特来说是个重要的月份，有三个值得纪念的日子出现在这 346
个月。[7] 时间上从后往前分别是：4 月 22 日，世界博览会正式开幕；4 月 17 日，野马在全国各地的经销店正式出售；4 月 13 日，李·亚科卡来纽约向全国新闻媒体介绍野马。在这期间，身为福特分部总经理的亚科卡找到了最佳的宣传策略，其效果超出福特和智威汤逊广告公司的广告形象创作者的预期，甚至可以说已超出他们的最好预期：亚科卡的肖像与仰光红色野马一起出现在《时代》和《新闻周刊》的杂志封面上。现在，他的声望已经超过了他的老板亨利·福特二世。福特在世博会上与迪士尼和罗伯特·摩西一起露面受到的关注也不如他。《时代》杂志写道：“‘Iacocca’与‘Try a Coca’押韵。”这篇文章称他是底特律最走红的年轻人，还抓拍了他每天早上试驾不同野马汽车的照片，他“一脸冷漠严肃如鹰”，开着车绕底特律市和郊区飞驰，将伊格纳西奥哈雅金标雪茄烟灰弹入烟灰缸中。

4 月 13 日，在福特奇迹圆形大厅的新闻发布会上，亚科卡说：“早上好，女士们，先生们。欢迎来到我们生命中最为骄傲的时刻。”有两百多名记者出席了会议，其中许多人自 T–5 神秘日以来已经撰写了大量有关汽车制造的文章。“感谢你们来到这里与我们分享这一刻。我们为福特历史上最重要的场合之一能在这样美好的环境中进行感到尤为高兴。”亚科卡称，他们计划在欧洲 11 国的首都同时举行类似的揭幕式，总共有两千名记者和摄影师参与其中，这是非常重要的。他说，野马引发的兴奋度是具有传染性的。全国各地，甚至远在澳大利亚的人都写信给福特打听情况。路易斯安那州的一个高中男孩写道，他正在筹划组建一个野马车迷俱乐部，还预测野马会比“猫王或披头士乐队”更伟大。

亚科卡全面介绍了野马的亮点。它是一个全新的系列，继福特、费尔莱、猎鹰和雷鸟之后在福特公司排名第五。双门硬顶、敞篷车型、两个前
部凹型椅和连排后座椅。他们声称野马“提供的款式选择和配件种类是所 347
有新车生产线中最多的”。野马的价格如此之低，他们要让全世界都知道

野马的基本定价已经降到容许范围内的最后一美元，并在所有广告中都大张旗鼓地标出它的价格：2368 美元。

然后便是与智威汤逊广告公司一起设计的市场营销计划。封面故事是它的一部分，但它们与所有汽车商业杂志的主要故事一样是免费的。《消费者报告》杂志指出，以这样快的速度制造的汽车做工难得有这么考究的。《汽车潮流》的技术编辑吉姆·莱特（Jim Wright）是获选试驾野马早期车型的汽车作家之一，他虽然感到确实有必要指出它仿照了猎鹰的基本设计，但还是毫不怀疑地说："福特这款最新个人跑车会像普通热狗一样大卖。"不止自由媒体，野马汽车第一次出售日前夕，福特成为全部三大广播电视网 4 月 16 日周四晚间 9 点半到 10 点的半小时秀的主赞助商，同时在 NBC 电视台的《黑兹尔秀》（福特长期赞助的节目）、CBS 电视台的《佩里·梅森》和 ABC 电视台的《吉米·迪安秀》上播放三分钟商业广告，估计会有 2900 万观众看到福特的广告。

这还只是开始。在《生活》《看客》《周六晚报》和《读者文摘》杂志上都有它的全彩广告。"史无前例的……新福特野马！野马拥有不凡的欧洲公路车外观、动力和风格。不过，就像它的名字一样，它是地地道道的美国车。"野马的价格："底特律的离岸价格是 2368 美元……我们不是在开玩笑！"广告的右边写着："野马是按您的设计来设计的！"接下来还有性能、价格、样式。广告还覆盖了更大的市场。后来的研究显示，2400 份报纸广告已被 95% 的男性读者注意到。为了满足年轻人的市场需求，200 名全国知名广播 DJ 被请到迪尔伯恩试验场试驾野马，由福特出钱将他们的试驾经历拍成广播商业广告，结束后还奖励他们租借野马回家。44 名大学报纸编辑也获得了野马的租用权，条件是他们必须撰写关于野马的校园反馈。
348 为了与布利婚礼那周周末在科博大厅举行的福特展销会保持同步，智威汤逊广告公司向全国各地的经销商传达了一份 48 页的保密计划，向他们展示如何与全国的广告宣传保持一致，并将汽车推向已逐渐成长起来的校内外的年轻人市场。

年轻化是关键。[8] 亚科卡在福特奇迹圆形大厅对在场的记者说："我们在设计野马时心中想的是美国的年轻人，说得直白一点，我们十分乐意为年轻的美国奉献和服务。”稍后他又补充说：“我们很幸运，现在的社会很富足，能够让年轻的美国人立刻买到他们的父母花了许多年才得到的物品。我们设计了野马，也就是希望年轻人能更容易地拥有符合他们需求、愿望和品位的汽车。”亚科卡的结束语使他显得像一个天生的推销员——像“Try a Coca”，像埃德·沙利文在介绍披头士，或是马戏团的导演介绍飞人瓦伦达家族——“女士们，先生们，野马！”

野马汽车上带着一个奔马的徽标。展示结束后，新闻团队的故事在威彻斯特乡村俱乐部举行的午宴中继续。作家和摄影师获邀参加野马公路汽车拉力赛，一路返回底特律，全程约 643 英里。这本会是一场一路伴随抛锚和事故的灾难之旅，但是托野马的福，并没有酿成灾祸。

从那一天起到四月底，福特与各地经销商共签订了五万多份订单，这个数目不足以满足需求。大多数经销商最初只有 35 辆汽车的配额，却已售出了一百多辆。广告宣称，野马可以由顾客自己设计，大多数买家都选择了最性感的配置。更强大的 V–8 发动机比六缸和四缸发动机都要卖得好。客户都想要最好的无线电广播设备和白胎壁轮胎。应该说，这款车已在消费者中广泛传播开了。[9] 弗兰克·辛纳特拉和黛比·雷诺兹都分别定了一辆。旧金山的休森福特经销商还没有发现在战后发布的福特新车型中有哪款车能像野马这样吸引人。人们在外排着队等开门，全国各地都是这样的场景。智威汤逊广告公司进行了一项市场调研，结果表明，李·亚科卡和野马汽车都赶上了好时机，野马的出现也标志着福特已经从以居住在美国 349
农村的老年人为主要消费对象的时代完全转型，现在 60%的福特汽车买家都是大学生，75%的买家在 45 岁以下，70%的购买家庭拥有不止一辆汽车。同时，约 50%的买家居住在城郊，另外 25%居住在大城市。他们到底看中了野马的什么呢？ 20%的人表示，野马的价格很合理，另外 20%的人对它的性能很满意。不过，80%的野马买家都认为他们是被野马的外观所吸引。

“神奇天空之旅”的两条平行轨道蜿蜒曲折地围绕着福特奇迹圆形大厅，总长 2300 英尺。[10] 福特为每条轨道准备了 60 辆汽车。这些汽车在迪尔伯恩下线后，在凯伦公司（一家位于英克斯特附近的定制工厂）进行了改装，它们的发动机、变速器、水箱、油箱和制动器被拆卸下来，前底盘装上了与轨道传送带相连的转向销。汽车车尾的行李箱中安装了磁带播放器，通过仪表板上的按钮操作，可以提供多种语言的“神奇天空之旅”游览向导。费尔莱、雷鸟和水星系列，再加上 12 辆新野马车，组成了“神奇天空之旅”的舰队。这 12 辆野马选自“整车投产”日之前几个月生产的 150 辆新车，其中三辆是乌鸦黑，三辆温布尔顿白，三辆卫兵蓝，再加上三辆仰光红。很容易就能将它们与其余的车区分开来。雷·查特林回忆起第一次看见野马从轨道驶来的情形：“我认为这是我有生以来见过的最具未来感的汽车。”

在正式开幕前的几个星期，查特林和其他奇迹圆形大厅的年轻志愿者在这里接受了培训，学习如何将人群从运动的斜坡滑梯引导到第二层的“神奇天空之旅”入口，并安全地将他们送入轨道传送带上的汽车中。[11] 他们必须在 30 秒的时间内完成这项工作。同时，培训方还向他们展示了传送
350 带上紧急按钮的位置，按钮可以在紧急情况下按动，而这通常意味着行程已经开始时有人还没有安全就位。他们都穿着制服，女性穿着白色和黄色的裙子，男性穿着黑色的裤子和白色衬衫，系着黑色领带，身着耀眼的黄色西装外套。查特林说：“我们看起来像巨大的金丝雀。”

世界博览会对他们来说既是世界的中心，也是一个面积 646 英亩的巨大操场。福特展馆在靠近大中央公园大道的一个拐角处，位于新阿姆斯特丹门和彼得·史蒂文森门之间。通用汽车的展厅耸立在自动化大道的另一头，与福特形成竞争态势。穿过中央公园大道一段距离后人们可以看到一个巨型地球仪。当然那里还有莱茵黄金啤酒花园、泰国菜和迪士尼梦幻之行。百事可乐的展馆不断传出“这是一个微型世界”的声音。伊利诺伊州的展馆有亚伯·林肯的电子动画。威斯康星展馆里有世界最大的奶酪。呼啦圈舞者在夏威夷馆里欢快地跳着。钢鼓乐队在加勒比馆里表演。弗拉明戈和吉卜赛舞者在西班牙馆尽情释放着他们的热情。还有狄克·巴顿的冰剧院，比利·格雷厄姆（Billy Graham）、基督教科学家、摩门教徒和俄罗斯东正教教堂的展馆，童子军、好莱坞、美国印第安人和巴黎玩偶的展

馆，数百个三英尺高的盛装木偶，苏丹、墨西哥的展馆，柏林和香港的展馆，赫兹、安飞士、矮胖糖果和帕克笔的展馆，等等，不一而足。本次世博会的主题是“理解缔造和平”，本质却是企业产品推销，在这个领域智威汤逊广告是主角，它不仅代表福特，还代表了另外十家企业展馆和世界博览会组织方。

4 月 22 日这一天，天空灰暗，寒冷多雨。上午九点开门时，展会迎来了 92646 名开幕日游客，约翰逊总统也乘直升机来到这里，并在可以容纳万名观众的“歌手碗”（Singer Bowl）发表了午间讲话。[12] 约翰逊谈到了 25 年前自己在 1939 年纽约世界博览会上所做的一些预测，当时他说，在不久的将来，人们在不到一天的时间里可以坐飞机穿越整个国家，3900 万辆汽车将横穿美国的公路。约翰逊称，这当然是大胆的预言，但如今看来“现实远远超过了预见”。接着，他又大胆预言，“和平在我们这一代不仅 351
可能，而且会更早地到来”，在下一届世界博览会上，人们“将会看到一个没有人注定贫穷的美国”，一个“没有人会因肤色或信仰而受到不公待遇”的美国，一个“不接受任何剥夺公民享受自我满足权利的行为和言论”的美国。事实证明，这只是约翰逊在为一个月后的另一场演讲热身。抵达底特律后，他还将乘坐另一架直升机去一个更大的体育场。

在那天成千上万的游客中，有数百人不相信美国已经接近这样一种高度，不相信没有人会因为肤色而受到不公待遇。种族问题从一开始就是这场世博会的主题之一，当时黑人议员小亚当·克莱顿·鲍威尔和其他黑人领导都抱怨展会的管理人员没有黑人，负责展馆建设的行业公会中黑人太少。展会的赞助商已尝试以各种方式回应这方面的问题，最终也取得了表面上的成功，《纽约时报》选取了其中一个点，刊登了一篇名为“作为公民权利展台的世博会”的文章。文章指出，“外向活泼、具备多种语言能力的黑人大学生”几乎遍布所有展馆（包括福特展馆，200 名工作人员中有 26 人是黑人）。这代表了一种“有意识的努力”，目的是“向参展的人们展示开明的企业形象”。

尽管各个展馆都有黑人的身影，但这并没有遏制住种族平等协会的不满。开幕当天，该组织带头发起抗议活动。对种族平等协会来说，展会本身的种族融合远不如参展机构的种族融合重要。[13] 在詹姆斯・法默（James Farmer）的领导下，种族平等协会在 1964 年致力于传达这样的态度：反对种族不平等的行动在南方和北方同样重要。自然而然，没有比世界博览会更大的平台来使他们达到这一目标，在两年的运营期间，博览会有望吸引六千万到一亿游客。一些策略失败了，也有一些成功了。他们的计划中最
352 有名的一个，是让民权活动家们开着几千辆汽车故意堵住所有通往世博会展馆的道路，这一想法得到了种族平等协会在该地区最好战的布鲁克林分支的支持。许多主流黑人领袖反对“堵塞”，他们向约翰逊总统、纽约市长罗伯特・瓦格纳（Robert Wagner）以及其他一些仍在推动国会民权立法的白人领导表明了自己的立场。马丁・路德・金则写了一封措辞模棱两可的长信，一方面表示了他对布鲁克林分支被激怒的理解，一方面也将“堵塞”计划归结为一种“战术性失误”。法默自己也承认这是一个错误，并极力将关注点转移到在会场进行的其他抗议和公民不服从行为。

由于天气恶劣，缺乏广泛的支持，加上越来越多的巡逻警车和拖车，“堵塞”计划进展得十分不顺，几乎没有被注意到。但是会展内部的“抗议”是不可能被忽视的。“吉姆・克劳必须滚蛋！”的声音在整个会场上空回响。法默和贝亚德・拉斯廷（Bayard Rustin）带领着几百名抗议者，其中多数是大学生，有白人也有黑人。他们在纽约州展馆外被逮捕，原因是他们在那里成了一道人形路障。另一个围绕在佛罗里达馆外的团体与警察发生了一场小混战。路易斯安那馆是另一个目标，但当法默带领抗议者来到这里时，发现它还没有开放。

在福特奇迹圆形大厅，时间一直在平稳地往前推移，直到快到中午的时候，一小拨来自种族平等协会曼哈顿下城区分支的示威者开始在大楼后方徘徊。一小时之内，他们全部进到展厅里，在通向“神奇天空之旅”的斜坡滑梯前静坐抗议。抗议者给出的各种选择没有一种让人感到舒心，福特的管理层决定在下午 1 点完全关闭展馆来平息对抗，希望抗议者最终会因无聊而离开。抗议人数在下午晚些时候减少到 20 人左右，但晚餐之后，人数再次增多，到晚上 8 点，共有 120 名青年男女加入到静坐抗议中，不断喊着“福特必须消除偏见！”，他们的最终目标是逼迫福特雇用黑人主

管，并从南非撤离。

展馆的关闭激怒了一些花几个小时等待“神奇天空之旅”重新开放的游客。[14] 到第二天，不断有信件被直接送到正在迪尔伯恩“玻璃房”的亨利 · 福特二世手中。来自大急流城的一位律师称，关闭展览是“向违法行为投降的软弱屈辱行为”。他告诉亨利 · 福特二世，他的新 1964 年雷鸟敞篷车会是他购买的最后一辆福特汽车。一位芝加哥银行高管对抗议者的看法是，“显而易见，公众对其存在感到无比愤怒”，并认为福特不应该心慈手软。纽约海德公园的艾莉诺 · 希林（Eleanor Schilling）写道：“昨天我目睹了这辈子看到过的最令人震惊的景象。我在世博会看到福特的代表们在面对展厅前的非法民权示威时软弱又无助。”并且说她等了几个小时，希望抗议者散去，但却被告知福特“不想惹任何麻烦”。福特在这么做的同时，“也是在让公众利益服从于这群邋遢的不满者和他们那帮垮掉一代的‘愤怒青年’。我应该让你知道，经过这件事，福特的公众形象在几乎所有旁观者眼中都受到了非常严重的损害”。在福特奇迹圆形大厅的周围，60 年代的文化逆流声势汹涌。青年以“野马”来标榜自己，而野马象征着一种以市场为设计导向的、包含着某种自由和个性的符号。同时，青年对国内某种既定的理想主义、对抗和异议的反应也使他们自己的价值受到轻视和贬低。 353

作为福特公共关系副总裁，小西奥多 · H. 梅克（Theodore H. Mecke Jr.）回到迪尔伯恩后，以公司的名义写了一封署名回信，声称自己代表亨利 · 福特二世回信，并且向希林太太道歉，让她在展会上等了这么久也没能进去。“但是，我希望您知道，访客的权益是我们首要的工作重心。我们再三考虑，才不得不决定关闭展馆，但其实我们也不愿给访客们带来不便。尽管如此，我们还是认为对访客而言，这样做比设法驱逐抗议者要更有利，否则访客有可能面临暴力乃至受伤。”梅克说，这样的抗议示威只此一天，不会再发生了，今后展览主办方承诺无论如何都将加强安全保障。

在展览第一周以及之后的时间里，福特不得不处理不断爆发、越来越频繁的对“神奇天空之旅”的不满：游览线路太长，车子太小，技术也不成熟。纽约伍德米尔的罗伯特 · 弗格森（Robert Ferguson）写信向福特抱 354

怨："在经历了没完没了、极不自在的排队等待后，一群疯狂的年轻人推推搡搡，把我、我的妻子和我 18 岁的女儿挤到一辆小敞篷车的后座上。我的脚踝关节在一片混乱中严重扭伤，毫无疑问，这是我觉得最不舒服的一次乘车经历。"更糟的是，引导按钮卡住了，介绍是德语版本，"车上没一个人听得懂……我不知道究竟是哪个白痴决定用德语而不是英语进行引导介绍"。梅克尽他所能地回应顾客的投诉，邀请弗格森一家再免费乘坐一次，并向他们解释如何通过按钮选择引导介绍的语言。来自佛罗里达州可可海滩的吉恩·福奈特（Gene Fernett）写道，福特的展览办得比通用的好，但花费的时间过长，因为"敞篷车不能容纳足够多的人，让一切都变得拥挤缓慢……我看到好多人在看到每次行程只能载很少一部分人时都不满地转身离开了"。纽约花园城的拉尔夫·T. 施伦科森（Ralph T. Schrenkeisen）告诉福特，他和妻子"本来在世博会度过了愉快的一天……最后却被福特展厅毁了。我们排了两小时队才上了车，等到'神奇天空之旅'开始时我们已无心观赏，因为太累了，已经无暇领略它的精彩之处"。梅克又一次努力试图解释这个问题。按设计，"神奇天空之旅"每小时可以让 3600 人进行观赏，然而"由于一些家庭拒绝与陌生人一起乘坐汽车，因此并没有达到这个数字"。他还表示欢迎所有的建议，以帮助他们实现缩短等待的时间。

即使是一个精心打造的仙境宫殿，也免不了受到现实世界中人和机器的缺陷的干扰。弥补种族隔离所造成的伤害远比在福特奇迹圆形大厅建造"神奇天空之旅"难得多。另一方面，玛莎·里弗斯和万德勒斯合唱团很快就会迎来自己的金曲唱片，在摩城的音乐录影带中，他们沿着福特迪尔伯恩工厂的一条野马装配线又唱又跳，"无处可跑，宝贝，无处藏身"。

第二十二章　通向伟大社会 355

4 月 14 日，也就是亚科卡在福特奇迹圆形大厅为野马揭幕的次日，一则消息从白宫传到卡瓦纳市长在底特律的办公室：林登·约翰逊即将来到底特律，至少会到大都会机场。他将于 5 月 22 日上午抵达安娜堡，在密歇根大学的毕业典礼上作演讲。大约有五个星期的准备时间，卡瓦纳和他的助手接到指示，要确保机场的欢迎仪式符合总统预期。[1] 这一年是大选年，约翰逊正在做竞选宣传，底特律对他来说很重要，原因不胜枚举。作为汽车工业之都和进步劳工运动中心，底特律对国家经济和总统的政治利益起着至关重要的作用。1960 年，底特律也是肯尼迪带着“新边疆”政策开始总统竞选之旅的第一站。约翰逊想用一个宏大的励志口号赶上甚至超过肯尼迪的“新边疆”。

时间一周一周地过去，上级的指示变得越来越严厉。机场的欢迎仪式应该自然流露出对总统的喜爱，而不是看起来明显就是一场欢迎候选人的政治活动。欢迎人群应该多一些，至少上万，同时不应只局限于民主党人，以此表明他将在 11 月取得胜利的必然性。约翰逊图书馆搜集的一段口述史料记载，卡瓦纳回忆，约翰逊想要的是“一些杰出的商人、共和党人，至 356
少不能是民主党人，让他们当中的大多数成为欢迎团的成员”。为此，卡瓦纳打电话给福特公司一位负责底特律地区商会的副总裁，问他是否能加入。得到的回复是，对不起，这名福特高管那一天要出城。卡瓦纳后来说：“但是在与他谈话后不久，我又接到了一通他的来电，电话中他对自己无法参加再次表示抱歉，表示愿意推荐一个人代替他去。我说：‘好。是谁？’他说：‘亨利·福特本人。’”于是，亨利·福特二世、沃尔特·鲁瑟和密歇根州劳联 – 产联主席奥古斯特·肖勒（August Scholle）都出现在欢迎队伍中，这个阵容听起来似乎可以满足总统那难以遏制的欲望。

这次访问的起源还要追溯到去年 7 月肯尼迪总统还在世的时候。[2] 密歇根大学的学生领袖罗杰·罗文斯坦（Roger Lowenstein）给学校校长哈兰·哈彻（Harlan Hatcher）写了一封信，建议他邀请肯尼迪为来年春天的毕业典礼作演讲。密歇根大学的许多学生对这位年轻的总统特别有好感。正是在密歇根大学的校园里，肯尼迪首次阐明了他的“和平队”想法，此后许多年，密歇根州为和平队输送了大批志愿者。密歇根大学官员向白宫提出这个想法，得到的回复是，总统有兴趣参加，但他的行程不能提前排到那么远。一个月后，肯尼迪便遇刺了。最后，密歇根大学转而向约翰逊总统发出邀请，约翰逊也答应了，条件是他们将毕业典礼从星期六提前到星期五上午，以配合他的日程。

5 月 22 日上午，距离空军一号降落还有一个小时左右，机场已经进行了一天的政治活动。卡瓦纳到达那里时，发现他的工作人员把罗姆尼州长排在迎接队伍第四个位置，也就是他的后面，罗姆尼对此感到了一丝愤怒。[3] 他毕竟是密歇根州级别最高的官员，约翰逊下飞机时，他应该是第一个迎
357 接的人。很快卡瓦纳便默许了罗姆尼的要求。他们为底特律申办 1968 年夏季奥运会的竞选精诚合作，但终究未能取得成功，此后两人都被更大的政治野心所驱动，陷入党派纷争中。

卡瓦纳新年伊始就有心竞选州长，至少他并不否认对他可能挑战罗姆尼的猜测。不过，这个想法从来只是说说而已，当华盛顿的焦点转向大城市的问题与机遇的时候，卡瓦纳很快就盯上了全国城市发言人的头把交椅。无论约翰逊政府在考虑什么政策，卡瓦纳都希望底特律能成为政策实施的试验地。来自安娜堡的国会议员尼尔·斯特布勒以罗姆尼的民主党挑战者身份出现，虽然密歇根州的劳工和民权领袖对他并不信任。这也意味着罗姆尼在大选年连任希望极大。不过，与卡瓦纳一样，罗姆尼也在考虑去更大的舞台展示自己。来自亚利桑那州的保守共和党参议员巴里·戈德沃特在一月初开始自己的总统初选之旅时访问了密歇根州，他在大急流城举行的一次集会上说：“美国人不想在半斤和八两之间做选择。”同一天，与戈德沃特在民权方面意见分歧很大的罗姆尼在华盛顿向全国新闻俱乐部的观

众表示，戈德沃特正在将共和党领向失败的方向，“代表一种或少数狭隘利益的政党不能在这个国家长期生存”。当一个记者循着他的逻辑追问——他是否有意成为总统候选人？如果没有，他是否会应公众要求而考虑积极争取呢？——罗姆尼对第一个问题的回答是“不”，对第二个问题的回答是“可能”，同时也解释道：“除此之外都是彻彻底底的厚颜无耻和拒绝承担责任。”此话在密歇根州内部引起重重疑虑，于是罗姆尼不得不另行举办新闻发布会试图做出更多的解释，然而他的解释并没有起到多大作用。

无论罗姆尼的目的是什么，他未来的走向基本被《底特律新闻》颇有影响力的主编马丁·海登决定了。海登就这个问题写了一篇措辞激烈的社论，标题是“罗姆尼参与了共和党的竞争？别把我们算在内！”[4]，海登在文中大胆披露真相，称罗姆尼用的是典型的政治策略，他在等着民众请他竞选总统。海登写道：“这是进入总统竞选的标准模式，过去使用它的人都没有既定的形式可循。”《底特律新闻》已经公开支持罗姆尼做州长，并对他在兰辛的工作给予了支持和肯定。“但是如果罗姆尼州长将他自以为的义务施加给第二次选他当州长的选民，以此来帮助自己成为今年共和党提名的候选人，那《底特律新闻》是断然不会支持他的。”《底特律新闻》是共和党候选人在密歇根州进行竞选的基地，失去了这个自己所属州的阵地的支持，罗姆尼悄然退回到州内事务中，其中就包括约翰逊总统到来时主动参与迎接活动。 358

24 人的欢迎团聚集在美国航空公司的飞机库，等待着约翰逊的到来。卡瓦纳回忆：“我们为在场的男士和女士准备了咖啡和甜甜圈，人群中还包括一些记者。”当时的记者团还没有像后来那样，被围拢到一起，被人当作进了动物园的小孩看待。（“我们让你们看的时候，你们可以看，但别凑太近。”）《底特律自由报》的弗兰克·贝克曼偶遇亨利·福特二世，发现他不仅十分平易近人，而且身上有许多具备新闻价值的东西可以发掘。福特在这样的日子应该感到满心欢喜。他的生活自由而随性，他的公司赢得了创纪录的利润，野马也成了目前美国最炙手可热的汽车。

“福特先生，你对约翰逊总统有什么看法？”贝克曼问。

“我觉得他棒极了。”亨利·福特二世回答。

“你认为他会连任吗？”

“毫无疑问。”

“你会支持他吗？”

“是的。”

“你给民主党总统候选人投过票吗？”

“他会是我第一个为之投票的人。”

359 “不管共和党候选人是谁？”

“不管。”

“你怎么看待他的工作方式？”

“作为总统他干得非常出色。我多次听他说，他要代表全体美国人——商界、劳工界和广大民众。我赞同他说的话。”[5]

福特还告诉《底特律自由报》，那个得克萨斯人还是参议院多数党领袖的时候他们就认识了，但在约翰逊任总统的六个月中他只到过白宫一次。约翰逊说他视自己为一个独立的人，而不是共和党人。贝克曼通过有关记录了解到，自 1962 年以来，亨利·福特二世和他的兄弟本森和威廉·克雷的确对民主党和共和党的竞选工作作出了重大贡献。

华盛顿。早上七点，约翰逊被白宫电话接线员唤醒。[6] 他在床上吃了早餐，之后会见助手比尔·莫耶斯（Bill Moyers）、杰克·瓦伦蒂（Jack Valenti）、沃尔特·詹金斯（Walter Jenkins）和迪克·古德温（Dick Goodwin），他们都是毕业典礼演讲的主要撰稿人。古德温后来回忆，约翰逊在总统办公室的办公桌前检查了演讲稿，用铅笔修改了几个地方，头也不抬地说道：“孩子们，我知道你们会做得很好。就像我之前跟你们说过的那样。”接着他问瓦伦蒂：“飞机什么时候起飞？为什么我们总是离开得如此匆忙？”约翰逊在 8 点 57 分离开白宫南草坪，乘 13 分钟直升机到达安德鲁斯空军基地，一队来自密歇根州的国会议员和密歇根州相关部门的政府官员组成的代表团正等在那里，打算搭总统的便车回家，其中包括两位参议员、13 位众议员、一位前州长和两位内阁秘书。根据《白宫日报》报道，空军一号在 9 点 11 分抵达底特律。

在机场的围栏后面，人群从日出开始就摆好了阵型。[7] 底特律警察局乐队、底特律消防局乐队和雷德福中学乐队都在那里，人数估计有三万。银蓝相间的 707 飞机“在明媚的阳光中着陆，滑行，机身闪闪发光”，贝 360
克曼和他的同事芭芭拉·斯坦顿（Barbara Stanton）后来这样描述当时的场面：“舷梯已经放好，门开了，喊声响起，‘总统来了！’”同时，乐队齐奏《向总统致敬》（*Hail to the Chief*）。州长罗姆尼、市长卡瓦纳、劳工领袖鲁瑟和肖勒、健谈的亨利·福特二世等人在下面站成一排，一同过来迎接总统的还有克莱斯勒副总裁约翰·利里（John Leary）、底特律爱迪生公司总裁沃尔克·希斯勒（也是卡瓦纳在巴登 – 巴登申奥期间的同事之一）、底特律地区商会副会长 J. 阿瑟·马伦（J. Arthur Mullen）、工会领导委员会的赫拉斯·谢菲尔德以及来自商界、劳动界和学术界的其他领导人。总而言之，一切如总统所愿，各行各业的人都聚集于此。

这是约翰逊任总统以来第一次来密歇根。他看起来活跃、敏捷、开朗而幽默。他让罗姆尼和卡瓦纳站在身边做适当的介绍。接着他又介绍了一遍与他一起从华盛顿飞来的一帮政治人物。然后，他面对人群发言：“我想让你们知道，没有什么比来自底特律的温暖问候更能抚慰一个美国总统的灵魂。”即便事实上是他的下属要求举办这样一场欢迎仪式又能怎样？“我对每一位今天早上赶到这里的人表示由衷的感谢。我首先想到的是唱一首老歌——《你在十一月会仍像在五月那样爱我吗？》（*Will You Love Me in November as You Do in May?*）。”竞选的事从未离开过他的脑海。

但是，他来密歇根是要进行一场更为重要的演说。在这里，他将代表一个强大、忠诚而坚定的联邦政府向公众承诺，他们将为美好社会的愿望而努力，同时有信心一定会造福民众。虽然他是在 28 英里外的安娜堡发表演讲，然而事实再清楚不过，没有一个地方比底特律更能帮助他达到目的，这个伟大的城市尊重劳动力，制造汽车，制作音乐，促进民权，帮助工薪阶层进入中产行列。“这座城市及其人民代表着美国未来的希望”，约翰逊说，“美国的繁荣一定从底特律开始。底特律人为前进中的美国人民提供了强有力的车轮，带动了美国经济的发展。底特律的失业率在下降，而它所创造的利润一直在上升，工人薪酬待遇良好。在底特律，目前并没有什么棘手的问题需要解决。”

361 这是沃尔特·鲁瑟式的说辞，在其他场合中，他可能会与总统携手同行，然而这一次，他将自己掩藏在阴影中。他在最近的演讲中一直在严厉批评亨利·福特二世，随着今年晚些时候的合同谈判期临近，他们过去作为友好对手的共生关系现在毫无疑问进入了仇敌模式。这其中掺杂着复杂的对立竞争因素：实用主义与理想主义、冲突与合作、集体谈判的狭隘利益与进步政府的广泛利益。约翰逊一直劝鲁瑟考虑更大的利益，在措辞和要求上保持克制，帮助总统度过大选年。这时，亨利·福特二世走上前来，给了总统一个拥抱，总统这次史无前例地要求鲁瑟后退。约翰逊在机场的演讲中甚至跳过他，选择另一位劳工领袖、劳联－产联的主席，以表明他有了新联盟。约翰逊说："人们来这里，像欢迎肖勒和亨利·福特一样迎接我时，我心中的感激之情溢于言表，有肖勒和亨利·福特在我身边，我便所向无敌了。今天的天空也的确很晴朗。"

上午 9 点 55 分，在底特律机场短暂逗留后，四架相同的直升机载着总统和他的随行人员降落在密歇根体育场东面的入口处。[8] 瓦伦蒂带着演讲稿副本和笔记走在总统身后。此时，春日高照，天空湛蓝，阳光和煦地洒向大地。体育场内的人数是有史以来参加密歇根大学毕业典礼演讲人数最多的一次，约在七万人到九万人之间，人们都等着在毕业典礼上聆听总统演讲。教职员工经常回避这样的仪式，但这次出席的人数比以往都要多，而且几乎全部 4943 名毕业生都参加了。哈彻校长在飞机降落的地方迎接约翰逊，引他进了紧邻约斯特冰球场的一间活动房屋，在那里他穿上了一件衣袖缠着三条丝绒带的黑色长袍，准备随队列穿过大门，登上位于体育场
362 北面的主讲台。除了讲台背后的区域按特勤局的要求被封闭起来之外，巨大的"歌手碗"几乎人满为患。总统出现时，会场沸腾起来。他的演讲稿显示在提词器上，待全体毕业生授予学位仪式完成后他将进行演讲。学位授予仪式的末尾，约翰逊被授予民法学荣誉博士。

约翰逊的演讲共分为九段，在一段幽默的笑话之后，约翰逊以总统之名发出响亮的召唤："你们的想象力、主动性和愤怒，将决定我们能建立一个什么样的社会，是一个让进步服务于我们需求的社会，还是一个旧价值

观和新生愿景都在肆无忌惮的增长中被掩埋的社会。因为，在你们的时代，我们不仅有机会成为富强的国家，还要朝着‘伟大社会’迈进。”[9]

“伟大社会”。这还不算众所周知的短语，当然也并非新鲜事物。18 世纪的哲学家兼政治经济学家亚当·斯密曾在著作中使用过这个词。20 世纪中叶最具影响力的专栏作家沃尔特·李普曼（Walter Lippmann）将它降低一个级别，讨论“好社会”的意义。再近一点，约翰逊的白宫常客、英国记者兼作家芭芭拉·沃德（Barbara Ward）在《富国和穷国》中提到过“伟大社会”，约翰逊经常在晚上读这本书。一个月前，在芝加哥康拉德·希尔顿酒店举行的筹款晚宴上，总统试着提过一次。现在，“伟大社会”搭上这次毕业典礼演讲，无论好坏，都将在此后数十年一直存在。多数时候，“伟大社会”都与约翰逊试图在今后五年中实施的扶贫项目联系在一起，有时也会用来表示对某些本来极好但终归失败的目标的贬低、讽刺或惋惜，象征着希望和梦想被大政府的任意妄为冲击，也象征着约翰逊无法在进行海外战争的同时还能在国内创造非凡政绩。不过，现在再听一听约翰逊在那个春日的上午发表的演讲，读起那些句子，即便已知晓后来发生的一切，也还是能领会到它想表达的深层意义，一种精神的升华。

约翰逊所说的“伟大社会”究竟有怎样的标准呢？富足，自由，不再有贫困和种族不平等，每个孩子都有机会接受良好的教育，但是并不止步 363
于此。他所指的“伟大社会”是这样一个地方：“城市不仅服务于身体和物质需求，还要满足人们对美的享受和对归属的渴望，……是一个尊重创造本身，增进种族理解的地方……一个更关心目标的质量而不是商品数量的地方……一个物质文明与精神文明同步发展的地方”。美好、共同体、创造力、品质和意义——“伟大社会”已经超越了肯尼迪的“新边疆”政策，来到一个超越政治，以满足个人需求为终极目标的理想王国。

约翰逊还展望了 50 年之后（2014 年）的世界。他告诉学生，“你们许多人会活着看到那一天”，到时候，五分之四的美国人会生活在城市，城市人口会翻倍，城市的规模也会翻倍，也正因为如此，国家需要“重建整个美国城市”。他引用了亚里士多德的一句话——“为了生活，人们聚集在城邦，但他们一直聚在一起，却是为了更好的生活”——然后接着说：

“如今，想在美国城市里过上美好的生活越来越困难了。现在的城市问题重重：中心区衰落；郊区对城市的掠夺；住房和交通工具不足；共用地块消失，旧地标污秽不堪；最糟糕的是，扩张正在侵蚀珍贵悠久的邻里生态和人与自然共处的价值观。这种价值观的消失造成了孤独、厌倦和冷漠。只有我们的城市变得伟大时，我们的社会才会伟大。”

仅仅在一个小时前，约翰逊在机场称底特律为“美国的希望”。而现在，他列举了冗长的城市弊病，似乎在描述一个走向衰落的底特律。

20 分钟的演讲被掌声打断了 14 次。当他谈到“结束贫困和种族不平等”时，纳粹德国时期的流亡者、著名古典文学教授保罗·朱利叶斯·亚历山大（Paul Julius Alexander）似乎是第一个拍手叫好的，随后整个体育
364 场都响起了热烈的掌声。约翰逊第一次提到“伟大社会”时会场还是一片沉默。过去半年大部分时间都在跟踪报道肯尼迪遇刺事件及其后续进展的吉恩·罗伯茨（Gene Roberts）代表《底特律自由报》来体育场做采访。此时距离肯尼迪被杀已有六个月。记者们有时会因种种原因忽视一些正在发生的铭记史册的历史花边。上一次具有历史意义的演讲——去年 8 月马丁·路德·金的《我有一个梦想》演讲，也没有被当地的《华盛顿邮报》作为主要事件报道。罗伯茨这次总算没有错过，他对约翰逊以“熟悉的蜜糖般的拖长腔”发表的演讲做了概述。在后来写的这篇文章的开头一段中，罗伯茨指出，约翰逊“将‘伟大社会’这个新词引入国家的政治词汇中”。《底特律自由报》一位社论作者进一步对此做了定义。他的结论是，林登·约翰逊“全心全意地贯彻了肯尼迪的自由主义”。“重点是大政府，华盛顿要在脱贫、治污、解决教育不足这些攻坚战中发挥领导作用。”约翰逊对“伟大社会”的一些构想“与其说是鼓励，不如说是恐吓”。无论如何，“这都是美好的一天，一次精彩的毕业典礼演讲”。

随着毕业典礼逐渐接近尾声，密歇根乐队开始演奏校歌《黄色和蓝色》（*The Yellow and Blue*）[10]，已近晌午，阳光有些温热了，会场仍有许多人沉默地坐在那里，一声孤独的军号声刺破了瞬间的宁静。既是熄灯号，也是起床号。既是结束，亦是开始。

约翰逊和讲台上的嘉宾走在队伍最前面出了体育场，回到了活动室。

约翰逊在那里脱下黑色长袍，梳洗了一番。沃尔特·鲁瑟在活动室外等着他。鲁瑟在演讲时并没有在讲台上，但他听了演讲。约翰逊的愿望便是他的愿望。来自工会的支持和鲁瑟自己明确的态度，对于正在通过国会最后审议并将于 7 月颁布的民权立法至关重要。鲁瑟和约翰逊一样，深信政府在改善人民生活中的重要作用。他正在拟一个相似的演讲稿，将着重强调政府的重要角色。他想“打破神话”，即最少的管理是最好的管理。他认为大政府是 20 世纪生活的产物，正如福特汽车公司是 20 世纪技术的产物一样，政府的大小应该与需要解决的问题的量级一致。据《白宫日报》报道，总统一行人登上直升机返回底特律机场之前，鲁瑟和约翰逊“谈了几分钟话”。 365

卡瓦纳市长错过了演讲，他一直留在底特律，但当约翰逊从安娜堡回来时，卡瓦纳在机场见到了他。他预订了回华盛顿的机票，将做客白宫参加当晚的白宫记者晚宴。他说，约翰逊“回到机场时”，看上去“燥热难耐，有几分凌乱”。但天知道这究竟是怎样的一天：历史上规模最大的毕业典礼，一个新的执政口号，机场上狂热的人群，还有来自亨利·福特二世的支持。

空军一号从底特律起飞时，卡瓦纳市长对约翰逊说，一切看起来都充满希望。[11] 他指的是政治前景，但其实这句话有着更广更深的内涵。在他们下方的城市景观中，有亨利·福特二世的“玻璃屋”、沃尔特·鲁瑟的“团结大楼”、迭戈·里维拉的壁画《底特律工业》、大批量生产诱人的新车野马的鲁日河工厂。再远一点是贝里·戈迪的录音工作室，在那里，摩城的欢闹犹如“美国金曲乌托邦”，伍德沃德大道的宽阔街道向南延伸是格雷斯通舞厅和福克斯剧院，继续向南便来到科博大厅，驳船载着铁矿石和汽车来来往往，在美国最繁忙的河道边，马丁·路德·金第一次发表了自己的“梦想”演说。

未来的希望？约翰逊总统说，他们只需拭目以待。

367 # 后记　今与昔

为这本书做调研时，我和妻子经常住在费里街上的酒店，这间酒店坐落于一个安静的街区，步行就可以到达底特律美术馆、底特律历史博物馆、底特律公共图书馆和沃尔特·鲁瑟劳动与城市事务图书馆。酒店由三座砖砌的楼房和一个车房组成，一切都恢复到 20 世纪早期的舒适感——一座衰退之城的些许复兴。旅馆的一些客人是来艺术博物馆欣赏世界名画的游客，而其他人则是像欣赏一个古老文明的遗迹那样在感受着一个城市的瓦解。底特律也许喜欢这样的关注，但在公众视野中，还有一种通过照片和视频将底特律呈献给世界的方式，它有一个可怖的名字——“废墟色情”[①]。

尽管底特律到处是空虚、绝望和被封锁的家庭，然而它在某些方面还是充满活力的。美好的事物有时候可以在被人遗忘和忽略的地方生长，这种情况或多或少地发生在底特律。闹市区、市中心以及周边部分区域正在被重新组建整治，不仅因为开发商和企业家期待东山再起，更是因为各个种族以年轻人为主的艺术家、诗人、音乐家、活动家、美食家和技术人员把这荒芜的城市景观当作寻求自由与机会的天堂。

368 尽管如此，早晨，我从酒店去路德图书馆，在东柯比路与伍德沃德大道的十字路口横穿伍德沃德的八车道时，却看不到附近有汽车经过这条城市主干道。我甚至可以在过马路时读《战争与和平》，完全不用担心会被撞到。在几个寒冷的夜晚，我们坐在与艺术博物馆隔街相望的法国小酒馆中，里面播放着电影，周围几乎没有人，我们享受着番茄汤和烤奶酪三明治，一边听着一位有才华的古典吉他手的演奏，一边思索着每个人的际遇。事实证明，

① “废墟色情”即“废墟摄影”。

韦恩州社会学家在1963年所做的估算再准确不过了。他们预测，底特律的人口将在未来十年从170万下降到120万，并将在未来持续下降。到2014年，人数估计将下降到约68.8万人。也许这就是最低点了。

有一天，我开车沿伍德沃德大道北上，在西大道左转后，驶过费舍尔大厦、福特医院和摩城博物馆，到达格兰德河和德克斯特路交汇处，然后向北沿德克斯特路行驶，去寻找童年记忆中位于底特律西北部附近街区的地标。费舍尔基督教青年会就伫立在那个角落，6岁的我在那里学会了游泳，和别的小男孩一起光着身子，在冰冷的池水中颤抖。它仿佛比以前更大了，但我依然可以清晰地看到蚀刻在前门檐顶的“费舍尔基督教青年会”字样。我和家人在德克斯特住了好几年的房子现在成了一块空地，那个地方似乎每五所房子中就有两所已经消失或是被烧焦、遗弃。我们之后搬去的房子坐落于科特兰街，需再往西北走一段，那里已有其他人居住，但看起来处于年久失修的状态。底特律会走向复兴吗？会是在什么时候呢？如果真有这么一天，它会不会顾及这些被抛弃和遗忘的街区呢？如果这些地方被遗弃，那还能叫复兴吗？在另一次行程中，我与底特律大学美术学院的作家兼教授汤姆·斯坦顿（Tom Stanton）一起探访了这个街区，我们开车进入后街去寻找温特豪德学校，我在那里上的一年级。那栋建筑还在布罗德史崔特街（Broadstreet）上，但学校已经变了，如今已成为政府委办学校，更名为“希望学院”（Hope Academy）。

当时是夏天，学年已经结束，但停车场的安保人员说我们可以在里面找到校长。校长名叫瓦妮达·福克斯·桑德斯（Vaneda Fox Sanders），曾 369
就读于卡斯职高，是底特律公立学校的毕业生，在韦恩州立大学读取了研究生学历，最后在印第安村东边的社区定居下来。她的学院被命名为希望学院是有原因的。从幼儿园到八年级，学生包括来自城市各个街区的近八百名儿童。其中有10%的家长是暂住者和无家可归的人。95%的学生享受了减免午餐费的待遇。“这是一个新校区。”她一边说着，一边带领我参观学校。新校区建于20世纪60年代，感觉相当古老，那时候我已经离开了底特律。我问：“我们能看看老校区吗？”之前的校园建于20年代。当我们沿着走廊从新校区来到老校区，埋藏已久的感情瞬间变得汹涌澎湃，尘封的感觉被唤醒了。老校区是木质结构，坚固而厚实，呈棕黑色，在靠近它时，我突然一怔，窗台、装饰以及楼梯平台上的长凳——所有回忆一齐涌上心头，这不是普鲁斯特式的由玛德莱娜小点心引发的诗性回忆，不能轻易地被定义成甜或酸，好或坏，但使人感觉沉甸甸的，压得人喘不过气来。底特律对我的影响难以言喻。福克斯·桑德斯生长在一个育有九个孩子的家庭，在还活着的六个孩子当中，她是唯一一个留在底特律的。在家庭聚会时，她的兄弟姐妹会问："你什么时候离开？"她说，永远不会。她一点也不想离开。

本书故事结束之后，底特律发生的事多半是没完没了的解体和分离。1979 年 6 月 10 日，星期天。上午 12 时，富兰克林牧师在位于底特律西北部的拉萨尔大道（La Salle Boulevard）的家中遭武装入侵者枪击，昏迷五年后于 1984 年去世。新伯特利浸信会为"走向自由"的组织者、艾瑞莎·富兰克林的父亲举行的追悼会大约进行了一天。来自底特律和其他城市的 23 名牧师与柯瑞塔·斯科特·金和杰西·杰克逊（Jesse Jackson）一起为富兰克林献祭，斯特普斯合唱团和两个完整的教堂唱诗班一起表演。

370 在哥谭酒店被警方突袭并夷为平地两年后，约翰·怀特死在了监狱中。

沃尔特·鲁瑟和他的妻子梅在 1970 年的一次飞机失事中死去，因为他们乘坐的小型飞机的驾驶员在恶劣的天气条件下试图在密歇根黑湖附近降落。人们估计是高度计发生了故障。作为 20 世纪最具影响力的美国人之一和一位务实的理想主义者，鲁瑟以底特律为基地，极大地扩充了这个国家的中产阶级队伍。他在 63 岁死去，他的汽车工人联合会也早过了巅峰期，开始了长期而缓慢的下滑过程。1964 年秋，汽车制造商遭遇罢工，但这并没有影响林登·约翰逊在与巴里·戈德沃特的总统竞选中获胜。去年夏天推进民权立法的活动最终促成了改变这个国家的法案的颁布，首先是 1964 年的《民权法案》，然后是 1965 年的《选举权法》，而底特律——在鲁瑟所领导的汽车工人联合会和这个城市强大的非裔美国人的资金和游说支持下——在促成这两项立法颁布的过程中扮演着微小却重要的角色。马丁·路德·金在 1968 年被暗杀后，正是底特律国会议员约翰·科尼尔斯经过长期而艰苦的努力，最终使路德的生日成为全国性纪念日，当然这也离不开史蒂夫·旺达的帮助。到那时为止，许多来自底特律郊区的愤愤不平的白人工会成员已经逐渐远离鲁瑟的进步理想，转而投票给乔治·华莱士和后来的罗纳德·里根。

杰罗姆·卡瓦纳在约翰逊执政早期成为美国城市的代言人，1966 年他成为第一位同时担任美国市长会议和全国城市联盟主席的市长。但他的生活和事业在第二年开始变得支离破碎。他那位在情感上感到被遗弃的妻子把他从家中赶了出去，并准备与他离婚——这段纯美国的、肯尼迪式的婚姻也就这样结束了。之后，他的城市开始处于风口浪尖。1967 年 7 月，警方突袭了一个在美国俚语中被称为“非法卖酒商店”的业余俱乐部，之后五天，底特律被一场种族暴动，或者说是叛乱（取决于个人观点）所摧毁。突发的内乱导致 43 人死亡（包括 33 名黑人受害者和 10 名白人受害者），483 人被烧伤，以及大面积的掠夺抢劫，共有七千多人被捕。卡瓦纳由于 371
底特律没有及时采取行动而受到批评。后来，底特律开始了三年的转型期，通过模范城市引导和扶贫攻坚计划尝试做出转变，这表明“迈向伟大社会”的信心已经消磨殆尽，同时也标志着卡瓦纳和他的第一任警察局局长乔治·爱德华兹领导的底特律时代的结束——他们都希望通过推进种族平等，把底特律打造成一座宽容而公正的城市。同时，卡瓦纳的政治生涯也就此止步，一位曾经被认为有着光明政治前途的肯尼迪追随者的政治生命，最终也只好随城市废墟一同燃尽。在远离政治生活多年后，他因心脏病发作于 1979 年去世。

底特律黑帮分子托尼·贾卡隆虽然在 1963 年逃脱了贿赂警察的罪责，但 1976 年在爱德华兹局长的极力追究下，他最终被控犯有所得税欺诈罪，并在监狱服刑 10 年。美国民众更感兴趣的是托尼·杰克在卡车司机、汽车司机、仓库工人和佣工国际工人兄弟会会长吉米·霍法失踪案中所扮演的角色，霍法最后一次出现的时间是在 1975 年 7 月 30 日，地点在底特律郊外布卢姆菲尔德镇马科斯红狐餐厅（Machus Red Fox）的停车场。霍法去那家餐厅是要与两个黑帮分子会面。这两人一个是新泽西北部的工人兄弟会会长托尼·普罗文萨诺（Tony Provenzano），另一个正是贾卡隆。

在 1966 年第三次赢得连任后，乔治·罗姆尼成为 1968 年初共和党总统候选人提名的热门人选，但他在一系列问题上的失策断送了自己的前程，其中包括一份关于美国从南越撤军的陈述，他在陈述中称，他刚在美国军方那里经受了一次“最强大的洗脑”。不仅如此，他还发现，自己温和的共和主义做派在共和党中越来越不受欢迎，最终，他的第五次提名竞选以失败告终，获胜的是理查德·尼克松。他被尼克松任命为住房和城市发展部部长，继续推动民权活动的进展，包括旨在废除郊区住房种族隔离的计划。没有哪个地方比底特律郊外的社区更不欢迎这一构想，而这也进一步使他被自己所在党的保守运动所孤立。

亨利·福特二世的第二段婚姻（妻子是玛丽亚·克里斯蒂娜·韦托尔·奥斯汀）持续了 15 年。在这段动荡关系行将结束时，福特说出了那
372 句著名的作为自己个人生活定论的结束语：“从不抱怨，从不解释。”这是他在一次酒驾被抓后说的话，当时他和他的情妇凯思琳·杜罗斯（他的下一任妻子）在一起。福特和花枝招展的克里斯蒂娜在 1980 年离婚。他与李·亚科卡的事业伙伴关系也没有比他的第二段婚姻持续更久。他在 1978 年解雇了亚科卡，并解释说：“有时候你就是不喜欢某个人。”亨利·福特二世于 1987 年因肺炎在福特医院去世，享年 70 岁。他与那位偶尔交好的克星鲁瑟都被授予了总统自由勋章——福特由约翰逊授予，而鲁瑟在他逝世 30 年后由克林顿授予。

野马作为 60 年代性感和时尚的象征，在早期的汽车营销现象中势头强劲，然而在 70 年代，它在人们眼中显得肥胖而臃肿，逐渐不再受青睐。虽然之后它也有几次回暖期，福特也在 2014 年庆祝了它发布 50 周年的纪念日，然而它再也无法复制属于它的黄金时代。对于底特律汽车工业来说也是一样。

阿尔伯特·卡恩设计的建筑在半个世纪之后仍然伫立在那里。当然，要除去被焚烧殆尽的福特圆形大厅，以及警察在抓赌行动中毁坏的、后来划入城市重建计划的哥谭酒店。迪尔伯恩规模庞大的鲁日河工厂已经实现了自动化生产并被重新改装，它的员工人数较全盛时期也有所缩减，许多曾经在此进行的制造任务被分配到全国各地的其他工厂。但是不管怎样，卡恩的设计仍然是福特汽车公司的标志。通用汽车大厦是卡恩在西大道上

设计的一座 15 层楼高的新古典主义巨型建筑，但现在已不再是通用汽车的总部，而被统称为凯迪拉克大厦，密歇根州的几十家机构都入驻其中。通用总部搬到了底特律河边的高层建筑文艺复兴中心。位于麦迪逊大道的底特律体育俱乐部和位于波比安 1300 号的底特律警察总部大体上没有什么改变，只有一点，现在这两座堡垒已经实现一体化。

在西拉斐特，卡恩为《底特律新闻》和《底特律自由报》设计的大楼依然让人觉得亲切，但它的功能发生了改变。《底特律自由报》在 20 世纪
80 年代末解散了它的其他部分，并入《底特律新闻》，同时它们都宣布要 373
离开那年代久远的古董级建筑——新闻大厦，搬到几个街区外的另一处地方——这些新闻报纸媒体在适应新文化的过程中苦苦挣扎，就像半个世纪前一样。事实上，如果林登·约翰逊晚七周发表他的“伟大社会”演讲，那么弗兰克·贝克曼对亨利·福特二世的背书和基恩·罗伯茨自安娜堡被调派的报道将不会引起任何关注。新闻媒体后来也处于水深火热之中，印刷厂工人对自动化和工作条件感到不满，1964 年 7 月 13 日，当地印刷工人举行罢工，一直到感恩节前不久才复工。

福克斯剧院在 80 年代末恢复了往日的辉煌，在伍德沃德大道上屹立不倒，从来到这里观看摩城艺术家表演的满座人群到成就了埃米纳姆和一个黑人福音合唱团的克莱斯勒商业演出，它塑造了一个长达 50 年的时代。然而，无数摩城乐队竞相表演的格雷斯通舞厅却早已消失——与摩城唱片出走这件大事比起来，它只是附带的一个小损失。在充满暴乱的 1967 年，贝里·戈迪从位于西大道的大楼出走，将他的音乐制作中心搬到更靠近市中心的伍德沃德 2457 号——多诺万大楼。这个地址让我们想起另一位故事主人公——罗伯特·安科尼，那位目睹了福特圆形大厅被烧毁的逃课学生和未来的警察、博士，他就住在西南部伍德米尔 2457 号。伍德沃德，伍德米尔——名称相近，号码相同。寄给摩城的邮件经常会送到他父母的邮箱，安科尼清楚地记得，他的父亲“会十分生气地将它扔掉，破口大骂”。

到 1972 年，戈迪已经完全放弃了底特律，将摩城唱片的办公大楼——即便不包括它的精神和灵魂——移到了洛杉矶，在那里它又经历了几十年的起起落落，但已经和以前不一样了，即使迈克尔·杰克逊从五兄弟合唱

团走向国际舞台，戴安娜·罗斯成为电影明星和女歌星，斯莫基·鲁宾逊和史蒂夫·旺达名声大噪，终成音乐奇迹。戈迪 80 岁时依然精神矍铄，我为这本书采访他时，他住在贝莱尔高处的一所豪宅里。摩城的第三位天才马文·盖伊，最后被他的父亲用枪杀死了。玛丽·威尔斯、原诱惑合唱团五名成员中的四位、无上乐队中的一位成员和四顶尖合唱团中的三位也
374 都已经去世了。大部分的组合团体被野心、药物以及内部的分歧与不和蚕食，主唱渴望单飞成为独唱歌手，新加入的成员来了又走。只有四顶尖合唱团的成员一直在一起——我为人人，人人为我，直到劳伦斯·佩顿、奥比·本森和李维·斯塔布斯相继死去，剩下“公爵”法基尔独自一人。在大多数人都离开的时候，他们选择了留在底特律。他们也应该为组合的凝聚力感到自豪，这也是受到了李维·斯塔布斯的信心和谦逊的影响。多年来，法基尔一直强调，也许有几十个诱惑合唱团，但是，即使他们都活着，世界上却只有一个四顶尖合唱团。

戈迪的父母和戈迪家族的其他成员都跟随着贝里一起来到了洛杉矶，除了他的大姐埃丝特·戈迪·爱德华兹。她一直是底特律城堡的守护者，不断拍照，收集文件，存储纪念品和做记录。在她的弟弟离开许多年之后，她注意到，人们仍然会慕名来西大道上的老砖房前观摩，1959 年，一切都是从这里开始的。她马上有了一个想法，将这个地方改造成摩城博物馆。她曾经对她的兄弟说道：“贝里，我想我们创造了历史，甚至连我们自己都不知道。”博物馆于 1985 年正式开放，几十年来一直以它自己的方式存在着，不温不火，但真实鲜活、有血有肉，不断有人前来参观。埃丝特 2011 年以 91 岁高龄去世，摩城群星也重回底特律进行悼念。史蒂夫·旺达称她为自己的第二位母亲，用音乐向她致敬，她的兄弟贝里和斯莫基·鲁宾逊以及她的继子、华盛顿联邦法官哈里·T. 爱德华兹也都参与了追悼活动。我去参观博物馆时，它正由埃丝特的孙女罗宾·特里（Robin Terry）和艾伦·罗尔斯（Allen Rawls）管理，艾伦是底特律人，爱好音乐，曾在我就读过的温特哈尔特小学读书。我们在参观行程的引导下来到 A 工作室，疯克兄弟曾在那里工作过。我们还了解到，A 工作室有一架许久未被弹过的钢琴，现在已被一位博物馆访客重新调好音，作为他送给博物馆的礼物。

这位访客就是在摩城唱片找到初始音乐灵感的保罗·麦卡特尼。

一面墙上挂着一幅世界地图，上面用图钉标出了来自各个地方的访客。
越南、雅加达、新西兰、蒙古、格陵兰、冰岛、埃塞俄比亚、马达加斯
加……我待在那里的时候，有一天遇到一个南非的代表团，他们唱歌跳舞， 375
在步行通道合影留念。另一天，一群搭公共汽车来的日本游客，面对塔姆
拉（日本称摩城为塔姆拉）肃然起敬。可以说，摩城唱片曾经是，并且现
在仍是一种世界语言。2014 年的冬天，摩城唱片在百老汇举行音乐会。当
玛莎·里弗斯和万德勒斯合唱团出现在华盛顿时，我还去看了玛莎的表演。
这时，距离摩城唱片第一次离开底特律进行巡回演出并向全国介绍他们的
音乐已经过去 52 年了。当时（可怕的古巴导弹危机期间）的第一站是距离
白宫只有几英里的霍华德剧院，现在，万德勒斯合唱团又回到了同一舞台
上。玛莎·里弗斯已经 70 岁了，但她的声音依然给人以熟悉的欢快感，她
穿着闪闪发亮的银色长裙和高跟鞋，舞姿依然可以胜过大街上和在场的任
何人。“请不要忘记汽车城。”所有来自这座城市的热浪和流沙，我们无处
可逃，也无处隐藏，回忆将与我们同在。底特律给我们留下了什么？底特
律又给美国留下了什么？你可以在每首歌中听到你想要的答案。

本书涉及的人物、事件关系图

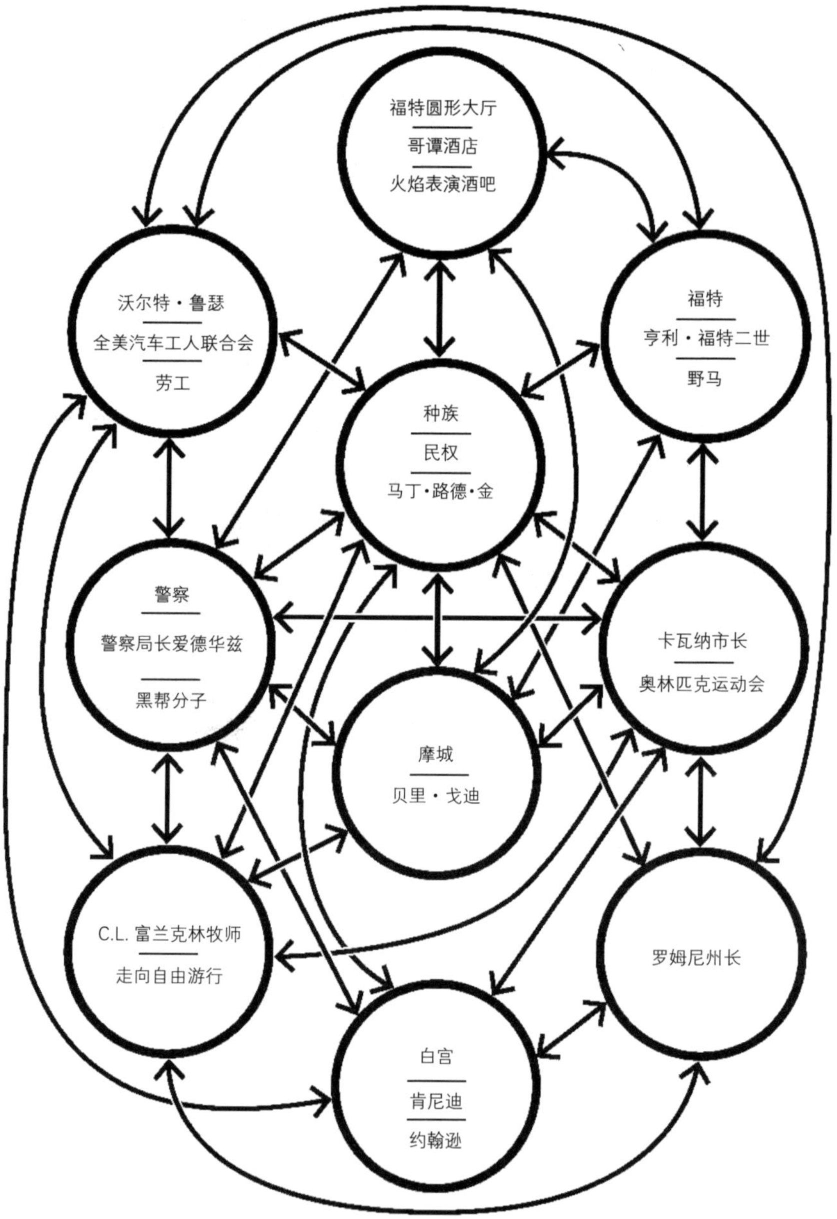

大 事 记 377

1962 年

10 月 7 日　肯尼迪总统非大选年在底特律为竞选造势。

10 月 20 日　底特律汽车展开幕，发布 1963 年车型，该车销量创历史新高。

10 月 22 日　由于古巴导弹危机爆发，原计划出席车展的约翰逊在最后时刻取消行程。

10 月 23 日　摩城艺人离开底特律开始全国范围的摩城巡演。第一站是华盛顿的霍华德剧院。

11 月 6 日　美国汽车公司前总裁、以稳健著称且支持民权运动的乔治·罗姆尼当选密歇根州州长。

11 月 9 日　福特圆形大厅被大火夷为平地，同一天，联邦特工和底特律警方在警察局局长乔治·爱德华兹的命令下对哥谭酒店的赌博活动进行突击整治。

11 月中旬　智威汤逊广告公司在底特律布尔大厦的办公室成立名为“坟墓”的秘密工作室，为福特新车型“野马”制定市场营销方案。

11 月 20 日　摩城巡演途中，乐队管理员艾迪·麦克法兰在佛罗里达遇车祸丧生，巡演经理宾斯·鲍尔斯身受重伤。

12 月 31 日　摩城艺人玛丽·威尔斯、奇迹乐队、小史蒂夫·旺达、马文·盖伊和奇异合唱团回到底特律，在密歇根州博览会会场表演。

1963 年 378

1 月 1 日　杰罗姆·卡瓦纳在新年献词中宣称 1962 年是“底特律重生之年”，承诺 1962 年的势头会在 1963 年继续。

1 月 5 日　警察局局长爱德华兹公布底特律老虎队球星亚力克斯·卡拉斯和另外几名队友与“派对巴士”以及当地的黑帮托尼和维托·贾卡隆兄弟的关系。

1 月 6 日　约翰逊访问底特律纪念《解放黑奴宣言》颁布一百周年。

1 月 11 日　《生活》杂志刊登一组展示汽车业繁荣的名为“底特律的光芒无处不在”的特写。

1月中旬　福特分部总经理李·亚科卡带领智威汤逊高管进入福特在迪尔伯恩保密等级最高的一间设计室，给他们展示后来被命名为“野马”的汽车模型。他们开始研究营销方案，初期将这款模型称作“托里诺”。

2月15日　底特律奥林匹克委员会动员起来阻止洛杉矶从底特律手中夺走1968年夏季奥运会美国候选城市提名。

2月20日　韦恩州立大学社会学家发布报告预测，以1960年的人口为准，底特律的人口10年后将减少四分之一。该报告发现，具有生产能力的纳税人正在离开城市，“留下非生产性人口”。

2月22日　摩城发布了玛莎和万德勒斯合唱团的《来吧，走近这些记忆》，这首歌曲奠定了摩城风格。

3月17日　艾瑞莎的父亲C. L.富兰克林牧师将他的新伯特利浸信会集会地搬到林伍德大道的新地点，结束了因城市改造拆除黑斯廷斯街上的旧教堂带来的漂泊不定的生活。

3月19日　美国奥林匹克委员会驳回洛杉矶取代底特律的企图，重申对底特律申办1968年夏季奥运会的支持。

4月20日　马丁·路德·金在伯明翰抗议后从伯明翰监狱获释。为了让金和他的支持
379 者获释，底特律的沃尔特·鲁瑟和全美汽车工人联合会提供了大量资金。

5月17日　富兰克林牧师和其他人组建底特律人权理事会，开始计划组织集会支持马丁·路德·金和他的南方民权运动。

6月11日　肯尼迪政府与亚拉巴马州州长乔治·华莱士在校门口对峙，强制亚拉巴马大学进行种族融合。那一晚，肯尼迪发表全国电视讲话公布了他的民权立法。数小时后，全国有色人种协进会在密西西比州的地方负责人麦德加·艾弗斯遭暗杀。

6月22日　鲁瑟与金和其他民权领袖一起在总统办公室开会，与肯尼迪商讨当年夏季的抗议游行集会。同一天，底特律警察局局长爱德华兹宣布以行贿罪逮捕黑帮分子托尼·贾卡隆。

6月23日　金、富兰克林牧师、卡瓦纳市长和沃尔特·鲁瑟领导“走向自由”游行，超过10万名市民沿伍德沃德大道走向科博大厅，金在那里发表演讲，是为两个月后的著名演讲《我有一个梦想》的底特律版本。

6月29日　身为摩门教徒的罗姆尼州长之前因为不能在周日工作错过了“走向自由”游行，这一天加入了一场在底特律东部郊区精英聚居的格罗斯波因特举行的开放住房抗议游行。

7月5日 凌晨，底特律妓女辛西娅·斯科特（以“圣辛西娅”之名为人所知）在约翰·R街和布拉什街拐角附近被底特律警察枪杀，引发了一场针对警方对待黑人市民的态度的酷暑抗议，葬送了爱德华兹局长两年来改善警察局与非裔居民关系的努力。

8月2日 工人们将哥谭酒店拆除后的残砖碎瓦拉走。哥谭酒店的老板约翰·怀特因赌博指控面临监禁。

8月5日 贝里·戈迪结束与马丁·路德·金和南方基督教领袖会议的合约谈判，获得金在底特律演讲的录音唱片的销售许可。

8月28日 金在华盛顿游行末尾发表了他的《我有一个梦想》演讲。鲁瑟也在这场历 380
史性集会上发表了讲话。贝里·戈迪意识到金在华盛顿的演讲取代了底特律的版本，开始将华盛顿的演讲做成专辑。

9月10日 国际奥林匹克委员会主席艾弗里·布伦戴奇到访他的出生地底特律，得到想争取1968年夏季奥运会主办权的底特律官员的款待。

10月8日 底特律市议会否决开放住房立法。

10月13日 奥林匹克火炬从洛杉矶接力2600英里到达底特律。不满开放住房立法被否定的抗议者在到达仪式上奏国歌时起哄。

10月16日 卡瓦纳市长和罗姆尼州长带领底特律代表团赴联邦德国旅游胜地巴登–巴登参加国际奥林匹克委员会会议，竞争1968年奥运会主办城市。他们获悉，国际奥委会代表已收到来自底特律的信件，信中称底特律不应该被选中，因为它在开放住房上没有公平行事。

10月18日 国际奥委会将1968年奥运会主办权授予墨西哥城。一度有机会获胜的底特律屈居第二。

11月10日 马克西姆·埃克斯在底特律金·所罗门浸信会教堂发表题为《致草根同胞》的演讲，批评金和其他主流民权领袖。同一周，C. L. 富兰克林召开黑人峰会领袖会议，底特律多数黑人浸信会牧师没有参加。

11月16日 摩城在福克斯剧院举行摩城巡演全阵容演出，现场座无虚席，斯莫基·鲁宾逊和奇迹乐队用动感版的《米奇猴》结束了各自的演出。同一周，底特律最早的黑人音乐俱乐部火焰表演酒吧关门歇业，以城市改造的名义被拆除。

11月22日 肯尼迪总统在达拉斯遇刺。

11月24日 沃尔特·鲁瑟在华盛顿参加肯尼迪总统的葬礼，约翰逊总统打电话到鲁瑟所在的酒店称需要他的帮助。

381 12月11日 美国参议院批准前警察局局长爱德华兹担任联邦法院法官。

12月13日 布鲁斯歌手、雄狮队后卫“夜车莱恩”之妻黛娜·华盛顿因药物过量在底特律家中去世。艾瑞莎·富兰克林在新伯特利浸信会教堂的追悼会上为她献歌。

1964年

1月 卡瓦纳市长被美国青年商会授予杰出美国青年称号。传言他可能会挑战罗姆尼的位置竞选州长。同一时间，罗姆尼称，如果选民要求，自己会考虑参与共和党总统候选人的竞争，候选人巴里·戈德沃特的政策对共和党是个长期的灾难。

5月5日 亨利·福特二世的侄子沃尔特·布尔·福特三世开着一辆红色野马汽车停到底特律市中心，此时距离该车发布还有一个月。照片在《底特律自由报》公布。野马汽车在迪尔伯恩的装配线在随后一周投产。

5月13日 摩城的玛丽·威尔斯的唱片《我的男友》由斯莫基·鲁宾逊所写，该唱片将她推到排行榜首位，取代了之前排名第一的披头士。

4月13日 纽约世界博览会上，李·亚科卡在福特奇迹圆形大厅媒体见面会上发布了野马汽车，开启史上最大的营销活动。

4月17日 野马全国发售，创下销售纪录。

4月22日 纽约世界博览会正式开幕。民权抗议者到会场在福特展馆静坐抗议，迫使“神奇天空之旅”关闭。

5月22日 约翰逊到访底特律，与卡瓦纳、乔治·罗姆尼和亨利·福特二世会面，获得支持。在宣布底特律是“希望之城”后，总统前往临近的安娜堡，在密歇根州立大学毕业典礼上发表他的“伟大社会”演讲。

注　释 383

本书的写作以底特律、洛杉矶、纳什维尔和华盛顿特区的 120 多份采访和相关档案记录为基础。档案来源如下：

密歇根州迪尔伯恩本森·福特研究中心（BFRC）

波士顿大学霍华德·戈特利布档案研究中心（BU）

底特律历史博物馆（DHM）

底特律美术馆（DIA）

《底特律新闻》图书馆（DN）

底特律公共图书馆伯顿历史藏品（BHC）

底特律公共图书馆 E. 阿扎利亚·哈克利藏品（EAC）

杜克大学哈特曼销售、广告与市场营销史中心（HC）

波士顿约翰·F. 肯尼迪总统图书馆（JFKL）

洛杉矶 LA84 基金会图书馆（LA84）

得克萨斯州奥斯汀市林登·B. 约翰逊总统图书馆（LBJL）

国会图书馆（LC）

摩城博物馆（MM）

密歇根州立大学本特利历史图书馆

沃尔特·P. 鲁瑟劳工和城市事务图书馆

第一章　消　逝

[1] "Pleasant, Fair, Warmer," *Detroit News*, Nov. 9–10, 1962; "When Flames Consumed a Christmas Fantasy," *Detroit News*, June 12, 1996; *Detroit Free Press*, Nov. 9–10, 1962; 384
Associated Press, Nov. 10, 1962; interview, Robert Ankony, Dec. 2013.

[2] Michigan in Pictures, Dec. 12, 2009; Ford Rotunda, File 1, BFRC; "Ford Rotunda, Glory and Tragedy," Automotive Mileposts, online.

[3] Interviews, Robert Ankony, Dec.2013, May 2014. 安科尼称自己 9 岁或 10 岁的时候开始独自去市中心。如果想去底特律公共图书馆或底特律美术馆，他就步行，或是乘

坐贝克公共汽车转到伍德沃德大道换乘向北的公共汽车。

[4] Interview, Ankony. 他的外祖父母在 19 世纪末 20 世纪初从黎巴嫩搬到魁北克赫尔的一小块阿拉伯人聚居地。他父亲的家族是迪尔伯恩本地人，父亲是穆斯林，母亲是长老会教徒。“我妈妈是个大厨，她会做所有阿拉伯食物。阿拉伯食物的名字是我仅有的阿拉伯语知识，我妈妈是个骄傲的美国人，只有在和叔婶聊天时才用阿拉伯语。”

[5] 对圆形大厅火灾的描述来自 AP, “Ford Rotunda, Big Draw for Tourists,” Burns, Nov. 10, 1962; “Ford Rotunda, Glory and Tragedy,” Automotive Mileposts, online; “Sift Mystery of Rotunda Fire,” *Detroit News*, Nov. 10, 1962; “Rotunda Destroyed by $16-Million Fire,” *Detroit Free Press*, Nov. 10, 1962; “Fire Had Too Big a Start for Dearborn Department,” *Detroit Free Press*, Nov. 11, 1962; follow-up stories in *News* and *Free Press*, Nov. 11–20; Ford Rotunda file, BFRC; interview, Ankony.

[6] “Tears for the Rotunda,” Mark Beltaire, the Town Crier, *Detroit Free Press*, Nov. 10, 1962. 贝尔泰尔写道：“随着圆形大厅在公众的脑海里根深蒂固，有多少人会记得 30 年代弗雷德 · 韦林和莱恩姐妹一天表演三场？”

[7] 对乔治 · 爱德华兹当天在哥谭酒店的行动的描述，见爱德华兹未公开的传记手稿，George Edwards Collection, Series III, Personal Papers 1961–63, Box 68, Reuther Library.

[8] “T-Men Hit Gotham Hotel Like Raging Football Team,” *Michigan Chronicle,* Nov. 17, 1962.

[9] 对哥谭酒店的描述选自 interviews, John Conyers Jr., David Williams, Berry Gordy, Nicholas Hood; also Borden, *Detroit's Paradise Valley*, 25–67.

385 [10] MLK Archive, BU, letters between King and White, Sept. 25, 1959. 在回信中，怀特告诉金，自己在为中老年妇女服务的底特律菲莉斯 · 惠特利俱乐部也放了他的书。

[11] Drawn from accounts in *Detroit News*, Nov. 10–11, 1962; *Detroit Free Press*, Nov. 10–11, 1962; *Michigan Chronicle*, Nov. 17, 1962; and unpublished Edwards autobiography; also Stolberg, *Bridging the River of Hatred.*

第二章　不要问

[1] Interview, Raymond Murray, November 2013. 默里 1962 年到底特律警察局时说：“多数老警察都是二战老兵，他们会教你安全高于一切。培训我的这些家伙，有的是轰炸机炮手，有的在诺曼底登陆时跳伞进入法国，有的参加过硫磺岛、布干维尔岛、

塞班岛等战役，我被他们的故事迷住了。”

[2] Ibbotson, *Detroit's Historic Hotels and Restaurants*, 48–49.

[3] 关于肯尼迪巡讲的细节来自 *Detroit News*, Oct. 8, 1962; *Detroit Free Press*, Oct. 8, 1962; *Washington Post*, Oct. 8, 1962; *New York Times*, Oct. 8, 1962; interviews, Mark Cavanagh, Jack Casey, Raymond Murray.

[4] JFK letter to Brennan, White House Central Subject Files, Box 979, JFKL.

[5] Detroit Auto Show papers, Box 7, File 8, BFRC. 艾森豪威尔总统 1960 年参加过开幕式，并在科博大厅发表讲话；Henry Ford Name File, JFKL.

[6] Letter to Charlotte Ford, Henry Ford Name File, JFKL. Telegram delivered April 3 1962: "% Henry Ford, Club 2, 2 West 52nd Street, New York City."

第三章 汽车展

[1] Szudarek, *The First Century of the Detroit Auto Show*, 179–181; Detroit Auto Show file, BFRC; *Detroit Free Press*, Oct. 18–19, 1962; *Detroit News*, Oct. 17–20, 1962.

[2] Transcript of Charlotte Ford interview with David Halberstam, The Reckoning file, BU.

[3] *Bulletin of the Detroit Institute of Arts*, 42, No. 3, Spring 1963. 386

[4] Transcript of Cal Beauregard interview with Halberstam, The Reckoning file, BU.

[5] HF2 press conference at AMA Inc. press luncheon, Oct. 19, 1962, File 9, Detroit Auto Show, BFRC.

[6] 对汽车展的描述，见 *Detroit News*, Oct. 20–28, 1962; *Detroit Free Press*, Oct. 20–28, 1962; Szudarek, *The First Century of the Detroit Auto Show*; Detroit Auto Show file 9, BFRC.

[7] *Michigan Chronicle*, Oct. 20, 1962. 统计还显示，凯迪拉克和雷鸟在黑人中间比在白人中间更流行。

[8] Davis, *One Man's Way*, 20–24. 一天，戴维斯称，他无意间听到一名白人销售在电话里对顾客说："你想要什么颜色？黑色？我们让它们像黑鬼的脚后跟一样黑。"

[9] *Washington Post*, Sunday, Oct. 21 1962; also Oct. 21 editions of *New York Times*, *Detroit News*, *Detroit Free Press*.

[10] *Detroit Free Press*, Oct. 23, 1963.

[11] Reuther Name file, White House Central Subject Files, Box 979, JFKL.

[12] Cavanagh Papers, Box 52, Reuther Library; also *Detroit Free Press*, Oct. 23, 1962.

第四章　西大道

[1] Interviews, Berry Gordy Jr., Allen Rawls, Robin Terry, Martha Reeves.

[2] Interview, Roberta Wright. 在底特律查尔斯·怀特非裔历史博物馆接受采访的怀特夫人是个精神矍铄的九旬老人，这座博物馆是她已经过世的丈夫捐建。

[3] *Washington Post*, Oct. 24, 1962; also *New York Times*, *Detroit News*, *Detroit Free Press*, Oct. 23–24, 1962; interviews, Berry Gordy Jr., Katherine Anderson Schaffner.

[4] 对戈迪一家的叙述，来自 interviews Berry Gordy Jr., Roberta Wright, Robin Terry, Harry T. Edwards; Gordy, *To Be Loved*.

387 [5] Interview, Berry Gordy Jr., Dec. 4, 2013. 戈迪在洛杉矶贝尔艾尔山高处优雅低调的宅邸里的泳池房中接受了采访。

[6] Interviews, Dan Aldridge, David Williams, Berry Gordy Jr., Juan Carlos Hearn; also Dan Austin of Historic Detroit.org on Grinnell Brothers Music House.

[7] *Color*, June 1949. The subhead was "The Famous Gordys of Detroit Have What It Takes."

[8] Interview, Berry Gordy Jr.

[9] Drawn from Bjorn and Gallert, *Before Motown: A History of Jazz in Detroit*; Boland and Bond, *The Birth of the Detroit Sound*. Also Borden, *Detroit's Paradise Valley* "Found Michigan: Legends of Detroit Jazz," by Lars Bjorn, professor of sociology at University of Michigan, Dearborn.

[10] Interviews, Berry Gordy Jr., Dan Aldridge, John Conyers Jr., Paul Riser, David Williams; Borden, *Detroit's Paradise Valley*; Boland and Bond, *The Birth of the Detroit Sound*.

[11] Loan document at Motown Museum; interview, Berry Gordy Jr.

[12] Interview, Janie Bradford. 布拉德菲尔德和摩城一起搬去了洛杉矶，此后一直住在那里。这些年来，她逐渐成了西海岸的埃丝特·爱德华兹，摩城城堡的监护人。

[13] The *Hitsville Platter*, internal Motown newspaper. "It's What's in the Groove That Counts." 标题是"捷径"，底下有个简洁的开头："留给斯莫基去寻找通往终点的道路吧。"

[14] Interview, Hon. Harry T. Edwards. Judge Edwards was interviewed in his chambers at the U.S. Courthouse on Constitution Avenue in Washington. 他说，他跟父亲很少联系，直到他从康奈尔毕业，定下了读法学院学校，才跟父亲取得了联系。"我们那时候接触很少，我在康奈尔的导师建议我应该考虑密歇根大学。[他父亲] 说：'嗯，这是

所很棒的学校，你真应该去。’我觉得我们都把它看成我们重新在一起生活，真正认识对方的途径……我那时与底特律没有联系，不认识我那时的继母，不认识戈迪一家。我就这样来到这里。”

[15] 对摩城巡演的描述，见 Description of Motortown Revue drawn from interviews, Berry Gordy Jr., Martha Reeves, Janie Bradford, Katherine Anderson Schaffner; Gordy, *To Be Loved*; Love and Brown, *Blind Faith*; Ribowsky, *Signed, Sealed and Delivered*; Robinson and Ritz, *Smokey: Inside My Life*; Whitall, *Women of Motown*. 388

[16] *Michigan Chronicle*, Oct. 20, 1962; Sugrue, *The Origins of the Urban Crisis*.

[17] Interviews, Martha Reeves, Katherine Anderson Schaffner, Berry Gordy Jr.; Ribowsky, *Signed, Sealed and Delivered*; Posner, *Motown*; Whitall, *Women of Motown*.

[18] Interviews, Martha Reeves, Katherine Anderson Schaffner; *Michigan Chronicle*, Dec. 8, 1962.《密歇根纪事报》在事故发生两周后才做了报道，就已掌握的材料看，《底特律自由报》和《底特律新闻》都没有报道这起事故。

[19] Robinson and Ritz, *Smokey: The Inside Story*.

[20] 对斯莫基·鲁宾逊初见雷·查尔斯时情形的描述出自 oral history of William “Smokey” Robinson conducted by Steve Rowland, Columbia University Libraries, Center for Oral Histories, June 3, 2008. 斯莫基·鲁宾逊说：“我认为奇迹乐队和我很幸运地赶上了歌舞剧的尾巴，因为我们过去常常表演，它们实际上就是综艺表演。你也明白，当你去看现场演出的时候，通常都会看看乐队或歌手是否有名，你要看的仅此而已。”

[21] Interviews, Berry Gordy Jr., Martha Reeves, Katherine Anderson Schaffner; *Motortown Revue*, Vol. 1, *Recorded Live at the Apollo*.

[22] *Michigan Chronicle*, Dec. 29, 1962. 齐吉一直在与艾瑞莎的经纪人泰德·怀特保持着联系，艾瑞莎不久前已经和怀特秘密结婚。

第五章 “派对巴士”

[1] 根据吉米·巴茨凯瑞斯在位于卡斯街和巴格利街的老林德尔鸡尾酒吧外的照片描述，Reuther Library collection; “Amid Newfound Glory, Echoes of Old Detroit,” *New York Times*, Oct. 8, 2012; “Lindell Hotel Bar, 1963, The Way It Was,” *Hour Detroit*, March 2013.

[2] *Detroit News*, Jan. 6, 1963; *Detroit Free Press*, Jan. 6–7, 1963; Edwards unpublished

autobiography, Reuther Library, Edwards Papers.

[3] 对“派对巴士”的描述，见爱德华兹未公开传记 , Reuther Library; Stolberg, *Bridging*
389 *the River of Hatred*; *Detroit Free Press*, Jan. 9–10, 1963. 一篇文章描述雄狮队队员“生活在底特律赌徒们出手阔绰、花天酒地的世界”。

[4] John Herling Archive, Reuther Library. 爱德华兹给好友杰克・赫林写了很多信，也寄去了一些他的演讲辞。他称自己干第一份汽车工作时，一小时赚 37.5 美分。George Edwards Archive, Reuther Library; Edwards unpublished autobiography, Reuther Library; Stolberg, *Bridging the River of Hate*.

[5] *Detroit News* Archive, six articles, April 1938.

[6] 关于底特律警察对暴徒与雄狮队队员勾结的处理方式，以及警察局长对自身安危的担忧，出自爱德华兹未出版的自传。*Detroit News* and *Detroit Free Press*, Dec. 25–Jan. 11, 1963; Stolberg, *Bridging the River of Hatred*.

第六章 荣 光

[1] Drawn from interviews, Mark Cavanagh, Maurice Kelman, Bernie Klein, Bob Toohey, John P. Casey. 马克是杰罗姆・卡瓦纳的长子。其他人在卡瓦纳的部门工作。

[2] Interview, Bob Toohey.

[3] Cavanagh Papers, Boxes 103, 104, Reuther Library.

[4] Interview, John P. Casey.

[5] 对底特律奥林匹克委员会第一次会议的描述见 Cavanagh Papers, Boxes 103, 104, Reuther Library; Romney Papers, Box 34, Bentley Historical Library, University of Michigan; Brundage Papers, LA84; interview, John P. Casey; *Detroit News* and *Detroit Free Press*, Feb. 15–17, 1963.

[6] “The Population Revolution in Detroit,” Wayne State University, Feb. 1963; *Detroit Free Press*, Feb. 21, 1963.

[7] *Detroit Free Press*, Jan. 1, 1963.

[8] Cavanagh Papers, Box 52, Reuther Library; *Detroit News* and *Detroit Free Press*, Jan. 2, 1963.

[9] *Life*, Jan. 11, 1963. 这本杂志 20 美分一份，84 页，大半都是整版汽车广告，有几页展示
390 照片，其余就是夜光全彩的插图。在一个 60 年代版的“富者愈富”中，克莱斯勒“帝国”系列汽车广告标题是“撩拨美国大公司的高管们”，广告的开头写道：“今后几年

内，你和你们公司的高管将受邀接受新的帝国，亲自与你现在的车比上一比。”

[10] Interview, George Largay.

[11] Hill and Gallagher, T*he American Institute of Architects Guide to Detroit Architecture*.

[12] *Michigan Chronicle*, Nov. 3, 1962 and Jan. 25, 1963.

[13] Interview, Berry Gordy; Gordy, *To Be Loved*; “Gordy Captures Record Awards,” *Michigan Chronicle*, Feb. 2, 1963. “七年前他为杰基 · 威尔森推出金曲后，威尔森迅速成名。七年来，戈迪成为美国最多产的作曲家，从那时起到现在，他已经创作了二十多首金曲。”

[14] Interviews, Martha Reeves, Janie Bradford, Berry Gordy Jr.; *The Complete Motown Singles*, Vol. 3, 1963. The excellent liner notes in this set were written by Craig Werner.

[15] Interviews, Martha Reeves, Paul Riser, David Williams, Berry Gordy Jr., Dan Aldridge, Allen Rawls.

[16] Interview, Martha Reeves.

[17] *The Hitsville Platter,* Vol. 1, Motown file, EAH.

[18] 对底特律击败洛杉矶的描述见 Cavanagh Papers, Box 103, 104, Reuther Library; Romney Papers, Bentley Historical Library, University of Michigan; Brundage Papers, LA84; *Los Angeles Times*, March 1–20, 1963, *Detroit News* and *Detroit Free Press*, March 1–20, 1963.

第七章　汽车城狂人

[1] Colin Dawkins Papers, Box 9, J. Walter Thompson collection, HO.

[2] *JWT News*, Dec. 4, 1964, Norman H. Strouse Papers, Box 1, J. Walter Thompson collection, HC.

[3] Norman H. Strouse Papers, Box 1, J. Walter Thompson collection, HC.

[4] Norman H. Strouse Papers, Box 21, J. Walter Thompson collection, HC.

[5] Colin Dawkins Papers, Box 9, J. Walter Thompson collection, HC. 391

[6] Norman H. Strouse Papers, Box 1–3, J. Walter Thompson collection, HC.

[7] 关于比尔 ·劳瑞工作和私人生活的叙述见 Box MN1, J. Walter Thompson collection, Box MN1, HC; Norman H. Strouse papers, Box 1, J. Walter Thompson collection, HC; and interview, son David Laurie.

[8] Colin Dawkins Papers, Box 9, J. Walter Thompson collection, HC.

[9] Oral histories, Donald Frey, Henry Ford II, John Najjar, BFRC; Colin Dawkins Papers, Box 9, J. Walter Thompson collection, HC; Fria, *Mustang Genesis*; Clor, *The Mustang Dynasty*; Iacocca and Novak, *Iacocca: An Autobiography*.

第八章　吟唱的曲调

[1] *Michigan Chronicle*, March 1963.

[2] 对 C. L. 富兰克林牧师的描述，出自 interviews, Nicholas Hood, Ronald Scott, Wendell Anthony, Dan Aldridge; transcript of oral history interview with Erma Franklin conducted by Nicholas Salvatore, Franklin collection, Bentley Historical Library; Salvatore, *Singing in a Strange Land*; Franklin, *Give Me This Mountain*; Ritz, *Respect*.

[3] John R. Bryant theology thesis, Franklin Papers, Bentley Historical Library.

[4] "Declaration of Detroit," Detroit NAACP, Box 24, Reuther Library; City of Detroit Inter-office Correspondence, to R. V. Marks, from J. C. Coles, May 22, 1963, Detroit Commission on Community Relations, Box 19, Reuther Library.

[5] Detroit NAACP, Box 24, Reuther Library; "NAACP Opens Drive for 50,000 Members: A Gala Evening," *Michigan Chronicle*, April 4, 1963; "Call for 100,000 to Greet Dr. King," *Michigan Chronicle*, May 25, 1963; Salvatore, *Singing in a Strange Land*.

[6] Arthur L. Johnson oral history interview, Salvatore, Franklin Papers, Bentley Historical Library; Johnson, *Race and Remembrance*.

[7] Albert B. Cleage Papers, Box 1, Bentley Historical Library; "Rev. Cleage, Zuber Blasts
392 'Old' Leaders," *Michigan Chronicle*, June 1, 1963.

[8] City of Detroit Inter-office Correspondence, Box 19, Reuther Library; "Franklin Denies Blast of Leaders," *Michigan Chronicle*, June 8, 1963; Salvatore, *Singing in a Strange Land*; Johnson, *Race and Remembrance*.

[9] Oral history interviews, Horace Sheffield, Buddy Battle, Reuther Library; Marc Stepp interview, Franklin Papers, Bentley Historical Library; Salvatore, *Singing in a Strange Land*.

第九章　重要人物

[1] 关于鲁瑟的描述见 Reuther Papers, Boxes 536, 577, 599, Reuther Library; and two first-

rate books, Lichtenstein, *The Most Dangerous Man in Detroit*; Boyle, *The UAW and the Heyday of American Liberalism*.

[2] Reuther Papers, Box 367, Reuther Library; Reuther Name File, White House Central Subject File 979, JFKL.

[3] Boyle, *The UAW and the Heyday of American Liberalism*; Lichtenstein, *The Most Dangerous Man in Detroit*.

[4] Reuther Papers, Box 577, File 14, Reuther Library.

[5] Cavanagh Papers, Box 112, Reuther Library; transcript, JFK speech at Honolulu, June 9, 1963; JFK Library.

[6] *New York Times*, June 12, 1963; *Washington Post*, June 12, 1963; Daily Diary of JFK, June 11, 1963, POF Box 44, JFKL.

[7] 对 1948 年刺杀鲁瑟的尝试的描述出自 Frank Cormier Papers, JFKL; Dickmeyer, *Putting the World Together*; Lichtenstein, *The Most Dangerous Man in Detroit*; Reuther testimonybefore National Labor Relations Board trial examiner John T. Lindsay.

[8] Reuther Papers, Box 157, File 8, Security for Walter Reuther, Reuther Library.

[9] Reuther Papers, Box 552, Reuther Library. 鲁瑟称："在顽固的保守主义阵营里还存在一种倾向，他们视民主为完全的征服，而不是持续的运动。他们躺在过去的功劳簿上，意识不到现在已经存在和即将出现的问题。太多美国人躲在一个胆小的一致性里，阻碍我们认真对待最重要的需求：根据我们的时代来更新我们的基本原则。我们亟须按照社会的发展方向来看待社会，用肯尼迪总统在耶鲁大学演讲中用到的词 393
去区分神话和现实。"

[10] *Detroit News*, April 12, 1943.

[11] Reuther Papers, Box 536, Folder 12, Reuther Library.

[12] Boyle, *The UAW and the Heyday of American Liberalism*; Frank Cormier Papers, JFKL.

[13] Jerome Cavanagh Papers, Box 112, Reuther Library. 到场的人中，警察局局长乔治·爱德华兹的妻子玛格丽特·爱德华兹夫人代表文化和种族团结圣公会。

[14] 关于 6 月 22 日在总统办公室中的会面，见 Lee C. White file POF 97, JFKL; Branch, *Parting the Waters*; Lichtenstein, *The Most Dangerous Man in Detroit*; Reuther diary, Reuther Library.

[15] *Detroit News*, June 22, 1963; *Detroit Free Press*, June 22, 1963.

第十章　家庭果汁公司

[1] John Herling Papers, Reuther Library; George Edwards unpublished autobiography, Edwards Papers, Reuther Library.

[2] *Detroit Free Press*, June 23, 1963.

[3] Depiction drawn from "Tony Giacalone Rules with Regal Flair," *Detroit Free Press*, Jan. 12, 1969; *Detroit Free Press*, Sept. 2, 1963; *Detroit News*, June 21, 1963; Stolberg, *Bridging the River of Hatred.*

[4] Transcript, Advisory Council of Judge's Speech, May 1963, John Herling Papers, Reuther Library.

[5] Stolberg, *Bridging the River of Hatred.*

[6] George Edwards Collection, Box 112, Reuther Library; Edwards unpublished autobiography, Reuther Library.

第十一章　沿着伍德沃德大道的八车道前进

[1] 关于在机场和酒店时情况的描述，见 Edwards collection, Series III, Reuther Library; *Detroit Free Press,* June 24, 1963; *Detroit News*, June 24, 1963; Edwards unpublished biography, Edwards collection, Reuther Library.

394 [2] 有关伍德沃德大道游行的描述，见 interviews, Nicholas Hood, Booker Moten, Ron Scott, Wendell Anthony, Hildy Best; Cavanagh Papers, Box 112, Reuther Library; Reuther Papers, Reuther Library; Detroit Commission on Community Relations, Box 12, Reuther Library; Detroit NAACP Papers, Box 24, Reuther Library; *Detroit News*, June 24, 1963; *Detroit Free Press*, June 24, 1963; *Michigan Chronicle*, June 29, 1963; transcript, Arthur Johnson oral history interview, Salvatore box, Bentley Historical Library; Johnson, *Race and Remembrance*; Stolberg, *Bridging the River of Hatred.*

第十二章　梦想从底特律开始

[1] 关于马丁·路德·金演讲前科博大厅中的情况的描述，见 Detroit NAACP papers, Box 24, Official Program, Detroit Council for Human Rights, and Box 6 correspondence, Reuther Library; *Illustrated News* (undated); interviews, Nicholas Hood, Ron Scott,

Booker Moten, Berry Gordy Jr., John Conyers Jr., Duke Faker; *Detroit News*, June 24, 1963; *Detroit Free Press*, June 24, 1963; *Michigan Chronicle*, June 29, 1963; Dickmeyer, *Putting the World Together*; Branch, *Parting the Waters*; Johnson, *Race and Remembrance*.

[2] Recording of MLK's speech, "The Great March to Freedom, Rev. Martin Luther King Speaks," *Detroit Press*, June 23, 1963, Motown Record Corp., produced by Berry Gordy—juxtaposed with transcript of King's "I Have a Dream" speech, March on Washington, August 28, 1963; 关于华盛顿演讲背后的政治记述，出自 Jack Conway oral history, JFKL; Branch, *Parting the Waters*; Lichtenstein, *The Most Dangerous Man in Detroit*; Boyle, *The UAW and the Heyday of American Liberalism*.

[3] Cavanagh Papers, Box 112, Reuther Library. 另一封典型的伤感信来自 R.L. 加弗："亲爱的市长，我真希望你能获得全国有色人种协进会的充分支持，确保您下次改选时能胜出。你真的失去了很多白人选票，也包括一些有色人种选票。我是个'北方佬'，但却是种族隔离的坚定支持者……我认识一些非常好的黑人，但没有一个人参与今天的荒唐事件。事实上，他们说只有黑人和白人中的败类才会那样做。"

第十三章 热 浪 395

[1] *Michigan Chronicle*, July 6, 1963; HistoricDetroit .org, Dan Austin; "Woodward: Avenue of Escape," *Detroit News*, March 27, 2007; Whitall, *Women of Motown*.

[2] Interview, Berry Gordy Jr.

[3] Interviews, Berry Gordy Jr., Paul Riser; Ribowsky, *Signed, Sealed and Delivered*, 86–90; *The Complete Motown Singles*, Vol. 3, 1963.

[4] Interviews, Berry Gordy Jr., Martha Reeves, Ed Wolfrum, Paul Riser, Janie Bradford; *Hitsville Platter*, Vol. 1, Detroit Public Library; Robinson and Ritz, *Smokey: Inside My Life*.

[5] Interviews, Martha Reeves, Berry Gordy Jr., Paul Riser; *The Complete Motown Singles*, Vol. 3, 1963.

[6] 关于辛西娅·斯科特遭枪杀以及警局和市政府的回应，出自 *Detroit News* and *Detroit Free Press* coverage all of July; Edwards unpublished autobiography; *Michigan Chronicle*, July 20, 1963; Stolberg, *Bridging the River of Hatred*; Cleage's *Illustrated News,* n.d., summer 1963; interviews, former DPD officers John Tsampikou, Anthony

Fierimonte, David Wright.

[7] Cavanagh papers, Box 112, Reuther Library, letter to Commissioner George Edwards, 1300 Beaubien, Detroit, Mich., from SCLC, Martin Luther King, 334 Auburn Ave NE Atlanta 3, Georgia, June 27, 1963. 金写道："我也谢谢你让哈格警督提供保护。我对他印象极为深刻，他是警察队伍里最高级别、最优秀的代表。"

第十四章 宏图伟业

[1] Interview transcripts of David Lawrence, Holmes Brown, Halberstam Papers, BU.

[2] Cavanagh Papers, Box 98, Reuther Library, Files 27, 28.

[3] Account of Henry Ford and anti-Semitism drawn from "The International Jew," *Dearborn Independent*, Vol. 2–4 (1920); Gelderman, *Henry Ford: The Wayward Capitalist*; Collier and Horowitz, *The Fords: An American Dynasty*; *New York Times*, Sept. 5, 1927; Logsdon, *Power, Ignorance and Anti-Semitism: Henry Ford and His War on Jews*.

396 [4] Henry Ford II oral history interviews with David Lewis, Apr. 14, 1980, Apr. 16, 1985, BFRC.

[5] Lichtenstein, *The Most Dangerous Man in Detroit*.

[6] *Detroit News* archive, July 1963.

[7] David W. Burke oral history interview by Sheldon Stern, Apr. 17, 1979, JFKL.

[8] Reuther Papers, Box 552, 599, Reuther Library.

[9] Philip Levine, "Salt and Oil."

[10] *Detroit News*, June 23, 1963. 该报的劳工作家亚瑟・劳伦写了一个专栏，标题就是"全美汽车工人联合会盯着炼钢工人的 13 周假期"。

[11] Iacocca and Novak, *Iacocca: An Autobiography*; Henry Ford II oral history interview with David Lewis, BFRC.

[12] Lee A. Iacocca, "The Four Freedoms of Advertising," Conference Luncheon, October 26, 1965, Plaza Hotel, New York, Box FM 30, J. Walter Thompson Archive, HC.

[13] The Mustang story memo, Franklyn R. Thomas, JWT vice president, Colin Dawkins Papers, Box 9, J. Walter Thompson Archive, HC.

[14] *Ward's Auto World*, May 1966.

[15] Oral history interview with Donald Frey, BFRC; Clor, *The Mustang Dynasty*.

第十五章　住房隔离

[1] AP, June 29, 1963. 这个故事传遍美国，包括伯明翰、亚拉巴马，激起了仇恨邮件。

[2] Sidney Fine, “Michigan and Housing Discrimination 1949–1968,” *Michigan Historical Review*, Fall 1977; “Grosse Pointe Residents Condemn Anti-Jewish ‘Point System,’” Jewish Telegraphic Agency, June 21, 1960.

[3] Author of the insightful *Rule and Ruin: The Downfall of Moderation and the Destruction of the Republican Party*.

[4] Romney Papers, Box 220, Bentley Historical Library. 在这些人中，塔克挑了韦恩州立大学教授、《密歇根纪事报》专栏作家布罗德斯・N. 巴特勒接替他。巴特勒曾是密歇根文化委员会的成员。备忘录显示，巴特勒攻击罗姆尼，而且“应该不惜代价 397
被取代”。查尔斯・W. 巴特勒牧师（与巴特勒不是亲戚关系）也有意成为继任者，备忘录里记载了他“是帮助马丁・路德・金牧师获取黑人选票的赞助人之一”。

[5] *Detroit News*, Jan. 4, 1963, *Detroit Free Press*, Jan. 4, 1963.

[6] Romney Papers, Box 29, Bentley Historical Library. 罗姆尼收到白宫助理李・C. 怀特的便条，上面写着：“我们对您的支持表示感谢。”

[7] Romney Papers Box 29, Bentley Historical Library.

[8] *Michigan Chronicle*, August 10, 1963. 这篇文章总结道：“市民打电话给《密歇根纪事报》，称周一在街角发生的事令人憎恶。”

[9] Detroit Commission on Community Relations, Box 19, Reuther Library.

[10] *Michigan Chronicle*, July 13, 1963.

[11] *Michigan Chronicle*, August 31, 1963.

[12] 关于贝里・戈迪就“走向自由”游行演讲记录与南方基督教领袖会议交涉的内容，出自 MLK Papers, BU, Box 79, folder 6; King Center Digital Library, MLK Library, Atlanta.

[13] 对鲁瑟在华盛顿游行之前以及游行期间的活动的记述，出自 Reuther Papers, Box 577, Files 13–14, Reuther Library; Boyle, *The UAW and the Heyday of the American Liberalism*; Branch, *Parting the Waters*; Lichtenstein, *The Most Dangerous Man in Detroit*.

[14] MLK Papers, BU, Box 79.

[15] Common Council Papers, Box 79, file 15, Cavanagh Papers, Reuther Library; Open Housing, Box 112, File 24, Reuther Library; Community Relations File, Box 5, Reuther

Library; Ravitz Papers, Reuther Library.

[16] Open Housing, Box 112, File 28, Reuther Library, Report of Community Relations Commission from Field Division, to Richard V. Marks, Subject: Attempt of Raymond Roberson to rent an apartment in Seven-Mile Gratiot area.

398 [17] Open Housing, Box 112, File 24, Cavanagh Papers, Reuther Library. 卡瓦纳收到美国犹太人委员会密歇根地区主管亚伯拉罕·F. 西特伦的支持信，信末写道：“越来越多的人开始相信，住房歧视只是偏执狂、掮客、伯明翰人和乌才做的事。”

[18] Leaflet, Olympic File, Box 103, Cavanagh Papers, Reuther Library.

第十六章　底特律精神

[1] Brundage file, LA84. August 28, 1963, to Mr. Avery Brundage, LaSalle Hotel, 10 North LaSalle Street, Chicago, Illinois. Cross’s lawyerly buttering up included lines such as “From our long friendship, which I cherish”; Olympics, Box 103, Cavanagh Papers, Reuther Library.

[2] Olympics, Box 103, Cavanagh Papers, Reuther Library; Brundage file, LA84.

[3] 有关布伦戴奇在底特律的情况，见 Brundage schedule, Detroit Olympic Committee, 322 Veterans Memorial Bldg., Sept. 6, 1963, LA84; Memo from Jack Tompkins, Brundage Papers, LA84.

[4] Jack Casey personal collection.

[5] Brundage Papers, LA84.

[6] Cavanagh Papers, Box 79, File 20, Olympics, press releases, Detroit Olympic Committee, Reuther Library. Contact was Cavanagh’s press secretary, Jim Trainor. See also Brundage Papers, LA84.

[7] 对奥林匹克集会争议的记述，出自 Olympics, Box 79, Cavanagh Papers, Reuther Library; Romney Papers, Box 34, Bentley Historical Library; *Detroit News,* Oct. 14, 1963; *Detroit Free Press*, Oct. 14, 1963; *Michigan Chronicle*, Oct. 19, 1963.

[8] 对巴登－巴登的底特律代表团的记述，出自 Travel diary of Alfred R. Glancy, Charles F. Adams speech before Adcraft Club after the Baden-Baden loss, Box 103, Cavanagh Papers, Reuther Library; *Detroit News*, Oct. 12–23, 1963; *Detroit Free Press*, Oct. 12–23, 1963; Brundage Papers, LA84.

第十七章 烟 圈

[1] *Illustrated News*, Oct. 28, 1963.

[2] *Michigan Chronicle*, Nov. 16, 1963.

[3] Malcolm X and Haley, *The Autobiography of Malcolm X*; Marable, *Malcolm X: A Life of* 399
Reinvention.

[4] Transcript, "Message to the Grassroots," Nov. 10, 1963.

[5] *Michigan Chronicle*, Nov. 16, 1963.

[6] *The Motortown Revue*, Motown Record Corp., 1964, produced by Wm. Stevenson, liner notes by Ronald Miller; *Michigan Chronicle*, Nov. 23, 1963; interviews, Martha Reeves, Janie Bradford.

第十八章 陨 落

[1] *Michigan Chronicle*, Nov. 23, 1963.

[2] Franklin and Ritz, *Aretha: From these Roots*.

[3] *Michigan Chronicle*, Nov. 30, 1963.

[4] Interview, Robert Ankony.

[5] Interview, Raymond Murray.

[6] Interview, Berry Gordy Jr.; Gordy, *To Be Loved*.

[7] Details of presidential limousine from Henry Ford Museum, Dearborn, where the vehicle remains on display.

[8] Interview, David Laurie.

[9] Dickmeyer, *Putting the World Together*.

[10] 对鲁瑟在肯尼迪遇刺后情况的叙述，见 Reuther Papers, Box 368, Reuther Library.

[11] *Detroit News*, Jan. 5–6, 1963.

[12] Interviews, Mark Cavanagh, Bob Toohey; Cavanagh Papers, Boxes 103, 104, Reuther Library.

[13] *Michigan Chronicle*, Nov. 30, 1963.

[14] Jack Lessenberry, *Toledo Blade*, Sept. 28, 2003.

[15] *Detroit News*, Nov. 26, 1963.

[16] George Edwards unpublished autobiography, Edwards Papers, Reuther Library; Stolberg,

Bridging the River of Hatred; *Detroit News*, Nov. 21–22, 1963.

[17] *Michigan Chronicle*, Nov. 30, 1963; interview, Berry Gordy Jr.

[18] Doug Warren, "Black, White and Red All Over," Nov. 27, 2012; Dick "Night Train"
400 Lane Official site; Dan Holmes, "Clearing Up Some Confusion about 'Night Train' Lane and His Nickname," DetroitAthletic.com, Jan. 8, 2012; Neft, *The Football Encyclopedia*.

[19] To Chief of Detectives, Death of Dinah Washington Lane, 37 N, 4002 Buena Vista, phone 933-1908 (married), DPD; *Michigan Chronicle*, Jan. 4, 1964.

第十九章　老旧的供水船

[1] Transcript of LBJ conversation with McNamara, Jan. 25, 1964, Beschloss, from *Taking Charge: The Johnson White House Tapes, 1963–64*.

[2] Transcript of LBJ conversation with Reuther, Dec. 23, 1963, in Beschloss, *Taking Charge*.

[3] Lichtenstein, T*he Most Dangerous Man in Detroit*.

[4] 关于全美汽车工人联合会生产小型车的提议的记述，出自 Reuther Papers, Box 368, Reuther Library: "Proposal to Reduce Balance of Payments and to Provide Employment for Displaced Studebaker Workers by Production of an All-American Car."

第二十章　未竟的事业

[1] *Michigan Chronicle*, Jan. 5, 1964.

[2] *Detroit Free Press*, Jan. 11, 1964.

[3] *Detroit Free Press*, Jan. 1, 1964.

[4] *Michigan Chronicle*, Dec. 29, 1963.

[5] *Michigan Chronicle*, Jan. 11, 1964; Ribowsky, *Signed, Sealed and Delivered*;《快乐街》歌词："大家一起来，对，对，拍起手来 / 啊哈就是这样 / 大家一起来，对，对，拍起手来 / 拍拍手 / 跺跺脚 / 找到快乐街的节奏 / 因为这是我的街，快乐街。"

[6] *The Complete Motown Singles*, Vol. 4, 1964.

[7] Abrams, *Hype and Soul*.

[8] *Michigan Chronicle,* Jan. 11, 1964; interviews, Berry Gordy Jr., Janie Bradford; Ribowsky, *The Supremes*.

[9] Reuther Papers, Box 368, Reuther Library; *Detroit Free Press*, Jan. 23, 1964. Gene

Roberts Jr. covered UAW meeting in Chicago for the *Free Press*. 401

[10] *Detroit Free Press*, March 23, 1964; *Detroit News*, March 23, 1964.

[11] Interview, Paul Riser. 在后来的日子里，赖泽在摩城成长为成熟的制作人，创作了吉米·拉芬的《心碎何处去？》，成为摩城众多经典之一。

[12] Abrams, *Hype and Soul*; *Detroit News*, March 12, 1964; Christopher Petkanas, *T Magazine*, Nov. 23, 2010.

[13] 对四顶尖合唱团的记述，出自 interviews, Abdul (Duke) Fakir, Berry Gordy Jr., Dan Aldridge; *Four Tops Biography*, Rock and Roll Hall of Fame and Museum; *Beat Instrumental*, May 1970.

[14] Interview, Berry Gordy Jr.; *Michigan Chronicle*, April 23, 1964.

[15] Interview, John Conyers Jr.; *Michigan Chronicle*, March 20, 1964.

[16] Stolberg, *Bridging the River of Hatred*.

[17] Correspondence with Pete Waldmeir, former *Detroit News* columnist.

第二十一章 神奇天空之旅

[1] *Detroit News*, March 8, 1964; *Detroit Free Press*, March 8–9, 1964.

[2] *Detroit Free Press*, March 3, 1964. 这篇文章刊登在马克·贝尔泰尔的专栏《街头公告员》之前的 B 面，并未署奥姆斯特德的名。

[3] *Detroit News,* March 10–April 20, 1964; Fria, *Mustang Genesis*.

[4] Interview, David Laurie; J. Walter Thompson Papers, Box 2 cl, Duke University, HC.

[5] Interviews, Ray Chatelin, Jim Hartnett, Vincent Currie.

[6] *Official Guide*, New York World's Fair; *Ford Motor Company Guide to the New York World's Fair,* BFRC.

[7] *Detroit News*, April 1–20, 1964; *Detroit Free Press*, April 1–20, 1964; *Time*, April 17, 1964; *Newsweek*, April 20, 1964; Iacocca and Novak, *Iacocca: An Autobiography*; Fria, *Mustang Genesis*.

[8] Remarks by L. A. Iacocca, Mustang National News Conference, New York, April 13, 402
1964, Editorial Services Dept., Public Relations Staff, Central Office Building, Ford Motor Company.

[9] Colin Dawkins Papers, Box 9, J. Walter Thompson archive, Duke University, HC.

[10] *Extravaganza of Fun*, Ford Motor Company brochure on Magic Skyway, Ford Motor

Company; Samuel, *The End of Innocence*.

[11] Interviews, Ray Chatelin, Jim Hartnett, Vincent Currie.

[12] *New York Times*, April 23, 1964; *Detroit Free Press,* April 23, 1964; Samuel, *The End of Innocence*; Lyndon B. Johnson Remarks at the Opening of the New York World's Fair, The American Presidency Project, UC–Santa Barbara.

[13] 关于在世界博览会首日的抗议活动的描述来自 *Detroit Free Press*, April 23, 1964; *Detroit News*, April 23, 1964; *New York Times*, April 23, 1964; Samuel, *The End of Innocence*; *The New Yorker*, May 2, 1964; an excellent narrative by Tamar Jacoby; Someone Else's House: *America's Unfinished Struggle for Integration*, chapter 1; Brian J. Purnell, "Drive Awhile for Freedom: Brooklyn CORE and the 1964 World's Fair Stall-In," NYU; interviews, Vincent Currie, Jim Hartnett, Ray Chatelin.

[14] Ford Motor Company, New York World's Fair, Box 14, File 1m, BFRC.

第二十二章　通向伟大社会

[1] Jerome P. Cavanagh oral history, LBJL, digital transcript.

[2] "The Anatomy of a Speech: Lyndon Johnson's Great Society Address," Michigan Historical Collections, Bulletin No. 28, Dec. 1978.

[3] Jerome P. Cavanagh oral history, LBJL, digital transcript.

[4] *Detroit News*, editorial, Jan. 8, 1964.

[5] *Detroit Free Press*, May 23, 1964. The story was stripped across the top of the front page: " 'I'll Vote for Johnson,' Says Henry Ford."

[6] White House Daily Diary, May 22, 1964.

[7] *Detroit Free Press*, May 23, 1964; "The Anatomy of a Speech" ; Remarks upon Arrival
403 at Metropolitan Airport in Detroit, May 22, 1964, Public Papers of the Presidents, Lyndon B. Johnson.

[8] White House Daily Diary; *Detroit Free Press*, May 23, 1964; "The Anatomy of a Speech."

[9] Transcript from Public Papers of the Presidents of the United States, Lyndon B. Johnson, 1963–1964, Book I, 704–707.

[10] *Detroit Free Press*, May 23, 1964; "The Anatomy of a Speech" ; White House Daily Diary, May 22, 1964.

[11] Jerome P. Cavanagh oral history, LBJL, digital transcript.5 月 24 日，星期天，《底特律自由报》就“伟大社会”演讲发表社论，既有赞扬又有担忧：“约翰逊先生全心全意地继承了前任的自由主义，将重点继续放在大政府上，华盛顿在打击贫困、污染和教育短缺等问题上继续充当领导角色，事事包办……‘伟大社会’的一些观点恐吓多于鼓励……不过，这还是美好的一天，一个精彩毕业典礼演讲。”

参考文献

Abrams, Al. *Hype and Soul*. Lilleshall, Shropshire, U.K.: Templestreet, 2011.

Babson, Steve. *Working Detroit*. New York: Adama Books, 1984.

Barnard, John. *Walter Reuther and the Rise of the Auto Workers*. Boston: Little, Brown, 1983.

Benjaminson, Peter. *Mary Wells*. Chicago: Chicago Review Press, 2011.

Beschloss, Michael, *Taking Charge: The Johnson White House Tapes*. New York: Simon & Schuster, 1998.

Bjorn, Lars, and Jim Gallert. *Before Motown: A History of Jazz in Detroit*. Ann Arbor: University of Michigan Press, 2001.

Boland, S. R., and Marilyn Bond. *The Birth of the Detroit Sound*. Charleston, S.C.: Arcadia, 2002.

Borden, Ernest H. *Detroit's Paradise Valley*. Charleston, S.C.: Arcadia, 2003.

Boyle, Kevin. *The UAW and the Heyday of American Liberalism*. Ithaca, N.Y.: Cornell University Press, 1995.

Branch, Taylor. *Parting the Waters: America in the King years*. New York: Simon & Schuster, 1988.

Brinkley, Douglas. *Wheels for the World: Henry Ford, His Company, and a Century of Progress*. New York: Viking, 2003.

Bucci, Federico. Albert Kahn: *Architect of Ford*. Princeton, N.J.: Princeton Architectural Press, 2002.

Clor, John M. T*he Mustang Dynasty*. San Francisco: Chronicle Books, 2007.

Collier, Peter and Horowitz. *The Fords*. New York: Summit Books, 1982.

Connell, Ann Garity. *The Lawyers' Committee for Civil Rights Under Law*. Chicago: LCCRUL, 2003.

Davis, Ed. *One Man's Way*. Detroit: Edward Davis, 1979.

Dickmeyer, Elizabeth Reuther. *Putting the World Together*. Lake Orion, Mich.: Living Force, 2004.

Early, Gerald. *One Nation Under a Groove*. Hopewell, N.J.: Echo Press, 1995.

406 Eugenides, Jeffrey. *Middlesex*. New York: Farrar, Straus & Giroux, 2002.

Franklin, Aretha, and David Ritz. Aretha: *From These Roots*. New York: Villard, 1999.

Franklin, C. L. *Give Me This Mountain: Selected Sermons*. Urbana: University of Illinois Press, 1989.

Fria, Robert A. *Mustang Genesis*. Jefferson, N.C.: McFarland, 2010.

Garofalo, Reebee. *Rockin' Out*. Boston: Allyn & Bacon, 1997.

Gavrilovich, Peter, and Bill McGraw, *The Detroit Almanac*. Detroit: *Detroit Free Press*, 2001.

George, Nelson. *Where Did Our Love Go?* New York: St. Martin's Press, 1985.

Goldstein, Laurence, ed. "Detroit: An American City." Special Issue of *Michigan Quarterly Review*. Spring 1986.

Goodwin, Richard N. *Remembering America*. Boston: Little, Brown, 1988.

Gordy, Berry. *To Be Loved*. New York: Warner Books, 1994.

Gould, Jean, and Lorena Hickok. *Walter Reuther: Labor's Rugged Individualist*. New York: Dodd, Mead, 1972.

Halberstam, David. *The Reckoning*. New York: William Morrow, 1986.

Hall, Peter. *Cities in Civilization*. London: Weidenfeld & Nicolson, 1998.

Heilbut, Anthony. *The Fan Who Knew Too Much*. New York: Knopf, 2012.

Hill, Eric J., and John Gallagher. *The American Institute of Architects Guide to Detroit Architecture*.Detroit: Wayne State University Press, 2003.

Iacocca, Lee, and William Novak. *Iacocca: An Autobiography*. New York: Bantam Books, 1984.

Ibbotson, Patricia. *Detroit's Historic Hotels and Restaurants*. Charleston, S.C.: Arcadia, 2007.

Ingrassia, Paul, and Joseph B. White. *Comeback*: The Fall and Rise of the American Automobile Industry. New York: Simon & Schuster, 1994.

Jarvis, Donna. *Detroit Police Department*. Charleston, S.C.: Arcadia, 2008.

Johnson, Arthur L. *Race and Remembrance*. Detroit: Wayne State University Press, 2008.

Kabaservice, Geoffrey. *Rule and Ruin: The Downfall of Moderation and Destruction of the Republican Party*. New York: Oxford University Press, 2012.

Latzman Moon, Elaine. *Untold Tales, Unsung Heroes*. Detroit: Wayne State University Press, 1994.

Leithauser, Brad. *The Art Student's War*. New York: Knopf, 2009.

Lichtenstein, Nelson. *The Most Dangerous Man in Detroit*. New York: Basic Books, 1995.

Love, Dennis, and Stacy Brown. *Blind Faith*. New York: Simon & Schuster, 2002.

Malcolm X and Alex Haley. *The Autobiography of Malcolm X*. London: Penguin Books, 1965.

Marable, Manning. *Malcolm X: A Life of Reinvention*. New York: Penguin Books, 2011.

Martelle, Scott. *Detroit (A Biography)*. Chicago: Chicago Review Press, 2012. 407

Morgan, Robin, and Ariel Leve. 1963: *The Year of Revolution*. New York: It Books, 2013.

Posner, Gerald. *Motown*. New York: Random House, 2002.

Reuther, Victor G. *The Brothers Reuther*. Boston: Houghton Mifflin, 1976.

Reuther, Walter P. *Selected Papers*. New York: Macmillan, 1961.

Ribowsky, Mark. *Signed, Sealed, and Delivered*. Hoboken, N.J.: John Wiley, 2010.

———. *The Supremes*. Cambridge, Mass.: Da Capo Press, 2009.

Ritz, David. *Respect: The Life of Aretha Franklin*. New York: Little, Brown, 2014.

Robinson, Smokey, with David Ritz. *Smokey: Inside My Life*. New York: McGraw-Hill, 1989.

Ryan, Jack. *Recollections: The Detroit Years*. Whitmore Lake, Toronto: Glendower Media, 2012.

Salvatore, Nick. *Singing in a Strange Land*. New York: Little, Brown, 2005.

Samuel, Lawrence R. *The End of Innocence: The 1964–65 New York World's Fair*. Syracuse: Syracuse University Press, 2007.

Smith, Suzanne E. *Dancing in the Street*. Cambridge, Mass.: Harvard University Press, 1999.

Stolberg, Mary M. *Bridging the River of Hatred*. Detroit: Wayne State University Press, 1998.

Sugrue, Thomas J. *The Origins of the Urban Crisis*. Princeton, N.J.: Princeton University Press, 1996.

Szudarek, Robert. *The First Century of the Detroit Auto Show*. Troy, Mich.: Society of Automotive Engineers, 1999.

Tyler, R. L. *Walter Reuther*. Grand Rapids, Mich.: William B. Eerdmans, 1973.

Voyles, Ken, and Mary Rodrique. *The Detroit Athletic Club*. Charleston, S.C.: History Press, 2012.

Waller, Don. *The Motown Story*. New York: Charles Scribner's Sons, 1985.

Ward, Brian. *Just My Soul Responding*. Berkeley: University of California Press, 1998.

Whitall, Susan. *Women of Motown*. New York: Avon Books, 1998.

Widick, J. J. *Detroit: City of Race and Class Violence*. Detroit: Wayne State University Press, 1972.

致 谢 409

在我的生活和写作生涯中，我为自己能与许多伟大的编辑一起共事而感到荣幸。首先要感谢的是我的父亲埃利奥特·马拉尼斯和母亲玛丽·马拉尼斯。然后是《特伦顿时报》的迪克·哈伍德，《华盛顿邮报》的莱恩·唐尼、鲍勃·伍德沃德和鲍勃·凯撒，以及西蒙–舒斯特出版公司的爱丽丝·梅休。另一位对我的生活产生了重要影响的编辑本·布莱德利在我完成本书手稿的那周去世了，享年 93 岁。永远不会再有第二个本·布莱德利，甚至不会再有人像他一样了。他寻求真理，无畏而乐观，这些我将终生铭记。几个月前，我喜爱的《华盛顿邮报》被收购之后，唐·格雷厄姆将他的办公室从位于 15 号街的邮政大楼搬走，而他的侄女作为《华盛顿邮报》的出版人留下了。这标志着家族报业时代的终结。我的整个成年阶段都在为格雷厄姆工作，在我眼中，唐·格雷厄姆是最伟大的老板。我不知该如何感谢这些年来他给予我的支持和建议。不管《华盛顿邮报》发生了什么，是好是坏，我对他的看法永远不会变。

在我埋首写作这本书的日子里，麦迪逊、华盛顿和其他一些更远地方的朋友又一次给予了我和琳达有力的支持。这是爱丽丝为我编辑、雷夫·萨加林为我代理的第 11 本书，我想，没有比这更好的合作了。感谢所有西蒙–舒斯特出版公司和《华盛顿邮报》的朋友，你们为我提供了鼓舞人心而温暖舒适的主场，同时感谢我在范德堡大学的新朋友和同事。

我在底特律做调查研究时，《底特律新闻》的编辑、来自麦迪逊的第二代记者乔恩·沃尔曼给我提供了热心的帮助，使我的工作变得更有成效
和意义。我还要感谢底特律大学的汤姆·斯坦顿、摩城博物馆的艾伦·罗 410
尔斯和罗宾·特里、鲁瑟图书馆的迈克·史密斯和玛丽·华莱士、底特律

公共图书馆的萝美·麦纳、底特律新闻图书馆的丹尼尔·卡尔茨，同时还有鲍勃·安科尼、马克·卡瓦纳、鲍勃·图希、马特·李、莫里斯·卡尔曼、杰克·凯西，以及费里街上的那间酒店里亲切友好的服务人员。感谢美国上诉法院的首席名誉法官哈里·T. 爱德华兹，他恰巧是已故的贝里·戈迪的姐姐埃丝特·戈迪·爱德华兹的继子，我在他的帮助下得以顺利进入摩城世界。感谢让·佛尔乃尔为我铺路，使我得以接触底特律行政法律领域的亚文化，他是一位在底特律长大的华盛顿政治记者，是底特律警察局成员的骄傲子孙。佛尔乃尔和沃尔曼还十分热心地做我的手稿的早期读者。我还要特别感谢本顿福特研究中心以及位于迪尔伯恩和安娜堡附近的本特利历史图书馆的档案管理员。

我视图书馆的工作人员与档案管理员如我的老师，他们都是我生命中最重要的导师，也是我遇到的最乐善好施的人。除了以上提到的底特律的朋友，我也对肯尼迪总统图书馆，波士顿大学的霍华德戈特利布档案研究中心，杜克大学哈特曼销售、广告和市场营销中心，威斯康星大学图书馆和洛杉矶奥运基金会的工作人员表示衷心的感谢。瑾·哈伯斯坦在她去世前一年也热切地邀请我参与到她在波士顿大学的毕业论文工作中，包括为她后来的一本关于底特律汽车工业的书的早期构思和想法提供一些参考意见，她是我崇拜的写作英雄大卫·哈伯斯坦的遗孀。在此，我要特别感谢加布里埃尔·班克斯、约翰·普利斯、约翰·U. 培根和安迪·科恩，他们在不同时期帮助我搜集和筛选了数千份文件，感谢西拉·韦勒为我提供的资料。

我的妻子琳达一直是我的主要编辑，同时也是我的研究员、摄影摄像师、宣传代理人和朋友，这本书——像从前所有书一样——创作过程中的每一步都留有她的足迹。从绿湾到罗马，从内罗毕到圣胡安，从胡志明市到底特律，我所到的每个地方都有她给予的家的温馨。她和我一样喜欢摩
411 城唱片，对我写作时发出的极度嘈杂的声音从不抱怨。她是“我的女孩”，永远都是。田纳西州纳什维尔的安德鲁和艾莉森、伊丽莎和查理，新泽西州劳伦斯维尔的莎拉和汤姆、海蒂和埃娃——这是一个大家庭，它的存在使我感到每一天的生活都是有意义的。这个人类奇迹，大概就是从 1949 年

的那些夏夜开始的吧，那时，我和琳达刚刚降临人世。我不知道这究竟是不是真的，但我愿意相信那则故事：在我父亲带着我的哥哥和姐姐到布里格斯体育场观看老虎队比赛的那天，我来到了这个世界，就在这座曾经的伟大城市——底特律。

索　引

（索引条目页码为英文原书页码，即本书边码）

图书在版编目（CIP）数据

曾经辉煌：底特律的故事 /（美）戴维·马拉尼斯著；启蒙编译所译. —杭州：浙江人民出版社，2019.8
书名原文：Once in A Great City：A Detroit Story

ISBN 978-7-213-09238-1

Ⅰ. ①曾… Ⅱ. ①戴… ②启… Ⅲ. ①城市史－底特律 Ⅳ. ①K712.9

中国版本图书馆CIP数据核字（2019）第061745号

浙江省版权局
著作权合同登记章
图字：11-2019-14号

企业家文库系启蒙编译所旗下品牌
本书版权、文本、宣传等事宜，请联系：qmbys@qq.com

曾经辉煌：底特律的故事

〔美〕戴维·马拉尼斯 著　启蒙编译所 译

出版发行：浙江人民出版社（杭州市体育场路347号　邮编 310006）
市场部电话：（0571）85061682　85176516
责任编辑：潘玉凤　申屠增群
营销编辑：陈雯怡
责任校对：朱　妍
装帧设计：四月设计室
印　　刷：山东鸿君杰文化发展有限公司
开　　本：710毫米×1000毫米　1/16
印　　张：28.75
字　　数：420千字
插　　页：11
版　　次：2019年8月第1版
印　　次：2019年8月第1次印刷
书　　号：ISBN 978-7-213-09238-1
定　　价：128.00元

读者联谊表

（电子文档备索）

姓名：　　　年龄：　　　性别：　　　宗教：　　　党派：

学历：　　　专业：　　　职业：　　　所在地：

邮箱____________________手机________________QQ____________

所购书名：______________________在哪家店购买：_____________

本书内容：满意　一般　不满意　　本书美观：满意　一般　不满意

价格：贵　不贵　阅读体验：较好　一般　不好

有哪些差错：

有哪些需要改进之处：

建议我们出版哪类书籍：

平时购书途径：实体店　网店　其他（请具体写明）

每年大约购书金额：　　　藏书量：　　　每月阅读多少小时：

您对纸质书与电子书的区别及前景的认识：

是否愿意从事编校或翻译工作：　　　愿意专职还是兼职：

是否愿意与启蒙编译所交流：　　　是否愿意撰写书评：

如愿意合作，请将详细自我介绍发邮箱，一周无回复请不要再等待。

读者联谊表填写后电邮给我们，可六五折购书，快递费自理。

本表不作其他用途，涉及隐私处可简可略。

电子邮箱：qmbys@qq.com　联系人：齐蒙

启蒙编译所简介

启蒙编译所是一家从事人文学术书籍的翻译、编校与策划的专业出版服务机构，前身是由著名学术编辑、资深出版人创办的彼岸学术出版工作室。拥有一支功底扎实、作风严谨、训练有素的翻译与编校队伍。出品了许多高水准的学术文化读物，打造了启蒙文库、企业家文库等品牌，受到读者好评。启蒙编译所与北京、上海、台北及欧美一流出版社和版权机构建立了长期、深度的合作关系。经过全体同仁艰辛的努力，启蒙编译所取得了长足的进步，得到了社会各界的肯定，荣获凤凰网、新京报、经济观察报等媒体授予的十大好书、致敬译者、年度出版人等荣誉，初步确立了人文学术出版的品牌形象。

启蒙编译所期待各界读者的批评指导意见；期待诸位以各种方式在翻译、编校等方面支持我们的工作；期待有志于学术翻译与编辑工作的年轻人加入我们的事业。

联系邮箱：qmbys@qq.com

豆瓣小站：https://site.douban.com/246051/